KB109982

조선어기원론

朝鮮語起源論

허영호 지음 · 김용환 엮음

청우서적

‖ 저자소개 ‖

허영호(許永鎬, 1900년 출생~1952년(?) 타계)

법호 경호(鏡湖), 호 현주(玄州), 다른 이름으로 허윤(許允)이 있다.
부산 동래공립보통학교 졸업
1915.3. 부산 동래 동명(東明)학교(동래고 전신) 7회 졸업
1917. 범어사 지방학림 입학
3 · 1운동(1919) 참가
『평범』지(1926) 발행
1929년 도일유학, 일본 도쿄 도요(東洋) 대학 문화과와
   다이쇼(大正) 대학 불교과에서 수학
만당(항일 비밀결사, 1930~1932) 당원
재일본조선불교청년회(1932) 간사
조선불교청년총동맹(1932~1933) 2대 집행위원장
조선불교 교정연구회(1933) 발기인 및 연구부장
중앙불전(1933) 교수 겸 학감
해동역경원(1937) 주임 역경사
『불교』(1937~1940)지 발행인
조선불교조계종 사서(1941~1944, 한암 종정 비서)
서울혜화전문학교 교장(1945.9~1946.9)
중앙문화협회(1945.9) 참여
서울 동국대학 학장(1946.9~1948.11)
재단법인 동국학원(1949) 대표이사,
제헌 국회의원(경남 부산갑) 보궐선거(1949.1.13)에서 무소속으로 당선
한국 전쟁 때인 1950년 7월 13일 납북.

‖서 언‖

무릇 인류가 가진 문화의 유산 가운데 가장 오랜 역사를 가진 것은 언어이다. 그러므로 조선민족이 가진 이 조선어라는 것은 조선민족이 가진 모든 문화유산 가운데 가장 오랜 역사를 가지고 있는 것은 두말할 것도 없다. 우리의 조상은 어떻게 해서 우리의 말을 창조하고 전수하였는가는 누구나 알고 싶어 하는 일이지만 누구도 그것을 밝힌 이는 없다. 이것은 우리의 말만 그러한 것이 아니라 세계 어느 나라 어느 민족의 언어도 어떻게 해서 그 말이 생기게 되었으며, 어떠한 방법과 형식으로 구성되었는가를 밝혀놓은 언어는 없다.

인구어印歐語 계통의 언어연구와 우랄계통의 언어연구가 상당한 업적을 나타내고 있다. 하지만 자매어姉妹語와의 관계비교를 면밀히 하여 그 조어祖語를 재구성해본다는 것에 그칠 뿐이요, 언어의 본질, 언어의 기원, 어휘의 관계들에 이르러서는 아직 추상적인 범위를 넘어서지 못하고 있으니, 하물며 가장 불행한 역사를 가진 조선어에 있어서랴!

과거 반세기 동안 조선어의 연구자들이 일본 학정의 뭇매 밑에서 그래도 연구를 계속해 온 결과 오늘 보는 바와 같은 성과를 나타내고 있는 것은 일반국민들이 감사히 생각하는 바이지만, 생생히 문법과 어법에 치우쳐서 어운語韻, 어휘語彙, 어의語義, 어원語源, 어보語譜 등에 뻗치어 당연히 연구의 대상對象이 되어야 할 것이 아직 미간未墾 그대로 남아 있다고 하여도 과언이 아니며 그 연구의 방법도 또한 조잡한 감이 없지 않은 형편이다.

나의 이 소고가 위와 같은 뜻에서 고찰된 것은 아니나 훈민정음에서 제정한 문자의 음운, 특히 동자병서同字竝書의 음가에 대해서 종래의 설說에 약간 수정하지 않으면 안 될 것을 바로 잡은 것으로 다소의 보람을 나는 느껴서 만족할 뿐이다. 그러나 본고 중에서도 말해두었지만 동자병서의 음이 경음이 아니라는 결론을 얻었다하더라도 이미 현재에 있어서 보편화되어 가는 동자병서경음기사법^{同字竝書硬音記寫法}을 새삼스럽게 깨뜨릴 생각은 없고, 다만 이조^{李朝} 초기^{初期}의 국해^{國解} 문헌들에 나타나는 동자병서의 음운을 밝히어 고전의 음운이해에 일조가 되게 할 따름이다.

『훈민정음과 본문^{本文}과의 관계』는 본래 독립된 일문으로 초^抄한 까닭에 『훈민정음음운고^{訓民正音音韻考}』와 더불어 중복되는 구절이 많으나 전자는 '조선문자'에 대한 하나의 문제를 제출한 것으로 그 의도가 후자와는 다르므로 중복되는 것을 무릅쓰고 더불어 기록한 것이니 독자는 양해하기 바란다.

끝으로 『조선어의 기원』은 본시 국어의 어원과 어보의 연구에 대한 한 서론과 결론으로 쓴 것으로 그 논^論에 기초될 본론이 전제되어서 비로소 이해를 쉽게 할 성질의 것이다. 그렇다고 해서 독립된 서론이 될 수 없는 것도 아니므로 하나의 시론^{試論}으로서 이것을 발표하는 것이다.

4380(1947)년 3월

著者 識

‖ 서 언 ‖

나에게는 회고回顧하면 진실로 요원遙遠하고도 평탄치 않은 탐색의 노정路程이었다. 어원語源에 관심 가지기는 30년에 가까울 것이다. 그러나 모든 사색의 노력을 여기에 경주하기는 태평양전쟁이 일어나던 익년 1942년 봄부터이다. 말하면 10년 가까운 해를 지난 셈이다.

늦은 봄 어느 날 아침이었다. 꿈을 깨고 난 나는 알 수 없는 기쁨에 가슴이 차서 있었다. 그것은 꿈에 어원 하나를 밝혔던 까닭이다. 즉, 토와土瓦의 '디새'의 '새'라는 어운語韻의 어원語源이었다. '새'는 '시애'의 전운轉韻이요, '시애'는 피구被具 관구冠具의 뜻이라는 해득解得이었다. 지금도 그 기쁨은 잊혀지지 않는다. 나는 이것을 천天의 계시처럼 여기고 어원을 밝힐 신탁처럼 생각하고 또 감사하였다.

그래서 나는 언어라는 것은 즉, 모든 어휘는 특징적인 의미를 가지고 있으며 그 의미라는 것도 현재 그 어휘가 지니고 있는 사전학적 어의가 아니라 가장 태초적이요, 근본적인 의미를 가지고 있는 것으로 생각하였다. 즉, 와瓦의 '새'는 와瓦 그것이 아니라 복구覆具, 관구冠具의 뜻이요, 그 어운은 '시애'의 전운으로 어근語根은 '시'에 있으며 이 '시'는 관복冠覆의 '시우다'로 활용되는 어근과 같은 것이다. 그러나 복관覆冠의 원시 의미는 무엇인가? 그것은 '상上'의 뜻에서 전이된 것으로 '우한다'는 뜻이다. 그러면 상上의 관념은 어디서 전이된 것이며 또 구성된 것인가? 일면一面으로 '시'운韻 그것이 또한 언어가 발생될 때의 그 어운인가? 어떠한 음운 전변音韻轉變 과정을 밟아 고정된 것인가?

나의 이 탐구는 맹렬하였다. 그러나 나침판도 없이 망망한 대해에 한 조각배를 타고 나선 듯하였다. 이리가도 닿을 곳이 보이지 않았고 저리 가도 닿을 것 같지 않았다. 나는 우선 조선어 가운데에 이렇게 동음이의어同音異義語와 이음동의어異音同義語가 많을 줄은 상상도 못하였다. 색色의

'물'과 수水의 물이 무슨 관계가 있으며, 군群의 '물'과 원圓의 '물'이 무슨 관계가 있으며, 상償의 '물'과 유遺의 '물'이 무슨 관계가 있느냐? 반半의 '가웃'과 여餘의 '가웃'이 어떻게 해서 같은 어운을 차지하고 있으며 모貌의 '꼴'과 미尾의 '꼴'은 어떠한 특정적인 의미의 관련이 있기에 같은 어운으로 표시되어 있느냐는 것이다.

그래서 동음이의어간의 의미의 논리적 관련을 먼저 찾으려 하였다. 지금 그때 적어 놓은 원고를 들여다볼 때 포복절도할 의미의 논리적 관계를 상정한 것도 있다. 일례一例를 들면 청량상쾌淸凉爽快의 '시원＝시운'은 음울한 토굴 속에 살던 인류가 기와로 지은 고대광실高坮廣室에 살게 되자 시원하다는 관념이 생겼다는 것이다. 웃지 못할 관념발생 또는 관념 전이의 자취를 탐구하던 나의 지성의 유치였다. 이러한 '넌센스'가 한둘이 아니다. 그러나 그 당시에는 그러한 결론에 도달하고 만족하였을 것이라고 지금 다시 생각할 때에 우습고 부끄럽기도 하나 나의 고뇌의 자취라고도 보아질 때 일종애무一種愛撫의 감감感도 없지 않다. 이 논술 가운데서도 아직 그 오류를 범하고 있는 것이 한둘이 아니리라고 생각한다.

이 동음이의어同音異義語 사이의 의미의 논리적 관련의 탐색은 그칠 줄도 모르고 진행되었다. 그 때 나의 직장은 수송동壽松洞 태고사太古寺였고 집은 돈암동 전차종점에서 북으로 조금 들어간데 있었다. 때로는 전차도 탔으나 이 탐색의 방해를 피해서 십리 가까운 길을 매일 걸었다. 선객禪客의 화두공안話頭公案처럼 어느 어휘 하나가 소종래所從來도 모르고 소향거所向去도 모르는 것 아님이 없었다. 왜 분分은 '갈'이냐? 올 때나 갈 때나 길을 걸으면서 생각하는 것은 분은 왜 '갈'이냐는 것뿐이었다. 도검刀劍의 '갈(칼)'과 무슨 관계가 있느냐? 가쇄枷鎖의 '갈(칼)'과 무슨 관계가 있느냐? 분말粉末의 '갈(가루)'과 무슨 관계가 있느냐? 색광色光의 '빛갈'의 '갈'과 무슨 관계가 있느냐? 경耕의 '갈'과 무슨 관계가 있느냐? 로蘆의 '갈'과 무슨 관계가 있느냐? 대체代替의 '갈'과 무슨 관계가 있느냐? 침하沈

下의 '갈(깔)'과 무슨 관계가 있느냐? 천부賤婦 '갈보'의 '갈'과 무슨 관계가 있느냐? 산山의 '갈믜'의 '갈'과 무슨 관계가 있느냐? 늑골肋骨의 '갈비'의 '갈'과 무슨 관계가 있느냐?

또 월月은 왜 '달'이며, 교계橋階는 왜 '달'이며, 현게懸揭는 왜 '달'이며, 각脚은 왜 '달'이며, 이異는 왜 '달'이며, 산山은 왜 '달'이며, 지地는 왜 '달'이며, 연煉은 왜 '달'이냐? 유사類似는 왜 '달ㅁ'며, 누대樓垈는 왜 '다락'이냐?

'날, 말, 발, 살, 알, 잘, 찰' 내지 '할' 운韻 어느 하나가 그렇지 아니한 것이 없었다. 이것을 되풀이하고 또 되풀이하기를 그 얼마나 하였던가? 그러는 동안 의미에 접근한 것은 공통된 의미로써 통일하는 방법이 생각되었다. 일례를 들면 교橋와 계階는 오르는 데니까 높은 것이라 하여 '달'이라 하였다. 그러면 산山도 높은 데니까 '달'이라 하였다. 그러면 현懸, 게揭도 높게 하는 것이니까 '달'이라 하였다는 등이다. 이것은 다른 어운에도 적용되었다. 이렇게 하여 공통된 의미의 어운끼리 분류되고 정리되기를 시작하였다. 도서관의 분류카드처럼 매일 새 어휘는 그 어의에 따라 머릿속에 또는 수첩 속에 분류 기재되었다. 말하면 색色의 '물'은 광색光色의 류類에, 수水의 '물'은 우수雨水의 류類에, 군群의 '물'은 군다群多의 류에 이렇게 그 어의에 따라 우선 분류하였다. 이것은 동음이의어에만 적용한 것이 아니라 이음동의어에도 적용하였다. 고상高上의 류에 관冠의 '간－갈', 산山의 '간－갈', '갈믜－갈뫼', 고高의 '높(←나분)', 존尊의 '님－니림', 액額의 '니마', 대戴의 '니', 산山의 '달', 현懸의 '달', 누樓의 '다락', 두頭의 '말－머리', 장長의 '맏－맞', 청廳의 '마루', 치峙의 '마루', 두頭의 '밭'－'비＝벼', 상봉上捧의 '반', 대戴의 '쓰－시', 상上의 '사＝샤', 봉峯의 '수리', 산山의 '살－산', '살믜', 용聳의 '솟', 상上의 '우', 앙仰의 '우르', 상上의 '자', 성치城峙의 '재－자', 상上의 '차, 치, 추', 존尊의 '하' 등등을 분류 일괄하였다. 나중에는 이러한 류類가 수십 종에 이르렀다.

이십여 종에 이른 이러한 류類와 류의 의미의 관념적 관련을 어떻게 맺을까가 나에게 남은 문제요 또 고민이었다. 이 이십여 종의 류도 관념의 구조, 관념 전이의 과정을 밝힘으로 십이삼 종으로 줄어지고 나중에는 칠팔 종에 개괄할 수도 있었다. 우류雨類, 수류水類로 나누어졌던 것이 우수류雨水類로 통일시키고 하천류河川類가 또 우수류에 합병시키는 것이며, 생명류生命類, 정령류精靈類가 정명류精命類에 통일시키고 정수류精髓類를 합병시킨 것이 그 일례들이다.

수천 어휘가 칠팔 종에까지 분류 귀납되고 의미가 접근된 것은, 동일한 관념 의미에서 전이된 것임을 알게 된 나는 십 종 내외에 분류할 수 있는 이 분류도 태초의 일원一元에 즉, 태초의 한 관념, 한 의미에 환원시킬 수 있다는 막연하나마 또 확실한 신념을 가지게 되었다.

왜 분分은 '갈'이냐? 왜 천川은 '날(나리)'이냐는 탐색의 참선과 명상은 여전히 계속되었다. 이때에 분리分離, 분할分割은 같은 관념의 분화요, 이 거리離去 거원去遠은 분리의 관념에서 전이된 것이라는 것도 알았던 것이다. 그리고 유하流下의 관념 '나리-내리'가 천川의 관념에서 전이되어 취하就下, 낙하落下, 저하低下의 관념으로 전이되고, '날'의 동위운同位韻 '날'이 '낮'이 되어 저열低劣 저악低惡의 관념까지 전생轉生시킨 것도 알고 있었을 때이다. 그러나 분리의 관념은 어디서 전이된 것이며, 하천의 관념은 어디서 전이되고 구성되었느냐는 것은 좀처럼 해결되지 아니하였다.

분리된다는 것은 분별된다는 것이요, 분별된다는 것은 분명하게 되는 것이요, 분명하게 된다는 것은 그 자체 밝게 되는 것이요, 밝게 되는 것은 광명을 떠나서 있을 수 없으며 광명은 태양 즉, 천天을 떠나서 있을 수 없다는 일련의 관념에 도달하기까지는 진실로 오랜 시간을 보내었다.

그러면 하천河川의 '나리(내)'도 일日(天)의 '날(늘)'과 깊은 관계가 있을 것이다. 푸른 하늘이 창해滄海와도 같고 빗물이 하늘에서 내려오는 것을 볼 때 우수雨水를 천天의 속성으로 누구나 보기 쉬웠을 것이다. 그래서 모든 어의語義의 류類를 천天의 속성으로 해석하려고 하는 견해에 나는 도달한 것이었다. 이것이 1945년 봄까지의 나의 탐색의 간단한 기록이다.

일본인들이 말하는 이른바 대동아전쟁은 점점 우리로 하여금 사死의 절망에 몰아넣고 있었던 것이다. 연합군의 공습에 의한 폭탄에 죽는다는 것보다 조국광복에 대한 조선민족의 태도와 의도를 고양이 눈알같이 해서 경계하는 그들의 독기에 뇌살惱殺될 지경이었다. 그때 미美 공군의 공습이 심해져서 사회질서가 혼란되든지 미군이 상륙작전을 하든지 하면 총살할 수만 명의 명부까지 작성되어 있다는 풍문까지 공공연히 떠돌아다녔다. 어차피 죽는 것은 결정적이라는 것을 각오한 나는 모두 피란소개避亂疏開를 하는데도 불구하고 돈암동 두옥斗屋에서 버티면서 그래도 이 어원연구만은 무슨 기록이라도 남길 생각이 났을 때는 벌써 첫 여름에 접어든 7월 초순이었다. 종전부터 써오던 원고를 그대로 계속하기는 어쩐지 불가능할 것 같아서 언어의 계보표를 작성함만 같지 못하다고 관념 전이를 보이는 어보語譜를 만들기로 하였다.

ㄱ어부語部와 ㄴ어부를 마치고 ㄷ어부에 막 들어갔을 때에 8월 15일의 해방을 맞이하였다. 이것이야말로 천운天運이요 또 신우神佑이다.

나는 나의 연구에 책임을 져야겠다는 생각으로 1947년 9월부터 동국대학에서 '조선어기원론'이라는 제목으로 강좌를 열었다. 이 논술의 전반부는 그 강의의 초고에 약간의 수정을 가한 것이다. 어보는 내가 처음이 강의를 시작할 때의 구상과 다른 점이 많다. 그리고 지금에 있어서도 어보의 분류에 다소 미흡한 점이 없지 않으나 그렇다고 지금에 있어서 다른 좋은 분류법이 생각해지지도 않는다.

너무 번잡해질까 싶어 인증引證을 극도로 줄인 것과 논술이 너무 간단하여 이해에 난삽難澁을 줄 것을 내 느꼈으나 후일 다시 정보訂補할 생각으로 이만 정도로 한 것이다.

끝으로 원고정리 정사淨寫에 동국대 학생 현평효玄平孝, 최학선崔鶴璇 양군兩君이 노력을 아끼지 않았음에 내 사의謝意를 표하며 출판 기타에 노고를 해주신 여러분들께도 감사를 드린다.

‖ 조선어기원론 목차^{目次} ‖

‖ 일러두기 ‖

1. 이 책은 동국대학교 불교학과 허영호 교수가 지은 『조선어기원론』이다.

2. 원고지의 한자는 한글로 표기하고 그 옆에 한자를 달았다.

3. 중복되는 한자 및 한자로 표기하지 않아도 알 수 있는 어휘는 가급적 한글로 표기하였다.

4. 일본어는 한글음을 표기하였다.

5. 이 책은 1945~1947년 경에 집필된 것으로 당시의 한글맞춤법 및 어법에 따르고 있어 이를 지금의 어법으로 고쳤는데 그 대강은 다음과 같다.

구지	→	굳이	더우려	→	더불어
그기에	→	거기에	떠러지다	→	떨어지다
그러케	→	그렇게	되엿다	→	되었다
그러치	→	그렇지	되푸리	→	되풀이
그러하다면	→	그렇다면	마지하다	→	맞이하다
갓가운	→	가까운	모다	→	모두
같히	→	같이	먼츰	→	먼저
낮브게	→	나쁘게	반듯히	→	반드시
다맛	→	다만	바침	→	받침
딸아	→	따라	아즉도	→	아직도
도로혀	→	도리어	안타	→	않다
어대서	→	어디서	우	→	위
임의	→	이미	앞은	→	아픈
예하면	→	예를 들면	일훔	→	이름
일음	→	이름	일방으로	→	한편으로
안는다	→	않는다	젓다	→	졌다
잇다	→	있다	하나니	→	하느니
이러케	→	이렇게	흡사히	→	흡사

조선어기원론

朝鮮語起源論

제1장 서 론

　언어의 기원에 대해서 혹은 신수설神授說(天造說) 혹은 의성설擬聲說 혹은 반사설反射說 등을 들어 언어의 기원을 설명하려고 하나 모두 경청할만한 것이 되지 못하며 19세기 후반 불란서佛蘭西 언어학회에서 어원문제를 제기한 이후로는 언어의 기원 문제는 언어학자로부터 도외시되고 있다는 것보다 어원 문제에 휩쓸려 들어갈까봐 긍긍하고 있는 것이 사실이다.

　이러한 경향을 보이고 있는 언어의 기원 문제를 내가 『조선어기원론朝鮮語起源論』이라는 한정된 제목으로나마 고찰한다는 것은 혹 세인世人의 웃음을 가져올지도 모른다. 그러나 과연 어원 문제 내지 언어의 기원 문제가 인간의 지력智力으로서 감히 접근할 수 없는 문제일까? 인류가 가지고 있는 최고의 문화유산인 언어의 신비를 구명究明하지 않고 인류의 문화발생을 운운할 수 없는 것은 누구나 시인할 것이며 따라서 이 언어의 기원 문제가 모든 사상, 모든 문화의 원형이라는 것도 수긍할 것이다. 그러므로 언어기원의 신비를 들어다보고 싶은 것은 누가 무엇이라고 충고하더라도 항상 이 유혹의 촉수로부터 감히 떠나지 못하고 있다.

　여기서 나는 언어의 기원 문제에 대해서 일반학자는 이유 없는 선입견에 사로잡혀 있다는 것을 지적하고 싶다. 그것은 인류의 언어는 동물의 명폐鳴吠에서 진화, 발달되었다는 진화론적 견해이다. 인간이 인간 이전의 동물시대를 가졌던 것을 부정할 수 없는 나는, 인간의 언어가 동물의 언어(?)에 접속되어 있다는 것을 부정할 아무런 이유도 없다. 그러나 인간의 언어는 동물의 언어와 더불어 그 성음聲音에 있어서 공통된 일면은 시인是認할 수 있으나 그 체질에 있어서는 동물의 명폐鳴吠로 더불어 질적으로 다르다는 것을 지적하고 싶다. 여기서 나는 언어라는 개념에 대해서 즉, 인류가 가지고 있는 '언어'라는 개념에 대해서 새로운 정의와 이해를 가져야 할 것을 말하고 싶다. 인류의 언어라는 것은 지적 의의知的意義를 가지고 있는 음운이라는 것이다. 그 의미에서 이른바 동물의 언어라는 것은 지적 의의를 가진 음운이 아니요, 감정의 표현 수단으로써의 성음인 것으로 더불어 구별하여야 한다는 것이다. 물론 인간의 언어라는 막연한 개념으로 시인된 지적 의의를 가지지 아니한 정의표현情意表現의 음운이 언어의 일종으로서 사전 속에 그 지위를 차지하고 있는 것이 있기는 하다. 예를 들면 감탄사 또는 간투사로서 혹은 모성어模聲語로서 '아!'라든지 '타－ㅇ!'이라든지 등이 그것이다. 그러나 이것은 아직 진정한 의미의 언어라고 할 수 없는 것이다. 이러한 언어는 진정한 의미에 있어서의 인류의 언어가 아니요, 아직 동물의 언어의 단계에 있을 것이다. 그러므로 아직 지적 의의를 가지지 아니한 동물의 언어로부터 인간의 언어가 진화되었다는 가상은 언어의 기원 문제를 고구考究하는 데 이르러 포기하지 않으면 안 된다.

이 선입견에 병행해서 야만인 또는 미개민족의 언어에 관한 연구가 언어의 기원 문제의 고구考究에 선행되는 것이라든지 아동兒童 언어의 연구가 또한 동일한 가치를 가질 것이라는 상상도 전연 무가치하다는 것은 아니나 미개민족이라도 정의定義가 원래 막연하고 편파적인 인간적 우월감을 탈각脫却하지 못한, 지성이 부족한 망상에서 삐져나온 것임을 회고하고 미개민족이라 하더라도 그 가진 바 언어는 이른바 문명 민족들이 가지고 있는 언어가 언어로써 고정 확립될 그 시기에 또한 고정되었을 것이라는 것을 상정할 아량을 우리는 가져야 한다. 세계 어느 종족이고 간에 언어의 제1기 단계에 있는 언어는 하나도 없다. 다만 언어 발생의 초기 내지 제2기의 전통을 순수하게 장구히 지속하고 있느냐 있지 않느냐는 차이의 도度뿐이요, 모두 풍토의 영향과 문화의 교류로 말미암아 독자의 발전(독자의 타락인지도 모른다)을 수천 년 내지 수만 년 동안 지나온 언어들이다. 지금에 있어서 교착어膠着語이니 고립어孤立語이니 굴절어屈折語이니 포함어抱含語이니 하는 언어의 형태만을 잡아서 언어의 분류를 일삼고 그리하여 서로 아무런 관련도 그 사이에 없는 것처럼 여기고 있으나 이 또한 언어의 기원 본질에 대한 현금現수의 연구가 또한 그러한 결론과 견해를 시인할 수밖에 없는 단계에 있다는 것뿐이요, 그것이 최종적 결론이 될 수 없는 것도 우리는 이해해 두어야 될 것으로 생각한다.

다음에 한 가지 더 지적하고 싶은 것은 순환론循環論에 떨어지기는 하나 그 언어의 어의를 알지 못하고 그 언어의 기원만을 추구하려는 태도이다. 예를 들면 man이 어찌하여 사람을 가리키는 것이며 따라서 man이라는 어운의 어의가 무엇이냐는 것을 밝히지 않고 범어梵語의 manu에서 왔다고 해보았자 그것이 man의 어원 어의가 구명되어지는 것이 아니며, man이 manu에서 왔다 하더라도 범어에서 manu는 무슨 까닭으로 '사람'을 가리키게 된 것이냐는 것이 밝혀지지 않는 동안 결국 그들은 man이라는 말을 모른다고 하지 않을 수 없다. 말을 모르고 그 어원을 문제 삼는 것은 확실히 성급한 일이다. 이것은 그대로 조선말에도 적용되지 않으면 안 된다. 조선말은 왜 인간을 '사람'이라 하며 '사람'이라는 말의 뜻은 무엇이냐? 생물이라서 '사람'이라 한 것인가? 사고자思考者라고 해서 '사람'이라 한 것인가? 영명자靈明者라고 해서 '사람'이라고 한 것인가? '살' 운韻은 생生도 가리키고 사량思量도 가리키고 정수精髓도 가리키고 명찰明察도 가리키고 화열火熱도 가리키고 연수年數도 가리키고 영역領域도 가리키고 원주圓周도 가리키고 선조線條도 가리키고 질속疾速도 가리킨다. 그러면 그 어느 의미에서 '사ᄅ미'-'살암'-'사람'이라 한 것인가? 또 그 어느 의미에서 사람이라 하였더라도 그 어느 의미를 또 왜 '살'이라 하였던가? 여기까지 밝히지 않고 언어의 기원 문제를 논란하는 것은 확실히 연구가의 조홀粗忽한 것임을 지적하지 않을 수 없다. 그렇다면 어의를 그 원의原意에서 이해하지 못하면서 이 불이해를 무지로 돌려보내지 않고 안이한 태도로서 '언어는 부호符號이다'는 결론을 내세우는 것이다. 그러면 무슨 부호인가? 사유의 부호인가? 실물의 부호인가? 악보와 같은 부호인가? 신호기信號旗와 같은 부호인가? 또는 집회종集會鍾소리, 방과放課 사이렌과 같은 부호인가? 이보다 음운音韻과 어의의 관계 언어와 사물의 관계에 대한 성찰의 부족에서 나온 안이한 도피에 지나지 않는다고 나는 지적하지 않을 수 없다.

스토아학파에서 사물과 명칭의 사이에는 본질적 관계가 있다 하고 언어의 원의原義는 그 말이 표현하는 사물의 성질을 구명하므로 말미암아 알 수 있다고 생각한 것은 근대의 언어부호론자에 비하면 어원을 찾는 방법으로서 보다 진실하였다는 것을─그 결과의 공적功績은 문제삼지 않고─나는 시인하고자 한다. 왜 그런가 하면 언어의 기원이 결코 우발적이 아니었던 까닭이요, 반드시 그 명칭을 명칭 되게 한 요인이 그 언어 속에 들어있는 까닭이다. 산山을 산이라고 기호한 문자 그 속에 산의 뜻이 있는 것이 아니라 '산'이라는 음운 속에 일반이 '산'이라고 시인할 수 있을 요소를 가지고 있었던 까닭이다.

언어는 사유思惟의 체계요 계보系譜이다. 어떠한 언어라도 그 체계를 달리한 외래어를 섭취하고 있는 것은 사실이다. 그러나 원의불명原意不明한 외래어를 제외하면 그 조어사용자祖語使用者의 전통을 어떠한 형식으로서나 전승한 언어는 유기적有機的 체계 또는 계보를 가지고 있는 것이다. 그러므로 언어라는 것은 그렇게 있을 형태를 그 발생 순간부터 필연적으로 가지고 있는 것이요, 또 그 발생이 아무리 후기에 소속된다 하더라도 그 어운의 요소는 그러한 언어로 구성될 의의를 가지고 수천 년 내지 수만 년의 역사를 가지고 있는 것이며, 결코 돌발적으로 부호처럼 누가 만들고 그것을 시인하라고 강제하여 성립된 것은 아니다. 사실로 우리는 언어의 원의^{原意}를 잊어버리고 전용된 어의로서 새로운 어휘를 만들기는 한다. 예를 들면 시계를 '때알이' 또는 '때알개'라고 만든다고 할 때 이 말은 일반이 승인할 어운상^{語韻上}, 어의상^{語義上}, 어미상^{語味上} 가능한 요소를 구비하고 있다. 그러나 시^時를 왜 '때'라고 하는지 '때'라는 말의 원의가 무엇인지 아는 사람은 적으며 지^知케 하는 '알이'의 어의는 아나, 왜 지^知를 '알'이라고 하며 '알'의 원의가 무엇인지를 아는 사람은 적다. 또 '개'라는 것이 도구를 의미하는 접미사인 줄은 아나 그 원의가 무엇인지를 아는 사람은 적다. 이러면서 쉽사리 '때알이'라고 할 때 처음에는 막연하게 이해하고 조어^{造語}의 설명을 듣고 난 뒤에는 확실히 승인하고 그 뜻을 그릇 이해하지 않는다. 이러하여 신어^{新語}로서의 '때알이', '때알개'가 발생은 오래지 않으나 '때', '알'과 '이', '개'는 조선 언어사회에 있어서 수천 년 내지 수만 년 동안 일반으로부터 시인된 역사적 배경을 가지고 있으며 누가 돌발적으로 고립된 부호로써 만들어 낸 것은 아니다. 그러므로 어운이 같은 어휘는 지금 우리가 그 사이에 도저히 어의상 관련성을 발견할 수 없다 하더라도 그것은 우리가 오랫동안 내려오면서 관념의 전이가 급격하고 또는 어의전이^{語義轉移}의 여러 단계 가운데 일환^{一環} 내지 그 이상의 수환^{數環}을 이루고 있는 논리상 연환^{連環}을 망실^{忘失}한 까닭에 알지 못할 뿐이지 시^時의 '때'와 이유의 '때문'의 '때'와의 사이에 관념 전이상^{觀念轉移上} 또는 어의구성상^{語義構成上} 관련이 없는 것은 아니다. 환언하면 아무 의미도 없는 음운에 새로운 의미를 부여하여 새로운 어휘를 만드는 것은 아니다. 뇌전^{雷電}의 전^電에서 전기^{電氣}란 말이 나오고 거기서 전등^{電燈}, 전차라는 말이 생기고 전별^{電別}, 전격^{電擊}이라는 말이 생기어 뇌전^{雷電}의 전^電인 '번개'라는 말이 한편으로는 등명^{燈明}으로 분화하고 한편으로는 동력動力으로 전화轉化하고 또 한편으로는 질속疾速으로 분화되어 서로 그 사이에 아무런 연관이 없는 것 같지만 전電→ 명明, 전電→ 력力, 전電→속速의 관념상 연관이 맺어져 있는 것이다. 그리고 이것은 표의문자表意文字인 한자의 성질상 그 어휘의 유래 즉, 어원을 그 문자를 통해서 쉽게 추정할 수 있으나 번개를 왜 전電이라고 하였느냐 하면 이것은 그 문자를 아무리 분해하더라도 번개라는 관념은 나오지 않으며 그리하여 그 '뎐-딘'이라는 어운에서 그 의의를 찾지 않으면 도저히 그 어원에 도달할 수 없는 것이나 일반학자는 '번개'를 전電이라는 음운으로 표현한 것은 우연이요, 돌발적이요, 고립적으로 생각한다는 것이다. 나는 이것이 어원학자語源學者의 안이한 도피 또는 타협이라고 지적하는 것이다. 전기는 전電에서 나왔다 하면서 전은 어디서 나왔다고 해석하지 아니하려는 곳에 어원학語源學 내지 언어 기원 문제의 최후 장벽이 있는 것이다. 혹은 전電은 뢰雷에서 왔다고도 할는지 모르나 또 뢰雷에서 왔다 하더라도 뢰雷는 왜 '뢰←래←라이'라고 하였던가를 밝히지 않으면 안 된다. 또는 전電의 음音이 천天의 음운과 동일하다 하여 천天에서 왔다고도 할 것이나 천은 왜 천이라고 하였던가 하고 다시 추궁하면 대개는 도피하고 만다. 여기에 언어 자체로서는 예기豫期하지 않았던 신비성을 얻게 되어 이상에서 말한 최후의 장벽을 인간의 이해와의 사이에 쌓게 된 것이다.

불란서의 '볼떼-르'가 어원학에서는 도대체 모음을 안중에 두지 않고 자음까지도 거의 무시한다고 풍자한 것은 미숙하고 방자한 어원학자에게 정문頂門의 일침一針이 되었거니와 대담하고 솔직하고 체계적인 언어사실과 음운 전변音韻轉變의 역사 사실을 과소寡笑할 것은 되지 못한다. 그가 다시 소생蘇生한다면 '소슈-르'의 langue와 parole의 구별을 무시할 수 없을 것도 알 것이며 산스크릿과 쁘라끄릿의 갈라진 것과 한어漢語와 백화白話의 차이가 생기게 된 까닭도 알고는 풍자하려는 감정을 버리고 그 참다운 지성으로써 어원학에서는 도대체 모음을 무시하고 자음까지도 거의 안중에 두지 않는 것이라고 할 것이다. 이것이 어원학자의 자의恣意로만 돌릴 것이 아니라 곧 언어의 사실이요, 어운의 역사인 까닭이다.

청년문법가青年文法家의 주장과 같이 음운의 전변轉變에는 일정한 법칙이 있다. 그러나 일정한 전변의 법칙의 길은 하나만이 아니다. 하나만이 아니라는 것은 예외로 볼 수 있는 성질의 법칙의 길도 있다는 것을 포함한다. 언어는 한 사람이 만든 것이 아니므로 일방의 법칙과 의의만이 있는 것이 아니나 언어는 그 언어사회에 있어서 만인이 공인하여야 하는 것이므로 일관된 보편성을 가진다. 일례一例를 들면 조선말에 수水를 'ᄆᆞ이(미)'라는 말과 'ᄆᆞ리(믈)' — 한 시기 이전의 어운은 'ᄆᆞ디(ᄆᆞ듸)'였다 — 이라는 말과의 두 고어古語가 있어서 전자는 사물지칭사事物指稱辭 즉, 명사화접미사名詞化接尾辭 — 조선말에서는 이것이 진실로 토吐요 또 받침이다 — '이'를 붙여서 만든 것이요, 후자後者는 또 명사화접미사 '리(디)'를 붙여서 만든 것으로 그 원어근原語根은 더 적확히 말한다면 태초어太初語인 'ᄆᆞ'에서 만든 것이다. 이 '이'와 '리(디)'를 붙여서 만드는 조어법造語法은 병행된 것으로 태양의 'ᄒᆞ이(히)', 'ᄒᆞ리(홀)', 하河의 'ᄀᆞ이(기)', 'ᄀᆞ리(글)', 연年의 'ᄉᆞ이(시)', 'ᄉᆞ리(슬)'들도 모두 그렇게 되어 만들어진 것이다. 그러나 지금에 와서 수水는 'ᄆᆞ리-믈-플-물'만이 전해지고 'ᄆᆞ이(미)'는 고어로서만 남아 있고, 일日은 'ᄒᆞ이-히-해'만이 전하고 'ᄒᆞ리-홀-흘'은 합성어 속에 또는 고어로서만 남아있고, 하河의 'ᄀᆞ이'는 '기-개'로 전하고 'ᄀᆞ리'는 '글-글-걸'로 전하고, 연年은 'ᄉᆞ리-슬-살'로 연령年齡의 뜻으로 고정되었고 'ᄉᆞ-슬-설'은 신년新年의 뜻으로 고정되어 있다(ᄉᆡ는 세歲로 변장하여 그 존재가 명확하지 않다). 이상 음운의 변화를 볼 때 혹은 ㄹ의 탈락이나 ㄹ의 첨입添入이라고들 하나 이것은 일방적 법칙의 고집이요, 병존적 법칙의 무시에서 나온 것으로 이 병존적 법칙의 적용 여부를 음운가들은 생생히 현전어휘現傳語彙와 다수결로서 예외로 삼으려 하는 것이다. 또 한편으로 불철저한 연구를 가지고 음운의 동화현상同化現象이니 이화현상異化現象이니 하여 고鼓의 '붑'이 '북'이 된 것은 이화현상이요, 갑匣의 '갑'이 '각'이 되는 것은 동화현상이니하는 기괴한 음운법칙설까지 말하는 법칙완고파들도 있게 되는 것이다. 왜그러냐 하면 '붑'이 '북'으로 된 것이 아니요, 병존하던 붑이 북의 어운세력語韻勢力으로 말미암아 정복당한 것으로 이것은 갑匣의 '갑', '각'이 여전히 병행하는 것으로 미루어 추단할 수 있다. 법칙상으로 보아서는 '갑'이 '각'을 정복할 것 같으나 도리어 '각'의 문화성이 '갑'을 정복하거나 다른 어의 영역으로 '갑'을 추방한 것 같다.

여기서 나는 음운은 음성학 또는 음운론적 법칙에 의해서만 전변되는 것이 아니라 어의語義의 전이, 관념의 전이로 말미암아서도 ― 도리어 더 결정적으로 ― 변화된다는 것을 강조하고 싶다. 백색白色의 '하', '허'가 'ᄒᆞ'에서 온 것은 의심할 여지가 없으니 '하', '허'의 음운은 'ᄒᆞ'가 전변된 것이다. 그러면 백색白色의 '히'는 어디서 온 것인가? 백색의 '히'는 '희'에서, '희'는 'ᄒᆡ'에서 온 것은 이조 초기 이후의 문헌을 통해서 입증할 수가 있다. 그러면 'ᄒᆡ'는 'ᄒᆞ'의 ümlaut화化 또는 'ᄒᆞ'의 명사화법名詞化法에 의하여 '이'가 첨가된 ㅁ의 축자縮字한 것임을 추단할 수 있으니 'ㆍ'운은 'ㅡ, ㅣ, ㅏ, ㅓ'운으로 전변될 수 있으며 또 창백색蒼白色의 '핼간'의 '해'에도 전변할 수 있으니 'ㆍ'운은 'ㅓ, ㅐ'운으로도 전변할 수 있다. 이것은 음운의 음성학적 법칙에 의해서 전변된 것이 아니라 어의의 전이에 의해서 전변된 것이다. 그런데 토土의 'ᄒᆞᆰ'이 '흙'이 되고, 녹綠의 'ᄑᆞᄅᆞ'가 '프르'로 되며, 수水의 '믈'이 '물'이 되고, 화火의 '블'이 '불'이 된 것을 미루어 생각하면 수水, 화火의 이조李朝 초기의 음운 '믈, 블'이 그 이전 어느 시대에는 'ᄆᆞᆯ, ᄇᆞᆯ'이 되었을 것도 추단할 수가 있다. 그렇다면 'ㆍ'는 'ㅡ', 'ㅓ'의 과정을 밟아서 'ㅜ'로도 전변될 수 있다고 추정할 수가 있다(이것은 대개 순음脣音에 속한 것이다). 그러나 이것은 어의의 전이로 말미암은 음운의 전변이 아니요, 그 언어사회에 있어서의 문화성, 시대성에 말미암은 음운 자체의 변천이다. 마馬의 '물'이 '말'이 되고 또는 '몰'이 되며 완腕의 '풀'이 '팔'이 되고 '폴'이 되는 것은 그 언어사회에 있어서의 풍토성, 지역성에 말미암은 음운자체의 변화이다.

대체로 문자라는 것은 그것이 생긴 지 기천幾千년 내지 기백幾百년에 지나지 않는 것으로서 표의문자表意文字라는 것은 본래 음운을 중시한 것이 아니요, 음운을 중시한다는 표음문자라는 것도 기록자의 청각인상으로 말미암아 적은 것이기 때문에 그 음역音域이 서로 접근되어 있는 모음들의 기록이 어느 정도 정확한 것이냐 하는 것은 아무도 보증할 수가 없다. 이것을 확실히 보증할 수 없으므로 아랍문자 같은 데에서는 모음자母音子의 기입을 전연全然히 결缺한 것도 있으며 또 사실 인류가 처음으로 언어를 발명하였을 때의 음운은 자음이 주主요, 모음은 중시되지 않았다는 것을 적어도 조선어의 기원에 관한 고찰을 미루어 나는 단언하고 싶다. 즉, 인구印歐 문자식文字式으로 적는다면 모음 없는 자음 또는 a음미音尾를 가진 자음일 것이요, 조선朝鮮 문자식文字式으로 적는다면 모음을 가진 자음뿐이었을 것이라는 것이다. 표의문자의 음운의 변화 과정을 밝혀본다 하더라도 그것이 원시어의 원운原韻에 이를 수 없는 것은 표음문자 기록이 그 아무리 오래된 것이라 하더라도 언어가 발생한 이후 수만 년을 경과한 뒤의 것이므로 함께 언어의 기원에 큰 도움이 될 만한 정확한 기록으로 볼 수 없는 것이다. 더구나 그것들이 어떤 언어 체계에 소속되는 어휘의 극소 부분에 지나지 않은 것임에랴! 도리어 현존하는 어떤 언어 체계의 속에서 그 언어로써의 음운의 법칙을 규정하고 그 언어로써의 의미의 관련을 분류하고 그 언어로써의 형태의 구성을 명확히 함으로써 그 언어 체계의 신고어新古語

를 그 단계 그 등위^{等位} 그 계보에서 밝히는 것이 보다 더 확실한 방법인 것을 나는 말하고자 한다. 왜 그런가 하면 한 개의 어휘라도 그것이 어떠한 의미와 형태를 가졌거나 언어 발생 이후 지금까지의 역사를 지니고 있으므로서다. 혹은 나의 이 말에 일면으로 놀라며 일면으로 믿지 않을지 모르나 이것은 확실한 사실이니 일례를 들어 말하면, 애^{愛}의 '사랑'은 적어도 이조^{李朝}에 들어와서 그 어운세력^{語韻勢力}을 얻은 말이요, 이전은 '닷' 또는 '괴시(고시)'였다고 할 것이나 이것은 사고^{思考}의 사랑이 사모^{思慕} – 애모^{愛慕}의 관념 전이로 사고^{思考} 또는 온정에서 애련^{愛戀}의 뜻으로 변하였으나 온정사고^{溫情思考}의 사랑이라는 어운은 이전부터 있었던 것이요, 그 사랑이 지니고 있는 의미의 역사는 그 음운이 사고의 뜻으로 전이되기 이전에 또한 다른 의미로서 전승되었건 말았건 또는 그 사랑이라는 어운이 '살+앙'의 합성어로 되기 이전에 '살'이 가지고 있던 의미를 인자적^{因子的}으로 가지고 있어서 그 발생 시기까지 연속되어 있는 것이다. 세간에서는 왕왕^{往往}히 어운의 성쇠 흥망의 사실만을 보고 그때 비로소 돌발적으로 그 언어가 발생한 것처럼 여기나 이것은 어운 발달의 역사 과정을 무시한 것이다.

문자의 발명은 확실히 어운을 보유하고 문화를 전파함에 큰 도움이 되었으나 언어의 발달에 큰 지장을 준 것도 사실로서 자유로운 언어의 기능으로 하여금 고정화시켜 버리는 결과를 가져온 것도 속일 수 없다. 이 고정된 문자의 기록으로서 어원학에서 도대체 모음을 무시한다는 비난의 기초를 삼는 것이 원래 정당한 이해가 아닌 것을 거듭 상기할 것이다. 분리, 제거의 '덜'이 감소의 '덜'로 전화^{轉化}되었다 하더라도 불거^{拂去}의 '떨'과 '털'로 더불어 동일계보에 소속되는 것이며 청명^{淸明}의 '곳곳'(곳의 첩어)이 청결^{淸潔}의 깨끗(깻긋)으로 변화되었는데도 불구하고 어원학에 있어서 자음을 거의 무시한다는 풍자^{諷刺}로 일축해 버리는 것도 정당한 이해가 아니다. 인구어^{印歐語}에 있어서는 그 어운의 분석이

상당히 곤란하여 그 참된 원시原始 또는 차기次期의 어근을 추출하기에 여간 난삽難澁이 있는 것은 아니나 인구어라고 해서 무목적無目的으로 자생분파滋生分派된 것은 아닐 것이요, 각 어휘 사이에 정연한 언어의 계보를 가지고 있었을 것이나 문자의 불비不備인 까닭인지, 기록자의 자의恣意인지 또는 격심한 음운의 전변 때문인지 또는 언어교류의 혼란 때문인지 그 어느 것으로 말미암아 지금과 같은 형태를 이루고 있는 것으로 나는 추찰推察한다.

무릇 인류가 최초에 발명한 언어가 일음철一音綴 이상의 다음철多音綴 이라고는 상상할 수가 없다. 적어도 조선어에 있어서 이음철二音綴 이상의 말은 모두 합성어 또는 음운이 분화한 것이요, 심지어 자음의 받침을 가진 일음철의 단어도 이음철로 된 합성어음의 단음절화한 것이 많다. 이것은 다음에 가서 말할 것이므로 그만두나 어떤 일음철의 음운에 지적 의의知的意義를 주게 된 이후에 비로소 언어가 성립되었던 것을 우리는 잊어서는 아니 된다.

조선말은 어떻게 해서 생겼느냐? 조선말의 기원은 어디에 있느냐? 조선말은 어떻게 해서 성립되었느냐? 이것을 논증할 만한 아무런 전설도 없으며 기록도 없다. 그러므로 현전現傳하는 고유固有 조선어朝鮮語의 구조를 고찰하는 길 이외에 이 기원을 더듬어 볼 방법은 없다. 즉, 한 어휘에 대한 음운의 전변轉變 과정過程 및 어의의 전이와 어휘 상호간의 어의 관계 및 계위系位를 공구攻究하는 길 이외에 다른 방법이 있어 보이지 않는다. 나는 이 기원 문제를 밝히기 위해서라기보다도 원래는 어의와 음운의 관계에 대한 연구가 이 기원 문제에까지 소급시켰으므로 자연히 이러한 방법론을 가지게 된 것이라고 하는 것이 나의 솔직한 의견이다.

좌우간 조선어는 어떻게 해서 생겼느냐? 조선말의 기원은 어디에 있느냐? 조선말은 어떻게 해서 성립되었느냐? 조선말이 원래 언어로써

생길 때부터 조선말로 생긴 것은 아니다. 조선말이 된 것은 결과에서 본 명칭으로 이 언어를 쓰는 집단 사회가 같은 문화, 같은 사상, 같은 신앙, 같은 풍습을 가지면서 같은 언어를 쓰고 있으므로 즉, 조선민족이 쓰고 있는 언어로 되었으므로 조선어라 하는 것이다. 조선어라고 규정받게 된 원인은 이 조선지역에 살게 되고 역사를 가지게 된 그때부터 조선말이 된 것이요, 그 이전은 전조선어前朝鮮語 또는 조선조어朝鮮祖語라고 부르는 성부지姓不知 명부지名不知의 언어의 일종에 지나지 않았던 것이다. 그러나 그 전조선어 또는 조선조어를 떠나서 조선어가 있을 수 없으며 그 전조선어 또는 조선조어를 떠나서 조선어를 이해할 수 없다. 그러므로 조선어의 기원 문제는 조선조어의 기원에 기초하는 것이며 또 거기서 원류하는 것이다. 또 그 조선조어도 일종의 언어인 이상 일반 언어의 기원에 연락連絡되어 있다는 것을 잊어서는 아니 된다.

그러므로 조선어의 기원 문제는 절로 일반 언어의 기원 문제에 직접 관련되어 있는 것이다. 여기서 문제는 다시 본래에 환원되어 언어의 기원은 어디에 있느냐, 언어는 어떻게 해서 생겼느냐에 돌아가지 않을 수 없다.

세계 언어의 기원에 대해서 여러 설이 있으나 모두 일종의 억측에 지나지 않는다는 것은 이미 말하였다. 그러나 일별一瞥하는 것도 이해의 도움이 될 것이므로 아래에 대강 들고자 한다.

첫째로는 이른바 신조설神造說 또는 신수설神授說이다. 즉, 말이라는 것은 신이 사람에게 내려준 것이라는 것이다. 현장玄奘의 『대당서역기大唐西城記』 권2卷二에

'詳其文字, 梵天所製, 原始垂則四十七言也. 遇物合成, 隨事轉用, 流演枝派, 其源浸廣, 因地隨人, 微有改變, 語其大較, 未異本源, 而中印度, 轉爲詳正, 辭調和雅, 與天同音, 氣韻淸亮, 爲人軌則, 隣境異國, 習

謬成訓, 競趨澆俗 其守淳風.'

운운云云한 기록은 얼핏 보기에 인도 문자가 범천梵天이 지은 것을 전하는 것 같으나 실은 범어, 범문梵文이 함께 범천의 소제所製임을 전하는 것은 그 다음의 문구들을 보아 요해할 것이다. 사실로 그들은 그렇게 믿었기 때문에 범천 소제의 어운語韻, 그대로 기도하지 않으면 안 된다하여 성명학聲明學을 퍽이나 중시하였던 것이다. 즉, 그들은 범천에서 지은 사십칠언四十七言(모음으로 된 말 십이十二. 자음으로 된 말 삼십오三十五)을 가지고(그 각음의 가진 어의에 대해서는 말이 없으나 혹은 불전佛典의 자문품字門品들에서 a는 불생不生(adyan-utpāda)이나 ka는 작업(kārya) khā는 허공(kha)이니 하는 그것을 가르친 것인지도 모른다. 그러나 취신取信할 수는 없다) 물사物事를 따라 수음數音이 합성하여 구성되기도 하고 또는 의의의 전이도 생긴 결과 여러 어음이 분파分派, 자유孳乳되어 지역과 인중人衆을 따라 다소의 어운상 변화도 생기기는 하였으나 본원은 다 같은 것이다. 그 중에서도 중인도中印度의 말이 가장 상정詳正하고 화아和雅하여 원래의 천음天音에 같고 천어天語의 궤칙軌則이 된다는 것이다.

범梵은 Brahma의 사음寫音으로 이 신神은 바라문교에 있어서의 자존, 절대, 영원의 속성을 가진 최고의 신이었고 또 삼라만상의 분화된 근원이었다. 그 어근은 brih로서 생장, 증대, 번무繁茂 내지 기력, 생명의 뜻을 가진 말이니 능히 창조신의 지위도 가질 수 있는 신이다. 그러므로 그들은 그들 자신이 이 신에 근저하고 이 신의 분화分化인 것이므로 그들이 가진 언어와 문자까지도 이 신이 만들고 또 태워준 것으로 믿었던 것이다. 서양에서도 언어를 신이 만들었나, 사람이 지은 것인가에 대해서 일찍부터 논의가 된 것 같은데 logos라는 말은 그 원의는 어찌되었었건 '신의 말' 또는 '신神 그것'을 가리켰던 것이다. "태초에 말이 있으니…… 말이 곧 하나님이시라"라는 사도약한복음使徒約翰福音의 서두의 이 말은 이 사상을 단적으로 표시하는 것이다. 우리는 이 복음의 성립 연대를 잡아서 이 전승이 늦게 생긴 것이라고 말할 수는 없을 것이다. 이것도 일종의 신조설神造說이다.

이 신조설 또는 신수설에 반해서 일어난 것이 인간 스스로가 만들고 만들어지게 되었다는, 말하자면 인조설人造說이라고 할 수 있는 것이다. 이것은 벌써 희랍의 소크라테스가 플라톤의 '크라틸로스(kratylos)'에서 그리 명확하지는 않으나 탁월한 이론가 또는 천착가穿鑿家들로 말미암아 명칭이 주어졌다는 말을 하였고, 모든 사물의 명칭은 원시적이지만 그 사물의 특질을 표시하고 있다는 말을 하였다. 플라톤도 이 견해인 것 같으며, 그 제자 Aristoteles는 확실히 언어는 인류가 만들어 낸 것으로 전연全然 인간호상人間互相의 약속으로 말미암아 성립한 것 또는 거기에 기초한 것이라 하였다. 그러나 구주歐洲의 중세학자들은 이 설을 계승하기보다 무릇 그들의 언어 연구라는 것이 종교적 동기에서 기인한 것이므로 그들 신학자神學者들은 신이 모든 것을 창조한 것과 같이 언어도 신의 창조한 것이라 하여 Hebrew어야말로 신이 태워 주신 신성한 말로 아담, 이브가 쓰던 말이며 Babel탑 사건 이전의 말이라고까지 하였다. 그러므로 사회통계학과 인구론人口論의 조祖라고 지칭되어 그의 연구방법 태도가 퍽이나 실증적이던 Johann Peter Sussmilch(1707~1767)까지도 언어는 인류가 만든 것이 아니요, 신이 만든 것이라 하였다.[1]

그러나 12세기 이후 '사라센'인人으로 말미암아 정벌된 구주歐洲에 사라센어, 아라비아문화가 이입되고 Hebrew의 문학을 연구하게 되므로 말미암아 언어의 비교 연구가 행하여졌다. 그래서 재래의 연구에 심대한 영향을 주었으며 더욱이 언어가 신의 창조라면 Hebrew, Greek,

---

1 이 설을 새로운 견해로 설명한 사람이 Johann georg Hamann(1721~1788)이다. 그는 "인간언어의 기원은 무엇보다도 신적이다"거나 "신은 곧 말이다"거나 하여 창조주가 인간의 본성에 적합하도록 만들어준 것이라고 하였다.

Latin의 각어간各語間에는 스스로의 어떤 연계관계가 있을 것이라는 상정에 의문을 준 것은 사실이다.

W. Wundt(1832~1920)는 그의 『민족심리학民族心理學』 제1권 언어 제2책(제2판, 1904)에 언어의 기원설에 대해서 네 가지로 나누었다.

1. 발명설發明說(Erfindungs theorie)
2. 모방설模倣說(Nach ahmungs theorie)
3. 자연성설自然聲說(Natur laut theorie)
4. 기적설奇蹟說(Wunder theorie)

발명설이라는 것은 17, 8세기의 철학적 경험론 속에서 실제로 논의된 것으로 Johann Gottfried Herder(1744~1803)는 언어는 인간이 발명한 것이라는 견해를 가져서, 사람의 본유적인 능력 속에 그 가능성을 가지고 있다 하였다. 그의 「언어기원言語起源에 관한 논문」(1772)은 "이미 동물로서 인간은 말을 가지고 있었다"는 주장으로 시작되었으니 이것은 Herder의 근본 태도였다. 동물들이 부르짖는 소리로써 그 감정을 나타내듯이 사람도 원래 그러한 자연적인 소리말을 가졌으나, 동물들은 어디까지나 자연적이고 직접적인데 비해서, 사람은 그 본유의 이성력理性力으로써 이것을 반성하고 종합한다 하였다. Wundt도 지적한 것처럼 이 설은 모방설模倣說과 자연성설自然聲說, 의성설擬聲說과 반사설反射說에 분화되었다.

모방설이라는 것은 음성을 모방하여 그것의 지각 내용을 성음聲音의 형식을 통해서 재구성한 것이 언어라는 설이다. 즉, 외계의 음성을 잡아서 언어의 의미를 부여하고 체득한다는 것이니 환언하면 자연성自然聲 그것은 원래 의미가 있는 것이 아니나 그 소리를 내는 자체의 성격을 파악함으로써 입을 통해서 소리가 되고 마음 속에 그 성격의 본질내지 의의를 관념하게 되어 드디어 의의意義있는 언어가 성립된다는 것이다. 예를 들면 cuckoo 즉, 곽공조郭公鳥는 그 명성鳴聲에서 이름을 얻어 드디어 곽공 그것을 가리키고 뜻하는 말이 되었다는 것이다.

자연성설은 외부의 대상, 자극으로 말미암아 반사적으로 발성發聲하는 감동음感動音으로부터 언어가 시작되었다는 설이다. 전설前說이 외부성음모방外部聲音模倣에 그 기초를 둔데 비해서 이 설은 내부의 자기발성에 그 중심을 두는 것만큼 전설에 대립되는 설이라 볼 수 있다. 그런데 Lazahl Geiger(1880~) 같은 이는 반사적 충동 또는 감각적 대상에 언어의 의의를 두지 않고 개념 즉, 무슨 사유적인 것에 언어의 의의를 두려하였다. 그리고 음성은 개념 자신 가운데에 들어있는 성음聲音의 자연적 충동의 발현이라고 보았다. 즉, 외계의 자극에 대한 생리적 반사운동으로 성음이 표출되고 그런 뒤 그것에 의의가 부여된 것이 아니라, 외계의 사물에 대한 판단 개념이 선행되고 그에 따라 충동으로서 자연히 성음이 표출된다는 것이다. 성음은 "사유적思惟的인 동기動機로서 작용되는 것이다"는 것이다. 그리고 그는 "소리를 내지 않는 사유라도 완전한 뜻에서 내면적 담화談話이다"라고까지 말하였다. 또 "우리가 사유라고 부르는 것은 수천 년 동안의 훈련의 결과 무의식적으로 대뇌大腦 중추부를 경과하는 담화 과정이다"라고도 말하였다.

끝으로 기적설奇蹟說은 언어는 인간 또는 인간의 성격과 불가분의 연관을 가지고 있으므로 인간의 창조와 함께 언어의 창조도 신비불가사의하다는 견해이다. 한 개의 학설이 될 수는 없으나 대부분의 일반인이 언어의 기원에 대한 명확한 해석을 가지지 못하는 이상 이 견해 또한 신조설神造說적 견해를 다분히 내포하면서 통용되고 있는 것도 사실이다.

Otto Jespersen은 그의 저著 『언어, 그의 본질, 발달과 기원(Language : its nature, development and origin)』의 '언어의 기원'장에서 종래의 여러 언어 기원설에 대해서 다음의 4종으로 나누어 설명, 비판하였다. 즉,

(1) 의성설擬聲說(Theory of imitative sounds or bow-wow theory)

(2) 감탄설感歎說(Interjectional theory or pooh-pooh theory)

(3) 생득설生得說(Nativistic theory or ding-dong theory)

(4) 기식설氣息說(theory of breath or yo-he-ho theory)이다.

의성설이라는 것은 태초의 언어는 성음聲音의 모의模擬 즉, 개의 짓는 소리를 성사聲寫해서 '개(犬-dog)', 또는 '짓(吠-bark)'을 뜻하는 자연어를 얻었다는 것이다. 이 설을 별칭으로 bow-wow설이라고 한다. 이 설의 요점은 아무 의미 없이 발생된 동물 내지 사물의 소리라도 그 동물 내지 사물의 특질을 말하는 것이므로, 사람은 소리를 그 동물 내지 사물 그것 또는 그의 운동, 동작을 지칭하는데 썼다. 이렇게 해서 원래 의미 없는 소리는 모방자가 소리를 내서, 그 모방된 소리가 어떤 참된 의미를 가진 것으로 여겨진다는 것이다. 그러나 우리는 그러한 조잡하고 직접적인 모방으로부터 인류 언어의 정교한 결과에 이르기까지 많은 단계를 통했을 것이라는 것과 그 모방이란 것이 아직도 없어지지 아니한 그 원시시대에 소속하고 있다는 것과는 먼 거리에서 있다는 것을 지적할 수 있다.

Max Müller(1823~1900)는 "의성설은 cackling hens and quacking ducks(꾸꾸꾸 우는 암탉과 꽉꽉꽉 우는 거위)에 관한한 그 설은 무난히 설명된다. 그러나 계사鷄舍 주위에는 높은 담이 있고 담 넘어는 다른 말이 진실로 시작되었다는 것을 곧 발견할 것이다."(-life 2, 97-) 그리고 또 "이 같은 말(cuckoo)들은 뿌리 없는 인공의 조화造花와 같은 것이다. 그것은 본뜰 수 있는 사물 이외의 다른 것을 표현하기에는 미숙하고 부적절한 것이다"(-i61, 410-)고 하여 그 설의 가치가 적음을 말하였다. 그러나 cuckoo는 cuckold(Fr, cocu, 간통녀의 夫)로 될 수 있고 또 cock에서 müller의 설명한 것과 같이 불란서 말의 coquet, coquetterie, cocart, cocarde, coquelicot들이 나온 것이다. 사성寫聲의 말도 다른 어휘들과 같이 상당히 풍부할 것이다.

감동설은 pooh-pooh설이라고도 별칭되는데 언어는 고통苦痛 기타 감각感覺에 대한 격렬한 감정으로 말미암아 힘차게 일어나는 본능적 절규에서 시작되었다는 것이다. 이 설의 신봉자들은 일반적으로 그것이 (감동, 감탄) 어떻게 해서 그러한 방도로 있게 되었는가에 대해서는 알아보려고도 하지 않고 무조건으로 시인하나, Darwin이 그의 『감정의 표출(The expression of the emotions)』에서 말한 것과 같이 "경멸 혹은 혐오의 감정이 일어날 때 구비강口鼻腔을 통해서 기식氣息이 나오며 동시에 pooh니 pish이니 하는 소리를 내는 것처럼 감동에 대해서도 순전히 생리적 이유만을 들었다. 일반감탄은 급작스런 감정에 대한 표현이라는 것을 이 설에서는 불문에 붙일는지 모르나, 감탄사라는 것은 언어의 다른 분야에서 쓰이고 있는 일반 어휘 사이에는 우리로 하여금 감탄사는 언어와는 반대되는 것이라고 할 만큼 넓은 구거溝渠(허극虛隙)가 놓여 있다. 왜 그런가 하면 감탄사는 말이 되지도 않고 말할 수도 없는 경우에만 쓰이기 때문이다."(Benfey; Gesch, 295)

또 이 구거는 음운상 사실로서도 넉넉히 보이느니 가장 천연스러운 감탄사는 왕왕히 우리 언어에서 쓰이지 않는 무성모음無聲母音(voiceless vowel), 문입음吻入音, 설타음舌打音들이다. 그러므로 그것은 우리가 가지고 있는 일반문자로써 표사表寫하기가 불가능한 것이다. 또 감탄사라는 것은 지금 모두 관습화되어 다른 말들과 같이 배우게 되었으므로 자연히 말이 다르면 그 표현도 다르게 된다. 괴로울 때(in pain) German과 Seeland 사람은 au, Jutland 사람은 aus, 불란서 사람은 ahi, 그리고 영어 하는 사람은 oh, ow라고 한다. Kipling은 그의 작품에서 "저 사람은 Afghan 사람이 아니다. 왜, 그들은 ai! ai!라고 우니까. 또 저는 Hindustan 사람도 아니다. 왜, 그들은 oh! oh!라고 우니까. 저는 백인들의 보양과 같이 ow! ow!라고 운다"고 한 것은 진실하고도 재미있는 표현이다.

생득설이라는 것은 별명 ding-dong설이라고도 하는데, 감동설에 퍽 가까운 설이다. Max Müller가 처음 창도한 것이나 후에는 그 자신 또한 포기한 것이므로 일설로 볼 것이 아니나 그 설說 자체의 흥미가 또한 없지 않으므로 여기에 든다. 이 설에 따르면 어운과 어의의 사이에는 신비적인 조화가 있다는 것이다. 즉, 일체 만물은 그 자신 모두 스스로의 소리를 가지고 있으니 이것은 일체 만물의 공통된 하나의 법칙이다. 그래서 언어는 이 본능의 결과로서 원시 상태에 있어서의 인간의 이 독자적 능력은 외부로부터의 모든 인상에 즉응卽應하는 그의 성음聲音적 표현을 내부로부터 받는다.

기식설이라는 것은 별명 yo-he-ho설이라고도 하는데 Noire의 시창始唱한 설로 힘찬 육체적 운동의 밑에서 호흡기식呼吸氣息은 맹렬하고 또 반복적이라는 것이 이 설의 현저한 점이다. 그 과정에서 성대聲帶(vocal chord)로 하여금 각이各異한 진동을 일으키게 한다. 그러므로 원시 동작이 흔히 일어날 때에 그 동작에 대한 관념과 결합된 어떤 성음聲音이 자연적으로 수반되어, 그것에 대한 명칭이 성립되었을 것이다. 그래서 heave(거상擧上)이니 haul(예인曳引)이니 하는 어떤 사상을 의미하는 최초의 말이 거기에 따라 있었을 것이다. 이렇게 해서 Noiré는 성음의 모방을 빌리지 않고, 언어의 기원을 설명할 수 있다고 생각하였다.

Jespersen은 이상 이렇게 설명한 뒤에 결국 이러한 설들은 언어의 일부분의 기원에 관한 설명밖에 되지 않고 정작 언어의 중요한 대부분의 기원에 관한 설명은 되지 않는다 하였다. 그러나 이상 제설諸說을 통해서 얻은바 암시에 따라 추리 또는 귀납적 방법으로 그것을 보족補足할 것이라 하였다. 그래서 아동 언어, 미개인의 언어와 언어사言語史의 삼분야三分野에 걸친 탐구, 특히 언어역사의 연구가 중요한 것을 말하였다.

우리는 이상에 언어의 기원에 대한 여러 설이 있음을 볼 수 있는 동시에 얼른 느껴지는 것은 신수설神授說이라는 것이 대개 종교가, 신학자로 말미암아 지지되었으며 그 이외의 설들은 사람이 만들었다는 점에서는 일치하나, 결국 그들 수창자首唱者의 상상, 추측에 지나지 않음을 곧 발견할 것이다. 물론 최초의 언어에 도달할 탐색의 길을 가지지 못한 우리로서 약간의 재료에 기초한 추측의 방법 이외에 어쩔 수 없게 되어 있는 이상, 그 정도로 만족하는 것이 현명한 일일는지 모르나, 우리는 너무나 생물 진화론적 방법과 이론에 사로잡혀 있지 않나? 언어의 기원에 대한 종래의 연구 태도, 그것을 개변할 필요는 없지 않을까?

아동은 인간의 출발 시대라 하여 아동의 언어 연구가 필요하다 하면, 우리는 아동이 언어의 창조자라는 무의식적 선입견에 사로잡혀 있다는 것이다. 아동 언어의 약간 — 가장 어린 유아의 자연발성이나마 — 을 잡아서 보더라도, 그 발성에 의미를 주는 것은 아동 자신이 아니요, 주위에 있는 언어를 가진 사람들이라는 것을 생각하면, 유아의 자연성自然聲, 본능성本能聲에서 언어의 기원을 구하고자 하는 것은 동물의 자연성에서 그 기원을 찾으려는 것과 마찬가지이다. 또 '말(word, speech)'이라는 것이 무엇인가를 모르는 이들의 성급한 생각이다. 아동 언어에 관한 연구의 흥미는 이미 배운 어휘로서 관념의 결합, 관념의 전이를 어떻게 원시적으로 하는가에 있는 것이요, 말을 만들어낸다고 '아이'인 것도 아니요, 말을 모른다고 '아이'가 되는 것도 아님을 우리는 생각할 것이다. 말과는 아무런 관계가 없는 '아이'를 언어의 시조始祖처럼 생각하는 선입견으로 말미암아 그 이론의 대상과 근거를 어디에 두었든지 의성설, 반사설反射說(感動說)을 주장하게 되는 것이다. 이것은 생물학적 진화설을 유아乳兒 – 영아嬰兒 – 소아 – 소년 – 청년 – 장년 – 노년의 인간 일대一代의 생리적 경로를 흡사 생물 진화적 과정으로 인식하고 거기에 적용한 것에 지나지 않는다. 생노사生老死는 생물의 진화적 과정이 아니요, 한 완성체의 생리적 과정에 지나지 않는다. 좀 조잡한 에나마 자동차가 만들어지고 쓰이고 드디어 못쓰게 되는 과정과 같은 것으로 아동 때로부터 미발달의 인간이 차츰차츰 생리적 기능이 진화하여 발달된 인간으로서의 '어른'이 되는 것은 아니다. 도리어 언어에 있어서 아동은 그의 초창자初創者가 아니요 학습자이요 모방자이다. 그러므로 그의 언어는 원형이 아니요, 모형이요, 복사이다. 그러므로 유아의 어떤 충동에서 생긴 소리가 그 충동의 본질을 의미하는 소리가 아니라, 한 동물의 본능적 발성에 지나지 않는다. 다시 말해 유아다운 감정적 발성에 지나질 않는다는 것이다. 이 감정적 발성이라는 사실을 모두 각별한 관점에서 해석하고 이해함으로 언어인조설言語人造說에 관한 여러 설이 있게 된 것이나, 언어는 순수한 감정적 음운은 아니다. 약간의 감탄사, 의성어를 가졌고 또 단순히 사전에 편철編綴되고 설명이 있다 하더라도 그것은 동물어動物語가 있을 수 있다고 하면 그 동물어 범위를 벗어나지 못한 미완성언어, 또는 언어 이전의 '어성語聲'이다. 진정한 인간언어는 지적의미를 가진 음운이라는 것을 잊어서는 아니 된다. 그러므로 언어는 그 발달과정상 지적知的 의의意義의 전이, 전변이 있으나 항상 그 원의를 상실하는 것은 아니다. 또 이 의성어, 감탄어 이외에 상형어象形語가 있다. 이 상형어라는 것은 실사물實事物을 가리키는 명칭의 재전이再轉移가 아니라, 대개는 기호자형記號字形을 통해서 성립된 말이나. 예를 들면 '에스(S)자형', '길지자(之) 걸음', '입구자(口) 집'이라는 말은 순전히 문자 S, 지之, 구口의 모양을 상象해서 된 말로서 '갈지'라는 어운 가운데 Zigzag의 뜻은 없으며 다만 지자之字 자형이 그렇다는 말이요, '에스'라는 말 가운데 반곡反曲의 어의는 없으며 '입'의 어운 속에 사각형의 뜻은 없다. 이러한 말로 말하면 진실한 의미에서의 말이 아니다. 왜 그런가 하면 그것은 지적知的 의미를 가지지 아니한 까닭이요, 지적의미를 가지지 아니한 것은 사고의 전화轉化 내지 분화를 자아낼 능력이 없다. 그 의미에 있어서 감탄사, 의성사, 상형사는 같은 것이다. 이러한 언어들은 언어의 발달, 사고의 발달 내지 사상 문화의 발달에 기여함이 없다 하여도 과언이 아니다.

야만인 또는 미개인의 언어를 흡사 최초의 원시 언어 또는 그것에 가까운 말처럼 일반은 생각하나 J. Vendryes가 지적한 것처럼 야만인 이라는 것이 원래 원시 인간이 아니요, 그들이 가진 언어라는 것도 그리 단순한 것이 아니요, 복잡하고도 착종錯綜한 것이다. 그럼에도 불구하고 언어의 원형 내지 맹아萌芽를 거기에서 찾으려는 것도, 아동 언어에 대한 기대와 희망과 같이 우리가 보는 미개인 — 도리어 격리된 종족 — 의 사유 형식을 그들의 언어를 통해서 짐작하게 되는 이외에 별 효과를 바랄 수는 없을 것이다. 그들도 원시 인종의 사고 방식, 신앙 형태, 생활 양식, 사회 제도에 비해서 상당히 진보된 단계에 있다는 것을 잊어서는 아니 된다. 그들의 언어도 이른바 문명인이 전승한 언어의 조어祖語에서 분파된 이후, 수천 년 동안 그 언어 자체로서 발전도 하고 전이도 하고, 말하자면 어운상 많은 성쇠의 과정을 밟은 것이다. 그러므로 도리어 이른바 문화 종족의 언어 속에서 그 기원의 길을 더듬는 것이 그들의 사유방식, 관념 전이 내지 결합을 스스로 이해하기 쉬운 만큼, 효과적일 것을 나는 말하고자 한다. 즉, 세련된 사고 형식으로 미세련未洗鍊된 사고 형식을 이해하는 것이 도리어 용이한 일일 수 있는 까닭이다. 그러므로 미개인의 언어는 현재 문명인의 언어의 한 시대 이전의 사유 방식의 사실을 발견할 수 있다는 막연한 한계의 범위를 넘어서 추궁하고 탐구할 것은 아니라고 생각한다.

다음은 언어의 역사에 대한 것으로, 여기에는 음운 전변사, 어의변천사, 어휘구성사, 사고발전사들이 포함될 것은 물론이다. 지금 우리가 가지고 있는 어운은 오랫동안의 전변 과정을 밟아 고정되었으며 이 고정도 퍽 불안정한 것으로 어떻게 전변될는지 예측하기 곤란하다. 음운의 전변이란 일부학자들이 주장하듯이 그렇게 엄격하게 일률적으로 되는 것은 아니다.

Sanskrit의 신神의 deva는 div에서 온 것인데, Greek의 Zeus(deus)로 된 것은, 종철終綴 S는 희랍어적 음운이니 Zeu ← deu ← dew ← dev의 전변을 지나 된 것이다. 그런데 희랍어에 있어서 합성어로는 dio (dios)라고도 되니 Dio-$\beta o \lambda os$(hurled by Jove), Pio-$\gamma \epsilon \nu \tau \omega \rho$(giving birth to Jove)들이 그것이다. 이것은 dev-(div)-diw-div-dio로 전변된 것이다. 흡사 조선어에 있어서 '드비(현로顯露)'의 음운이 '드비'-'드위'-'뒤(後)'로도 되며 '드비'-'드뷔'-'드외'-'되(成)'로도 되는 것과 같이 P음(B, V 亦同)이 'U'로도 되고 'O'로도 변하는 것과 같다. 그런데 Skeat의 영어원사전英語源辭典에 보면 Deity가 고古 불란서어의 deite, 라틴어의 de-itātem(acc. of deitās)에서 왔다 하였으며, 라틴어의 'dei-'는 deu(s)의 그것이니, 생각건대 'dev-dew-deu'의 u의 탈락과 i의 첨가로도 볼 수 있으나, 차라리 나는 deity는 ty, te는 접미사요, dei는 직접 d-dä-de -dei에서 온 것이라고 보는 것이 어떨까 생각한다. 원래 div는 di+v로서 원근原根은 'di'요, 이 'di'는 'd'-'d+i'에서 온 것으로 이것이 Ümlaut화 되어 'de'가 되고, 장음화 또는 이중모음화二重母音化되어 'dei'가 된 것이다. 이 'd'에 'a'가 첨가되어 'da'-'dä'-'de' 또는 'da'-'dai'가 된 것이 영어의 'day(日, 太陽)'[2]가 된 것이라고 생각한다.

Sanskrit의 'di-div-dev'가 천天, 신神을 가리키나 원의는 일日, 천天, 광光의 뜻으로서 신의 뜻에 전이된 것이다. Shmer어의 신神, dirgir '미米-십十'가 본래 광명, 태양을 뜻한 말이요, 중국어의 천天 '炗'이 일광日

---

2 A.S. daeg이니 g-y의 전운이라 할 것이나 g는 독일적(대륙적)이라고 생각하여 dai (daei)가 한편으로 영국적 day가 되고 한편으로 대륙적 tag가 된 것이라고 생각한다.

光을 말한 것이니 일^日-천^天-신^神은 원래 동일한 개념 내용을 가진 어운이다. 그렇다면 dei-deity는 div운에서 전변되었다는 것보다 'd-di' 운에서 전승된 것으로 볼 것이다. 조선어에 있어서 교교^橋의 '드리'가 지금은 '다리'로 변하였지만 그 원의^{元義}는 '거^擧, 양^揚, 고상^{高上}'의 '들'에서 온 것은 지금은 거상^{擧上}을 '들-달'도 아니요, '들'이요, 부담^{負擔}의 어운에 가서는 '디-딜'이다. 이것은 '들-딜-딜-달'로 된 것이요, 전자는 '들-들'에서 고정된 것이다. 그런데 승^昇, 상^上의 뜻에는 '돈-돌'로 전변되었으며 좀 확실하지는 아니하나 팽상^{膨上}의 뜻에는 '둔-둘'(은^癮, 둔으래기, 팽^膨, 두두룩)으로 변하는 것과 같이 결코 일률적이 아니다. 그러나 모운의 전변에는 그렇게 될 연유를 가지고 있으니, 그것은 어의와 어감과 밀접한 관계가 있다는 것이다.

자음^{子音}의 전변에 있어서 어운의 대체까지도 일반은 자음의 전변으로 보는 일이 많으나 이것은 엄밀히 구분하여야 한다. 질음(油)이 길음이 되고, 경상도^{慶尚道}가 '정상도'가 되고, '담(침^沈)'이 '잠'이 되고, '살(박^薄)'이 '얄(얇)'이 되는 것들은 자음의 전변이라 할 수 있지만 붑(고^鼓)이 '북'이 되고 '셩(형^兄)'이 형이 되고 '셜(회임^{懷妊})'이 '헐' 되는 것들은 자음의 전변이 아니요, 어운의 대체이다. 자음의 전변은 모음에 비하여 그리 심하지는 아니하나 동계음운(예를 들면 p, p', p'(b, v 등)) 간^間에는 흔히 전변되며 그것이 또한 시대적으로 출입과 성쇠가 있는 것이다. 그러나 우리가 가지고 있는 어운의 기록사는 언어 전부는 물론 일종 언어도 그 어운 전변의 역사적 과정을 기록적으로 밝힐 수는 없다. 애급^{埃及}, Shumer 또는 한자의 기록이라는 것도 5, 6천년을 넘지 않으니, 언어가 발생한 이후의 유구한 역사의 전 과정에 비하면 진실로 일구극^{一駒隙}에 지나지 않으니 도리어 현전어운^{現傳語韻}의 속에서 그 전변의 사실과 과정을 찾는 것 이외에 더 확실한 방법은 없을 것이다.

어의^{語義} 즉, 말이 가지고 있는 그 뜻은 변한다. 처음부터 그렇게 변하는 것이 아니다. 새로운 사상의 경험 또는 어의의 사변적 해석은 그 말의 뜻의 분화를 일으키는 것이다. 사용의 빈도, 시대사고의 강도強度는 분화 이전의 어의를 도태시키고 새로 분화된 어의가 그 어운을 오로지 차지하게 되고 분화 이전의 원의는 언어 의식의 역하閾下에 잠입하게 되어 결국 소멸해버리는 것이다. 일례를 들면 이조 초기에 '사랑－살앙'은 애모愛慕의 뜻에도 혹 쓰여졌으나 그 세력은 극히 미약하여 '닷－닷'의 어운 세력에 길항拮抗할 수 없었고, 이 어운은 주로 사념思念, 사량思量, 사유思惟의 뜻에 쓰여졌다. 그러던 것이 초기 말부터 사념의 뜻에도 쓰여졌지만 주로 사모, 애모 뜻에 전용되어, 점점 그 세력을 강화하여 '닷(애愛)'을 조선 언어사회에서 추방하고 지금은 주인의 지위를 차지하게 되었다. 조선어에 있어서 애愛의 어운은 '고시－고이－괴'이거나 '다시－닷'이거나, 온난溫暖－온정溫情－애정愛情으로 전변된 말이니 '사랑'한다는 것은 '따뜻'하게 여긴다, 뜨거워진다는 뜻이었던 것이 '사랑'에 와서는 '생각'한다는 뜻으로 어의도 변하였다. 이조 초에도 '사랑'에 애모의 뜻을 가지고 있었으니, 고려조에서도 쓰여졌을 것이다. 그때에도 사념에서 사모, 애모로 관념이 전이되어서 그 뜻으로 쓰여진 것인지 확언하기 곤란하나, '고이', '다시'와 같이 온난－온정의 뜻으로 쓰여졌는지도 모른다. 즉, '사랑'이라는 어운이 '사량思量'과 '온정'의 두 뜻으로 병행되고 있었는지도 모른다. '사랑'은 '살＋앙'의 합성어로서 '앙'은 '아이, 아이'라는 사물지칭접미사이니 긍지矜持의 '잘앙'(잘은 무엇을 잘한다는 잘), 황색의 '놀앙', 청색의 '팔앙'의 '앙'과 같은 것이요, 원어근原語根은 '살'이다. 사랑은 사량思量에서 사모로 전이된 것이기는 하나 '고시', '닷'을 보면 이 '살'에도 광光, 열熱의 뜻을 가지고 있으니 일광日光의 '햇살', 적광赤光의 '불ㅅ살', 수비水沸의 '물이 살살 끓다'(쏼쏼은 살살의 합구호화合口呼化한 음)가 그것이니 온열－온난－온정으로 전이될 어의를 본래 가지고 있었다고 볼 수 있다. 화소火燒의 '불사르다'의 '사ㄹ－

살'도 결국은 화열火熱 – 화소火燒에서 온 것이다. 이 어의의 전변을 시인한다면 애정의 '사랑'은 중간에 '사량思量'의 어운세력語韻勢力에 압도되어 그 어세語勢를 발휘하지 못하다가 사념思念의 어세가 약해짐을 보고, 다시 재대두한 것이라고도 볼 수 있다.

Ernest, Weekley(1865~)의 『The English Language』(1928)에 보면 영어에서도 이러한 어의의 전변을 얼마든지 발견할 수 있다. cadger(걸식, 부랑인)라는 말은 원래 화란어和蘭語이나 Scottland에서 선어행상인鮮魚行商人의 의미로 쓰이던 말인데, 그 의미가 차츰 변하여 부랑인이라는 뜻이 되고 거기에서 cadge(빌어먹다)라는 동사가 생기게 되었다. 더욱 재미있는 것은 'to crab a book(책을 나쁘게 말하다)'이라는 것으로, 원래는 crab(해蟹)이 '발톱을 가지고 깔지떠드며 싸움하는' 뜻에 쓰이게 된 것이 그 시초라고 한다. 또 그에 따르면 gentile(이방인, 이교도의), gentle(온후한, 점잖은), genteel(우아한, 가문이 좋은)이며 jannty(쾌활한, 명랑한)까지도 라틴어 gentilis(같은 가문의)의 하나에서 파생, 전이된 것이다. 이 사실은 모든 언어에서 볼 수 있는 현상으로 어느 나라의 사전을 들추어보더라도 '한말에 한뜻'이라는 것이 얼마나 적은지 보아 알 것이다.

그러므로 한 단어와 그의 친연관계親緣關係가 있는 어휘들이 가지고 있는 여러 어의와의 사이에 의미의 논리적 연환관계를 발견하며, 또 그 여러 의미 사이의 관념 전이의 순서와 사고 전개의 단계를 추정하는 것이 풍부하지도 않고 확실하지도 않은 기록 자료의 천색穿索보다 더 정확하고 더 효과적이라고 나는 생각한다. 예를 들면 걸식자乞食者의 '걸어지＝걸＋어지, 걸＋박이＝걸＋바기'를 예隷의 '거러치'라는 것을 만들어서 걸식자는 예속자의 뜻이라고만 결정해버리는 것은 기록에 치중하는 이들이 범하기 쉬운 오류이다. '걸'은 계박繫縛, 장애障碍의 뜻만 있는 것이 아니라, 제도濟渡, 증구拯救의 뜻도 있으며, 고상高上, 수대首大

의 뜻도 있으며, 공허空虛의 뜻도 있다. 이외에도 가능한 모든 어의를 모아, 그 사이에서 가장 의합宜合한 어의를 들어 전승된 의미에 적합한 그 어의를 결정하는 것이 도리어 합리적이요, 또한 귀납적일 것이며 더욱 나아가서 모든 상반되어 보이는 어의 사이에 논리적 연쇄 관계를 발견하는 것이, 또 의미의 전이 과정을 밝히는 것이 더욱 확실한 방법이라고 생각한다.

다음으로 어휘의 구성 과정에 대한 것이니, 기록 문헌은 이상 두 방면의 그것과 같이 극히 빈약한 자료 이외에 아무것도 아닌 것을 느끼게 한다. 물론 이렇다고 기록 자료를 등한시하자는 것은 아니요, 지금 전승하고 있는 우리의 언어 가운데서 이러한 자료를 찾을 수 있는 데까지 찾은 뒤에라도 늦지 않다는 것이다. 왜 그런가 하면 우리 조어전승자祖語傳承者들이 오랫동안 밟아온 그 구성 방법을 무의식으로나마 우리가 또한 밟고 있다는 것이며, 또 이 밟고 있는 방법을 우리의 문헌 기록은 보여주지 아니하나, 이것은 문헌상 기록의 불필요로 말미암아 전승되지 않았던 사실을 말함이요, 사실 그 자체의 결여를 의미하는 것은 아니다. 예를 들면 식植이 '시므다, 심다, 심그다, 싱그다'의 네 가지 표현 방법이 있다면 생生의 '생기다'는 '상기다, 삼기다(삼긔다), 삼다 →사므다'라는 구성 과정을 밟아서 성립된 것이라고 추정할 수 없을까? 할 수 있다면 침沈의 '당구다'는 '당그다'-'담그다'에서 온 것이요, '담그다'는 '담다'에서 온 것이라고 추단할 수 있을 것이다. 또 지持의 '가지다'가 '갖다'로 전변되어 가고 있는 어운 현상을 방금 경험하고 있으니 우리의 선조들이 식食의 '먹다'가 되기 전에 '머그다'의 어운을 경험하지 않았다고 누가 단언할 수 있겠는가. 이것이 여러 자료를 통해서 가능한 것이라면, '심그다'의 '그'는 활용사로 삽입된 운韻이라면 '머그다'의 '그'도 그러한 것이 될 수 있으니 원고어原古語는 '머다'라고 하였을 것이라고 추정할 수 있을 것이다. 농자聾者의 '귀가 머은 사람'은

'귀가 머근 사람'도 되어 '먹보'라는 어운도 구성되는 것이 의심스러울 것이 되지 못할 것이다. 하모何某의 '머스기, 그스기', 하何의 '머스-머슴'-'머즘'들의 '스, 슴, 즘'은 원어기元語基 '머'에 첨가된 것임을 상정할 수 있다면 '머'는 암暗, 부지不知, 하모의 뜻을 가진 어운임을 추정하는 동시에 암-흑黑-부지不知-하모는 동일한 관념의 분화이요, 동일한 개념 내용을 가진 것임을 추측할 것이다. 한자의 무無, 모某, 매昧, 미迷, 미未 내지 망亡, 맹盲까지도 이 어운의 전승을 받아 전변된 어휘들일 것이라고 추정할 수 없을까? 동일한 의미에서 what, which, who, why 들도 그러한 뜻을 가진 말이 될 수 없을까?

또 계鷄의 '닭'이라는 어운의 구성 요소를 분석해 보자. 이 '닭'이라는 어운이 '달기'의 수축된 어운인지, '달', '닥'의 합성된 어운인지 분간하기 곤란하나 좌우간 '달'은 남조선南朝鮮 방언方言에 그 세력을 많이 가졌고 '닥'은 서조선西朝鮮 방언에 그 세력을 많이 가졌음을 누구나 잘 알 것이다. 여진어女眞語의 체화替和(ti-huôgrube), 몽고어의 tagiya(tahiya)는 '닥'의 어운과 음운상 관계를 가지고 있으며, 일본어의 tori(トリ)는 '달'의 어운과 음운상 관계를 가지고 있다. '닭'이 '달', '닥'의 반분식半分式 결합된 어운이라 하면 이 말에 방계음운력方系音韻力(나는 특히 후음열喉音列 음운을 고구려계라 하고 순음열脣音列 음운을 부여계라고 지칭해둔다), 특히 고구려계 음운력과 남방계 음운력(나는 특히 치음열齒音列 음운을 원조선계元朝鮮系 음운이라 하고 마찰음摩擦音(ㅅ), 경구개열硬口蓋列 음운을 신라계 음운이라고 한다. 그러나 원조선계 음운과 신라계 음운은 서로 출입이 많으므로 혼동되는 때가 많을 것이다)이 동일하게 영향을 미쳤다고 볼 것이나 구鳩를 지금까지도 '비달', '비닥' 또는 '비닭'이라고 하지 않고 '비들기', '비달기'라고 하는 것을 보면[3] '닭'은 '달기'의 전음으로 보지 않을 수 없다. 그렇다면

---

3 『계림유사鷄林類事』에는 '합왈필타리鴿曰弼陀里'라 하였으니 당시까지 개성지방에서도 '비달기(비들기)'가 아니라 '비다리'라고 하였음을 알 수 있다.

원조선계 음운 '달'에 고구려게 음운 '기'가 첨가된 것으로 보아야 할 것이다. 그러면 '닭'의 어음구성에 영향한 남북 음운의 세력은 균형을 잃어 주종의 관계에 선다고 볼 수 있다. 그러나 그렇다고 해서 결정적으로 '닥(다기)'은 달(다리)보다 후기에 성립한 어운이라는 것은 아니다. 즉, 다ㄱ리-다갈-달'이 되지 않고 '달기-닭'이 되어 '달(다리)'의 원어간原語幹에 사물지칭사 '기-지-거'가 뒤에 첨가되었다는 의미에서 이르는 말이다. 이 설説은 '먹', '맑', '밝', '북', '붑', '갇=갈', '갓'들에도 적용시킬 수 있을 것이다.

여기서 주의할 것은 원조선계 음운이니 부여계 음운이니 하는 것도 원조선의 어휘이요, 원부여의 어휘라는 뜻이 아니라는 것이다. '밥'은 신라어이거나 백제어어거나 그 어운이 부여계적 전승이라는 말이요, '각(갑匣)'이 이조 조선의 말이거나, 고려조선의 말이거나 그 어운이 고구려적 전승이라는 뜻이다. 그러므로 애愛의 '끄시-괴'의 주어는 고구려계 전승의 어운이요, '닷(다시)'의 주어는 원조선계적 전승이요, '살앙'의 주어는 신라계적 전승이요, 말받침으로 쓰여진 '시'는 신라계적 전승의 어운이요, '앙'은 선조선적先朝鮮的 전승의 어운이라는 것이다. 그러므로 우리가 가진 고유조선어, 순수조선어라는 것도 그 속에는 선조선적, 원조선적, 부여적, 신라적, 고구려적 각각 다른 전승의 어운이 혼성되어 들어있는 것이다.

그러므로 만주어의 계鷄의 coko는 원조선계적 전승의 어운이 주어요, 부운副韻은 고구려적 전승의 어운이요, 화火의 tuwa(여진어 tóh-wei)는 원조선적 전승의 주어운主語韻과 부여적 전승의 부어운副語韻(말토 또는 말받침)으로 구성된 것으로 이해할 것이다.

따라서 한 언어와 다른 언어 사이에 전연全然히 그 계통을 달리 한 것으로 보이는데, 동일 또는 유사한 어휘들이 있는 것은 언뜻 보면 우연적이라고도 할 수 있다. 그러나 이러한 관점에서 본다면 동일한 전승의 어운이 문화 교류, 종족 교류로 말미암아 유사이전有史以前에 벌써 그 언어의 속에 들어간 까닭이라고 보는 것이 도리어 타당할 것이다. 그러므로 어느 어족에 소속됨은 물론이고 서로 닮은 어휘가 있는 것은 우연이기도 하지만, 또 그리 우연한 것도 아님을 알 것이다. 조선말에 '달, 돌(高, 上)'이 있고 영어에 'tall'이 있다고 결코 우연도 아니며 그렇다고 지금 이 모양으로 되어 질 전통, 풍토, 생활, 사고를 가지고 있는 조선 언어사회, 영국 언어사회가 같은 것이라고도 할 수 없다. 조선어의 '갑오'(最高←上)가 있고 한어漢語의 갑甲이 있고 영어의 cap(a head covering), cape(a covering for the shoulders), cape(a head, headland)가 있고 또 그에 대응되는 다른 언어에 이 같은 말이 있다고 의아할 것은 없다. 또 조선어에 명明, 월月의 달(tar)이 있고 sanskrit에 명明, 성星의 tāra가 있고, Greek의 aster(as-ter), 영어의 star가 있는 것은 원의原意 일日 – 명明 – (명체明体)의 전승에서 각자 명 – 월, 명 – 성으로 고정시킨 것에 지나지 않는 것이다. 원시인에 있어서 월, 성은 일 또 그 속성에 포섭된 부분에 지나지 않았던 까닭이다. 이 명의 뜻을 가진 '달'로서 정명精明, 정제精製의 뜻으로 'ㅂ' 활용접미사를 삽입하여 동사화시킨 것이 '달+ㅂ다 – 달우다 – 다루다'이다. 그리고 '달'을 '닫'으로 환원시키고 '그' 활용접미사를 삽입한 것이 수심修心, 수도修道, 정수淨修의 '닫그다'이다. 즉, 정명하게 한다는 것이 그 원의임을 이로써 알 것이다. 그뿐 아니라 'ㅁ' 활용접미사를 삽입한 것이 미장美粧, 명장明粧의 '닫으므다' – '다드므다' – '다듬다(얼굴을 다듬다)'이다. 미장美粧의 다른 어휘 '빗'과 결합하여 '빗다듬다'라는 새 동사형 단어가 생기며, 동작을 표시하는 '질'이 다시 첨가되어 명사로 '다름질(도의搗衣)', 동사로 '다듬질하다'가 성립된 것이다.

　이러한 어휘 구성은 자연적으로, 우발적으로 되는 것이 아니요, 반드시 사고의 발달을 전제하는 것이며, 사고의 발달은 생활 경험의 복잡, 확대, 숙석을 선제하며 이것을 기조한 생활 이상의 지향을 예상하여서 가능한 것이다. 사색의 진전이 없는 곳에 언어의 발달은 있을 수 없는 것이며 새로운 언어(어휘 및 그 표현 양식)의 분화 발생은 새로운 사색의 전진을 약속하는 것이다. 그러므로 사고 발전의 단계는 언어 발달의 단계를 보이며 언어 발달의 단계는 문화 발달의 단계를 보이는 것이다. 원시적 언어는 원시적 사유를 내용으로 하는 것이므로 사유의 원시적 의미를 파악할 수 있으며, 그 어태語態를 보아 그들 생활의 원시상原始狀을 추정할 수도 있으리라 생각한다.

우리가 인구어족의 언어들을 볼 때 명사에 남녀성 또 남녀중성의 구별이 있고 동사에 단양복수單兩複數, 인칭별人稱別이 있는 것은 추상 작용의 실제적 부족을 보이는 것 같기도 하고 사회 제도, 생활 방식의 개인주의적인 일면을 보이는 것도 같다. 남녀성의 명사에 성性을 대표하는 것은 우리 조선사람으로서도 이해되지만 '나라'라든지 '배'라든지를 여성명사라 하고 소녀, 미혼녀(mädchen)가 중성명사가 된다고 하는 것은 정말 이해하기가 곤란한 일이다. 이것은 반드시 사회적 관습과 전통이 배경이 되지 않고는 있을 수 없는 일이다. 수칭數稱에 단수 복수가 있는 것은 이해할 수 있으나 양수兩數(dual, Sanskrit, Greek어 등)가 있다는 것은 확실히 의아한 일이다. 양수가 있다면 삼수三數는 왜 있을 수 없는가? 이것도 인구어의 조어사용자들의 수數에 대한 관념을 전제하지 않고는 이해할 수 없는 일이다. 실로 조선의 수사數詞도 삼의 수에 와서 비로소 군群, 다多의 뜻을 가진 복수의 말이니 이二는 실로 복수가 될 수 없는 것이다. 그렇다면 인구어印歐語의 문법상 수칭數稱은 이二를 아직 복수로 여길 수 없는 전통을 지키고 있을 때의 어법상 규정이라고 볼 수밖에 없으며, 영어만이 아니지만 to be의 be(이것이 am, are, is의 어근 될 수 없다)면 be였지 I am, you are, he is는 무슨 까닭이냐. 이것도 우리로서는 이해하기 곤란하다. 이것은 '내가 있다(am→ami)', '너가 있다(are-ari-adi-ati-(a-ti))', '저가 있다(is-isi-esi-äsi-ase-(a-si))'가 전변된 것이거나 'as-mi(as-ti)', 'as-si'의 전변된 음운일는지 모르나 이해하기 곤란한 일이며, 동일한 의미에서 gacchāmi(I go), gacchasi(you go), gacchati(he goes)도 우스운 노릇이다. 그러나 그들 조어 사용자들이 '내 가는 것', '너 가는 것', '저 가는 것'을 다른 사상事象으로 각각 생각하였든, 그들 조어사용자들의 사유 방식의 전통을 지키는 것에 지나지 않는 것이다. 즉, '내 가는 것', '너 가는 것', '저 가는 것'의 세 사실에서 '가는 것'을 추상할 수 없었던 원시 사람들의 사고 형식을 지킨 것에 지나지 않는다. 이것은 우리가 어른이 먹는 것은 '자시다'이고 평교平交와 교하交下가 잡숫는 것은 '먹다'라고 하는 것의 재미난 대조라고 할 수 있다. 즉, 좌우적 구별에 대해서 상하적 구별이 있는 것은 사회사적 관점에서 이해될 일이나, 서로 재미있는 전통을 지키고 있다할 수 있다.

이 사고의 발전을 그 단계마다 기초를 지어 줄 수 있는 정확하고 확실한 문헌 기록을 과연 얼마나 가지고 있는지 천학淺學의 능히 말할 일이 되지 못하나, 또 있다 하더라도 한 개인의 일로서는 불가능에 가까운 일이므로―설사 있었다 하더라도 그 문헌 자료로 사고의 발전단계를 규정한 이는 없다―차라리 생명이 있는 현존 언어 그 자체 속에서 그의 친연관계親緣關係와 관념 전이와 어운 연관을 탐색함으로써 그 어족사용자語族使用者의 사고 발전을 발견하는 것이 더 확실한 방법일 것이다.

이상 언어의 기원설에 대한 여러 설과 그 연구 방법의 확실치 못함을 지적하는 동시에 아동 언어, 미개인 언어 내지 언어사의 연구라는 것도 그 한계에서 이해할 것뿐이요, 언어의 기원에 도달하는 도정道程이 직접 아님을 말하였다. 그런데 언어는 사유의 형식이요, 사유는 언어의 내용인 까닭에 그 언어를 소유하게 된 소유자의 사고 형식, 관념 전이, 관념 연합, 개념 형성들을 통해서 언어의 발전, 언어의 구성을 살피고, 언어의 의미(semantic)와 언어의 성음聲音이 어떻게 해서 결합하게 되었는가를 찾아서 언어의 기원을 추정하려고 하는 것이 내가 의도하는 바이다.

끝으로 일언一言하고 싶은 것은 비교언어학比較言語學의 임무에 대해서다. 비교언어학이라는 것은 지금에 와서 같은 계통에 소속되는 어군 사이의 동이同異와 관계를 밝히고 나아가서 원류源流언어와 하류下流언어와의 역사적 발생 관계를 고구하는 것에 한정되어 있으나 그들의 비교 연구 태도의 결과는 이른바 귀납적 방법으로 기어基語의 재구성을 목표하여 분기分岐 이전의 조어의 원형을 재현한다고 하니, 일례를 들면 Sanskrit에서 aśva(s)(馬)에 대응되는 라틴어의 equu(s)와 비교함과 같은 것이다. 인구원어印歐原語의 e, o는 Sanskrit에서는 a로 발음되니 aśva의 초두 a는 라틴어와 같이 e라야 할 것이며 인구원어의 삼종의 k음중 〔1. 후음喉音인 순수 k음 2. 후순음候脣音의 k(q, ku) 3. 구개성口蓋性 k음(k', ky)〕제삼종의 구개성 k음은 Satem어語(Iran 고어古語 Avesta어의 '백百'이란 말로서 라틴어의 '백百'의 말인 Centum과의 어운 대립을 잡아서 동부인구어東部印歐語를 Satem어라 하고 서부인구어西部印歐語를 Centum어라 함)에 있어서는 s음이 Sanskrit에 있어서는 ś음으로, Centum어에 있어서는 제일종第一種의 k음으로 변화한 까닭에 일방一方에서 aśva의 ś를 현출現出하고 일방에서는 equus의 q를 현출하였으니, 인구원어의 음은 k가 되지 않으면 안 된다 한다. 다음에 오는 Sanskrit의 v음과 라틴의 u는 어느 것이나 영어의 w에 해당하는 것이요, 후철後綴의 라틴어의 us는 원어의 os에서 온 것이요, Sanskrit의 a(s)는 위에 말한 것처럼 e, o의 전음이니, o(s)가 되지 않으면 안 된다. 그래서 기어基語(ekwos)를 재건할 수 있으니 비록 거기에서 분기된 것으로의 그 실증을 얻을 수는 없으나 사전史前 어느 시대에서든지 언어로써 활동하였을 것이다(일본 신촌출新村出의

『언어학서설』, 288쪽에 의함).

비교언어학이 어운의 변화, 어의의 확정에 기여의 큼을 부정하려는 것보다 그 필요를 더욱 느끼나 왕왕히 위에 보이는 바와 같이 기어基語 Ekwos를 추정하는 것은 위험한 귀납적 결론임을 느끼게 한다. 희랍어의 θείνω '타打하다, 치다'와 φόνος '살륙殺戮'은 동일 어원이라는 것을 비교언어학에서 가르친다하여 Greek어의 θ와 φ가 인구어원어의 gwh에 대응하는 것으로 전자는 i or e, 후자는 a or o의 앞에서 나는 gwh의 변형이라고 한다. 그리하여 Sanskrit에서 han－ti(피타被打하다, 죽이다), ghnanti(그들은 치다, 죽이다), ghanah(타자打者, 곤봉棍棒)들에 나타나는 것을 잡아 gwhen－yσ 〉θείνω, gwhonos 〉φόνος들을 설정하나, 퍽 불안정한 추정이라 하지 않을 수 없다. 우리는 이운동의어異韻同意語를 얼마든지 가졌기 때문이다. 그것으로 그 음운 사이의 전변을 추정하고 또 분화된 음운의 기본 고운古韻을 상정하는 것이 정당한 방법이라고 하면 조선어에 있어서 회임懷妊의 '허루'와 '서루'를 '헐(hūr)', '설(sūr)'의 일방에서의 전화이거나, (hsūr)의 기운基韻에서 전변된 것이 되어야 할 것이다. 일본 말에는 이것에 대응되는 말을 hara(m)－har이라 하느니 일본 어운의 h는 p, f의 전변된 것이라면 para－par일 것이며 조선어와 일본어와의 모음 대응은 잠깐 둔다 치더라도 spar(swar－sar), hpar(hwar－har or ? par－har) 또는 hspar가 상정되어야 할 것인가? 그러나 조선어에서 '설'은 음운적으로 '헐'이 되기보다 '열(과果)'로 전변되어 '열다(과성果成)', '여름(과菓)'의 어휘가 생긴 것이다. 일본말 '하라ハラ(par(a))'는 조선말 '빅'의 동위적 어운 'ᄇᆞ리－ᄇᆞᆯ'의 전운으로서 '설－살－ᄉᆞᆯ' 또는 '헐－할－ᄒᆞᆯ'과는 어운상으로나 어운을 토대한 어원상으로나 관계가 있어 보이지 않으며, 그 어느 어운이거나의 분화를 가능케 할 기운이 전화한 것이라고도 믿을 수 없다. 그러므로 불충분한 어운 변화의 법칙과 어의 확정과 어원 추정으로 비교를 논한다는 것은 위험한 일이라 할 수 있다. 더욱이 한 기어에서 분파된 동계어同系語라 하더라도 제도, 생활, 풍토, 교역으로 말미암아 그 어운의 변화는 한결같지 아니하여 한 언어에서는 수백 년 동안의 변화가 다른 언어에 있어서는 수십 년 동안에 변화될 수 있으니, 이것을 수천 년, 수만 년 동안을 통해서 볼 때 단순히 그 어족에 소속된다고 그 어운의 변화 속도를 평균해 보고 대비하는 것이 원래 타당한 방법이 아니니, Sanskrit어와 Greek어에 대한 Lithuania어와의 비교를 보면 곧 수긍할 것이다. Lithuania어의 문헌은 건건히 16세기 이후의 것을 전함에 불구하고 그 고형古形을 보존하고 있는 것이 Sanskrit, Greek어 등 기원전 일천 년으로부터 기원전후에 이르는 고형古形을 전하는 여러 언어보다 수긍하기 어려우나 더 충실히 공통 기어基語를 보존하고 있다는 것을 보아 짐작할 것이다.

〈예例〉 '있다'의 제1인칭 현재직설법단수형現在直說法單數形

공통 기어基語	ésmi	ésti
Lithuania	esmi	ēsti
Sanskrit	ásmi	ásti
Greek	ἐσμί	ἐστί
Latin	sum	est
Hittite	ešmi	ešri

그러므로 각 언어의 최고층을 충분히 재건환원再建還元시킨 뒤에 각 어파語派의 비교 연구가 비로소 진실에 가까운 것이며, 어운 발생의 차제次第를 확실히 밝힐 수는 없으나, 가능한 한 그것까지도 정돈한 뒤에 비로소 완벽을 기할 수 있을 것이다.

이상 이러한 모든 관점을 고려하면서 나는 조선어의 기원에 대한 이 논을 적어보려고 한다. 조선어를 일반으로 확정적이라고 할 수는 없으나, Ural-Altai어족語族 중 Altai어파 Tunghus파에 소속시키나 단순히 음운 현상의 상사相似, 모음조화현상母音調和現象의 존재, 유착성적膠着性的 어법의 유사類似를 들뿐이나, 이러한 유사는 문화의 교류, 종족의 교류들로 말미암아 용이하지는 않은 것이나, 가변할 수 있는 것이므로 어의語義의 본질에 따른 사고 방식, 어휘 구성의 특징, 관념 전이의 과정과 언어 전통의 여하로 말미암아 결정될 것이다. 좌우간 만주어, 일본어로 더불어 친연관계에 있는 것은 근린 어느 언어보다도 밀접한 것이 있는 점은 부인할 수 없다. 만주 지방은 고조선, 부여, 고구려, 발해의 판도이었음을 생각하고 일본 민족의 구성 중심 종족이 조선에서 건너간 종족임을 생각할 때 이것은 당연한 일일 것이나, 황해가 형성되기 이전에 벌써 그 주변에 살았다면 동이족의 주처住處이던 산동 반도를 중심한 부근 일대와 양자강揚子江 하류 및 황하黃河 하류 지방의 언어도 우리의 조어와 관계가 있다고 보아, 그리 돌올突兀한 상상이라고 하지 못할 것이다. 더욱 우리의 조어사용자가 서북이동설에 앞서서 서남이동설을 부인하기 곤란한 여러 가지 점이 있을 것이다.

제2장 본 론

제1절 언어의 정의^{定義}

우리는 언어 즉, 말이라는 개념에 대해서 막연한 견해를 가지고 있다. 즉, 말하면 어떠한 관념, 또는 감정을 표현하는 기호라는 생각이다. 언어란 기호의 체계(The system of signs)라고 하는 것이다. 그러므로 비각적^{鼻覺的}이건 촉각적이건 시각적이건 청각적이건 물론하고 그 감관을 통해서 어떤 의사가 전달될 수 있으면, 그것을 언어(language)라고 할 수 있다는 견해까지 생기게 된다. 그러나 우리는 감관을 통해서 어떤 의사가 전달되고 요해된다고 언어라고 할 수는 없다. 문자 즉, 부호와 언어는 같은 것이 아니다. 그것은 몸짓이라든지 신호라든지 하는 동작은 다른 형식을 가진 문자인 까닭이다. 그러므로 그것은 문자와 같이 언어는 아니다. 또 문자를 시각언어(Visual language)라고 하는 것은 문자를 통해서 그 의사를 표현하고 전달할 수 있는 까닭이라고 하지만 이것도 언어를 재기호화한 것이요, 언어 그것은 아니다. 다시 말해 간접적이요, 이차적인 언어이다. 언어를 기사^{記寫}하고 그 기사된 부호를 통해서 언어를 재현시키는 수단과 방법에 지나지 않는다. 그것은 문자가 어찌하여 발생하였으며 언제부터 있었는가를 생각하면, 더 무어라 말할 필요가 없다는 것을 느낄 것이다.

그러므로 언어 즉, 말이라는 것은 지적의미^{知的意味}를 가진 음운이라는 것에 한정하여야 할 것이다. 물론 지적의미를 가지지 않은 의성어^擬

聲語 또는 상징적 어운도 있다. 혹은 감탄사의 '아, 아하어, 어허, 오, 오호, 우', '하, 허, 후, 히'들이나 의성부사 '땅, 탕, 뽕, 뿡, 재깍재깍' 등은 그 말 자체가 어떤 감정의 정도를 상징하고 어떤 외부의 음성의 어떠한 감각을 묘사한 것으로 어떤 지적의미를 가지지 않았으니 이러한 것은 언어라 할 수 없을까라고 반문할지 모르나 나는 이것을 진정한 의미에서 언어라고 할 수 없다고 생각한다. 감각 즉, 성음聲音의 모방, 감정의 반사에 대한 반응음反應音은 비록 품사로 구분되고 사전에 편입되었다 하더라도 그 언어 이전의 음운에 지나지 않으며, 또 그 성운聲韻을 통해서 그 감정의 여하를 촌탁忖度하고 그 성음聲音의 질과 그 성음의 소유 자체를 표상할 수 있다 하더라도 그 성운이 지적의미를 가지지 아니한 것은 불완전한 언어이다. 동일한 의미에서 동물의 전성囀聲 후음吼音이 그 감정을 표출하는 발성이요, 그 성색聲色으로 그 감정(또는 의사意思)을 짐작할 수 있다 하더라도, 인간의 이해를 통해서의 추측이요, 또는 동물 그들 사이에 어떠한 의미를 전달하는 것이 확실히 간취看取된다 하더라도 유아의 우는 소리, 웃는 소리 이상으로 그 소리를 통해서 이해 또는 동작할 수는 없다. 언어의 특질은 말하는 이의 의사를 확실히 표현하는 것이 되고 청각자가 그 소리를 통해서 그 의미를 이해할 수 있는 점에 있다. 감탄사인 '아'는 그 성조聲調 (intonation), 그 억양(accent)으로 말미암아서만 그 감정과 그 감정으로 말미암아 표현될 현상을 추측할 뿐이다. 그러나 분개分開의 뜻을 가진 '아'는 감탄사 '아'와는 구별하여야 한다.

'입을 아! 해라(구口를 개開하라)'
'아가리(아 + 가리)' ― 구강口腔 ― 구혈口穴 ― 혈공穴孔
'아궁지(아 + 강지)' ― 혈구穴口 ― 혈공穴孔

일본말 '아쿠ㄱㅋ, 아케루ㄱㅌㅆ(a-ku, a-keru)'의 '아ㄱ(a)'는 여기에 대응되는 말이다. 또 '아바', '아비', '아비', '아부지', '아버지(父)'의 어근 '압―압ㅂ―ㅇㅂ'의 '아―ㅇ'도 또한 감탄사 '아'와 구분되어야 한다. 이러한 예는 다른 감탄사인 '아하'는 불완전언어이나 구九의 '아ㅎ―아ㅅ' (구십九十의 '아흔＝아ㅎ흔, 아순―아ㅅ흔―아순―아순', ('『계림유사鷄林類事』구십일아순九十日鴉順' 참조)는 고高, 최最의 뜻을 가진 말이니 같은 어운이나 이것은 완전언어이다. 감탄사 '우'는 불완전언어이나 상上의 '우'(←ㅇ우 ←ㅇㅂ)는 완전언어로써 이렇게 완전언어, 불완전언어의 구별은 오로지 그 어운이 지적의미를 가지고 있느냐 없느냐 하는 것으로 말미암으니 동물들의 소리가 그 감정을 표시하더라도 인류 언어의 감탄사 이상의 것이 되지 못한다. 즉, 원숭이들이 무슨 소리를 짓거리고, 해질 무렵에 노래를 한다 하더라도 그것은 계속 또는 반복되는 감정성感情聲이요, 의미어는 아니다. 물론 인류도 진정한 언어를 발견하기 전까지는 그러한 감정 표현만의 성음시대聲音時代를 가졌을 것이고, 그 흔적이 아직도 남아 감탄사적 언어가 전승되는 것인지도 모른다.

그러므로 '몸짓말(gesture language)'이니 '보는 말(visual language)'이니 또는 '동물어(animal language)'이니 하는 것은 진정한 완전언어의 범주 이외의 것으로 구별하여야 한다.

여기서 혹은 감탄사, 모성어들이 완전언어라고 할 수 없다면 조선어, 만주어, 일본어들에서 어조사 '고, 니, 다', 'i, de, be', '데니요하ㅌ＝ ㅋㅅ'들도 무슨 지적知的의미를 가진 것이 아니니, 완전언어라고 할 수 없을 것이다. 이렇게 지적의미를 가지지 아니한 어휘를 모두 빼어 버리면, 진실한 의미에서의 이른바 언어라는 것은 얼마나 될 것이며 또 그러한 협의의 언어 규정은 너무나 독단에 떨어지는 것이 아니냐고도 할 것이다. 그러나 나는 조선어에 있어서 그 뜻을 모른다고(뜻을 모른다는 것은 뜻이 없었다는 것이 아니요, 또 모두 그 독립된 뜻을 가지고 있다) 불완전언어라고 생각지 않으며 조사助詞, 허사虛辭가 지금 와서 모른다고 하는 것이지 원래 뜻이 없는 것이 아니니 이러한 예로써 지적知的 의미를 가진 음운이란 정의를 비난할 것은 아니다. 그러나 나 또한 어운에 포함되어있는 성조聲調, 억양抑揚, 장단長短의 감정적 요소까지 무시하려는 것은 아니요, 이 감정적 요소로 말미암아 음운 현상에 변화를 가져오는 것까지 무시하려는 것도 아니다. 또 그러한 반사적 성운, 의성적 성운이 완전어운完全語韻과 결합되어 언어를 구성할 수 있는 현상과 그러한 불완전언어가 약간의 관념 전이를 보이며, 또 비유어, 은어隱語로 사용되는 것을 부인하려는 것도 아니다. 다만 그것은 언어의 기능, 언어의 구성에 있어서 한 개의 격리되고 고립된 어운에 불과하며, 모든 가능한 사유의 전이, 발전, 구성을 가능케 할 수 없다는 것뿐이다.

제2절 언어의 의미意味

이상에서 지적한 바와 같이 언어라는 것은 지적의미를 가지지 아니하면 안 되거니와 어의학語義學 또는 어원학語源學에서 고찰의 대상이 되는 언어의 의미라는 것은 사전학적 의미 또는 어원학에서 도달할 수 있는 전대前代의 의미에 대개 극한을 이루고 있다.

일례를 들면 영英, 독어獨語의 man, mann은 Sanskrit어의 '생각한다'의 'man', 심의心意의 'manas', '사람'의 manusya와 같은 어근에서 온 것으로 영어의 mean(to be in mind, intend, thought), mind(A,S gemynd, memory, A,S munau, to think, gemunan, to remember)와도 그 어근을 같이 한 것으로 '생각하는(동물) 이'라는 뜻에서 man이라 한 것이다. 이것이 어원론 또는 어의학에서 고찰된 man의 어의의 극한이다 그러나 '마음, 생각'을 왜 man이라 하느냐? 영어에서만이 아니라 Sanskrit어에서도 왜 man이라 하느냐는 것은 모른다. 조선어에 있어서도 '사람'이라는 어의는 생물이라는 항간어원설巷間語源說도 있지만 명찰明察의 '살피', 총명의 '살미'와 일광日光의 '해ㅅ살', 석조夕照의 '불살(적광赤光)' 등의 '살'이 있고, 사량思量의 '사랑(살앙)', 침사沈思의 '망살이'가 있는 이상, '유인최귀唯人最貴', '만물지영萬物之靈'으로의 '사람'의 뜻이 조선어에서도 '정명精明한 이', '사량思量하는 이', '총명한 이'의 뜻이 그 본뜻일 것이다. 그러나 광명, 총聰, 사思를 왜 '살'이라고 하느냐 하면 모르는 것이라 한다. 정말 그래야 하며 그래서 될 것인가? 이 모르는 것이 해명되기도 전에 언어의 기원을 말하는 것은 확실히 성급한 일이라고 비난받아서 언어기원론자가 항의할 이유도 없을 것이다.

조선어에 있어서 어운 '살'은 어떠한 의미에 쓰여지고 있는가를 한 번 고찰해보자. 그런데 그러기 전에 지금의 '살'은 음운적으로 어떠한 전변 과정과 전운 현상을 가지고 있는가를 먼저 고찰할 필요가 있다.
먼저 燒燒의 '살'을 보면

　'비븨여 블나면 도로가져 두 남글 스느니(찬지화출鑽之火出 환장각소還將
　　却燒)' —『원각경圓覺經』상上 이지일二之一, 48쪽
　'블로 술와 블긔운으로 히여곰 스ᄆᆞ차 속에 들게ᄒᆞ면(이화소지以火燒之
　　령화기투입리면令火氣透入裏面)' —『자소방언해煮焇方諺解』, 4쪽

이라 하여 燒燒를 이조李朝 초기初期에서는 '스-술'이라 하였는데 지금
은 '사-살'이다. 그러면 지금의 '살'운韻은 '술'에서도 온 것임을 알 것
이다.

　육肉의 슐 → 살
　언言의 슐오 → 살오
　찰察의 슐피 → 살피
　소消의 슐 → 살
　부膚의 슐 → 살
　팽烹의 슐ᄆᆞ → 살무
　사념思念의 스랑 → 사랑 → 살+앙

　'사람'이 '사유하는 이'의 뜻이고 이조 초에 사량思量을 '스랑'이라 한
것을 보면 이조 초의 '사ᄅᆞᆷ(살ᄋᆞᆷ)'의 '살'은 벌써 고려시대에서 '스름'의
음운 '슬이', '살'로 전변되었음을 추단推斷할 수 있을 것이다.
　신년 원일元日을 지금은 '설'이라고 하나 이조 초에는 연령까지도 '설'
이라고 하였으니, '살'은 '설'로도 전변될 수 있다고 볼 것이다. 지금도
원회圓廻-작환作環-반반半盤을 '사리다', '서리다'는 양어운兩語韻이 어감상 차
이는 있으나 같은 뜻을 말하는 어운이며 '살작'='설적(정비형용靜秘形容)'
또한 똑같은 뜻을 가진 어운이다. 그러면 '설'은 '살'의 전변된 음운이
라고 할 수 있으니, '적인狄人ㅅㅅ서리'의 '서리-설'은 '살'의 전변된 음일

것이요, 이조 초기 이전에 고정된 이 어운은 아직도 그렇게 고정된 채 전승되고 있다.[4] 또 '살'은 '술'의 전변된 것이니 '설'은 '슬'에서 '살'을 지난 음운이라고 추단할 수 있으리라 생각한다. 그러나 토±의 '흙'이 지금 '흙'으로 되었고 애歲의 '슬ㅸ-슬오'가 '슬브-슬우'로 된 것을 보면 'ㅅ-ㅅ', '슬-슬'에서 '서-설'로도 될 수 있다고 추측될 것이다.[5]

'痛통은 셜볼씨라' ―『월인석보서月印釋譜序』

'듯거운싸히 더우들 셜워 우놋다(통곡후지열慟哭厚地熱)' ―『사씨국해社氏國解』 권卷 12, 19쪽

'삼계三界 더워 셜호미 블 븥는집 ᄀᆞᆮᄒᆞ니(삼계열뇌三界熱惱 유여화택猶如火宅)'

痛통 慟통 惱뇌에 '셜+브'의 음운을 썼는데 이 어운이 悲비, 상상傷의 '슬', 염厭의 '슬', 원冤, 신辛, 산酸의 '설'과 어의상 연관이 없다면 그만이거니와, 그렇지 않다면 '슬-설'의 즉, '슬-슬-설'의 음운 변화 현상을 관취觀取할 수 있을 것이다.

고어古語에 송松을 '부시-붓'이라고 하였으나 지금은 '솔'이라고 한다. 송松의 '붓', 필筆의 '붓(붓시→붓)', 해薤의 '부추-부치-붇히'의 '붇'들이 모두 총집叢集, 군다群多의 뜻에서 전의된 것으로 송엽松葉의 총생叢生, 필상筆狀의 총집叢集, 해엽薤葉의 총생叢生으로 전화한 것인데, 전라 방언에서는 지금도 해薤를 '솔'이라고 하느니, 그러면 '붇=솔'은 동일한 어의에서 전이되었음을 추찰할 수 있는데, 송松의 현어現語가 '솔'임을 생각하면 '솔' 또한 총집叢集, 군다群多의 뜻을 가진 것이여야 할 것이다.

이렇게 '솔'에 총叢, 군群의 뜻이 있으면 군다群多의 '설-서리'와 음운상 밀접한 관계가 있을 것이며 위에서 말한 것처럼 '설'은 '슬'에서 '살'

---

4 『월인석보月印釋譜』 권1, 19쪽 좌左 '인간은 사룸서리라'.
5 『월인석보』 권1 22장 지이지우張之二止右에 '멀톄로 니ᄅᆞ건댄 사제법四諦法이니'의 멀톄는 '멀뎌-멀틱-멀딕-멀두이로', '믈읏'의 '믈'과 동운同韻의 분화이니 '대범大凡'의 뜻이다. 이것은 '믈'이 '멀'로 'ㅡ-ㅓ'의 전운을 보이는 것이다.

또는 '슬'을 지나서 고정된 음운이라면 위^爲의 '흠'이 '홈'으로도 되고 '함'으로도 되고, 마^馬의 '믈'이 '몰'로도 되고 '말'로도 되듯이, '솔'도 '슬'의 전변된 음운이라고 추단할 수가 있다. 또 일례로 고어에 고언^{古言}을 '스리(슬ㅂ)'라고 하여 백^白ㅅ자로서 훈차^{訓借}한 것은 말할 것도 없으나, 지금에 언^言, 성^聲을 '소리'라고 하느니, 이것도 '스리-소리'의 전변 현상임을 짐작할 수 있을 것이다.

존칭사 '시'가 '스(사)'의 전운인 것은 누구나 다 아는 것이니, '스'가 Ümlaut화하여 '싀'가 되고 그것이 '싀'를 거쳐 '시'가 된 것이다. 흡사 백^白의 '흥'가 '희'가 되고 그것이 '회'가 되어 지금 '히'로 고정된 것과 같다. 그렇다면 사^絲의 '실'은 '슬-실-셜-실'의 음운 변화 과정을 밟은 것으로 그 원의는 선조^{線條}의 '슬(→살)'에서 전의된 것임을 추정할 수 있다. 백병^{白餠}의 '실잇떡(설기)'의 '실', 백백자^{白栢子}의 '실백자^{栢子}'의 '실'이 또한 '슬'에서 왔을 것은 향가^{鄕歌}, 이두^{吏讀}에서 '백^白ㅅ자로서 '슬-슬ㅂ'에 훈차^{訓借}되었음을 보아 의심할 여지가 없다.

이상 주로 '살'운에 관한 전변 현상만을 본 것이나, 이 모운^{母韻}의 전변 현상은 모든 어음에 그대로 타당한 법칙이다. 그러므로 이 모운의 전변 현상의 관계를 보이면 다음과 같다.

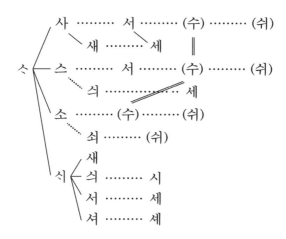

‘수’음이 ‘서’ 또는 ‘소’에서 직접 그대로 전변되는 경우도 있으나 순음脣音 ‘ㅂ, ㅃ, ㅍ, ㅁ’에 선행되는 ‘ㅅ’ 이외는 거의 특수 현상으로 대개는 ‘ㅂ’와 결합되어 그 ‘ㅂ’음이 ‘우’로 변하여 ‘구, 누, 두, 수, 우, 주’ 등으로 되는 것이며 그렇지 않으면 순음이 뒤따라올 때 그의 역동화현상逆同化現象으로 일어나거나 모운조화현상母韻調和現象으로 전변되는 것이다.[6]

이러한 모운 전변의 현상 과정을 고려하면서 ‘살’운으로 표현된 어의를 살펴보자.

(1) 살(연年): 연령, 신년의 뜻으로 쓰니 공통된 관념은 연年(물론 신新의 뜻도 있다)이다.

(2) 살(광光): 햇살(일광日光), 볕살(일광日光), 불살(적광赤光, 석조夕照)의 뜻으로 쓰니 광명의 뜻이다.

---

6 (1) 관아官衙의 귀(구이)는 ㄱ비의 전운轉韻

세계世界의 뉘(누이)는 ㄴ비의 전운

후측後側의 뒤(두이)는 ㄷ비의 전운

고주酷酒의 술은 ㅅ볼의 전운

상방上方의 위(우)는 ㅇ비의 전운

서류鼠類의 쥐는 ㅈ비의 전운

한랭寒冷의 추는 치브의 전운

(2) 구불다(전轉)는 그불다(그울다)의 역동화逆同化

누비(자姊)는 ㄴ비의 역동화

두비(수색搜索)는 드(ㄷ)비의 역동화

수비(천색穿索)는 스(ㅅ)비의 역동화

주비(부部)는 ㅈ비의 역동화

추부(한기寒氣)는 치(ㅊ)ㅂ의 역동화

훕신(흡족洽足)은 ㅎㅂ신의 역동화(불완전한)

누구(수誰)는 누기의 모운조화母韻調和

어구(구口)는 아기의 모운조화

머누리(부婦)는 머느리의 모운조화

거두다(수收)는 걷으다의 모운조화

서루다(회임懷妊)은 설이다의 모운조화

어수선(방대尨大, 과장誇張)은 아스선의 모운조화

(3) 살(명明) : 사르(살, 선택選擇), 살피(조찰照察), 살미(총명聰明)의 살은 분명分明 명백明白의 뜻.

(4) 살(분分) : 살담배(절초切草), 썰다(단절斷切), 살피(분계分界, 경계境界, 명표明標의 뜻도 있다).

(5) 살(언言) : 살ㅂ(고告)의 살이니 원의는 분별, 명확일 것이다. →소리.

(6) 살(동動) : 살랑하지도 않다의 살은 동動의 뜻이다.

(7) 살(선線) : 창窓ㅅ살, 활ㅅ살, 연鳶ㅅ살의 뜻으로 쓰니 선조線條의 뜻이다.

(8) 살(열熱) : 살므(팽烹), 살(소燒)의 뜻으로 쓰니 공통된 관념은 열熱이다.

(9) 살(속速) : 살판재주, 살물의 뜻으로 쓰니 질속疾速의 뜻이다.

(10) 살(육정수肉精髓) : 쌀(미米)은 비슬(도육稻肉, 도정稻精)의 기사記寫에서 온 것이요, 그의 경음화硬音化가 쌀이니, 육肉의 살로 더불어 도지정稻之精, 체지정體之精이라는 뜻으로 순전純錢을 살ㅅ돈이라 함도 순정純精에서 온 것이다.

(11) 살(생生) : 생활의 뜻이나 생명력이 있는 것의 뜻이다.

(12) 살(력力) : 물ㅅ살(수력水力), '사주四柱의 살이 세다'의 살은 역명力命의 뜻이나 공통된 관념은 생명력이다.

(13) 살(소小, 미약微弱) : 샌기(색기)-산기(살기) 살랑살랑(미소微小), 살살해라(미약微弱), 살가운(여소如小)들의 '살'은 소小의 뜻이다(시골-싀골-싀골의 싀(ㅅ리) 참고).

(14) 살(박薄) : 살얼음(박빙薄氷), 살푼(박모薄貌)의 살이 그것이니 원의의 하下, 저低에서 박薄으로, 천淺으로 전이된 것이다.[7]

---

7 살ㅅ하다 = 언행이 간사하다.
살동스럽다 = 경망하고 경박하다.

(15) 살(고高) : 살강(판가板架), 살뫼(산山), 살기(산묘山猫), 사다리(제梯)들
  의 '살'이 그것이니 원의는 높다는 뜻이다.

(16) 살(다多→설→사록) : 사록 = 수록은 사로－수로의 전轉으로 유다愈
  多의 뜻이다.

(17) 살(소消) : 소멸消滅의 '살으지다', 소모消耗의 '살키다'의 '살'이니
  소각燒却에서 소멸로 전이된 것인지 위조萎凋에서 사멸로 전이된
  것인지 미상未詳하나 아마 후자일 것이다.

(18) 살(한寒) : 살살, 쌀쌀(슬슬)의 '살'로서 사멸死滅의 '살'에서 냉각의
  '살'로 전이된 것이다. '시리' 참고.

(19) 살(정靜) : 살작, 산분, 살그머니의 '살(= 산)'로서 사멸에서 적멸,
  적정으로 전이된 것이다.

(20) 살(주周) : '국수를 사리다'의 '살'이 그것이니 이 원주円周의 뜻에
  서 주기周期의 뜻으로 되어 매월每月, 망望, 회晦 때에 오는 조수
  潮水를 '사리'라 함도 이 뜻이다. 연세年歲의 '살'도 이 뜻이 농후
  한 것은 물론이다. 이 '살'운은 '설'로도 변하였고 '술레'의 '술'로
  도 변하였다.

대략 이상과 같은데 위에서 '살'운은 '술'에서 전변되었다는 것을 이
미 말하였거니와 '살'은 또 '설'로도 전변되었다는 것도 말하였다. 그러
면 다음에 '설'운은 어떠한 어의들에 쓰여졌는가를 찾아보고자 한다.

(1) 설(년年) : 납臘을 이조 초에는 '살'이라고도 하였으나 지금은 '설'
  로 통일되었는데 순회循廻, 갱신의 뜻을 가지고 있으나 일日, 년年
  의 뜻이 주의主義일 것이다.

(2) 설(청淸) : 서러지, 설음질, 설거지의 '설'은 청결, 정세淨洗의 뜻이
  다. 소掃(쓸) 참고.

살망하다 = 깊이가 조금 짜르다(적다는 뜻).

(3) 설(백白) : 설기(백병白餠)의 설.

(4) 설(분分) : 설다(썰다, 절切) 경계의 설미, 서리(간間)의 설.

(5) 설(동動) : 설레다(구름이 움직이다, 마음이 흔들리다)의 설은 동요動搖
    의 뜻이요, '심만이'들이 풍風을 '설래'라 함도 동요의 뜻에서 전
    용한 것인지도 모른다.

(6) 설(선線) : 서리(섣가래), 설대(연죽煙竹)의 '설'들이다.

(7) 설(열熱) : 설설 끓는다. 설렁탕의 설은 열熱, 열상熱狀을 뜻한다.

(8) 설(질疾) : 설치다, 설레 대다, 설렁설렁 가다의 '설'은 질속疾速, 동
    급動急의 뜻이다. 섣우르다.

(9) 설(정수精髓) : 여요麗謠 청산별곡에 '설진강수를 비조라'의 '설'은 이
    뜻이다.

(10) 설(생生, 불지不知, 암暗) : 설되다, 설익다, 낯설다의 '설'은 '생것',
     '날것'의 뜻으로서 숙熟에서 보면 미숙이요, 완성에서 보면 미완
     성의 것이요, 친숙親熟에서 보면 불친숙不親熟의 것이다.

(10) 설(회임懷妊) : 배태胚胎, 회임懷妊을 설우다(헐우다)고 하는 '설'이다.

(11) 설(미약微弱) : '살살해라'는 것을 '설설해라'고도 하니, 완만의 뜻
     도 있지만 '기운을 내지 말고 해라'는 뜻도 있다. 흡사 '설렁설
     렁 간다'의 설에 양조揚調를 주면 질속疾速의 뜻이 있고 평조平調
     로 하면 완만의 뜻이 생기는 것과 같다.

(12) 설(박薄) : 설핏하다(섧힛하다), 엷다(섧다)의 설이니 '살 = 얄'의 전
     운임은 물론이다.

(13) 설(고高, 수首) : 무슨 일을 설두하다, 재齋를 설판하다의 '설'은 수
     首, 초初, 선先의 뜻을 가진 말이다. 산명山名에 간곳마다 설산雪
     山, 설마雪馬, 설봉雪峰의 이름이 있는 것은 산山의 '살-설'에서
     온 말이며, 도嶋의 섬도 '살미-설미'에서 '섧-섬'으로 된 것이
     다. 설암(탑塔) 참고.

(14) 설(군群, 다多) : 서리(무리), 설체하다의 '설'은 군群, 다多, 대大의 뜻이다.

(15) 설(응결凝結) : 중기가 서리다는 '설'은 동결凍結의 뜻, 군집의 뜻을 함께 가졌다.

(16) 설(互相←군群) : 서르, 서로의 뜻은 잡교雜交의 '섣그', '섣→설'과 같은 어원인데 원래로 '여럿이', '여럿'의 뜻에서 즉, 군다群多 – 잡다雜多의 뜻에서 잡교雜交, 호상互相의 뜻으로 전이된 것 같다. 또는 전일全一–합동–동등同等의 뜻에서 '함께'라는 뜻도 있는 것 같다.

(17) 설(대항對抗) : 겨누다는 말에 설우다는 말이 있으니 이것은 동등 –비견比肩의 뜻이니 병並의 '굴ㅂ'가 비적比敵의 '굴ㅂ'에 전이한 것과 같다.

(18) 설(소멸消滅) : 지금은 '슬'에 고정되어 있으나 '슬–살'이 있는 이상, '설–슬'은 음운상 분화이요, 의의상意義上 분화와는 관계치 않음을 알 것이다.

(19) 설(한랭寒冷) : 상霜의 서리가 있고 한랭寒冷의 '시리'가 있고 로露의 '이슬'이 있음을 보면 '슬'에서 '살–설'로 또는 '슬–슬'로 또는 '슬–실–슬–실'로 그 전변 과정에서 모두 고정된 것일 것이다.

(20) 설(정비靜秘) : 살작–설적, 살그머니–설그머니, 어감상 차이는 있으나 같은 관념의 표시임은 물론이다.

(21) 설(주周) : 서리다의 주원周圓, 입슬, 설주의 주변周邊, '슬–설'은 같은 어의를 가진 어운이다.

(22) 설(비悲) : 서럽다의 '설'이니 슬븐, 슯흔과 같은 어휘임은 물론이다.

(23) 설(장대長大) : 키가 설명하다의 '설'이니 이 설에는 크다, 길다의

뜻에 후리후리하게 가늘다는 뜻도 들어있으니 선조線條의 '설'과
결합된 말이다.

(24) 설(불지不知, 생소生疎): 설사設使, 설마, 설혹設或의 '설'이니 그 뜻은
'믿어지지 않는다', '생각되지 않는다'이니, 사량思量의 '살'과 공
허, 암혹, 부지不知의 '살'과 결합되어 '설'로 전변된 운이니, '어
스름ㅅ달', '으스름ㅅ달'가의 '슬－설'과 같은 어운이다. 즉, '알
지몬커라'의 뜻으로 전이된 것이다.

　대략 이상과 같은 동음이어同音異語를 들 수 있으며 'ㅓ－ㅡ'의 호상출
입互相出入은 '슬'의 어운도 또한 이 속에 넣을 수 있음을 짐작할 것이
다. 그리고 경음硬音은 대개 강조, 왜소, 우아를 표시하는 의미에서 전
변된 것이니, '갈ㄱ(삭削)'를 '깔ㄱ', '걸ㄱ(소搔)'를 '껄ㄱ'로 '두드리다(타
打)', '뚜드리다', '밝았다(적赤)'를 '빩았다', '슬슬하다(소조蕭條)'를 '쓸쓸하
다'로, '조각(편片)'을 '쪼각' 등으로 되는 것은 모두 그러한 뜻에서 전변
된 것이다. 현재어 '께(의게)'는 '게'의 전변된 것이요, '게'는 '그에'의 전
변된 것임은 이조 초기의 국해문헌國解文獻을 본 이는 누구나 짐작하는
바일 것이다. 그렇다면 '썰, 쓸' 어운도 지금 형태 그대로만 가지고 고
집할 것이 아니요, 경음화하는 언어 심리 과정을 고려에 넣어 생각할
것이다. 또 위爲의 '홈'이 '함'이 되는 일방一方 '홈'으로도 되었고, 택擇의
'굴'이 '골－고르'로 되고, 정精의 'ㅈㅅ－ㅈㅇ'(정睛, 눈ㅈㅇ정(훈자訓字))가
'ㅈㅅ－자ㅇ'가 되는 일방, 정요精要의 '조ㅅㄹ뷘'의 '조ㅅ'로 되고, 어언
語言의 '슬ㅂ'의 '슬'이 어음(→음성)의 '소리－솔이'가 되듯이 'ㆍ－ㅗ'의
전변이 추정될 수 있다면 '솔'의 어운도 '쏠'로 더불어 '슬'에 환원시켜
고찰될 것이다. 또 기냉氣冷을 '날이 쌀쌀하다'하고 수냉手冷을 '손이 시
리다'하며, 냉풍冷風을 '새ㅅ바람'(새ㅅ바람을 동풍東風이라 하고, 마ㅅ바람을
남풍이라 하고, 갈바람을 서남풍이라 하나, 그것은 방향을 가리킨 것이 아니라 풍
성風性, 풍질風質을 가리킨 것으로, 냉풍冷風, 습풍濕風, 조풍燥風 또는 소풍小風의 뜻

이요, 하노바람 또 한의바람(대풍大風)의 서북풍도 그렇게 해석할 것이다)이라 하는 것을 보면 새(사이)−쌀(싸+ㄹ이)−실(실−셜−실)의 음운 전변을 추정할 수 있으니, '실'의 어운도 또한 고려되어야 할 것이다.

이것뿐만 아니라 '가륵'이 '갸륵(위偉)', 뺨이 '뺨(협頰)', '걸'이 '결(문紋)', 뽀족(첨尖)이 '뾰족'으로(뿌죽, 삐죽 참조) 되는 것을 보면 'ㅏ → ㅑ', 'ㅓ → ㅕ', 'ㅗ → ㅛ'들의 어운 즉, '샬', '셜', '숄'들의 어운도 적당히 고찰되어야 할 것이다.

그러므로 쇄모刷毛의 '솔', 송松의 '솔', 해薤의 '솔', 입종粒腫의 '솔'과 군다群多, 총집叢集의 '설'이 성조聲調와 모운母韻의 차이는 있을망정, 같은 관념의 분화임을 짐작할 것이며, 소消의 '살', 위萎의 '실', 피疲의 '살', 도倒의 '쓸−쓰ㄹ', '씰−실'과 부腐의 '석', 냉冷의 '식'과 소銷의 '삭', 모耗의 '삵(살+ㄱ)', 찰擦의 '설치다', 마멸磨滅의 '슭(실+ㄱ)', 용미舂米의 '슭'이 비록 성조와 모운과 어대語臺(말받침)의 차이는 있을망정 같은 관념의 분화임을 알 것이다. 혹은 Voltaire의 경구警句인 "어원학에서는 도대체 모음을 안중에 두지 않고 자음까지도 무시한다"는 말을 회상하고 음운의 마술적 환전幻轉을 불신할는지 모르나, 현재 녹綠의 '프ㄹ'가 '프르', '퍼르', '파ㄹ', '포로', '푸르'로 쓰이고 있는 것을 경험하고, 위爲의 'ㅎ'가 '흐', '호', '하', '히', '희', '히'로 쓰이고 있는 것을 아는 우리에게는 조금도 의아할 것이 되지 못한다(실로 언어 발생에 모음은 대개 고려되지 않았다). 무릇 어운의 전변 현상을 고려하면서 어의를 확정하지 않고, 어원을 말한다는 것은 다만 어운의 외부 형태상形態上만 찾을 뿐이요, 어의의 내적內的 의미질意味質을 알 수 없으니, 언어의 기원에 신비적, 불가지적 견해로 시종하는 까닭도 이 때문이다.

그러므로 동음이의어의 관념 전이 또는 연합과 논리적 관계가 구명되지 않으면 그 어의를 확정할 수 없으며, 어의를 확정하지 않고는 어원을 찾을 수 없으며 어원의 구경을 찾지 못하고 언어의 기원을 찾을 길은 없을 것이다. 즉, 사람은 '사랑(생각)'하는 자의 뜻이 주의主意라면, 사고思考를 왜 '살'이라 하였으며 무슨 뜻으로 우리 조어사용자 또는 조어창작자는 사유, 사고, 사량思量을 '살'이라고 하였던가? 이것을 밝히지 않고는 조선어의 기원은 밝혀지지 않을 것이다. 모든 어족의 어원을 밝히고자 힘쓰는 언어학자들이 그 자신 그 어휘의 어의를 알지 못하고 동음이의어의 논리적 관계를 알지 못하고, 그 언어의 기원을 말한다는 것은 어리석은 짓이다.

또 어의라는 것은 고정된 그 단어가 지금에 보면 한 뜻 밖에 없는 것 같으나 그렇게 고정되기까지에는 여러 뜻이 복합된 것이니, 그 말 자체 속에 여러 뜻이 작용하고 있다. 일례를 들면 정庭의 '뜰'[8]의 주의 主義는 '안(內, 오奧)'이라는 뜻이나, 영역, 야원野原 토지의 '들' 뜻이 작용하고 있으므로 방房, 청廳을 뜻하지 않고, '내부의 지역'이라는 뜻으로 정庭에 고정된 것이다. 또 그것이 '뜰'이라고 하여 쓰게 될 때의 어의 의식語義意識과 어운 세력을 밝힐 수 있다면 언어 발생 내지 언어 발달의 역사적 과정 또한 밝힐 수 있을 것이다. 좌우간 어의의 결정도 그렇게 고정시킨 이유 즉, 의미가 하나가 아님에 주의해야 할 것이다.

---

8 (1) 기픈쑬 호펴뵈신대(선시심오宣示深奧) —『능엄楞嚴』, 29쪽. (2) ᄀᆞᆳ보빛옛ᄃ리믈ᄀᆞᆯ쑬해ᄉᄆᆞᆺᄎ리라(중추보월심철증원中秋宝月湛澈澄源) —『사법어四法語』, 11쪽. (3) 여식女息의 쑬(정精). (4) 매苺의 쑬(정실精實). (5) 오奧=쑬=의意=뜯.

제3절 어운語韻의 분석分析

Otto Jespersen은 그의 저著 『Language』(421쪽)에서 종교가 다신교에서 일신교로 옮겨가듯이, 언어라는 것도 다철음多綴音에서 일철음一綴音으로 전변되어 가고 있으며 따라서 원시 언어는 몹시 긴 말로서 구성되었다고 마땅히 상상할 것이라는 말을 하였으나, 나는 도리어 종교 그것도 일신교에서 다신교로 분화되었다가 다시 일신교로 전화되고 있듯이, 언어도 원래 일철음一綴音에서 다철음多綴音으로 구성되었다가 다시 그 다철음들이 간단화되고 있다고 보는 것이 지금까지의 언어의 현상을 짐작해서 타당하다고 생각한다. 그가 지적한 바와 같이(328쪽) 고대영어 lufu, stānas, sende가 중대영어中代英語 luve, stanes, sende를 통해서 e음들을 그대로 발음하든 것이 love, stones, send의 근대 일철음으로 된 것은 사실이나 이것이 생장하고 발달하는 모든 언어에 일률적으로 규정할 수는 없다.

조선어에서는 한편으로 '슬미(山)'-'스미'-'슴'-'삼'-'얌'으로 간순화簡純化하는 경향도 있었지만 '슬미' 이전은 '슬' 또는 '미＝물'의 일철음이던 것이 결합하여 이철음 '슬미'가 된 것이다. 이조 초기만 하더라도 부사 광廣의 어운은 '너비'였으나, '널비'를 지나 '넓게'가 되었으며 이것이 거의 '넙게'로 통용되고 있다. 추秋의 'ㄱ슬'이 '가을'이 되고 ':갈'로 좀 긴 일철음이 되는 반면에 비飛의 '나(다), 날(다), 나르(다)로의 이철음이 되어지기도 한다. 영어의 Bible이 중대中代 영어 Bible의 e음이 탈락되는 반면 i음이 이중모음(diph-tong) ai로 전변하기도 하는 것이다. 현峴의 '곡'이 '고개'에서 온 것은 사실이나, '고개'는 '고＋기'의 전운으로 고高의 고와 처處의 '기'가 결합되어 구성된 어운이니, 어의의 초점은

'고'에 있으니 '개-기'와 결합하기 이전의 원어는 '고-ㄱ'이었다고 추정할 수 있다. 그것은 거상舉上을 '고다-고우다(고ㅂ다)'의 '고'에서 그 어의의 연관을 발견할 것이다.

나는 조선어의 조어祖語 또는 전조선어 내지 원시 언어는 일철음이었다고 추정한다. 지금 다철음의 언어는 우리가 가진 기록의 불충분, 부정확으로 말미암아 그 분석의 완벽을 기할 수 없으나, 모두 합성어라고 추정한다.

한어는 원래 일철음이니 말할 것이 없으나, 영어를 보더라도 백년의 century가 불가분의 음철같이 생각할 것이나, cent(percent)에서 온 것임은 말할 것도 없으며 이 cent는 라틴어의 'centum'에서 왔다 한다. Sanskrit에서는 śata, Persia어의 sad와 관계가 있을 것은 물론이다. sat-sad는 sad-sar로 음전音轉될 수 있고, sar-sal은 san으로 전변될 수 있다.

그래서 그것이 ümlaut되어 sän-sen=cen이 된 것이 centum의 cen이라고 나는 생각한다. 그러므로 cent의 t는 beau-ty의 ty와 같이 일종 접미음接尾音으로서 cen-t로 분석하고, 원어 cen-sän-san-sar-sad-sat-√s-t의 음운 전변 과정을 생각하고 원어근 √s-t or √s를 추정하고 싶다. 영어 hundred가 hund-red의 합성어로 원어근은 hund임은 물론이다. 이것을 cent와 같은 어근의 말임은 일반이 시인하는 바로서 Russia의 sto, Irish의 cead와도 동어근의 말이라면 n음은 t, d음의 전변된 것이라고 보아야 할 것이다. 조선어에서의 ㄷ, ㄹ, ㄴ의 전변은 활발하니, 다多의 '만ㅎ다'가 '말ㅎ다'의 전운임은 군다群多의 '무리-므리-믈-물'에서 추정할 수 있으며, 그 '물'은 '몬-ㅁ드'의 전운이니 개皆의 '모두'와 동위적同位的 어운임을 보아 알 것이다.

가 - 간 - 갈 - 간(함鹹 ← 건乾 ← 정精)

고 - 곧 - 골 - 곤(정精 ← 정精)

다 - 단 - 달 - 단(지地 ← 역域)

마 - 만 - 말 - 만(마摩 ← 착着 + 합일合一)

바 - 받 - 발 - 반(명明 ← 광光)

사 - 산 - 살 - 산(산散 ← 선線 + 분分)

아 - 안 - 알 - 안(좌坐 ← 하下)

하 - 핟 - 할 - 한(일一 ← 전全)

한 일례에 지나지 않으나 인구어印歐語 기타 다철어多綴語도 정확하게 분석할 수 있을 것이나 아직 철저하지 아니한 것 같으며, 우리 조선어는 조선어에 아주 적합한 문자를 가진 까닭에 철저히 어운을 분석할 수 있는 것은 여간 다행한 일이 아니다. 조선어란 진실로 언어의 보고로서 동음이의어同音異義語와 이음동의어異音同義語의 풍부함과 음운 법칙의 정연하면서 복잡함과 어휘 구성 법칙을 제정齊正함과 관념 전이의 논리적 과정이 확연함들로서 조선어의 전승자들이 얼마나 이지적이고 논리적인 민족인 것을 곧 알 것이다.

여기서 일일이 어운의 분석을 다 할 수 없으나 중요하고도 기초가 될 약간의 어운을 분석하여 그 주어근을 추출하고자 한다.

(1) 선조線條, 분기分岐, 명변明辯을 '가닥'이라고 하느니 승조繩條의 '줄가닥', 사변事辨의 '일을 가닥내다'가 그것이니 전자는 선조의 뜻이요, 후자는 분별의 뜻이다. 그런데 '가닥'은 '가ᄃ + 기' 또는 '갇 + ᄋ기'의 축음으로 제梯의 '사닥', 도稻의 '나락'이 각기 '사ᄃ + 기', '삳 + ᄋ기', '나ᄅ + 기'에서 구성된 것 같다. 즉, '사ᄃ-삳', '나ᄅ-날'과 같이 '가ᄃ-갇'이 주어근이요, '기' 또는 'ᄋ기'(ᄋ는 연성상連聲上 조음삽입운調音挿入韻으로 보아도 상관없으나)는 사물지칭사事物指稱辭로서 명사 만드는 접미사이다.

비飛의 '날기', '나르기', 소燒의 '살기', '사르기', 성成의 '이룩', '이루기'의 그것과 같다. 그러면 주어근은 '갇－가드'이다.

그런데 '가닥'을 '가락'이라고도 하니, '손가락', '숫가락'의 '가락' 또한 선조線條의 뜻이요, 가창歌唱의 '노래ㅅ가락'의 '가락'도 선조의 뜻이 있으나, 성조聲調의 뜻도 있으니 분명 분변分辨의 뜻도 있다고 볼 것이다. 그러면 '가드－갇'은 '갈－가르'로도 전변할 수 있음을 알 것이다. 건조乾燥 '갇(가다지다)'이 건조의 '갈'과 서로 통하며, 등동等同의 '갈오'가 등동等同의 '갇호'와 서로 통함을 미루어 짐작할 수 있으며 전부라고는 할 수 없으나, 주어근의 종성 ㄹ음은 ㄷ음의 전변된 것이라고 추정해도 상관이 없을 것이다.

(2) 동모動貌의 '가딱－까딱', '거떡－꺼떡'이 지금의 유행되는 철자법이나 실제 어운의 분절감分節感은 '갇닥－깐닥', '걷덕－껀덕'이니, 종철 '닥, 덕'은 용언활용접미사로서 용역모用力貌의 '발닥－벌덕', 냉감冷感의 '산닥－선덕', 천급모喘急貌의 '할닥－헐덕'의 '닥－덕'과 같은 것으로 원어근은 '갇－걷'이다(일본말의 '가타가타유라구ガタガタ搖グ', '가타가타후루헤루ガタガタ慄ヘル'의 가타ガタ는 여기에 대응되는 말이다).

'택없이 거드랑대다'의 '거드랑'은 '걷으랑'의 전운으로 '거들거리다'의 '거들'에 또한 체언활용접미사인 '앙'이 첨가되어 구성된 것이요, '거들'의 '을'은 'ㄹ'의 첨가로 '으'음이 조음상調音上 삽입된 것이요, 'ㄹ'은 원래는 '드', 'ㄷ'의 음으로 '오다', '가다'의 '다'와 같이 조선어의 기본 말받침으로 이 '드'가 첨가되므로서 비로소 조선적인 말이 되는 것이었다(지금은 그러하지 않으나). 그 조어의식造語意識이 부절不絶히 무의식적으로 움직이고 있던 것이 다만 'ㄹ'음으로 변하여 '푸르'할 것을 '푸르르'로, '우'할 것을 '우르'라 하고, 그것도 부족한 듯이 '우러르(앙仰)'하는 따위와 같다.

거렁거렁 → 거르렁거르렁(천성모^{喘聲貌})

누르 → 누르름(황색모^{黃色貌})

사르(살) → 사르르(분산^{分散}, 위피^{萎疲})

발 → 바르르(전율모^{戰慄貌})

푸르 → 푸르르(청^靑)

한편으로 '고닥 – 꼬닥'(– 이다, ~거리다)이라는 말이 있으니, 이것도 '곧 악, 꼳악'으로 '악'은 '달려드는', '달악달악', 불앙스러운 '불악불악'의 '악'과 같이 활용접미사이니 어근은 '곧'일 것이며 그것은 '갇, 겉'의 왜 소태^{矮小態}를 표현하는 어운임을 짐작할 것이다.

(3) 저^低의 '낮'은 '나디(ᄂ디)'의 원운^{原韻}이 '나지'로 변한 다음 '낮'으 로 일철음화한 것이니 여기에 형용사의 활용접미사 '갑 – 가분 – 가운'이 첨착^{添着}되어 '낮가운'이라는 어휘가 구성된 것이다. 흡사 '차가운', '뜨 거운', '살가운', '반가운'의 그것과 같다. 이 '나디'가 한편으로 '나지'로 전변되어 하래^{下來}, 저락^{低落}의 뜻으로 쓰이고 있으니, 원의는 '우^雨, 수 ^水'의 뜻에서 천계^{川溪}의 뜻으로 또 '우, 수'의 뜻에서 취하^{就下}, 하류^{下流} 의 뜻으로 되어 이상과 같은 어의에 고정된 것이다. 이 '날 – 낮'은 형 용사의 활용접미사 '븐 – 분(븐)'이 첨가되어 악^惡, 불미^{不美}의 뜻으로 쓰 이느니, 수평선 이하의 것은 즉, '돕(上)'지 않고 '자(上)'하지 않고에서 악^惡의 뜻으로 전용된 것이며 또 낮븐 것은 만족되는 것이 아니요, 충 족되는 것이 아니므로 음식의 불충족도 '낮브다'고 하는 것이다.

이 '낮브 – 낮븐'의 '브 – 븐'은 'ㅂ – 븐'의 전운으로 원래 이 어운은 역 위^{力爲}의 'ᄒ다'의 'ㅎ'와 같은 어운으로 우리 고어에서 'ᄒ다'할 것을 'ㅂ 다'라고 한 적이 있었던 것이니 그 흔적이 지금에도 '그래 해라'할 것을 좀 주저^{躊躇}, 가정^{假定}의 뜻을 가지기는 하나, '그래 바라'라고도 하며, '이래해도 안 되고 저래 해도 안 된다'는 것을 '이래 바도 안되고 저래 바도 안 된다'고도 하며, '소변하지 마라'는 것을 '소변보지 마라'라고도 하는 것들에 아직 남아 있다. 그러므로 '고흔－고븐', '실흔－실븐', '갈흔－갈븐', '설흔－설븐', '짤흔－짤븐'들과 같은 어휘가 자연스럽게 성립될 수 있는 것이다.

(4) 세계의 '누리'가 '뉘'로 더불어 동의어임은 누구나 다 아는 것이지만 이것은 'ᄂᆞ비', 'ᄂᆞᄇᆞ리'의 전운이니 'ᄂᆞ비'가 'ᄂᆞ위'가 되고 '뉘'가 된 것이요, 원어근 'ᄂᆞᄇᆞ'에 'ㄹ'음이 첨가된 명사형이 'ᄂᆞᄇᆞᄅᆡ'이다. 이것이 'ᄂᆞ우리'가 되고 다시 단축短促되어 '누리'가 된 것으로 원어근은 'ᄂᆞᄇᆞ' 즉, 광원廣原에서 영역→세계를 뜻하게 된 것이다. 순음脣音 이외의 '자음＋ㅜ'음은 모두 그렇다는 것은 아니나, '자음＋ㅂ'음의 전변된 것이라는 것은 위에서도 일언한 바이지만 어운 분석에 있어서 항상 고려되어야 할 음운 현상의 법칙이다. 귀鬼의 귀, 관官의 '구이'가 'ᄀᆞ비'의 전운이요, 후後의 '뒤', 난타亂打의 '두다리'의 '두' 또한 'ᄃᆞᄇᆡ－ᄃᆞᄇᆞ'의 전운으로 전자는 노정露呈에서 복장伏藏－이면裡面－후면後面으로 전이된 것이요, 후자는 등동等同－동양同樣－반복反復－수수數數로 전이된 것이다. 서鼠의 '쥐'가 'ᄌᆞ비'의 전운일 것은 유鼬의 '족제비'가 있음을 보아 추단할 수 있으며, 한寒의 '추이'가 'ᄎᆞ비'의 전운인 것은 '찹－춥'의 어운이 있음을 보아 또한 추단할 수 있을 것이다.

(5) 질주상疾走狀을 '다름박질'이라 하느니, '질'은 농사질, 장사질의 '질'과 같이 행동의 '짇－짓'의 전운이요, '박'은 '곤두박질', '잠박질', '꼬박'의 '박'과 같이 용력用力, 작용을 뜻하는 말로서 이의 동위적 음운이 '받(→발)'인 것은 퇴退의 '내받→내왇', 기起의 '이르받－이르왇'에서 알 수 있을 것이다. 이 '박'은 원래 용력用力←역力의 뜻으로 활용접미사로 전용된 것이니 주走의 '달－닫'이 '미', 'ᄋᆞ미'의 명사접미사를 첨가하여 용언用言에서 체언体言으로 전화된 까닭에, 그것에 용언적 활용을 주기

위해서 즉, 재용언화시키기 위해서 첨가된 것이다. 그러므로 그 원어근은 '달'이니 '닫다, 달아나다'의 '단-달'과 같은 것이다. 이 또한 사철음四綴音이나 원어근原語根은 일철음이었음을 짐작할 것이다.

(6) 경쟁쟁투競爭爭鬪의 '다투다'는 말이 있다. 이것은 '닫후다', '닫ㅎ다'로 분석할 수 있으니, '닫ㅎ-닫흐-닫후-다투'로 된 것으로 'ㅎ'는 '…ㅎ다'의 'ㅎ'이다. 이것은 활용접미사로 전이된 것이 'ㄱ ㅂ'들과 같다. 원어근은 '닫'이니 원의는 '갋'의 '갈', '갈ㅎ'의 '갈'과 같이 등동의 뜻에서 비견比肩-대비-대항-항쟁의 뜻으로 전이된 것이라고도 보아지나, '닫'은 '달-돋'과 동계어의를 가진 어운으로 '상上, 고高'의 뜻에서 우優-승勝의 뜻으로 전이된 어운이라고도 할 수 있다. 도리어 후자의 언어 의식이 더 강하게 작용하고 있는지도 알 수 없다. 즉, 위가 되고자 하는 것이 '다투는 것'이 아닐까?

(7) 청결의 '맑'은 '말ㄱ'의 축음이니 한편으로 '막'의 어운이 통용되고 있는 것은 다 알 것이다. '말ㄱ'의 'ㄱ'는 'ㅂ, ㅎ'와 같이 원래는 역위力爲의 뜻을 가진 어운이나, 'ㅂ, ㅎ'가 그렇게 되듯이 활용접미사로 전화된 것이니 지금에도 '그러게! 저러게!'의 '게'에 그 전승이 남아 있으니 원래는 '그러ㄱ이'였든 것이 'ㄱ이-게'로 된 것이다.

혹자는 '그러하게'의 '하'가 약略된 것이라 할 것이나 결코 그렇지 아니하니, '하'가 역위力爲의 어운으로 조선말에 들어오기는 오히려 후기에 소속된다고 보는 것이 타당할 것이다. 다른 예로 들면 '고분'은 '고흔'에 선행되며, '실분'은 '실흔'에 선행된다는 것과 같다('실큰'(염모厭貌)이라는 말이 있으니 기음화氣音化 이전은 '실ㄱ'일 것이며 이 '실ㄱ'은 '실분'이 부여계적 말받침을 받은 것이라면 고구려(가라伽羅)계적 말받침을 받은 말로서 북방계적 말받침을 받은 '실흔'과로 더불어 품사적 차별, 즉 형용사, 부사의 차差는 있을 망정 우열이 있는 어휘는 아니다).

단절斷切의 이조 초의 음철은 '긋'이나 이것이 '귿'의 속철俗綴인 것은 '끈어'의 실제어운이 전승됨을 보아 알 것이다. 이 '귿'이 '끋'이 되고 '끈'이 되며, 한편으로 '귿'이 '귿ㄱ'→'끋ㄱ'가 된 것을 생각하면 'ㄱ'가 역위의 용언접미사로 전화되었음을 짐작할 것이다.

명明의 '밝'이 '발ㄱ'의 전운이요, '발ㄱ'는 광명의 '발(블)'에서 전이됨과 같이 '맑'의 '말'은 원래는 태양, 광명을 뜻하는 것이 명정明淨의 뜻으로, 또 청정, 청결의 뜻으로 전이된 어의와 우수雨水의 정결, 정명精明의 뜻이 합성된 것으로 직접 우雨의 어운에서 주로 전이된 것 같다. 즉, '맑다-말ㄱ다'란 말은 '말ㅎ다(청명ㅎ다)'는 말이다. '말숙하게 치워라'는 말을 기어 '맑숙말숙하게 치워라'고 써야 할 것이며 그렇게 발음하여야 할 것인가? '말짱하다'는 말을 기어 '맑장하다'라고 써야 하며 그렇게 발음하여야 할 것인가는 깊이 생각해야 할 것이다. '손이 :말갓다-:말갇ㅎ다' 참고.[9]

(8) 의거依據, 인유因由를 '말미암아'라 이르니 이것은 '말미+ㅇ+ㅁ+다'로 분석할 수 있을 것이다. 원래의 어근은 '말'이던 것이 명사화하여 '말미'가 되었고 이 명사를 재용언화하기 위해서 활용접미사 'ㅁ'를 첨부시킴에 조음상調音上 그대로 직접 첨착하기가 곤란함으로 조음소調音素로써 'ㅇ'가 삽입된 것이라고 생각한다. 말은 '믈'의 전운으로 원의는 원초元初-원인原因-의거依據-의뢰依賴의 뜻으로 전이되어 원인 → 조건을 의미하는 것이다. 조건법 토吐에 '므로'가 있으니, '해가 지므로 날이 어둡다', '밤이 되었으므로 누워잤다'의 '므로'가 그것이다. 이 '므로'는 '믈-ㅁㄹ'의 전운으로 이 '말'과 그 어의를 같이한 것이다.

---

9 마래어馬來語 '밝은'을 hening, djernih이라 하는데, 또한 '맑은'을 뜻하며 heningkan, djernihkan하면 '맑게하다'이다.

(9) 답리踏履를 '밟나'라고 하는데 경남 방언에서는 '발다'라고도 한다. 『영가집永嘉集』 권하卷下에 '이호중도履呼中道'를 '중도를 불을(올)씨'(33장좌張左), '공리일하共履一河'를 '모두 일하一河를 불오나'(60장우張右), '이수여지履水如地'를 '믈 불오디싸 ᄀ티ᄒ다'(68장우張右)라고 하여 '불-(불오)'로 적은 것을 보면 '밟'은 뒤에 구성된 어운임을 짐작케 한다. 또는 'ㅂ' 활용접미사의 전승을 기피하던 이의 어운이라고도 볼 수 있다. 좌우간 'ㅂ'가 원초부터 교착膠着된 음운이 아님을 알 것이다. 흡사 '젊어 죽다'를 '즐어 죽다', '하면서'를 '하며셔'의 따위와 같다. 이의 동위적 어운으로 '바디다-빠디다'라는 말이 있으니, '믈-불'이 호상출입互相出入하는 것이니 'ㅂ'음이 '발'에 고정적 첨착음添着音이 아님을 더욱 확실히 알 것이다. 더욱이 답리踏履의 '발-밟'이 족足의 '발'에서 전이된 것임에 상도想到하면 더 의심할 필요가 없을 것이다. 즉, '밟는다'는 말은 '발한다'는 뜻이다. 이조 초에 비臂는 '불'로 아직 유지되었으나 족足은 벌써 '발'로 분화 고정되었는데 원래는 동일한 음운 '발-불'이었던 것은 의심할 필요가 없으며, 원의는 분조分條의 뜻과 하천下賤의 뜻이 결합되어 족足을 가리켰던 것이다. 처용가處容歌에 '각조이脚鳥伊, 사시양라四是良羅'라 하여 '갈오이'란 말을 썼으나 종철終綴 '이'는 주격토主格吐이요, 어간은 '갈오'이요, '오'는 명사접미사로 어근은 '갈'이다. 이 또한 분조分條의 뜻으로 '달, 발, 갈'들의 어운들이 병행하다가 뒤에 분화 고정된 것으로 보인다.

(10) 급속急速의 '바쁘다'는 것은 '받브다'로 분석할 것으로 '브다'는 발브다의 '브다'와 같은 것이니 원어근은 '받'이다. 지금에 급속모急速貌를 '빨리'라고 하니 경음 '빨'은 '발'의 전운일 것은 '갇그'의 '깐그', 'ᄀ숫'의 '깻긋'에서도 볼 수 있는 것과 같으며, '리'음은 '받히'의 음편音便에서 왔다고도 할 수 있으나 이조 초기에 있어서 'r'음적音的이던 'ㄹ'이 차츰 L음적으로 변하였던 것은 원遠의 '머리'가 '멀리'로 비飛의 '나르'가

'날르'로 현행現行되고 있음을 보아 알 것이다. 그래서 원어근이 '발 - 블'임을 추출, 환원시킬 수 있다. 그런데 '발 - 블'과 '받 - 블'은 동위적 음운임은 말할 것도 없으며, 그 공통된 어의는 급속急速이며, 이 관념은 광명의 질속疾速, 광선光線의 질속에서 전이된 것이다. 그러므로 태양(천天)도 '블', 광명도 '블', 광선도 '블' 하였던 것을 우리는 추정할 수 있다. 우리 조어祖語사용자에게는 그런 것은 동일한 관념이었던 까닭이다.

(11) 화위化爲, 생성生成을 '생기다'라고 하니, 이것은 '삼기다' - '샘기다'의 전운이니 후음열喉音列의 음音 앞에 오는 비음鼻音은 후음열의 비음으로 변하는 발음 법칙에 따라 '생'으로 된 것이다. 위爲의 '삼', 작作의 '삼', 산産의 '삼'이 모두 이것이니, 송강松江의 관동별곡關東別曲에 '천지天地 삼기실세 자연이 되어마〾'의 '삼기'가 그것이다. '기'는 자동형 활용접미사로서 '자므다'의 '잠구다', '담다(盛)'의 '당기다'와 같은 것이니 어근은 '삼'이요, '삼'은 '사ㅁ'의 촉음이요, 'ㅁ'는 팽烹의 '살ㅁ', 식植의 '시ㅁ'의 'ㅁ'와 같이 역위작용力爲作用의 뜻을 가진 활용접미사이다. 그러면 원어근은 '사 - ㅅ'로서 '오좀을 싸다'[10]의 '싸'가 이 '사 - ㅅ'의 경음화한 소리이다. '사'는 '나타난다'는 뜻으로 '밝게 되다, 밝아지다'의 뜻에서 전이된 것이니, '날이 새다', '새벽'의 '새'는 이 '사'의 Ümlaut화한 음이다. 절간에서 '새배 - 새벽'을 '석'이라고 하니 이것은 '서 + 긔'의 합성어로 '서'는 '사'(明←日)의 전운이요, '긔'는 'ꞏ의 고운古韻으로 '시時'를 뜻하는 말이라고 하여도 무방하나, '긔'를 '기'접미사로 보아도 무방할 것이다.

(12) 염塩의 '소곰 - 소금'은 '속 + 음'으로 분절할 것이니 '음'은 사음㊀音의 '말음', 운반의 '날음'과 같이 자음종성인 용언을 명사화하는 'ꞏ미

---

10 ㅅ - ㅅ - ㅅ - 시(소아의 소변에 씀).

(미)'의 전운이다. 어근은 '속'이요, 이 '속'은 '소기'의 합친 말로서 원어근은 '소-ㅅ'이다. '기'는 명사접미사이므로 혹은 '비'를 말받침하여 '소비'-'솝'이라는 어운도 있었을 수 있는 것으로 이리裡里의 '숩리'는 그것이며 '미'를 말받침하여 '소미'-'솜'이라는 어운도 구성시킬 수 있으므로 면綿의 '솜'은 그것이다. 속, 숩, 솜의 공통된 어의는 내부-심수心髓-정수精髓의 뜻이다. 조어사용자들은 염塩은 해수지정海水之精 또는 지지정地之精으로 알았는 까닭이니, 함醎의 '짠, 간도 모두 이 뜻에서 전이된 것이며, 압착壓搾의 '짜'도 위정爲精의 뜻에서 전이된 것이다. 그리하여 내부, 내용의 뜻으로 전이된 것은 흡사 난卵, 혼魂의 '알, 얼'이 내용, 내실의 뜻으로 전이된 것과 같다.

(13) 조조早朝를 '아참', '아즘', '아침'이라고 철자綴字하나 청각상인상聽覺上印象은 '앗즘', '앗침'이라고도 들려 강조(accent)가 '아'에 있다. 일본말로는 '아사ㄱㅏ, 아시다ㄱㅅㅣㄱ'라고 하는데 공통된 어소語素는 'as'이다. 그러므로 'ㄱㅏ'가 고어古語이요, 'ㄱㅅㅣㄱ'는 후에 시時를 표시하는 '다ㄱ'(→도키ㅏㅏ-쯔키ㄱㅏ)가 첨가되어 구성된 것이라고 볼 것이다. 이 '아사ㄱㅏ'는 선명鮮明이라는 말에 가면, '아쟈야카ㄱㅏㄱㅏㄱ'가 되어 aza-aja로 발음된다. 그러나 광명光明이라는 말에는 '아카ㄱㅏ, 아카리ㄱㅏㄱ'로 되는 것을 보면 '사ㄱ, 쟈ㄱ, 카ㄱ'를 떠나서 광명의 원어근 '아ㄱ'에 있다고 볼 것이다. '아침-앗침'의 '아-앗'에는 광명의 뜻이 없는가? 또 'ㅊ'의 출기음出氣音은 후기에 발달된 것이니 'ㅊ'음 이전은 'ㅈ'음이지는 않았던가? 초初(원시原時)를 '처섬'이라 하고 근경近頃을 '이즘', 피시被時를 '저즘'-'저즘께'라 하는 것을 보면 우리 고어에 '적', '작과 같이 시時를 '점'이라 한 적이 있었음을 추단할 수 있다. 그러나 '점' 또한 '저미'의 촉음이니, 원어근은 '저-ㅈ'이었을 것이다. 그러나 일본에 가서 '사ㄱ'가 되고 국어에서 '처섬'이 되는 것을 보면, 그 원음운은 'ㅅ, ㅿ'음이었을 것이

다. 그리하여 '아사ｱｻ', '아즌'의 공통어기共通語基 'ㅇ ᄊ'를 구성시킬 수 있다. 이 'ᄌ'가 'ᄌ이'-'직'가 되어 '저'가 되고 '제'가 된 것이 '천지天地삼기실제', 또 '그저께', 또 '그제'의 '저제'들로서 또한 시時를 표시하는 것이다. '아, 알'이 단적으로 광명을 표시하는 말은 없으나 지知의 '아-알'은 원의는 '밝다'는 말이니, '안다'는 말은 '그것에 밝다'는 말이니 이 '아츰'이라는 말은 '아즌 → 아즈미 → 아츤미'의 과정을 밟아 퍽이나 오랜 고어라고 볼 것이다. 이 '아'계 어운이 일본으로 건너가서 일본말에 다수 보존되어 있는 것은 우리의 고어 연구에 여간 도움이 되지 않는다.

아메ｱﾒ(천天, 우雨), 아카ｱｶ(광光, 명明), 아사ｱｻ(조朝, 광光),

아다마ｱﾀﾏ(수首), 아수ｱｽ(명일明日), 아소ｱｿ(아소산阿蘇山)

(14) 창망滄茫, 요원遙遠의 뜻으로 '아스라히'(부사형), '아스란'(형용사형)이란 말이 있으니 『두시국해杜詩國解』에는 '아ᅀ라히', '아ᅀ란'으로 기철記綴되었고 혼명昏冥을 '아즐'이라 하였다. 그러면 그 어근은 '아슬, 아즐' 또는 '아ᅀ'일 것이니 원어의는 '어둡다', '아득하다', '아스름하다', '아름하다'는 뜻으로 공통된 어의는 '불분명-유원幽遠'하다는 뜻이다. '아름'은 '아ᅀ름'→'아ᅌ름'을 지나서 고정된 어운이요, '아스름'은 '가슬', '가ᅀ'의 음운 변화 현상의 예와 같이 '아ᅀ름'←'아슬'에서 분화된 것이요, 한편으로 숙叔의 '아자비'가 '아ᅀ+아비'의 전변된 것과 같이 '아슬'은 '아즐'로도 될 수 있는 것이다. 그런데 'ㄷ'음이 'ㅣ'모음 앞에서만 'ᄌ'음으로 변하는 것이 아니라 다른 모운의 앞에서도 변하는 예가 있으니, 침沈의 '잠'이 '담'에서 전변된 것이라는 것은 이조 초기에 '담'이라 하였음을 보아 알 것이요, 지금도 '술' 또는 '짐치'를 '담다, 담구다'라는 말이 그대로 남아 있으며, '물에 담구다'는 말도 남아 있음을 보아 수긍될 것이다. 그러면 '아즐'은 '아들'의 전변된 일방 어운일 것도

추측될 것이다. 그리고 'ㄹ'음은 후기의 첨가된 유추적 발달음이라 하면, 원어근은 '아ᄃ-앋'일 것이다. 그러므로 '아득'하다 '어득'하다는 말이 있을 수 있으며 또 '어덥-어더운-어ᄃᆞᆫ'의 어운이 가능함도 시인할 것이다. 또 'ㄷ-ㄹ'의 호전互轉을 시인하는 우리는 '아름', '아ᄅᆞᆷ'의 어운도 성립될 수 있음을 긍정하여야 할 것이다. 그래서 '앋-앚-앖-앗'은 분화된 어근으로 '멀다-어덥다' 내지 '모르다'는 뜻으로 전의된 것이니 '아득하다'는 말의 근根이다. 재작일再昨日, 전일前日, 석시昔時를 '아래'라 함도 원의는 '전前'의 뜻이나 '멀고-모르는날'이라는 뜻도 있고 우愚의 '어리'도 무지無知-암매暗昧하다는 뜻에서 전이된 것이다.

(15) 사찰寺刹의 '절'을 이조 초기의 철자는 '뎔'이다. 혹은 이 '절'이라는 어운은 지역, 영역의 kṣetra의 한자사漢字寫 '찰刹'에서 왔다고, 또는 장로長老의 'thera'에서 왔다고도 하나, 모두 음운 전변 현상과 문화 교류의 관계 내지 외래어 섭취의 심리들을 이해하지 못한 데서 기인한 것으로 가히 신빙할 만한 설이 되지 못한다. 여진어의 tai-la, tela, 일본어의 데라ᄐᆞ 이외에 '뎔'의 계통으로 생각되는 어운은 불교 전파의 경로가 확연함에도 불구하고 중국, 몽고, 서장西藏, 인도어들에 없는 어운이다. 원래 이 '뎔'은『유사遺事』아도기라조阿道基羅條에서 '모례가毛禮家'로서 전사傳寫된 음운의 음철로서 '터리-터리-털'이 모毛의 어운으로 고정된 것은 도리어 후기로서 원어운은 '더리-더리-덜'이었으리라 생각된다. 이 '뎔'과 병행된 어운으로 '딜'이 반드시 있었으리라 나는 추정한다.

왜 그런가 하면 '뎔'어운은 '덜'에서 전변되었다는 것보다 '딜'에서 전변되었으리라는 것이 조선어 음운 전변 법칙에 의한 한 더 확실율이 많은 까닭이다. 예를 들면,

설舌의 '혀'가 '히'-(시)의 전변인 것과 같이

입ㅍ의 '셔'가 '시-시'의 전변인 것과 같이

방傍의 '곁'이 긷-굴(ㄹ)의 전변인 것과 같다.

이것은 한자음의 변화현상에도 볼 수 있으니 경경庚梗의 '깅-경', 성省, 성睺의 '싱-셩'이 그 예들이다. 이리하여 '덜←딜'을 얻는다면 당연히 '딜'은 '돌'의 Ümlaut화한 음이니 어근은 '돌'이다. 이 '돌'은 순수한 조선고어로서 원의는 고高 → 고소高所 → 산山 → 산소山所 → 성지聖地 → 신소神所의 뜻을 가진 말이다. 그러므로 원래는 불사佛寺를 가리킨 것이 아니라 그들이 신봉하던 신의 제소祭所를 가리키던 것이다. 그것이 불교가 일반화하자 불사佛寺에 전용하게 된 것이다.

(16) 사멸, 소실, 결낙缺落을 '죽다'라고 하니, 이 '죽'의 음운은 (7) 맑의 조條에서 말한 것처럼 '주ㄱ'로 분석할 수 있으며, 이 '주'는 (4) 누리의 조에서 말한 것처럼 'ㅈㅂ'로 분석할 수 있다. 그러면 이 '죽'은 'ㅈㅂㄱ'의 삼음철이 일철음화한 것이라고 볼 수 있다. 그러면 이러한 전변 과정이 가능할 것인가? 현행어에 포착捕捉, 집취執取의 어운으로 '잡'이란 말이 있지만 이 '잡'과는 음운이 같으면서 도살屠殺의 뜻의 '잡'이 있고, 과오過誤의 뜻의 '잡'이 있고, 수면睡眠의 뜻의 '자-자부-자불'이 있다(그러나 전자와 후삼자와는 전연 어보語譜(genealogy of language)를 달리한 말로서 다음에 가서 언급하겠으나 전자는 원초原初-원인-의거-예속-소속의 어보와 주위-포위-병장屛藏의 어보에 소속되는 어휘이요, 후자들은 정력-역강力强-강장强壯-노숙老熟-노쇠-위조萎凋 또는 고갈-위조-사멸의 어보에 소속되는 어휘이다).

그러면 사死의 'ㅈㅂ'와 공통된 어기를 얻을 수 있을 것이다. 국어에 있어서 동사의 자동, 타동의 형태의 예를 보면 도리어 '잡'이 자동형이 되고 '잡ㄱ' 즉, '주ㄱ'가 타동형이 되어야 할 것인데 정반대로 쓰이는 것은 의문되는 점이나, 좌우간 사살死殺에 'ㅈㅂ'라는 고어가 있었을 것은 확언할 수 있다. 그래서 도살屠殺에는 '잡'으로 되어 그대로 전승되었고 한편으로 이 '조ㅂ'는 '조우'로 되어 '주'가 되고 활용접미사로서의 'ㄱ'가 첨가되어 '주ㄱ-죽'으로 된 것이다. 원어의는 위조萎凋의 뜻으로서 그런 까닭에 수면睡眠의 '자불-자부←자'의 뜻으로 전이된 것이니 그것은 수면은 피곤, 위조에서 오는 까닭이요, 사멸도 노쇠위조에서 오는 까닭이라고 우리 조어사용자들은 생각하였기 때문이다. 즉, 수면은 일일一日의 사死요, 사死는 일생의 수면이라고 생각하였던 것이다. 꼭 그렇다는 것은 아니나, 낙랑, 신라, 고구려시대의 분묘를 본 이는 아는 바와 같이 우리의 조선祖先들이 얼마나 사死라는 것을 수면으로 생각하였는지 사과반思過半의 느낌을 가질 것이다. 그러나 '잡'을 과오의 뜻으로 쓰는 것은 사死는 악惡이라는 관념이 형성된 뒤에 발생된 어운임을 나는 추정해 두고 싶다.

(17) 타액唾液을 '춤(침)'이라고 하느니, 이것을 '추ㅂ미'로 분석하여 보자. 앞에서도 말한 바이지만 'ㅊ, ㅋ, ㅌ, ㅍ'에 독립된 어휘 체계를 가진 어운으로 인정하느냐, 안하느냐는 것은 의문이 없지 않다. 그러므로 'ㅋ, ㅌ, ㅍ'의 삼어운은 모두 'ㄱ, ㄷ, ㅂ'의 전운으로 보아 별 예외가 없으나, 'ㅊ'계 어운은 'ㅈ'계 어운에서 또는 'ㄷ'계 어운에서 전변된 'ㅌ'계 어운에서 전변된 어휘가 상당히 많으나 독립된 어운체계를 가질 수 있는 것으로 보아 발생상 또 기원상 일지위一地位를 주어도 무난하겠기에 이 논술에서는 일지위를 주기로 하였다. 그런데 '춤'의 '추ㅂ미'는 '추ㅂ+미'로 분석할 수 있으니 '추ㅂ-추비-추비'는 '조ㅂ-조비-조비'에서 온 것 같다. 이 '조비-좁'은 구口 즉, 입을 가리키던 고어일 것이라고 추정하느니 '주둥이, 주둥아리'의 '주'에서 그 흔적을 찾을 수 있다. '주'는 '조ㅂ'의 '조우-주'를 추정할 수 있으며, 또 이 '주'는 일본말의 '쯔바ッバ-쯔바키ッバキ'의 '쯔바ッバ', 'tuba or otsuba'와 대응되는 말임을 볼 때 더욱 그러함을 느끼게 한다. 혹은 국어의 '조비'

도 'ᄃᆞ비'의 전운일는지도 알 수 없다. 일본말 '구찌'와 대응하는 구口의
고어 '고지'가 있었음을 천정구군泉井口郡의 '어을매곳於乙買串', 혈구현穴口
縣의 '갑비고차甲比古次', 양구군楊口郡의 '요은홀차要隱忽次'들에서 볼 수 있
다. 그런데 현행어 '입'은 과연 ip인가 '닙'으로 표기하는 [yip]이 '닙'을
지나 '입'으로 된 것이 아닌가? 그 추정이 가능한 것이라면 'yip'은
'jip(zip)'의 전운이요, '집', 'zip-jip'은 '즵', 'jep-zep', 그래서 '즙', 'j-p,
z-p'의 전운으로 추정 환원시킬 수 있다. 그리고 '즙'은 '딥'의 전운이
거나 또는 병렬적 음운으로 보아도 괜찮을 것이다. 현행어 구口의 비어
卑語 주둥이-주둥아리는 '주+둥이'-'주+둥+아리'의 합성어로 어근은
'주'이요, '둥이'는 '둥이', '당이', '동이'들은 동계음운으로 사물지칭사 즉
명사접미사요, '아리' 또한 그러한 것이다. 또 일본말의 '이헤イへ', 'ihe
(家)', 국어의 '집'과 비교하면 그 음운 변화가 정반대되는 일례라 할 수
있을 것이다. 그리고 '구口'음은 수水의 고어인 '미-믜'의 전운으로 생
각한다. 즉, 'ᄌᆞᆸ+믜'가 'ᄌᆞ우+미'가 되고 '주미'되고 '춤'이 된 것으로
즉, 구수口水라고 생각할 수 없을까? 혹은 그것은 너무나 지나친 천착穿
鑿이요, 타액은 진액津液의 뜻에서 '춤-침'(=차-참)이라고도 할 것이다.
어운 분석상 또는 일본말과 대응으로 전자를 취하며, 그렇다고 후자의
어의가 거기에 작용하지 않는다고는 하지 않는다. 무舞를 '춤'이라 하고
무지舞之를 '츠다'함을 보면 '춤(舞)'의 보다 고운古韻은 '츰-춤'이었을 것
이라고 추정한다면, 타涶의 '춤'도 '츰-춤'에서 오지 않았다고 의문하는
것은 당연하다. 그렇다면 이 '춤'은 'ᄎᆞᆸ미'로 분석할 것이 아니라, 'ᄎᆞ
미'로 분석하는 것이 도로 간명할는지 알 수 없다. 또 해석상으로도 정
精의 'ᄎᆞ'와 액液의 '미'의 합성어로 진액津液이라는 뜻에서 구성된 것이
라고 하여도 의의疑義가 생길 것은 아니다. 도리어 전자의 분석과 해의
解義가 너무 지나친 천착이라고도 할는지 모르겠다. 그러므로 내 이것
을 병기倂記해 둔다.

(18) 나미糯米를 '찹쌀'이라 하니 이조 초기의 음철은 'ᄎㅂ슬'이라 하였다. 현행 철자법대로 쓰자면 '찹살'이다. 그런데 'ᄎ쌀'의 '쌀'은 psar의 음을 적은 것이라 하여 미米를 psar이라 한 까닭으로 그렇게 철자한 것이라 하지만 '맵쌀-찹쌀'의 'ㅂ'음은 도稻 '비'의 모운母韻이 탈락된 것으로 미米는 도稻의 실實인 까닭에 '빗살-비살'이라 하던 것이 즉, '매비살', '차(찰)비살'이라 하던 것이 '매ㅂ살', '차ㅂ살'에서 '맵살', '찹살'로 된 것이다. 그 '맵슬', '찹슬'이 훈민정음 이전의 철자법으로 '매쌀', '차쌀'로 적게 된 것이 'ㅂ'음이 '슬'에 그대로 부착되어 전승된 것이 '쌀'로 표기된 것이요, 미米만을 ㅂ슬(psar)이라 한 것은 아니다. 일본에서 '부사리ブサリ', 『계림유사』의 '백미왈한포살白米日漢布薩'의 포살布薩이 모두 도실稻實의 '비슬' 또는 'ㅂ슬'을 적은 것이지 '쌀'에 고정된 미米의 '슬'의 '쌀(psar)' 또는 '슬'의 경음硬音 '쓸'을 적은 것은 아니다. '차-찰'은 원래는 '정액, 진액'의 뜻이니 정력, 지脂의 '진'과 같은 뜻이다. 이 '찰'-'차'도 '잘'-'자'에서 기음화氣音化한 것도 같으나 위선爲先 독립된 어운으로 추정해둔다.

ㅋ, ㅌ, ㅍ계 어운은 어휘 수로 보나 어운 전변 과정으로 보나 독립할 수 있는 체계를 가질 수 없으니, 일례를 들면 '칼(도刀)'은 '갈', '코(비鼻)'는 '고'의 전운이요, '타(분分)'는 '다', '티(진塵)'는 '띠-디'의 전운이요, '팔(완腕)'은 '발(불)', '펴＝픠(포布, 전展)'는 '버-비'의 전운인 것과 같다. 그러므로 여기서는 어운 분석의 예를 들지 않으며 각기 ㄱ, ㄷ, ㅂ에 환원시켜 분석할 것이다.

(19) 함박(대표大瓢)은 '한+박'의 전운이니 '순음脣音 앞에 오는 ㆁ 이외의 비음鼻音 즉, ㄴ은 순음열脣音列의 비음으로 변한다'는 연성 법칙連聲法則에 따라 '한'이 '함'으로 된 것이다. '한'은 '하'의 연체형連體形이요, '하'는 승勝, 다多, 대大의 뜻을 가진 말이다.[11] 흡사 범어의 'maha'와 같은

말이다. '박'은 '바기'로 분석할 수 있어 '기'는 사물지칭접미사요, 어근은 '바'뿐이다. 원의는 '원물円物, 공기空器'의 뜻으로 된 것이다. 이것이 '디'말받침을 가지면 '바디-바리, 바지'가 되어 범어의 patra, 한어의 발鉢, 일본어의 하찌ハチ, 국어의 '발'(사발, 종발, 추발…)로 전승된 것이다.

(20) 염가廉價를 '헐타'하고 하여 이른바 신철자법新綴字法에서는 '헗다'라고 쓰나, 이것은 '헐+ㅎ다'의 촉음으로 'ㅎ'는 용언활용접미사요, 원어근은 '헐'이다. 기飢의 '곯타', 현現의 '나타나다', 소모消耗의 '달타', 다多의 '만타', 호好의 '조타' 속에 들어있는 '타'는 모두 'ㅎ다'의 촉음임을 짐작할 것이다. 본의本義는 '낮'다는 뜻으로 즉, '값이 낮다'는 말이다. 그 원의는 유수취하流水就下의 뜻인 '흐르'가 저하저럼低下低廉의 뜻으로 된 것이며, 보다 원의는 '물'이었던 것이며 '비'였던 것이며, '해-하늘'이었던 것이다.

이상 이것으로 대략 어운의 분석을 마치려 하는데, 끝으로 일언해두고 싶은 것은 최후의 일철一綴 즉, '자음+·' 또는 '자음+··+ㄷ(ㄹ)'에까지 이르지 않으면 안 된다는 주의注意이다.[12] 아무리 긴말이라도 합

---

11 '한'은 뒤에 그대로 한 단어로 되어 쓰여지고 있으니 지금의 다多의 '헌(혼)'하다는 것은 이 '한'의 강조운이다.

12 화란和蘭의 'o판 히네껜'(Jac, Van, Ginneken)씨는 최근 그 저서에서 이러한 결론을 하였다. 인간 언어의 음운 체계의 역사를 더듬어보면 고대와 중대 사이에 일반으로 큰 구별이 있는 것이 보인다. 근대의 언어에서는 모음이 이른바 음운 체계의 중요한 위치를 점유하고 자음은 도리어 부착적인 지위에 떨어져 있다. 종류와 빈도가 줄었을 뿐만 아니라 시간적으로도 모음에 비해서 몹시 짧다. 여기에 반해서 고대의 언어에서는 그 음운 체계에서 우위를 점하고 있었던 것은 자음으로, 모음은 전혀 없든지 혹은 있어도 음운으로서의 기능을 전혀 가지지 않았다고까지 생각되는 경우가 있다. 따라서 자음은 지금 우리가 생각하는 자음과는 퍽이나 성질이 달라 엄치 힘세고 엄치 길게 발음되어 오늘의 우리에게는 다대多大한 곤란을 느끼게 하는 복잡한 자음도 도리어 보통이었다. 비겨들면 Africa의 '보슈만 산'이나 '호텐토트'의 언어에 현저한 '흡입음' 즉, 혀찰(舌打) 때에서와 같이 숨을 들어 마시면서 발음하는 소위 click(J, Schnalge)들이 그 하나로서 이것에도 여러 가지 복잡한 것이 있었다. 그뿐 아니라

성어이니 '허덕이다', '허덕되다', '허덕거리다', '허드럭거리다', '힐덕이
다', '헐덕이다', '헐덕되다', '헐덕거리다', '허르덕거리다' 등 여러 음절
이 있으나 결국 어근은 '허 – 헌 – 헐'에 있음을 발견하도록 한 것이다.

하나하나의 자음이 곧 하나의 어근을 구성하고 혹은 단어이었던 것도 추찰推察된다.
그것이 차츰 단순화되고 부차적인 것에 불과하던 모음이 반대로 우위를 주장하여 명
칭상으로도 자음은 consonant로서 모음에 부수附隨하는 것으로 생각하게 된 것은 새
로운 현상이라고 하였다. 이 고대라는 것은 '빙하시대의 최후기(la derniere periode
glaciaire)'라고 하니 그리 가까운 고대는 아니다(Contribution a la grammaire
comparie de langues du caucase. Amsterdam, 1938, 泉井久之助 著 '언어의 구조'
194쪽 이하에서 인용).

제4절 어의^{語義}의 분석^{分析}

　한 단어가 한 뜻만을 가진 말이란 그리 많은 것도 아니요, 또 생각하기에는 한 뜻만을 가진 것 같지만 뜻, 그것이 또한 복합된 뜻이라는 것을 잊어서는 안 된다. 즉, 우리가 어떠한 말을 통해서 가지고 알 수 있는 뜻, 그것이 이미 여러 뜻으로서 복합구성^{複合構成}되었다는 것이다. 이것은 그러나 동음이의어^{同音異義語}만을 가리키는 것이 아니라, 한 말이 가지고 있는 뜻이 시간적으로 공간적으로 여러 의미소^{意味素}로써 구성되었다는 것이다. 다시 말하면 개념은 그 자체 속에 의미의 구조를 가지고 있다는 것이다. 이 의미의 구조는 공간적인 의미와 역사적인 의미의 이원성을 가지고 있는 것이다. 일례를 들면 '서로' ← '서ㄹ'라는 말이 지금은 호상^{互相}, 상대^{相對}의 뜻에 고정된 듯이 생각하고 또 거기에 고정되어가고 있으며 또는 양자의 뜻으로 전이된 것도 같다. 그러나 원의는 다수, 군다^{群多}의 뜻을 가진 '설'에서 전이된 말이나 간^間의 '설', 교잡^{交雜}의 '섣+그'의 관념 분화를 사치^{使致}한 결과 '서로'라는 어의는 다수, 호상^{互相}, 호교^{互交}, 상대의 여러 뜻을 가지게 된 것이다. 그러므로 의미의 공간적 외연만 가지는 것이 아니라 역사적 전이도 가지고 있다. 이것을 나는 의미의 이원성이라고 부른다.

　『용비어천가』 제4장에 '적인^{狄人}ㅅㅅ서리예가샤 적인이 굴 외어늘 기산^{岐山}올ᄆ샴도 하ᄂᆞᆲ쁘디시니', '야인^{野人}ㅅㅅ서리예가샤 야인이 굴 외어늘 덕원^{德源}올ᄆ샴도 하ᄂᆞᆲ쁘디시니'의 '서리'는 '설'의 명사형으로 이 '서리'는 '무리'라는 뜻이 주의^{主義}요, '사이'라는 뜻은 부의^{副義}이다. 이조 초기의 군간^{群間}의 뜻인 '서리'는 거의 폐어^{廢語}가 되고, 군다^{群多}, 다대^{多大}의 뜻으로 '사람ㅅ설'의 '설'에 '갈사록＝갈수록'의 '살－술'에 그 흔적이 남을 뿐이요, 동위적 음운 '섣'이 교交의 '섣그'에 그대로 살아있을 뿐이다. 그리고 오직 거간距間, 중간中間의 'ㅅ시'가 '사이'로 음전되어 군간群間, 중간의 뜻을 독점하고 있다. 이 의미의 이원성은 절로 어휘의 공간적 계보와 세대적 계보를 형성하며 언어의 역사 기록이 불분명한 지금에 있어서, 공간적 계보의 정리는 세대적 계보의 추정에 유일하고도 귀중한 자료가 될 수 있는 것이다. 항거抗拒의 '글오'는 '글ㅂ'의 전운이요, '글ㅂ'는 병렬, 등동等同의 뜻으로 어근은 '글 = 근'으로서, 동사同似의 '근'과 일一(하둔河屯 = ㄱ둔), 대大(ㄱ두니빈브른도개)의 어근과 같은 것이다. 그러므로 일一 – 동일同一 – 동등同等 – 비등比等 – (비견比肩) – 대등對等 – 대항對抗 – 항거 – 거역의 세대적 계보를 얻을 수 있는 동시에 일一의 원시적 의미의 추정은 일一이 뜻하는 언어의 원류 즉, 기원에 도달할 수 있는 것이다. 이렇게 의미의 분석, 귀납, 환원은 어운의 분석과 아울러 언어의 기원에 도달하는 유일한 첩경이다.

'가르다'는 말에는 분리分離, 분개分開, 분단分斷, 분할分割, 분배分配, 분기分岐의 뜻을 가졌으며 '갈리다 – 갈히다'는 말에는 구분區分, 구별區別, 분별分別, 선택選擇, 이별離別의 뜻을 가졌다. 그러면 그 어근 '갈 = 글'에는 분리, 분별의 뜻에 그 의미를 요약할 수 있을 것이다. 그래서 분리하는 것은 분별하는 것이요, 분별한 것은 분리된 것으로 이 두 개념도 동질의 의미리라고 볼 수 있다. 분리된 것이 분별된 것이냐 분별된 것이 분리된 것이냐의 관념 발생의 선후를 확정하는 것은 언어 발생의 선후를 추정할 수 있을 것이다. 갑甲으로부터 을乙을, 을로부터 갑을 분리시킨 것이 갑, 을을 분별시킨 것이냐, 갑으로부터 을을 을로부터 갑을 분별한 것이 갑, 을을 분리시킨 것이냐? 무릇 분별한다는 것은 분명하게 하는 것이요, 명백하게 하는 것이다. 즉, 밝게 하는 것이다. 밝게 된 결과가 갑은 갑, 을은 을로 '갈라'진 것이 아닐까. '발쳐'놓은 것이 '밝'은 것이 아니라, '밝게'된 것이 '발쳐'지게 되고, '발려'진 것이 아닌가? 우리의 조어사용자들이 무엇에 의거해서 분리, 분할의 관념을 얻게 되었던가? 명백의 관념을 떠나서 분별의 관념을 얻을 수 있었을까? 물론 역逆의 의문도 성립될 수 있다. 그러나 명백의 관념이 광명의 관념과 가까우냐? 분별의 관념과 가까우냐할 때 태양과 인류의 관계 특히 그 생명, 생활과의 관계를 생각할 때 명백은 광명과의 관계가 더 직접적임을 느끼게 할 것이다. 그러면 이러한 판단이 성립될 것이다. "광명한 것이 명백한 것이요, 명백한 것이 분명한 것이요, 분명한 것이 분별된 것이다"고 동시에 "분별된 것이 분리된 것이다"고.

　해가 돋자 하늘과 땅이 갈리고 명과 암이 갈리고 산과 내가 갈리는 것을 그들은 직접 체험하였을 것이다. 혼돈에서 분립分立으로의 천지창조 설화는 이 관념 형성의 과정을 말한 것뿐이다. 광명을 국어에서 '갈'이라 한 적이 있었을 것은 안광眼光의 '눈ㅅ갈', 색광色光의 '빛ㅅ갈', 소광燒光의 '시걸이(白光)'의 '갈, 걸'이 있음에 미루어 추정할 수 있다. 또 광명이 태양을 떠나서 상상할 수 없는 이상 태양을 '갈-굴-글-ᄀ'이라 한 적이 있었을 것도 추단推斷될 것이다. 그러므로 '갈-가리'의 동위적同位的 어운 '가이-개'가 금년의 '올개'에 남아 있다. 연年의 '해'와 태양의 '해'가 같은 어운으로 쓰여지고 있는 것으로 보아 이것을 방증한다고 할 것이다.

　이 분리, 분단의 어휘로서

난호다 ← 날ㅎ다	날
떨다 ← 덜(떼다)	달(月 ← 明 ← 日)
문허지다 ← 믈어디다(매여지다)	믈(믈 → 맑) 물감(色料)
발리다(뻬게다) (베다)	밝(밝 ← 불) (光)
썰다(← 설다)	살(年, 光)
자르다(저미다) (쩨다, 찟다)	잘 = 제(時) ← 저(적)

헐다(毁) = 흐터지다(흗ㅎ다)   해 = 홀(日)

들이 있으나 모두 이러한 관념의 전이에서 나온 것이라고 보아 틀림이 없을 것이다.

이 분리의 '굴－귿－ᄀ'이 여러 의미에 분화하였다. 예를 들면 이조 초기에 분기分岐를 '거리'라 하였으니(『국해영가집國解永嘉集』 권하卷下 1쪽 좌), 현어現語에서 보행을 '걸어간다'함은 두발을 분리시키면서 멀어진다는 뜻이요, '갈갈이 찌저지다'의 '갈'도 분열의 중다重多를 첩어로서 표현한 것이다. '닭을 깨다'의 '깨다'는 '까이다'의 촉음이요, '이'는 '말다－말이다'에서와 같이 활용삽입사이니 어근은 '까'이요, '까'는 '가'의 강세전운이며 '가'는 또 'ᄀ'의 전운으로 이것은 '귿－굴'의 'ㄷ＝ㄹ'의 탈락된 전운이라기보다 '귿－굴'의 받침이 첨가되기 이전의 고운古韻 'ᄀ'의 전승을 묵수墨守하고 있는 어운이라고 볼 것이다. '잠을 깨다', '도道를 깨다'는 '깨'는 명료, 명백, 정명精明의 뜻을 가진 어운이니 이 어운은 분별, 분리의 의미로 전이되기 이전의 광명, 명백의 관념을 그대로 지속하고 있는 어운임을 이해할 것이다.

동銅을 '구리' 또는 '구리쇠'라고 하는데 '구리'는 'ᄀㅂ리' 또는 'ᄀ블'로 환원시킬 수 있다. '쇠'는 지금에 합구호合口呼로 발음하나 『계림유사』에 '금왈나논세金曰那論歲, 은왈한세銀曰漢歲'로 전사轉寫된 것을 보면 고려시高麗時의 음운은 '싀'였을 것이다. 그리고 이 '싀'는 '스이'의 촉음으로 원의는 강인견고强靭堅固에서 왔을 것이라는 것은 누구나 생각할 수 있으나 'ᄀ블'은 무슨 뜻인가? 영어의 'copper'(D. kupfer)는 라틴어의 'cuper ← cuprum', Greek어의 'kuprios, kupros'에서 왔다 하고 이 말은 Cyprus 동광銅鑛에서 동銅의 명칭이 로마어로 영독어로 전승되었다는 것이다. 그러면 조선어의 'ᄀ블－k－p－r'도 이 'cuper'와 관계가 있다고 볼 것인가? 만일 있다면 고대 민족 이동과 문화 교류에 재미로운

한 관측이 될 수도 있으나 만주어의 sirin, 여진어의 si‐li, 몽고어의 goli(진유眞鍮), temur(철鐵, 금속)들로 더불어 볼 때 라틴어의 'cuper'와 관계있다고 생각할 수가 없다. 나는 이 '구리'는 몽고어의 'goli'와 깊은 친연관계를 가진 어운이기는 하나 고유 조선어라고 생각한다. 'ㄱ블'은 경鏡의 고운古韻 'ㄱ블'에서 온 말로서 동銅은 즉, '경철鏡鐵'이라는 의미에서 'ㄱ블이시‐ㄱ울이쇠‐구리쇠'가 되어 '구리'로 약略된 것이라 생각한다. 즉, 동경시대銅鏡時代의 어운이라고 생각한다. 일본어로 '카가미ヵガミ'라는 것을 보면 'ㄱ블이'는 명조자明照者, 명조물明照物의 뜻일 것이다. 고유 조선어와 이입어移入語와의 구별 내지 추정은 진실로 곤란한 일 중 하나이다. 그러나 항상 세심한 주의를 하여야 한다는 것은 이 하나로서 짐작할 것이다.

민첩, 질속疾速 내지 용기의 뜻으로 '날내다', '날나이다', '날새다'는 어운이 있으니 '날+내다', '날+새다'로 누구나 분석할 것이다. '날'에 왜 '민첩, 질속'의 뜻을 우리의 조어사용자들은 주었는가? 무엇에 근거해서 그러한 관념을 그러한 음운을 통해서 구성시켰는가? '날'은 일日, 태양의 '날'과도 그 음운이 같으니 '세월이 여류如流'하다고 해서 그랬던가? '극구광음隙駒光陰'이 되어 그랬던가? 억抑, 광선光線의 속도를 보고 질속의 관념을 얻었던가?

국어에서 질속疾速, 질급疾急의 어휘로서

갈‐갈급중	간‐간브다
달‐달아나다	닫‐닫다
발‐빠르다	받‐받브다
살‐살ㅅ물, 싸다	산‐삽분삽분
헐덕이다	허덕이다
	어서 ← 었
	잡지다

들이 있으니 모두 태양, 광명, 광선과 관계가 있다.

하천河川을 '내' 또는 '나리'라고 하니 이것은 '나이' 또는 '날이'로서 어근은 '나−날'이다. 진津의 '나루'(←ㄴᄅ)는 '나루ㅅ갓'의 약어요, 진津은 '하변河邊'인 까닭에 '나루ㅅ갓'이었던 것이 원의를 망실하고 '나루'로 된 것이다. 전장前章에서 '내−나리'가 하안河岸, 하상河床을 뜻하는 것이 아니라 수水를 직접 가리키는 말이요, 그 수水라는 관념은 우雨의 관념에서 분화된 것이라는 점을 말하였거니와 우雨의 관념은 어디서 분화된 것이며 또 발생된 것인가? 비가 하늘에서 오는 이상 관념이 아직 분화되기 이전은 비와 하늘은 한 관념의 구조 안에 들어 있었을 것이다. 즉, 'ㅂ−ㅂ이'라는 어운은 비도 가리켰을 것이고 하늘(또는 해)도 가리켰을 것이며 'ㅎ−ㅎ이'라는 어운도 '비'를 뜻하는 동시에 하늘도 뜻하였을 것이다. 창해滄海 같은 창천蒼天을 바라다볼 때 그리고 전섬뢰명電閃雷鳴으로 더불어 쏟아지는 호우豪雨를 접할 때에 '하늘은 물로 되었다', 아니 '하늘은 물이다', '하늘은 비다'라고 그들은 생각하였을 것이다. 그렇다면 지금은 그 어운들이 분화된 관념에 고정되어 있으나 천天(日), 우雨, 수水, 천川, 하下 등의 어운은 원래는 동일한 뜻이었다고 볼 것이다.

갈(光), 걸(거렁溪), 가람(河), 깔아(沈)(구다루クダル), 날(日), 나리(川), 나리(下), 달(月), 돌앙(溪), 드리우(떠르), 말(光, 淨), 물(水), 물리(遺下), 믈이(붕하崩下), 발(光), 보(見), 비←빙(비류沸流), 바랄(발해渤海, 海), 버린(不用, 無能), 살(光, 線), 싣브(저열低劣), 알(知明), aga(滿, 雨), aka(女眞, 雨), 아래(下), 할(日) 흘리다(유기遺棄) 흐르(流下).

그리하여 '깔보다(멸시蔑視)', '낮잡아보다(천시賤視)', '무르다(유연柔軟)', '싸다(저가低價)', '헐하다(저렴低廉)'들의 어운도 파생될 수 있는 것이며, 따라서 그 의미도 원의에서 파악할 수 있을 것이다.

가열加熱, 온전溫煎을 '다리다'라고 하느니 '이'가 활용삽입사라고 보면 어근은 '달'이다. '쇠가 달다', '약이 올라 달다'의 '달'과 같이 '덥게 하다 -덥게 되다', '뜨거워지다-뜨겁게 되다'는 뜻이니 원의는 '열熱'이다. '열'은 태양의 광선을 떠나서 표상할 수 있을까? 화열火熱도 상정되나 '불-블-볼'이 태양의 '볼'에서 전이되었으리라는 것은 거론될 것도 없을 것이다. 그러므로 '솥에 불을 대다'는 말이 있으며, 이것이 경음화되어 '나무를 때다'라고 되며 또 기음화하여 분소焚燒의 '태우다'라는 말과 전팽煎烹의 '태다(되지를)'라는 말도 있는 것이다.

상사相似, 등사等似의 말에 '달므다'는 말이 있으니 원형은 등동하다는 뜻의 말이다. '구口'가 '갈므다(장藏)', '말므다(유由)', '발므다(완척腕尺)', '살므다(팽烹)', '얼므다(구構)'의 '구口'와 같이 활용삽입사이니 어근은 '달'이다. '달'은 '닫'의 전운이니 원의는 '합당하다', '동일하다'라는 뜻이다. 합한다는 것은 하나가 된다는 것이요, 하나가 되는 것은 같게 되는 것이요, 커지는 것이다.

그러므로 '문門을 닫다'의 '닫'은 접합하는 뜻이요, '닫잖은 일'은 '합당合當(의당宜當)치 않은 일'이요, 이 '닫'이 '닫-단-딴'이 되어 '내딴에는'이라는 말에 '내하나로서는-내혼자로서는'의 뜻을 가지기도 하는 것이다. 이 원原-동同-일一의 관념은 일一에서 단單으로, 독獨으로, 고孤로 전이되어 '따로(각별各別)'의 어운으로 쓰이기도 하는 것이다. '따로따로' 하는 것은 하나하나의 뜻으로 각별도 되지만 각이各異도 될 수 있어서 '다르-달라'도 되는 법이다. 그래서 '다르고-달라지는 것'은 변이도 되고 변화도 되어 '사람이 달라졌다, 마음이 달라졌다'에까지 쓰이는 것이다. 진실로 원형原型, 등동等同, 동일의 '달'이 단독, 고독을 지나 각별, 각이各異, 변이變異, 변화의 전연 반대되는 관념의 의미에 쓰여지는 것은 언어의 자의恣意라면 자의라고 할 것이다. 언어의 환술幻術 또는 언어의 신비라고 할 수 있는 것이다. 무한히 전이되는 관념 분화의 과정과 그 논리적 연환連環을 찾지 못하고 어원론을 언어학의 권외에 추방하려는 것은 이 언어의 자기마술에 현혹된 인간 노력의 태만과 논리의 노돈魯鈍에 기인한 표백表白에 지나지 않는 것이다. '산山의 달과 월月의 달', '야野의 들과 등等의 들', '원囸의 담과 침沈의 담' 사이에 의미의 논리적 관계가 확연히 되지 않을 동안 언어의 기원은 탐색되지 않을 것이다. 우리는 언어의 자기 전개의 과정 속에 당연히 있어야 할 논리적 연관의 환쇄環鎖를 많이 잃어버렸다. 그 망실된 결과로 단절된 논리적 연환을 찾지 못한다 하더라도 언어는 사고 관념(표상)의 논리적 체계이다.

원권圓捲을 '말다'라고 일어나니 이 '말'이 '믈'의 전운일 것은 원전圓轉(회전)수차水車를 '물레방아'라 하며 원륜圓輪을 가진 방사구紡絲具를 '물레'라 하며 일운日暈, 월운月暈을 '해무리', '달무리'라 함들을 보아 알 것이다. 즉, 수水의 '물'이 '믈'의 전운轉韻이요, 청淸의 '맑'이 '묽'의 전운이요(청淸, 담淡, 징澄 물 굴 훈자訓字), 청靑의 '프르'는 'ㅍ ㄹ'의 전운이요(벽碧 ㅍ를벽, 청靑, 녹綠 프를 훈자), 흙(토土 흙토 훈자)이 흙의 전운임을 미루어 짐작할 것이다. 그러면 원권圓捲을 왜 '말 - 믈'이라고 하였던가? 일본어의 '마루マル'는 이 어운의 전승을 지키고 있는 것인데, 환環의 '고리'의 '골', 구球의 '고동'의 '고 - 곧', 원회圓廻의 '돌', '둘', 원주円柱 '도리ㅅ기둥'의 '도리 - 돌', 원모圓貌의 '볼통(볼 + 동)', '불퉁', '볼(불)', '빙빙', 순회巡廻의 '술레', 작원모作圓貌의 '서리 - 사리'의 술, 살, 설, 원모의 '올통, 볼통', 작원모의 '오리다'의 '올', 원립円粒의 '알'의 '올, 알'들은 우리의 선조들이 무엇을 근거해서 생기게 된 말이던가? 우리가 직접 경험할 수 있던, 그리고 우리의 조선祖先들이 또 직접 경험할 수 있던 대상은 무엇이던가? 천원지방天圓地方이던가? 분개分開되어 구성된 영역의 주변이던가? 반상返償을 '물리다', '물어주다'라는 것을 보면 천운天運의 순환에서 얻은 것도 같다. 그러면 반상返償하는 행위를 '해처름 하다, 해같다, 해

그것이다, 해다' 즉, '말처름 하다, 말같다, 말 그것이다, 말다'라고 한 까닭인가? 물론 반상返償의 대차貸借행위가 벌써 그때부터 있었다는 말은 아니다. '돌리는, 돌려주는' 사실 또는 행동이 그 어떠한 사실 또는 행동이었거나 그러한 사행事行에 쓰여졌을 것이라는 말이다. 홍虹을 『훈몽자회訓蒙字會』에 '므지게'라 하였는데 '게'는 '므지'의 뒤에 첨가된 사물지칭사이니 어간은 '므지'이다. 일본말에서는 '니지=ジ'라고 하나 방언으로 '누지ヲジ, 누기ヲギ, 네지ネジ, 노지ノジ, 노기ノギ'계의 말이 있고 또 '무-지ﾑ-ジ, 메-지ﾒ-ジ, 모-기ﾓ-ギ'의 계통이 있으니 '무-지ﾑ-ジ, 모-기ﾓ-ギ'는 유구열도琉球列島 최남단 팔중산도八重山嶋의 방언이요, '메-지ﾒ-ジ'는 니이가다新潟, 도야마富山, 이시가와石川, 후쿠이福井, 돗도리鳥取, 시마네島根, 야마구찌山口, 고지高知 등 지방의 방언이다.[13]

이일본裏日本지방에 '므-지'와 같은 어운이 있는 것은 그리 의아할 것이 없으나 유구의 최남방도에 '무-지ﾑ-ジ(muji)'가 있다는 것은 재미스러운 현상이다. '므지'는 'ᄆᆞ디 ← ᄆᆞᄃᆞ ← 몰'에 환원시킬 수 있으며 영어로 bow or rainbow(bow)라고 하는 것을 보면 즉, 궁弓=곡曲, 우궁雨弓=우곡雨曲의 뜻이니 원회圓廻의 관념이 홍虹에서 나왔다고도 할 것이다. 그러면 홍의 '므디'의 어운은 무엇을 근거했던가? 우후雨後에 나타나는 현상이니 우즉홍雨卽虹의 관념에서 전이된 것인가? 즉, 우雨-홍虹-만彎-원圓-회廻의 관념 전이에서 온 것인가? 그렇다 하더라도 일日-우雨에 다시 돌아가게 되니 일원日圓과 천운순환天運循環에 그 계보를 가지고 가는 것이 더 직접적이 아닐까?

장자長子를 '마지 ← 맞이', '맞아들'이라 하고 장형長兄을 '맞형'이라 하니 이 '맞'은 장長, 상上의 뜻을 가진 말로서 두頭, 관冠의 '갓-갇'과 같은 뜻을 가진 말이다. 단극端極, 종단終端의 '끝'의 파생어인 최最의 '가장', 궁극, 변극邊極의 '까지-까장'과 그 계보를 좀 달리한 것이나 그 속

---

13 宮良當口 - 『남도총고南島叢考』 속에 있는 '홍虹의 어학적 연구' 참조.

에서도 이 뜻이 부차적으로 들어있는 것도 사실이다(남편을 '가장'이라고
도 하는데 흔히 '가장家長'이라는 한음漢音이라고도 하나 그렇다면 전가족의 가장家
長이 되어야 할 것인데 아내에게만 가장될 것은 무엇인가? 물론 어의의 특수화하
는 현상이 있기는 하나 조선말로서의 '가장'과 술어로서의 '가장家長'과는 전연 다른
말이다. 그러므로 남편의 '가장'은 상上, 장長의 뜻을 가진 말로서 그 남편을 존경
하는 의미에서 사용된 것이라고 볼 것이다).

'맞'은 '마디–맏이'의 음변音便, '마지'가 또 줄여진 어운으로 본어근은
'맏'이요, 원어근은 '믇'이다. 이 '믇'이 명사화(또는 주격화)하여 '마디'가
되고 'ㄷ'이 'ㄹ'로 전하여 '마리'로 되니 두頭의 '머리'는 이 '마리'의 전
운인 것은 최세진崔世珍의 『훈몽자회訓蒙字會』에 '두頭, 마리 두'라 하였음
을 보아 알 것이며, 고려 중기의 어운에 '마디'라는 것이 있었을 것은
손목孫穆의 『계림유사』에 두왈마제頭曰麻帝라 함을 보아 알 것이다. 그러
나 왜 두頭, 상上이 '믇'이냐 무슨 까닭으로, 무엇 때문에 '믇'이냐? 산령
山嶺을 '모리–마루 ← ᄆᆞᄅᆞ'라 한 까닭에 그리하였던가? 그러면 산령은
왜 '믇'인가? 반드시 의미의 근거가 있을 것이다.

『설문說文』에 '山선야宣也, 선기산생만물宣氣散生萬物, 유석이고有石而高'라
하였고 악嶽의 고문古文 𡶫자에 '상고형상高形'이라 한 것을 보면 산악山嶽
은 고高한 것이라는 관념을 후한말後漢末까지 가졌던 모양이나 그 고高
의 뜻이 자형字形 그것에 보인다는 것인지 '슨'이라는 어운이 그 의미
를 가졌단 말인지는 미상未詳하다. 영어 Mount(mountain)는 산山(거물토
物, 다량)의 뜻도 있지만 동사로 쓰면 '오르다' 즉, 등登, 승乘, 피被, 고
高, 증增의 뜻을 가지고 있으니, '산山–고高'는 같은 관념임은 동서東西
에 거의 공통점이다. Mount의 M.E(중세영어)는 mont요, 어간은 mons
로서 거인, 거수巨獸의 monster의 어간도 이것이며 Sheat는 라틴어
monstrum(divine omen, portent, warning)에서 온 것이라 하였다. 물론 그
러한 어의적 연관도 있을 것이나 영英의 moon, month, 독獨의 mond,

monat와 어운상 직접관계가 있는 것일 것이다. 좌우간 '높다'는 관념을 어떻게 해서 우리의 조어사용자들은 가졌던가? 천天(日)을 신神으로 여겼던 그들은 천天＝신神＝최고의 관념을 구성시켰던 까닭인가? 최고, 최초 등의 관념을 천天, 신神의 속성으로 생각한 나머지 '믈'하면 천天(日)을 가리키고 천天(日)신神을 가리키고 또한 최고를 가리키던 까닭이 아니던가? 그것이 산령山嶺에 적용되고 두頭, 고高에 통용되고, 장長, 상上에 적용된 것이 아니던가? 청淸, 명明이 같은 관념이고 명明, 광光이 같은 관념이고, 광光, 일日이 같은 관념이라면 '말ㄱ'의 어운이 있는 것은 일日을 '말'이라 하던 어운의 전승이라 할 것이다. '말'은 '믈＝믄'의 전운이면 '믈'은 '믄'＝만＝몬의 어운도 가능할지니 mond, mount의 어휘도 있을 수 있는 것이다.

풍風을 바람이라고 하느니 이조 초기의 음운은 'ᄇᆞ름'이다(훈자訓字 風 ᄇᆞ름 풍). 이것은 '블＋ᄋᆞ미'의 전운으로 어근은 '블'이다. 취吹, 호呼의 '불다'와 더불어 그 어근을 같이 하였을 것은 누구나 짐작할 것이다. 그런데 취吹, 호呼를 왜 '블'이라 하였던가? 화火의 '불－블－볼'이 일日의 '볼'에서 전이되었을 것은 이미 누차 말한 바이지만 취吹의 '블'은 어디서 온 것일까? 즉, '불다'는 현상은 어디서 얻은 것일까? 우리 조어사용자들이 거주하던 시대의 자연계에서도 풍風의 현상은 있었을 것이다. 미풍, 대풍, 강풍, 태풍들이 있었을 것이다. 그러면 그들은 풍에서 풍취風吹의 현상을 추상도 하였을 것이다. 그러나 어운상으로 'ᄇᆞ름'은 '블'보다 뒤에 생긴 어운임은 확실하니 이 어운들을 고찰의 대상으로 하는 동안 '불다'의 운동 관념이 풍의 현상 관념보다 선행한다고 할 수 있다. 그러나 또 이렇게 생각할 수 있으니 어운적으로는 'ᄇᆞ름'이 '블'보다 후기의 발생이라 하더라도 'ᄇᆞ름'이란 어운이 구성되기 이전은 풍을 '블'[14]이라 하였을 것이라는 가정도 성립될 수 있다.

---

14 『삼국사기』권34 지리지地理志 1, 355쪽, '우풍현본우화현虞風縣本于火縣, 경덕왕개명景德

그러면 풍風을 왜 '블'이라 하였던가? 풍의 본질, 특징이 무엇이기에 우리의 선조들은 '블'이라 하였던가? 풍은 언초최목偃草摧木의 힘이 있으므로 '역力'이 있다고 '블'이라 하였던가? 인도에서는 풍을 지地, 수水, 화火와 같이 우주의 근본요소로 보았다. 희랍에서도 Thales(B.C 6세기 전반)는 일체 만물의 근원은 '물'이다 하였지만 Anaximenes(B.C 525년경)는 기氣로서 생명의 생성과 발육의 근원으로 생각하였고 Herakleitos(B.C 535~475)는 '불'이라고 생각하였다. 그리고 Empedokles(B.C 490~430)는 인도에서와 같이 자연은 화火, 기氣, 수水, 토土의 원소로 되었다고 하였다. 지수화풍地水火風은 원시인에게 있어서는 확실히 일체 만물 생성의 원소로 보였을 것이다. 만물을 생육하는 토지, 만물을 생성하는 수기水氣, 만물을 육성하는 온기, 생명 호흡을 가능케 하는 풍기風氣, 그것이 일체 만물의 생명을 구성하는 근본 요소로 보았을 것은 당연하였을 것이다. 아니 한 시대 이전의 원시인에게는 생명의 원소로서의 '지수화풍地水火風'은 한 개의 원소로서 파악된 관념이었을 것이다. 즉, '블'이라는 어운은 '바(벌, 소所, 지地), 비, 불, 바람'이 분화되지 않은 채 결합적으로 생명의 원소로서 파악되었을 것이 아니던가? 그러면 그들은 이 근원적인 한 개의 원소에서 풍의 관념을 어떻게 추출 분화시켰던가? Rig - veda(Ⅹ.90. 1~16)의 purusha - sūkta(인간찬송)에 vāyu(風)는 'purusha(原人)'의 숨'에서 나온 것이라고 하였다.[15]

확실히 풍의 관념은 인간의 호흡기에서 표상 구성시킬 수 있을 것이다. 그러면 인간의 호흡기는 무슨 사실 또는 관념을 근거로 해서 그 관념과 어운을 구성시켰을까? 물론 호흡은 생명의 상징이다. 조선어에서 있어서 생명 - 생명력 - 기력은 동일한 관념의 계열에 속하는 것이니

王改名'의 조에 의하면 '풍風, 화火'가 동일운同一韻임을 알 수 있다.

15 일본세계성전전집간행회 발행, '인도고성가印度古聖歌'상 제3편 '철학에 관한 찬가, 제5, 원인原人의 가歌'(71쪽), 'Candra(月)는 그 (purusha) 심장에서 나고 Sūrya(日)는 그 눈에서 나고 Indra와 Agni는 그 입에서 나고 Vāyu는 그 숨에서 나다.'

어운 '불'은 역力-기氣-생명을 모두 의미하였을 것이다. '발닥발닥, 왈악왈악, 불악불악, 벌덕벌덕'의 어운들이 힘과 힘의 작용을 형용한 말인 것을 보면 우리의 생명을 '불'이라고 하던 전승 어운에서 '바람'은 신의 호흡, 우주의 생명이라서 '불-ㅂ룸'이라고 하였는지도 모르겠다. 『설문說文』에는 '屪 …… 풍동충생고風動蟲生故, 충팔일이화蟲八日而化'라고 하여 생물의 화생化生과 관계가 있는 듯하나 『장자莊子』 '제물편齊物篇'에는 "대괴희기기명위풍大塊噫氣其名爲風"이라 한 것을 보면 풍은 천지의 호기呼氣로 본 것도 같다. 영어의 breeze(briːz)[16]와 breath(briːθ)가 전자는 '바람 불다, 바람이 가늘게 불다'이고 후자는 '숨 쉬다, 숨 불다'라고 하는 그 어운의 상사相似도 우연이라 할까?

달리, 나는 어운상으로 'ㅂ룸'은 화火의 '불'에서 분화된 것이 아닌가라는 일설一說이 성립될 수 있다고 지적하고 싶다. 물론 원시시대에도 화산火山, 산화山火로 말미암아 생긴 자연화自然火가 인류가 생기기 이전부터 있었을 것은 추측하기 어렵지 않을 것이다. 이 발화發火로 말미암아 일어나는 모든 부대현상을 우리의 조어사용자들도 직접 경험하였을 것이다. 그 직접 경험 가운데 가장 시각적인 현상은 기류 현상 즉, 바람 부는 현상일 것이다. 화산회火山灰건, 소회燒灰건 간에 화열火熱로 말미암아 격동하는 기류, 즉, 바람으로 말미암아 주위의 초목수엽草木樹葉을 갑작스레 움직이게 함을 체험하였을 것이다. 그리하여 풍風을 화火의 일속성一屬性으로 보았을 것이 아니던가? 그렇다면 '바람은 불이다', '불은 바람이다' 하여 '바람만 불면 불의 작용이다', 나아가서 '태양의 작용'이라고까지 상도想到하였는지 어쨌는지는 별문제로 하더라도 '불과 바람'을 직결시켜서 관념하지 않았던가? 조선어에 한해서 말한다면 '불다(吹)'는 말은 '불하다(火之)'는 말에서 전생된 것이요, 그 '불다'는 말에

---

16 Skeat; 『Etymological dictionary of the English』에서 breeze를 a strong wind라 하였다. 그러나 어운 미상이라 하였다.

서 '블 + ㅇ미'라는 풍의 어운이 성립된 것으로 보는 것이 도리어 타당하지 않을까 생각한다.

자自, 종從, 시始를 '부터'라 하니 이조 초의 음운은 '브터'이다. 이조 초에 이 어운은 어떻게 쓰였는가를 살펴보자.

'부附는 브틀씨라' ―『훈민정음訓民正音』, 12쪽 좌

'거據는 브틀씨라' ―『석보상절서釋譜詳節序』, 5쪽 우

'의依는 브틀씨라' ―『석보상절서』, 6쪽 우

'착着은 브틀씨라' ―『월인석보서月印釋譜序』, 3쪽 우

'자資는 브틀씨라' ―『월인석보서』, 20쪽 우

'ᄆᅀᆞᆷ 몰브터(由心)' ―『능엄경楞嚴經』 권40, 27쪽

'녹鹿를 브터 세細에 니르러(종녹지세從鹿之細)' ―『원각경円覺經』 상上

　　一之一, 13쪽 우

'제경론諸經論을 븓건댄(거제경론據諸經論)' ―『원각경』 상 一之一, 18쪽 우

'내 모미 어느 대大예 븓거뇨(아속신어하대我屬身於何大)' ―『원각경』 상 二

　　之二, 30쪽 우

'막대를 브튼 젼ᄎ로 능히 둔니 닷ᄒᆞ야(가건고능행假杖故能行)'

　　―『영가집永嘉集』 상, 99쪽 좌

대강 이상과 같이 부附, 의依, 거據, 착着, 자資, 유由, 가假, 속屬의 뜻에 쓰여 의거依據, 의자依資, 가적假籍, 종유從由, 종속從屬, 부착附着의 뜻에 쓰여졌다. 의거, 가적假籍한다는 말은 거기에 의뢰依賴하고, 거기에 의속依屬하고, 거기에 연유緣由하고, 거기에 시작하고, 거기에 원인한다는 말이다. 원인한다는 말은 거기에 근원한다는 말이니 '여기서부터'라는 말은 '여기서 근원해서, 여기서 처음해서, 여기서 원인해서'라는 뜻이다. 처음에 따르는 다음은 처음을 원인하는 것이요, 의거한다는 말은 원체原体에 의지한다는 말이나 원체에 원인한다는 말이다. 그러므로 원인은

시초요 원초요 태초요 근원이다. 초初를 '처섬'이라 하니 그 어근은 '청
-첫-천'→ '츤-(츨)'일 것이다. 그러므로

'수합수백원水合數百源'을 '므른 수백數百 츨해서 모도 흐르놋다.'
    —『국해두시國解杜詩』권6, 49쪽

'강산억사원江山憶詞源'을 'ᄀ롬우희긄츨홀ᄉ랑ᄒ라' — 同上 권21, 6쪽

의 츨에서 볼 수 있다. '브터'는 '븥허'의 전운이요, '허'는 접미사요, 어
근은 '븥'이며 '븥'은 '블'의 전운이니 이 동위적 음운으로 '블'을 추정할
수 있다. 그러면 우리의 선조는 무엇을 근거해서 근원, 시초, 원인이라
는 관념을 얻었으며 또는 구성시켰던가? 인간의 원인, 자연의 원인, 우
주의 원인을 그들은 생각하였던가? 그 원인을 그들은 Herakleitos처럼
'불'에서 찾았던가? Thales모양으로 '물 = 비'에서 찾았던가? 그들은 신
에게 '빌어서', '빌려온' 그들이라고 생각하였던가?

  그들은 그들 자신이 '태어난 것' 즉, '분여를 받은 몸이라'고 생각하
였다. 그들 자신이 원신原身에서 분화, 분여分與된 것으로 생각하였으므
로 그들이 원신에 의거하고, 의속하고, 원인하였다고 생각하였다. 그러
면 그들의 원신, 원모체原母体, 원고향은 어디던가? Platon이 eros하던
Idea 또는 Idea의 세계이던가? 하늘이던가? 해, 달, 별이던가? 그들은
해를, 달을, 별을 또는 그것에서 타고 났다고 생각한 모양이다. 그러므
로 그들의 원신原身, 원모原母는 해이요, 달이요, 별이라고 생각하였던
것이다. 그래서 그들의 원인을 또한 모든 사물의 원인도 그렇게 생각
하였을 것이다. 그래서 우주의 일체원인 또는 태초의 원인으로 그들은
천天, 일日을 상정하고 사상思想하고 신앙하였던 것이 아니던가? 인류가
가진 최초의 신앙은 여기에서 출발하였고 그 신앙은 그들의 사상이었
다. 원시인의 종교, 신앙을 현대인의 종교, 또는 신앙에 대한 정의로서
이해하는 것은 참으로 잘못된 일이다.

납월臘月 즉, 12월을 '섯달←선달'이라고 하느니 '달'은 물론 역월曆月을 의미하는 것이니 말할 것도 없으나 '섯'='선'은 무슨 뜻인가? 문득 연상되는 것은 '선=설'의 어운이다. 지금 원일元日을 '설'이라 하는데 혹은 원래는 납臘을 일렀던 것이 원일에 전용된 것이라고도 한다. 그러나 '설'이라는 어운은 '살－슬'에서 전변된 것으로 일日－년年, 일日－명明, 명明－청淸, 청淸－신新의 관념 계보를 가진 어운으로 '해－새해－새로운 해'라는 뜻이다. 그렇다면 당연히 정월이 '선달'이 되어야 할 것이다. 그러면 왜 12월을 '선달'이라 하는가?

서전상서이훈편書傳商書伊訓篇에 '유원사십유이월을축惟元祀十有二月乙丑에 이윤伊尹이 사자선왕祠子先王홀식 봉사왕奉嗣王하야 기현祇見 궐조厥祖ㅣ어늘'이라는 문文의 주註에 '하왈세夏曰歲, 상왈사商曰祀, 주왈년周曰年, 일야一也. 원사자태갑즉위지원년元祀者太甲卽位之元年(서전書傳에 성탕기몰成湯旣沒 태갑원년太甲元年, 이윤작이훈伊尹作伊訓) 십이월자상이건축위정十二月者商以建丑爲正, 고이십이월故以十二月, 위정야爲正也'라 하였는데 이설異說이 있으나 하夏, 은殷, 주周 삼대에서 각각 다른 삼종의 정월을 써서 하정夏正에서는 동지의 달로 하고 은정殷正에서는 그것을 십이월로 하고 주정周正에서는 그것을 일월로 하였다(일본 반도충부飯島忠夫의 '지나고대사支那古代史와 천문학天文學' 135쪽). 인월寅月를 세수歲首로 하는 것은 주대周代 이후의 것이요, 은대殷代에서는 축월丑月을 세수로 하였고 하대夏代에서는 자월子月을 세수로 하였다는 것이다.[17]

물론 이러한 기록을 믿을 수 있느냐, 없느냐는 것은 별문제로 하고 11월을 '동지冬至ㅅ달'이라고 하는 것은 하정夏正의 역曆과 같은 역을 쓸 때의 어휘이요, 11월을 '선달'이라고 하는 것은 축월丑月을 정월로 쓰던

---

[17] 그러나 新城新藏씨는 '東洋天文史大綱'(內藤博士 還曆祝賀支那學論叢所收 12쪽 이하)에서 三正交替論을 부인하였고, 野本淸一씨는 '天文과 曆法으로 본 詩經의 詩篇製作年代'(일본, 史學雜誌卷49, 5号)에서는 夏正以正月은 春分正月曆, 殷正以十二月은 立春十二月曆, 周正以十一月은 冬至十一月曆으로 解하였다.

역과 같은 역을 쓸 때의 어운을 전하는 것이 아닌가 생각한다. 그리하여 동지ㅅ달은 11월에 고정되었고 정월에 당연히 써야 할 어운을 축월丑月에 늘 쓰는 습속은 인월寅月이 정월이 되었지만 그대로 12월에 고정되고 '설'이라는 어운만이 신년 정월에 쓰이게 된 것이 아닌가? 이 추측이 가능하다면 고대사에 대한 조선에서의 새로운 자료가 생겼다고 볼 것이다. 이러한 역법이 행하여진 것이 현대의 천문학적인 지식으로 추정이 가능케 된다면 12월의 '섣달'이라는 것은 조선 사람이 12월을 정월로 쓴 적이 있었다는 것을 증명함으로써일 것이다.

여석礪石을 '숟돌→숫돌'이라고 하는데 왜 '가는 돌' 즉, '갇돌'이라 하지 아니하고 '숟돌'이라고 하였던가? 여지승람輿地勝覽 권사卷四 여산군건치연혁조礪山郡建置沿革條에 '여양현礪良縣(良一作陽) 본백제지양초현本百濟只良肖縣, 신라개여양新羅改礪良'이라는 기록을 보면 '초肖'는 성省과 통용通用 또는 동운同韻으로 '시, 싱, 셔, 셩'을 음사한 것으로 산山, 현峴을 가리키는 말이요, 그리고 남은 운韻 '지양只良'은 '기ㄹ'-'기ㄹ'로 '갈'의 음운을 적은 것 같다. 그러면 그때에도 연마硏磨, 여려礪를 '갈'이라고 하였음을 짐작할 수 있다. 그런데 왜 '숟'이냐? 일본말에 '갈다'는 말을 '스루ㅈㅆ'라고 하는데 국어에 있어서의 '숟'의 동위운이 '술'될 것은 말할 것도 없다. 일본어 '스루ㅈㅆ', '스리ㅈㅣ'는 국어의 '숟-술'에 대응되는 말이라고 볼 것이다. 원래 연마의 '갈'은 '빛나게 한다'는 뜻이요, 연硏의 동작과 현상이 전이되어 마찰의 뜻으로 소모消耗의 뜻으로 쓰이니, 그러므로 '밀을 갈다'(여기에는 가리로 만든다는 뜻이 많이 들어 있다), '니를 갈다'는 말이 생기는 동시에 '그것 만드는데 돈이 얼마나 걸렸나, 시일이 걸렸다', '그 사람에게 돈을 얼마나 깔컷나'(깎혀(삭削)의 뜻이 주의主意이다)에도 쓰이는 것이다. 일본말 '스루ㅈㅆ'는 마찰, 마멸에만 쓰이고 연硏의 뜻으로는 '도그ㅏㇰ'라고 하나 '스루ㅈㅆ'도 원의는 '도그ㅏㇰ' 즉, 빛나게 한다는 뜻일 것이다. 동시에 우리 고어에서도 연마의 뜻으로 '숟-술'이라는 말이 있었을 것으로 추단할 수 있다. 지금에도 마찰, 소모의 뜻으로 '살키다'에 남아 있다.

난卵을 '알'이라 하며 또 내용, 내실, 실핵實核도 '알'이라 하니 무릇 내용을 이루고 있는 것은 진실 그것이요, 진수眞髓 그것을 가리키는 것이다. 난卵의 '알'은 난생동물卵生動物의 정수精髓로서 내실內實의 '알'은 사물 자체의 정수로서 지칭된 것이라고 생각한다. 즉, 알에서 부화되어 새가 되고 고기가 되고 기타 파충爬蟲, 곤충昆蟲이 되는 것을 볼 때 '알'은 그러한 동물들의 원체原体인 동시에 그들의 정령, 정수인 까닭에 그렇게 발육되고 생장된 것으로 느꼈을 것은 쉽게 상상될 것이다. 동시에 그 생물 그 사물을 그 생물, 그 사물 되게 하는 것은 감각 내용 그것이 아니라 본질 그것이라는 것을 우리의 조어사용자들은 생각한 까닭이었던 것이 아니었던가? 철학상 감각론이니 관념론이니 유물론이니 유심론이니 현상론이니 본체론이니 하는 따위들도 필경은 소박에서 세련으로 간단에서 복잡으로 구성되어 가는 인류의 지적 경험 또는 철학적 경험의 시대적 지표에 지나지 않는다. 유물론이 옳으니 유심론이 옳으니 하는 것도 재구성된 유물론이 유심론보다 일보 전진한 지식일 따름이요, 그가 구경의 진리 체계는 아니요, 재구성된 유심론이 유물론보다 일층 심유深幽한 지식일 따름이요, 그가 구경의 진리 체계는 아니다. 왜 그런가 하면 인류사회는 완성되지 않았으며 인류 지식 또는 지성이 완성되지 않고 아직도 발전 단계 또는 새로운 양기揚棄를 희구하는 부절不絶한 구성 과정에 있기 때문이다. 인간의 본질이 육체에 있느냐 영혼에 있느냐, 즉 인간 육체의 기능이 의식 작용이요, 또는 인간의 육체는 인간 정신으로 말미암아 그 기능을 가질 수 있는 것이라는 이 대립된 견해의 성쇠는 또한 인간 지식의 성쇠를 보이는 도표이지만 우리의 조어창조자들은 그러한 사유의 분열이 생기지 않은 이전에 우리의 영혼 '얼'은 태양을 '알-ㅇ' 하던 그들이 태양의 속성이며 능력이

던 생명의 분신이 이입된 것으로 생각하여 영혼, 태양만의 이위일체二位一体가 아니라 태양, 육체, 영혼을 삼위일체로 본 것 같다. 영어의 soul(독일어의 seele)과 라틴어의 sol(sun)과 Sanskrit의 sūra와 그 어운이 같음도 까닭이 있을 것이다. 그러나 조선어의 '얼'이 '알'과 깊은 친연 관계가 있다는 것은 짐작할 수 있으나 태양의 어운으로 '알'이 있어야 할 것이 전제되지 않고는 이해하기 곤란하다 할 것이다. 그러나 우리는 우리의 역사歷史 도중途中에서 많은 어휘를 잃어버렸으니 지금 그 전승이 있고 없는 것을 가지고 운위할 것이 이른바 너무 과학적이다. 우리의 어운에 지知를 '안다'한다. Sanskrit에서 지知를 vidya라 하니 이것을 중국에 전역傳譯할 때에는 '명明'이라 하였다. 그 어근은 √vid로서 Veda의 어운도 여기서 나온 것은 물론이다(Rig-Veda Yajur-Veda, Sāma-Veda, Atharva-Veda의 사베다四吠陀). 라틴어의 견見의 vidēre의 √vid도 여기서 온 것이다. 조선어에서도 광光의 발, 명明의 밝, 견見의 보(볼)의 어운이 한 계열임을 보아 지知, 명明, 견見의 세 관념은 같은 의미의 계열임을 짐작할 것이다. 그렇다면 '알다'는 말은 '밝다'는 말일 것이요, '무엇을 알다'는 말은 '무엇에 밝다'는 말일 것이다. 명明은 광光과 관계가 있고 광光은 일日(태양)과 관계가 있다는 것은 이미 말하였거니와 조선어의 '알'도 태양과 관계가 있을 것이요, 태양을 '알'이라 하던 언어사회의 전승을 받은 말이라는 것을 능히 추단할 수 있으리라 생각한다. 일본말 '아타타ア タ タ'는 아타ア タ의 첩어疊語로서 우리말에 온난溫暖의 닫닫, 청결의 갓갓(곧곧)과 같이 첩어로서 그 의미를 강조한 것이니 그러면 원어근은 '아타ア タ'로서 '알-알'과 대응되는 것이다. 또 열熱을 '아쯔ア ツ'라고 하니 이것 'atu, at'의 전운이니 그러면 '아타ア タ', '아쯔ア ツ'는 같은 어운의 분화임을 누구나 짐작할 것이다. 온열溫熱도 광열光熱과 같은 계보의 어운이라면 일본말 '아타ア タ'도 태양을 '알-은-올'하던 그 전승을 가진 말이라 할 것이다(일본, 松岡靜雄, 『日本古語大辭典』 '아타타케^{タタケ}' 항 참조).

　존재하는 것을 '있다'라 하느니 '있'은 '이시' 또는 '이ㅅ'로 분석할 수 있는 것도 짐작할 것이다. '이'는 'ᄋ-이-이'의 어운변화과정을 밝은 것으로 원운은 'ᄋ'이요, '시'나 'ㅅ'의 원운은 'ㅅ' 또는 'ㅅ이'였을 것도 가정할 수가 있다. 일본말에서는 '아ᄀ(루^ル)(ar)', '이ᄒ(wi←vi)'와 '이라^{イラ}'(이라샤이마스^{イラシャイマス}← 이라쯔사이마스^{イラツサイマス})가 있으며 만주어에서는 bimbi의 bi, 몽고어의 baihu의 bai이니 이것은 일본말 'ᄒ'에 대응되는 말이요, 영어의 to be, 독일어의 sein의 일인칭 bin, 이인칭 bist의 be, bi도 여기에 대응되는 말일 것이다. 조선어의 '있'의 원어 근이 'ᄋ'이었을 것은 일본어의 '아ᄀ'가 있는 것만이 아니라 원래 있다는 말은 현현現顯되었다, 현견現見되었다는 뜻에서　현재 그리고 존재로 전의轉依된 것이니 금일의 '오날', 금년의 '올개, 올해'의 '오, 올', 차此의 '이'들이 모두 이 관념에서 구성된 어운들이다. 즉, 차此의 '이'는 현전現前, 현견現見된 것이라는 뜻이요, '오-올'은 현금現今, 현견現見의 뜻으로 '나타난 것'의 뜻이다. 그래서 이 'ᄋ(을)'에 위爲의 'ㅅ다'가 첨가되어 '있어하다'는 뜻으로 'ᄋㅅ다'라고 쓰던 것이 'ᄋ다'→'잇다'→'읫다'→'있다'로 된 것이라고 추정도 된다. 또는 'ㅅ'가 역위力爲의 'ㅅ'운이 아니라 또한 '존재'를 뜻하는 'ㅅ'운韻이 'ᄋ'와 합성되어 합성어 'ᄋㅅ'가 되어 '있'으로 되었다고 추정도 할 수 있다. 이것은 한어漢語에 존存, 재在의 어운이 있고, 독일어에 sein이 있고(wir sind, ihr seid, sie sind), 라틴어의 sum 등이 있음을 보아 추단할 수도 있는 것이다. 그 어느 것이나 이운 'ᄋㅅ'는 인구어印歐語에서도 공통어기共通語基 'ěs'로 추정하여,

Rithuania	esmi	esti
Sanskrit	asmi	asti
Greek	$\epsilon\sigma M \acute{\iota}$	$\acute{\epsilon}\sigma\tau\acute{\iota}$

Latin	sum	est
Hittite	eśmi	eśzi

에 나타나 있다. 나는 이 어기추정語基推定을 'a-s'로 추정하여 '으 스'가 그 원음일 것이라고 생각한다. 그것은 누설屢說한 바와 같이 원음은 자음으로 구성되었고 이른바 모음은 후기의 것으로 가변적이요, 불안정하고 부수적이었던 까닭이다. 화란和蘭의 '판 히네겐(Jac. van. Ginnken)'씨는 위에서도 들었지만 그 저著 『Contribution a la grammaire comparee des langues du Cancase, 1938』에서 "인간 언어의 음운 체계의 역사를 더듬어 보면 고대와 근대와의 사이에 일반으로 큰 구별이 있는 것이 보인다. 근대의 언어에서는 모음이 이른바 음운 체계의 중요한 지위를 점득占得하고 자음은 도리어 부차적인 지위에 떨어져있다. 종류와 빈도가 줄었을 뿐 아니라 시간적으로도 모음에 비해서 몹시 짧다. 여기에 반해서 고대의 언어에서는 그 음운 체계에서 우위를 점하고 있었던 것은 자음이요, 모음은 전혀 없든지 혹은 있어도 음운으로서의 기능을 전혀 가지지 않았다고까지 생각되는 경우가 있다. 따라서 자음은 지금 우리가 생각하는 자음과는 퍽이나 성질이 달라 엄청 힘세고 보다 길게 발음되어 오늘의 우리에게는 다대多大한 곤란을 느끼게 하는 복잡한 자음도 도리어 보통이었다. 비겨들면 Africa의 '보슈만·산'이나 '호텐도트'의 언어에서 같이 숨을 들어 마시면서 발음하는 소위 click (D; Schnalze)들이 그 하나로서 이것에도 여러 가지 복잡한 것이 있었다. 그뿐 아니라 하나하나의 자음이 곧 하나의 어근을 구성하고 혹은 단어이었던 것도 추찰推察된다. 그러던 것이 차츰 단순화하고 부차적인 것에 불과하던 모음이 반대로 우위를 주장하여 명칭상으로도 consonant로서 본질상 모음에 부수하는 것으로 생각하게 된 것은 뒤의 새로운 현상이다"라는 말을 하였다(일본, 泉井久之助 著 '언어의 구조'

194쪽 이하 참조).

그렇다면 그것이 'ᆞ'이건 'ㅅ'이건 또는 'ᆞㅅ'이건 이 어운은 세계적이다. 세계적이란 말은 언어의 일원론 또는 다원적 일원론을 가능케 하는 일증좌一證左로 보고자 한다.

전문專門, 전업專業을 하는 사람을 '장이'-'쟁이'라고 하느니 이 어운은 'ᄌ + 이'-'ᄌ + 이'의 전운으로 원어근은 'ᄌ'이다. 즉, '장이'는 '무엇을 장히 잘하는 이'를 가리키는 것으로 그 원의는 상선上善의 뜻이다. 지금은 비칭卑稱, 천칭賤稱의 뜻으로 잉용仍用되고 있으나 원래는 선위자善爲者, 숙련자熟練者, 전문가라는 뜻이었다. 이두식吏讀式으로 수척水尺, 묵척墨尺, 도척刀尺의 척尺이 그 '자-자이-장이'의 기음記音인 것은 물론이다. 『삼국사기』권32, 악지樂志에 '가척笳尺, 무척舞尺, 금척琴尺. 나시악공개위지척羅時樂工皆謂之尺'이라 하였고, 『아언각비雅言覺非』 권3에 '수척자水尺者, 관기지별명야官妓之別名也, 금관비급수자칭무자今官婢汲水者稱巫玆 이이여역지伊以女譯之, 즉위수척卽爲水尺 무자수야巫者水也 자자척야玆者尺也 비인급수이득명야非因汲水而得名也…… 금포노명도척今庖奴名刀尺'들도 또한 그것이다. 'ᄌ-자'에 상上, 봉奉의 뜻이 있는 것은 영嶺, 현峴의 '재-자이'에서도 볼 수 있지만『영험약초靈驗略抄』에 '승기물僧祇物은 시주施主의 더레 자혼 즁의 쓰는 거시라'의 '자'에서도 볼 수 있다. '님자-님재', '자네', '자충慈充(차차웅次次雄)'의 '자-ᄌ'도 물론 이와 동계어同系語인 것이다. 그러면 '잘하는', '높은', '나혼', '됴혼' 것을 왜 '자'라 하였던가? 시時를 '제, 적'이라 하고 일日을 또 '제'-(어제-그제)라 하는 것을 보면 '자-저'의 전운으로 '자'가 태양太陽과 관계가 없다고 하면 너무 아전인수我田引水적인 독단이라고 할 것인가. 『시전위풍백혜장詩傳衛風伯兮章』에 '기우기우其雨其雨에 고고출일杲杲出日이로다'의 고杲자는 고로반杲老反인 '고'음인데 『설문說文』에는 '杲명야明也, 종일재목상从日在木上'이라 하여 명明의 뜻을 가진 글자이나『관자管子』내업內業 제49에 따르면 '범물지정凡物之精, 차

칙위생此則爲生, 하생오곡下生五穀, 상위열성上爲列星, 유어천지지간流於天地之間, 위지귀신謂之鬼神, 장어뇌중藏於腦中, 위지성인謂之聖人, 시고민기고호여등어천是故民氣杲乎如登於天, 묘호여입어연杳乎如入於淵, 뇨호여재어해淖乎如在於海, 졸호여재어기卒乎如在於己'의 고杲의 뜻은 고高의 뜻이다. 그러므로 옥편玉篇에 '고야高也'라 함을 보면 '일재목상日在木上'은 명여고明與高의 두 뜻을 가진 것으로 볼 수 있다. 즉, 일명日明, 일고日高의 뜻을 가지고 있다고 볼 것이다. 송강정웅松岡靜雄씨의 『일본고어대사전日本古語大辭典』에 의하면 'ヵ가(日)'항項에 '상上을 의미하는 원어原語로 원형原形에 있어서는 日일의 의미…… 결합어結合語에 있어서는 다음과 같은 의미를 표시한다. 신神, 상上(가미ヵ ミ)-미 ミ는 신身의 의의일 것이다'라고 하였다. 그러면 '가ヵ'로서 일日, 상上이 동일어이고 '가미ヵ ミ'(미 ミ는 사물지칭접미사 가미ヵ ミ(紙) 카가미ヵ ガ ミ(鏡) 코미 ヵ ミ(塵)의 예例와 同)로서 상上, 신神이 같음을 보면 원래는 모두 '가ヵ'이던 것이 가ヵ, 가미ヵ ミ로 분화, 고정된 것으로 볼 것이다. 영어에서 신을 god(D; Gott)라고 하는데 Skeat씨는 Teuton어형 guthon, Indo‑German어형 ghutom으로 그 공통어기 ghu(worship)에서 유래한 것으로 아마 'The being worshipped'의 뜻이라 하였다. 과연 이것이 원의일까?(to worship은 후기의 사전학적 해석임에 틀림없을 것이다) 독일어 gar란 말은 '화소火燒된', '자비煮沸된'의 뜻을 가진 말인 동시에 ganz(全)의 어근 gan과 동위어운으로 '전연全然, 일양一樣'의 뜻을 가지고 있으니 조선어운 변화 법칙대로 하면 gad‑gar‑gan[18]은 동위적 어운으로 볼 수 있다. 좌우간 이 음운 gar는 열熱=일一=전全의 뜻을 가진 말이다. 그리고 영어의 good‑bye는 good be with you의 축형縮形(contraction), 즉, god b‑w‑y의 변형이라고 한다. 그리고 Skeat씨는 god와 good과는 관계가 없다고 하지만 Anglo‑saxon어에서는 gōd, Danisch, Sweden어에서는 god, Gothic어에서 gōds, Deutsch어

---

18 마래어馬來語 kenairi ℓ = kenairin(女), ngasal = ngasan(家)에서는 ℓ = n이다.

에서는 gut라 하며. 신의 god는 Danisch, Sweden어에서 gud, Gothic 어에서 goutt라 하는 것들을 보면 u는 o장음의 변한 것이라고만 고집 하여 관계시킬 것도 아니며, 더욱이 good의 Teuton어형, gōdoz형은 god의 강세음인 gōd에서 왔다고 함을 볼 때 a-o, o-u는 서로 출입 할 수 있는 음이다. 조선어에 있어서 '됴흔', '나흔'의 호好, 선善의 어운 은 상上, 승勝의 어의에서 전변된 것이며 산山, 선仙(神的人)이 동음이요, 선仙, 선善이 동음이요, 진섭臻攝에 소속되는 신神(現, shen)이 선仙(hsien) 과 또 선善(shan), 산山(shan)과 동음이었을 것은 천天(töen), 신神(sten), 진 臻(chen), 전顚(tien)이 동운同韻이었음을 보아 이 또한 산山, 선仙, 신神, 선 善은 동일한 관념의 전이임을 짐작할 것이다.

이상의 논거가 가능하다면 '자'에 상上의 뜻이 있고 선善, 능能(장, 잘) 의 뜻이 있다면 그 어의는 최상最上, 전능의 속성을 가졌다고 생각되는 신神과 관계가 없다고는 할 수 없으며, 그 어운이 신에 관계되고 있다 면 일日(천天)을 최고, 유일의 신으로 여겨 온 우리 조어창작자들의 사 상을 그윽히 살펴 일日을 '자-잔-잘'이라 하였을 것이라고 나는 추정 한다. 그리하여 능자能者, 선능자善能者로서의 '자-자이'가 '쟁이'가 되어 무엇을 전문하고 전업하는 자를 가리키게 되었으니 이 전승은 지금도 남아있어서 '통쟁이', '갓쟁이', '천주학天主學쟁이', '광산쟁이'의 말들이 남아있고 생기게 된 것이다. 이 '장이'가 '자이'로 되어 '재(직)'가 된 것 이 '재', '재비', '재조', '재간'의 '재'에 쓰여지니 이 '재'는 능력, 능재能才, 선능善能, 선재善才의 뜻을 가진 것이다.[19]

또 상商, 상행위商行爲, 상인을 '장사'라고 하느니 상인의 '장사'는 '장 사치', '장사ㅅ사람'의 생략된 말이요, '장사'는 상행위(商)를 가리키는 말이다. 이 어운 가운데의 '사'는 'ㅅ'의 전운으로 '사事, 물物'을 뜻하는

---

19 참조 '직죄젹고, 나히 늘근거지 오히려 뷘 일후미 있ᄂᆞ니(才微歲老尙虛名)-『杜詩國 解』卷22, 16쪽'.

'시'의 기근基根이요, 주운主韻은 '장'에 있다. '장'은 위에 말한 것처럼 전업專業의 뜻을 가진 말로서 원래는 제작업자, 공업자工業者를 가리켰던 것이요, 그 제작업자, 공업자들이 각자 소작물所作物을 가지고 교환 또는 매매하던 것, 즉, 쟁이들의 일이 조선에 있어서의 상사형태商事形態이었던 까닭에 그 장소를 '장터', '쟁이들이 모이는 곳', '재자'라 이르고 그 행위를 '장사-장시'라 이르고 그 행위자를 '장ㅅ군'-'장사치'라 일렀던 것으로 생각한다. 그러므로 '장사'에는 상행위보다 장인행위匠人行爲, 전업자사상專業者事象이라는 것이 그 원의일 것이다.

기아饑餓를 '주리'라 하느니 굶고 주린 것을 '굶주리'라고도 한다.[20] 주리는 'ᄌᆞ바리'로 분석할 수 있으며 'ㅣ'는 명사접미사라 한다면 어간은 'ᄌᆞ발'이다. 이 어운은 다른 어운 전변의 예에 따르면 '자발-자불-자울'로도 될 수 있고 '조발-조울'로도 될 수 있다. 그러면 최수催睡, 최면催眠의 '자불다'-'조울다'를 곧 연상할 것이다. 그런데 '자불다'는 말은 '자부다'라고도 하며 '조울다'라는 말은 '조우다'라는 말과 같으니 'ㄹ'운은 후後의 첨가임을 알 것이요, 'ㅸ'-'우'운은 '긷ㄱ'의 '긷ㅸ', '바리'('이호중도履乎中道홀시'(中道를 불을씨)-『영가집永嘉集』하, 33쪽 좌)의 '발ㅸ', '즐ㄱ'의 '즐ㄱㅸ'들의 'ㅸ'와 같은 활용접미사이니 원어근은 'ᄌᆞ-자'로서 또한 수면睡眠의 '자'를 연상할 것이다. 이 '자'가 '잗-잘'의 ㄷ 혹은 ㄹ음을 가질 수 있을 것도 말할 것 없으니 그러므로 '자리다-재리다'는 어운이 있을 수 있는 것이다. 마비痲痺의 '재리', 탈기脫氣의 뜻에서 온 염지塩漬의 '재리', 전감촉電感觸 또는 경련통痙攣痛의 '자릿자릿'이 있는 소이연所以然을 알 것이다. 한편으로 경련痙攣을 '쥐'라고 하느니 이것은 'ᄌᆞ비-ᄌᆞ븨-ᄌᆞ빅-ᄌᆞ비이'로 분석할 수 있으며 'ㅣ' 혹은 '이'운을 명사접미사로 본다면 어간은 'ᄌᆞ비'이니 수면의 'ᄌᆞ비'와 같으나 경련에 고정된 것을 보면 이 어운 즉, '쥐'는 'ᄌᆞ비'에서 분화된 어운으로 '자리

---

20 '주으리며 목ᄆᆞᄅᆞ며' 기갈飢渴-「영험약초화불정다라니靈驗略抄火佛頂陀羅尼」 12쪽.

-재리' 이후에 구성된 즉, 'ᄌ'에 'ᄇ'가 첨가된 이후의 어운에서 구성되었음을 짐작할 것이다. 그리하여 '쥐오르다(경기痙起)', '쥐통(호열자虎列刺)'의 어운도 생기게 된 것이다. 그런데 이 기아饑餓 – 수면 – 마비(경련) – 탈기脫氣(염지塩漬)들을 동일한 어운으로 표음할 때에는 반드시 거기에 공통된 관념 또는 사고가 전제되어야 할 것이다. 그 공통된 의의는 무엇일까? 기아를 '골다', 위조萎凋를 '골아지다', 비성鼻聲을 '코골다', 쇠잔衰殘을 '골골하다'고 하는 것을 보면 위조萎凋, 노쇠, 탈기가 그 공통된 의의라고 할 수 있다. 또 이 위조 등 어운의 공통된 관념은 무기無氣 = 무력無力이다. 기아饑餓도 무기無氣해지는 것이요, 수면도 무기한 탓이요, 마비도 무기한 것이요, 위조도 무기한 탓이요, 피로도 무기한 탓이요, 노쇠도 무기한 탓이다. 그러나 지금 우리의 사고, 논리로 생각하니 무기에서 그러한 관념들이 분화 구성된 것같지만 우리의 조어사용자들의 관념 결합, 관념 분화도 그러하였던 것이라고는 단언할 수 없다. 지금 우리에게는 귀납적 추상작용이 발달되어 있지만 그들에게는 도리어 연역적 이상작용移象作用이 강하였을 것이다. 즉, 하나의 구체적 사상事象을 토대해서 동일한 사상 또는 사상事象이라고 생각되는 것에 모두 해당시켰을 것이다. 그러므로 그 원형이 되고 기본이 될 사상은 무엇이었던가? 그들에게는 추상 관념보다 구상 감각具象感覺(知覺)이 선행되었을 것이므로 그들이 경험하기 쉬운 구상 사실은 무엇이던가? 그것은 노쇠라는 것만치 절실한 경험은 없었을 것이다. 즉, '늙는다'는 것, '센다'는 것일 것이다. 늙는다는 것은 힘없이 된다는 것이요, 힘없이 된다는 것은 죽는 것이라고 생각하였다. 해서 그들의 관념 과정을 비난할 수 있을까? '시든' 것은 '시레기' 이외에 더 될 것이 없으며 시르(시러)지는 이외에 다른 방도가 없을 것이다. '시든것'은 생명력을 잃어버린 것이요, 온기溫氣를 잃어버린 것인 이상 그 자체는 식을 수밖에 없고 시릴 수밖에 또한 없을 것이다. 즉, 사늘해지고 서늘해지는 것이 불가피

한 운명이었을 것이다. 그러므로 슬슬한 바람이 돌 것이며 슬슬한 고적孤寂이 설금설금 기어올 것이다. 살작살작, 설적설적 찾아온 정적감은 슬은, 슬흔, 슬븐, 슯흔 애수감哀愁感을 또한 자아내었을 것이다. 세파에 쪼들리고 짜달린 몸이 저려지고, 제(재)려진 '젓(醢)'으로 더불어 다름이 있을 것인가? 절절메는 사람에게 그 일에 힘을 더 내어보라 하였어도 죽음에 주린 사람이 아닌 이상 바랄 길은 없는 것이다. 노쇠라는 것은 노숙老熟에서 결과되는 것임에 이 노숙에서 한편으로는 성숙成熟, 원숙圓熟, 노련老鍊, 원만圓滿으로도 전이되고 이 노숙은 장성壯成에서 결과된 것이며 장성은 장건壯健, 성육成育에서 결과된 것이요, 장성은 기장氣壯, 역강力强 그리고 기력, 생명력에서 결과된 것이다. 즉, 생명력－강력－기장氣壯－장건壯健－장성壯成－성숙－노숙－노쇠－위조萎凋－무력－사死 · □－냉각－한냉寒冷－한적寒寂－고적孤寂－정적靜寂－적막(소슬簫瑟)－애수－비애－애통 등 관념의 전이로서 구성된 일련의 어휘임을 짐작할 것이다. 여기에 건조乾燥－고갈－위조萎凋－노쇠－쇠망－사망의 어운도 짙게 작용하는 것은 물론이다. 원源을 '출'이라 하느니,

'므른수백출해서 모도흐르놋다(수합수백원水合數百源)' —『두시국해杜詩國解』 권6, 49쪽

'서西ㅅ녁그로 민강인岷江ㅅ출ᄒ로올아가놋다(서상민강원西上岷江源)'
　—『두시국해』 권8, 7쪽

들이 그것이다.[21]

'출'이 원源인 이상 『설문說文』 '원源, 수천본야水泉本也'와 같이 근원, 근본을 뜻하는 말일 것이며 원류, 원인을 뜻하는 어운일 것이다. 그 어근은 '출－ᄎ'로 추정할 수 있으니 'ᄎ'는 가능한 말받침을 받아서 가

---

21 '출'이 '줄'에서 왔느냐 어떠하냐는 것이 법흥왕 원종原宗을 『일본서기日本書紀』에 '좌리지佐利遲'(ᄌ리지→졸지→출치)라 하였음을 보아 의문될 수 있으나 여기서는 별운別韻으로 보아둔다(양주동씨 『고가연구古歌研究』 70쪽 언행諺行 참조).

능한 어휘를 구성시킬 수도 있을 것이다. 이미 '부터'의 항에서, 원인, 태초, 의거, 의적依籍, 가차假借의 어의전이語義轉移를 말하였거니와 '착 붙는 것'은 '원인原因처럼 의부依附한다'는 즉, '원체原体와 불가분하게 된 것'이라는 뜻으로 보면 '착'은 '차기 = 차게' 즉, '차 - ᄎ'의 부사형으로 볼 수 있다.

　'빌리다', '뀌이다'의 동의어로서 '채다'라는 말이 있으니 'ᄎ이다'의 전운일 것은 물론이다. 차僧의 '빌'이 '븓'에서 온 것임은 이미 말한 바이니 이 'ᄎ - 채'도 원인한다. 의거한다는 뜻에서 생긴 말임을 곧 요해할 것이다. 그런데 요사이(뿐 아니지만) 생신生辰, 기제忌祭를 '채리'라 하는 것은 다례茶禮라고 한자화시켜 '차례', '다례'라고 할 뿐 아니라 흡사 '채리 - 차래'가 한자 다례茶禮에서 온 것처럼 사전들에서도 한자음으로 기사記寫해 놓았으나 이것도 한자에 빼앗긴 조선어의 하나이다. 설사 이것을 조선어라고 여기는 이들도 설공設供, 설연設宴의 '차리'로 여기는지 어쩐지는 알 수 없으나 있다면 이것은 사전학적 관찰 또는 현상학적 어원설이요, 원의는 기신祈神, 기제祈祭의 '비는 일' 즉, '차래 - 출이'이다. 설공設供만은 의미가 서지 않는다. 왜 설공하느냐의 구경의의究竟意義를 얻지 않으면 안 된다. 기복, 기도, 기신祈神이 그 주인主因이였던 까닭에 그 공물供物로서 음복飮福을 하는 법이다. 그러므로 이 '차래'도 '기사祈事, 축수祝壽'의 뜻으로 알 것이다.

　상裳을 '치마, 추마' 또는 '치매, 추매'라고 하니 이것을 '침＋아, 춤＋아' 또는 '침＋애, 춤＋애'라고 분석하느냐, '치＋마, 추＋마', '치＋매', '추＋매'라고 분석하느냐가 무엇보다 곤란하다. 어의의 고찰에는 별상관이 없다 하더라도 어운 구성의 과정 또는 어운 분파의 경로가 확연하지 않기 때문이다. '두루막 - 두루마기'를 방언으로 '후리개', '후리매'라고 하며, 분발分髮을 '가리마, 가림자'라 하며 총명을 '살미'라 하는 것들을 보면 '매, 미'는 확실히 사물지칭접미사이다. 그리고 '아, 매'가 또한 사물지칭접미사일 것은 더 말할 것도 없다. 그러면 그 어근을 '침, 춤'이라 할까, '치, 추'라고 할 것인가? 후자라면 원어근에서 직접구성된 것이라 할 수 있고 전자라면 '치, 추'의 어의가 'ㅁ'으로 말미암아 어떤 제약을 받은 즉, 고정되었거나 고정되기 쉬운 어운에서 구성된 것으로 볼 수 있는 가능성을 가질 수 있기 때문이다. 무舞를 명사로는 '춤'이라고 하나 동사로는 '추다'요, 이조 초의 음운은 '츠다'이니 그 원어근은 '츠'일 것을 추단할 수 있다. '춤'의 동계同系의 어운은 지금 전승되는 것이 거의 없으니 그 접미사를 '아, 애'로 본다면 '춤아, 춤애'는 춤출 때 입는 의구衣具라고 볼 수 있게 종용慫慂하고 또한 자극한다. 그러나 그 접미사를 '마, 매'로 본다면 '치, 추'가 되어 추推의 '추어주다', '초아주다', '아모를 치다', '치처주다', '치오르다', '아모를 처(치어)주다' 등 상上, 고高 등의 뜻을 가지게 되니 웃옷, 덮옷, 좋은 옷들의 뜻을 가지게 된다. 또 '춤(舞)'이라는 것도 결국 용상踊上, 도상跳上, 도약跳躍에서 생긴 어운이니 그 원의에서는 마찬가지나 그 고유固有하여야 할 의원義源에 차이가 있게 된다. 일본에서 씨름군(角力取リ)들이 개장開場의식에 금상錦裳 또는 승상繩裳을 쓰며 토인土人들이 무용들을 할 때 또한 승상을 두르며 서양여무西洋女舞에서 상裳이 가지는 무용효과를 고려하면 상裳 '치마'는 무용과 깊은 관계가 있는 듯도 하나 지금 전승되는 복장으로서의 '치마'는 웃옷, 좋은 옷, 의례복으로 해석하는 것이 도리어 타당할 것 같다. 즉, 남자에게는 두루막이 웃옷되듯이 여자에게는 치마가 웃옷되었다는 것이다.

가쇄枷鎖를 '칼'이라 하여 도검刀劍의 어운으로 더불어 그 음이 같으나 그 어의는 전연히 상반되는 것이니 도검의 '칼'은 절단의 뜻을 가진 말이나 가쇄의 '칼'은 격박擊縛의 뜻을 가진 말이다. 칼은 '갈'의 기음氣音이요, '칼'은 '갇'-'굳'의 전운이다. 수囚의 '굳'의 어운 속에 들어있는 구속, 격박의 뜻과 같은 계보의 말이요, 격속擊屬시키다, 관련시키다의

'걸다'(친척으로 갑과 을은 걸렸다, 내기에 돈을 걸다, 만고리에 옷을 걸(여기에는 고高의 '걸' 뜻도 들어 있으나)다. 어린아이가 걸려서 일을 못한다)의 '걸 - 건 - 갈'과 같은 어운이다. 춘향이 옥중에서 쓴 칼은 도검刀劍, 도형刀形, 형구刑具가 아니라 그 자유를 속박하는 가쇄의 '갈애 - 갈 - 칼'이었던 것이다. 이 역시 '원인 - 의거 - 의속依屬 - 격속擊屬 - 격박擊縛'의 계보에 소속되는 것이다.

비鼻를 '코'라고 하느니 이조 초의 음운은 '고'이다(『훈몽자회』에 '鼻 고 비', '齅 고머글옹', '鼾 고고올한'). 무슨 까닭으로 '고'라 하였던가? 혈공穴孔이라 해서 '고'라 하였던가? 공동孔洞의 '골'이 이의 전운임은 물론이요, 원의는 일본말 '공空'을 '카라ヵラ'라 하듯이 허공虛空을 '글 - 근 - ㄱ'라 하던데서 전의된 어운으로 천공天空이라 함을 미루어 곧 짐작할 것이다. 광光과 암暗이던 천天과 지地이던 분개分開되는 갑을甲乙의 거간距間은 공격空隔이요 공간이요 허극虛隙이 되는 까닭도 이 어운이었음을 가능케 할 것이다. 비공鼻孔은 공극空隙인 때문에 '코 - 고'라 하였던가? 비鼻는 생명, 생기의 출입하는 곳일 뿐 아니라 생명의 출입이라는 관념이 있기 전에 그것이 즉, 코가 생명으로 생각할 수도 있을 것이다. 그래서 '고 - 골' 즉, 정기精氣 그것이라 해서 '코 - 고'라 한 것인가? 또는 생명이요, 생명공生命空이라 해서 두 뜻이 함께 움직이고 있는 '코 - 고'인가? 후자의 뜻으로 취해둔다.

정다산(약용若鏞)의 『아언각비雅言覺非』 권1에 "초焦, 화和, 승乘, 탄彈 기훈동其訓同탈"이라 하여 초焦의 타, 화和의 타, 승乘의 타, 탄彈의 타가 모두 같다 하였다. '솜을 타다', '치우를 타다', '박을 타다', '쌀을 타다'의 '타'도 그 어운은 같다. 그러나 원칙적으로 고어는 '다 - 드'로 볼 것이다. 초焦는 열熱의 결과이니 광열光熱의 '드 - 들'에서 왔을 것이요, 화和는 '섞그 - 섞'는 것이니 '섞ㄱ'는 것은 무리 즉, 서리되게 하는 것이니 '타 - 탈'도 '드 - 들'에서 온 말로 '우리들', '너희들', '사람들'의 들과 같은 어운이요, 승乘의 '타-탈'은 고高의 '드-들'에서 온 것이요, 탄彈의 '타-탈'은 탄환彈丸, 탄사彈射의 탄彈인가? (풍관馮瓘) 선생우상탄기검이가先生又嘗彈其劍而歌의 탄彈(격격)인가? (사기맹상명전史記孟嘗名傳), 주사불감탄규州司不敢彈糾의 탄(擧, 察)인가? (후한지사필전後漢之史弼傳), 여기의 뜻은 순탄오현지금舜彈五絃之琴의 탄(사기오제기史記五帝記), 신목자필탄관新沐者必彈冠의 탄으로 운회韻會의 고과왈탄鼓瓜曰彈의 탄이다. 즉, 탄금彈琴은 '튄기'다의 뜻으로 발탄撥彈의 뜻이다. 그러나 조선어의 '타'가 과연 '튄기다'의 뜻일까? 동동다리타령의 '달', '탈'과는 관계가 없을까? 달-탈은 성곡聲曲, 가곡의 뜻이니 성지聲之, 작성作聲의 뜻은 아닐까? '타는 것'을 '떤는다'라고도 하는 것을 보면 분리, 분열, 분별, 분간分揀, 정조整調의 뜻도 있는 것 같다. 그러나 젓대를 불다, 피리를 불다 하는 것을 보면 악기탄주樂器彈奏의 모양을 보아 '튄기다' 즉, 발탄撥彈에 그 주의主意가 있다고 보는 것이 타당할 것이다. 그렇다고 하더라도 분리의 계보의 어운에 역지力之의 뜻이 가미된 말이다. 뛰어기다, 튀어기다의 '튄기다'와는 그 의미가 좀 다르니 여기에는 분지分之, 역지力之에 고지高之 즉, 도지跳之의 뜻이 들어 있다. 또 '추위를 타다', '바람을 타다', '봄을 타다'들의 '타'는 그것을 잘 받는다는 말이니 한寒, 풍風, 춘春의 기를 잘 배급받는다는 말이다. '솜을 타다, 솜터(트)다'의 '타'는 정제精製의 뜻으로 정제의 '드-들'에서 온 말일 것이다.[22]

타격을 지금은 '치다'이나 이조 초의 음운은 '티'이니, 『용비어천가』 제36장에 '형兄이 디여뵈니 중적衆賊이 좇거늘 재ㄴ 례티샤 두갈히 것그니'(형추이시兄墜而示, 중적박지衆賊薄之, 하판이격下阪而擊, 양도개결兩刀皆缺). 『훈몽자회』에 '打 틸 타', '拷 틸 고'라 하였다. 『용비어천가』 제65장에 있는 '원유苑囿엣 도틀 티샤'(참축원유斬豕苑囿)의 '티'도 타打, 격격擊의 '티'와 그 어운은 같으나 동계에서 전이된 어운 즉, 타打-격擊-살殺의 계보에 소

_____

22 '세간世間앳 네 발 톤 즁셍中에 사자獅子-위두ㅎ야'-『월인석보』 제2, 38쪽 우 참조.

속되는 것인지 위葽-조凋-사死의 계보에 소속시킬 것인지 약간 주저되는 바도 있으나 오늘에도 도살屠殺을 '치다'라고 함을 보면 이 '티'는 타打의 계어系語가 아니라 '위葽 또는 낙落'의 계어로 봄이 타당할 것 같다. 또 인장印章을 '치다'의 '치'도 이조 초에는 '투슈티다'의 '티'이었으나 이 '티'는 합타合打→압押에서 온 것 같으니 이것은 같은 계열의 어휘로 볼 것이다. 양養의 '치'는 이조 초에도 '치-칠'이니 (『훈몽자회』, 양養 칠양)이 '치'가 '티'의 전운인가 아닌가는 급거急遽히 논정할 수 없으나 이것은 '지-질'에서 기음화한 것으로 보아 무난하겠으므로 '드-트'계 어운으로 보지 않음이 옳을 것 같다. 타打의 '티'는 '트이'의 전운 또는 '드이-디'의 전운으로 접촉의 '닫-다이'에서 타촉打觸의 '다리'로 되고 이것의 경음화한 것이 '따리', 그것의 Ümlaut화 한 것이 '때리'임은 누구나 알 것이다. 그러나 접촉의 '드이'가 '뜨이'가 되고 '띠'가 되고 '띄'가 '띠'가 되고 '티'가 될 수도 있는 것이다(『두시국해杜詩國解』권21, 3쪽에 '기충형성상표氣衝星象表'을 '기운은 별밧긔티딜었고'라 하여 형衡을 '티딜'이라 하였으니 지금도 형격衡擊을 '치질다'라고 한다. 이것은 '티고 디른다'는 말이니 이 '딜'은 자刺의 '찔-질'이 아니고 타打의 '딜-디'라 생각한다). 즉, 접촉을 강화한 것이 타촉打觸이요, 그것을 다시 강열화强熱化한 것이 타격이다. 접촉에서 타촉으로 타격으로 정벌征伐로 전이된 것이라고 생각한다. 이 또한 일一-동同-합合에서 온 것이다.

충葱을 '파'라고 하느니 그것은 무슨 뜻일까?『불정심다라니경佛頂心陀羅尼經』권중卷中 7쪽에 '경연누월經年累月'을 히다나며 들파'라 하여 누累 (여럿)를 '파'라 하였다. 또『석보서釋譜序』2쪽에 '선유鮮有는 픗비리잇디 아니타ᄒᆞᆫ쁘디라'라 하여, 다多(많이)를 '픗비리'라 하였다. 총叢을 지금은 '포기' 혹은 '패기(← 픠기)'라고 하는데 이조 초에는 '퍼기'라고 하였으니 '삿기를 드려 두위텨ᄂᆞ라 흔퍼기예 도로 오ᄂᆞ다'(『협자번비환일총挾子飜飛還一叢』) 권10 18쪽이 그것이다.[23]

그러면 그 이전의 음은 '포기, 패기'의 음운이 있음을 미루어 'ㅍ기'였을 것이다. '기'는 사물지칭사이니 어근은 'ㅍ'이요, 총叢에 쓰임을 보면 '군群, 다多'의 뜻일 것이다. 생각건대 사沙의 '몰애'가 군群, 다多의 뜻을 가지고 있음을 미루어 두㺶의 '풋-팢(팥-팓-파)'도 군다群多의 뜻에서 온 것인지도 알 수 없다.

초草의 '풀'이 '폴'의 전운이요, 이 또한 총생叢生에서 온 것이니 '폴(풋)-풀-ㅍ'가 모두 군다群多, 누총累叢의 뜻을 가지고 있으니 총葱의 '파'도 군생群生, 총생에서 그 이름을 얻을 것이 아닐까? 지금에는 '풋비리'라는 말이 없어지고 '퍽-퍽으나'의 말이 있으나 '기'는 부사접미사이요(例, 반듯기 등), 어근은 '퍼'이니 이 또한 다多, 심甚의 뜻을 가진 것이다.

청靑을 '폴, 플, 팔' 등 여러 음운이 있다는 것은 이미 말한 바이지만 청靑을 '푸르'라 함은 무슨 뜻인가? 백白의 'ㅎ-히', 홍紅의 '붉-붉', 흑黑의 '금-검', 황黃의 '늘-눌'들은 백白은 일색日色에서, 홍은 화색火色에서, 흑은 암색暗色에서, 황은 조凋(熟)색에서 온 것이 확연함을 증證할 수 있다면 청靑은 무슨 색에서 왔는가? 나는 초색草色에서 왔다고 생각한다. 즉, '초草이다'는 말이 '군생물群生物'이라는 말인 동시에 거기서 초색이다 내지 청색이다, 벽색碧色이다, 녹색이라는 관념이 생긴 것 같다. 호糊의 '풀', 기력氣力의 '풀', 선鮮의 '풀', 비모飛貌의 '풀'들은 물론 다른 계보의 어휘들이다.

호帾(행주치마 호)상裳을 '행주치마'라 하느니 '치마'는 상裳이나 '행주'는 무슨 말인가? 『훈몽자회』에는 '호帾 힝ᄌ초마호'라 하고 또 말포抹布를 '힝ᄌ'라 하였다. 지금에도 정잡건淨雜巾을 '행주'라 하느니 이 어의는 무엇인가? 지금에 정세淨洗를 '행구다' 하느니 '구다'는 'ᄀ다'의 전운으로

---

23 지금에도 누일累日＝날포, 누월累月－달포(→ 月), 폭폭幅＝포기(← ㅍ기)＝광계廣計 (합계 －계산) 또 누대累大, 방대尨大의 푸다는 말이 있다.

식植의 '심구다'의 '구다'와 같은 활용삽입사이니 원어근은 '행' 즉, '힝'의 전운이다. '힝'은 '히이-ㅎ이'로 분석할 수 있다면 백白의 'ㅎ이'와 그 어운의 상근함을 느낄 것이다. 원구圓球의 '공-공이→공기'의 '공'의 원어근이 '고'임을 아는 우리는 '흥', '흥이'의 원어근도 'ㅎ'임을 추단할 수 있을 것이다. 즉, 'ㅎ이'가 되어 백白이 되고 'ㅎ이'가 되어 청淸이되었음을 의심할 것은 없을 것이다. '행주'의 '주', '힝즈'의 '즈'는 무슨뜻인가? 단순한 사물지칭사인 '즈-지'의 전운인가? 또는 정淨은 '조홀씨'라(『월인석보서月印釋譜序』 4쪽), 결潔은 조홀 씨라(『아미타경阿彌陀經』 8쪽)의정결의 '조ㅎ'-'조'-'즈'의 그것인가? 우선 후자後者의 뜻으로 취해둔다.그런데 지금의 '행주'는 '걸레'와 더불어 정구淨具임에는 틀림없으나 '행주치마'는 그 자체, 정상淨裳이라고는 여기지 아니한다. 즉, 행주에는그 원래의 뜻을 아직 전납傳納하고 있으나 행주치마에는 도리어 '서덜이 치마', '설거지 치마', '서름질 치마', '서릇이 치마'의 뜻으로 쓰여져서 잡사雜事, 잔무殘務의 치마로 여기고 있다. 이것은 원래 정구淨具, 세기洗器의 때에 입던 치마로서 맑게 하는 때 입는 치마의 뜻이 '서름질'이라는 맑지 못한 일을 할 때에 입는 치마의 뜻으로 전이된 까닭에 그러한 어감을 가지게 된 것이다.

　토土를 '흙'이라 하나 이조 초의 음운은 '흙'이며 이 '흙'은 '홀기'의 촉음促音일 것이요, 어근은 '홀'일 듯하다. 토土자의 『설문說文』에 '지지토생물자야地之吐生物者也 =상지하象地之下, 지지중물출형야地之中物出形也'라하였지만 나는 '쓰+ㅆㅡ, 십상공간일표하지十象空間一表下地'라고 할 것이아닌가. 예수교耶蘇教의 십자十字, 불교의 만(卍)자, Shmer의 十(←米 din-gen)자 모두 광선光線-광명光明-명계明界-공계空界의 뜻으로 전이된 문양자文樣字로서 공간을 표시할 수 있는 자字이다. 이 글자가 수數의 십十에 잉용仍用된 것은 공간-광계廣界-대계大界-군다群多의 뜻을 가지게되어 십의 수는 '여러'의 '열'이라는 의미에서 전용되었던 것이다. 『설문『說文』에 '십수지구야十數之具也, 일위동서一爲東西, 일위남북칙사방중앙구의一爲南北則四方中央具矣'라는 해석은 '수지구야數之具也'라는 것이 끝으로 와서 '전주우수지구야轉注于數之具也'라 하였으면 더욱 정확한 해석이 될 수 있었을 것이다. 십十이 사유상하四維上下를 가리키는 것은 간자干字에서도 볼 수 있으니 '일팔자一八字'가 토土에 있어서는 지하指下의 뜻으로 보지만 간干에 있어서는 표상表上의 뜻으로 보아야 할 것이며 '간干은 천야天也'라고 하여야 할 것이다. 십이지十二支가 지수地數를, 십간十干이 천수天數를 가리킴을 보아도 짐작할 것이다. 그러면 토土 내지 지地는 '공계空界의 아래'라는 뜻인가? 다만 천계天界가 위임에 반하여 지계地界는 아래라는 뜻인가? 지地의 '닥, 단, 달, 당(땅)-대'들의 어근 'ᄃ'는 '디'는 지地(ti)와 그 어운이 같다하더라도 한래어漢來語라고 누구나 하지 않을 것이다. 라틴어 terra(← ter)가 우리말의 '달-딜-들'과 같고 Malay어 tanah가 우리말 '단'과 같다고 의아할 것도 없으며 이조 초의 음철 '따'는 'sta'의 음철이라고 하여 Sanskrit의 sthāna ← stha를 인용할는지도 모르나 좌우간 그 원의가 무엇인가가 의문일 뿐이다.

Charles Annaudale씨의 『English-dictionary』에는 terra, n 〔L. terra, from a root meaning dry, seen also in torridus, torrid(炎熱), being the root of English thirst, hence terrace, terrestrial, terrier …… &c.〕 earth.라 하여 그 원의는 건조乾燥, 건고乾固라 하였고, Skeat씨에 따르면 희랍어 tersesthai, to dry up에 관련된다고 하였다. Sanskrit의 sthāna는 그 어근이 sthā로서, Monier-William씨에 따르면 to stand, stand firmly, station ones self, …… to exist, fixed, depend on, to support, to fix &c.의 뜻을 가졌으니 이 또한 견지堅持의 뜻을 가지고 있다. 그러면 조선어의 '따'도 '단단'하다는 뜻을 가졌는가? 한어에서의 토土는 하지下地, 천하天下의 뜻을 가졌으니 조선 '흙, 홀'도 '흘리진 것', 유하遺下-하자下者의 뜻인가? '흙'은 토양이요, '땅'은 토지이니(대소, 광협廣狹의 어감의 차는 있으나

'흙덩이', '땅덩이' 하면 같은 뜻으로 쓰이기도 한다) 전연 원의를 달리한 어휘인가? 생각컨대 '흙'은 하계下界, 저자低䎹의 뜻으로 해解하는 것이 옳은 것 같고 '따–땅'은 광원廣原, 영역, 경지, 촌읍, 방국邦國의 뜻으로 해解하는 것이 옳지 않을까 한다. 즉, 분개分開된 영역이라는 뜻에서 'ㄷ–ㄷ'–'ㄷ–ㄷ–ㄷ–땅' 등이 되어 거기에서 건갈乾渴의 '간–갈–간'과 합쳐서 견고堅固의 '단'–'단단'의 뜻이 생긴 것이 band firm, hard의 뜻이 생긴 것과 같은 것이 아닌가?

이상으로 대략 어의 분석의 예를 들었으나 어의의 확정 또는 어의와 어의의 상관출입相關出入의 한계를 밝힌다는 것은 실로 어려운 일일 뿐 아니라 문헌기록의 불비不備와 동음이의의 잡다雜多는 왕왕히 독단에 떨어지게 하는 경우가 많으며, 더욱이 관념 전이의 논리적 추리는 각자의 지식과 경험으로 말미암아 의외의 이로理路를 밝게 하는 수도 많으며 내 또한 그러한 편향偏向을 밟지 않았다고 할 수도 없다. 내 자신의 경험만을 하더라도 그 원의추정原義推定의 기로에서 그 언어의 계보를 수정, 개폐한 일이 한, 두 번이 아님을 돌아다볼 때 일반의 어원에 관한 논술이 어떠한 편향을 가지고 있음도 잘 이해할 수 있기는 하나 이 일은 한 사람의 사고를 통해서만 가능한 것이 아니요, 빛 다른 경험, 빛 다른 관점에서 해석된 의미의 집성을 기다려 비로소 완벽한 조선어기원론의 성립을 기期할 수 있는 것이다.

제5절 관념觀念의 전이轉移

언어는 형태요, 실체가 아니라는 생각은 언어를 자의적인 부호로 보려는 견해를 지지하게 되는 것이다. 즉, 언어의 이대면二大面인 음운과 의의意義는 필연적인 상관관계를 가진 것이 아니라, 어떠한 음운과 의미의 결합은 우연적인 것이라는 설에 일반 언어학자가 기울어지고 있는 것은 사실이다. 그러므로 언어라는 것을 형태적으로 관찰하려고 한다. 그러나 이상에서 논술한 바와 같이 언어란 형태만을 중시하여야 할 음운은 아니다. 자의적이라는 것보다 그 음운이 내적으로 결합된 의미와의 관계는 유구한 인간 사유의 역사를 배경으로 하고 있으며 각 언어가 그러한 의미를 그런 음운을 통해서 표출하게 된 태초의 동기 그것이 이미 언어 발생의 그 순간부터 결정적 판결을 받은 것이요, 임의任意의 어운의 난행亂行, 충돌衝突, 결합에서 현現언어가 선택, 취사, 도태, 고정된 것은 아니다. 우리의 사고, 관념이 엄밀한 의미 또는 그 본질에서 자의적, 우연적이라 할 수 없는 그 동일한 정도에서 언어는 결코 자의적도 아니요 우연적도 아니다. 그 근원과 그 체계를 논리적으로 파악하지 못한 곳에서 다만 주관적으로 그렇게 보일 뿐이요, 이론적으로 그 정도 이해하였을 뿐이다. 물론 이 견해를 이해한다 하더라도 가능한 음운 가운데서 특히 그 음운이 어운으로 선택된 것은 전혀 우연적이요, 자의적이 아닌가? 그렇지 않다면 동음이의어 또는 이음동의어가 있을 수 없으며 또한 세계의 언어는 동일한 것이 아니냐고도 할 것이나, 물론 어운은 인간이 가질 수 있는 음운 가운데서 선택된 음운이며 그 음운을 선택한 언어창작자의 임의의 결과이기는 하다. 그러나 이 임의라는 말은 갑甲 원어에서 선택된 음운이 을乙 원어에서 선택된 음운과 같지 않다는 의미에서 임의이요, 그들이 그 어운을 그들이 소유한 음운 중에서 임의로 선택하였다는 의미는 아니다. 즉, 그들의 원어로서 어떠한 음운을 그 기본어운으로 선택할 때에는 그들의 생활, 사상, 신앙 또는 집단 의식이 그 음운을 선택하는데 강력히 작용하였다는 것을 우리는 고려하여야 할 것이다. 태양을 갑甲에서 '히(←ㅎ)'라 하고 을乙에서 '디'라 하고 병丙에서 '비'라 하고 정丁에서 '익'라고 하였다 할 때 각각 그렇게 하지 않으면 안 될 그들의 창작자의 사회적, 심리적 동기의 강제와 필연이 거기에 작용하였다는 것이다. 그렇지 않고는 그들의 사고 방식을 논리적(이것도 단계적 의미를 가지지만)으로 전개시킬 수 없으며 따라 관념을 정립시킬 수 없을 것이 아닌가? 건축에 견고한 토대가 절대 필요하듯이 사고의 발전, 관념의 구조에도 그것이 가설적이건 사실적이건 확실한 확신이 되는 기초, 기점이 절대 필요한 까닭이다.

그러므로 원어의 기초가 누구라도 개변할 수 있는 부동浮動되는 음운은 아니었을 것이다. 이 의미에서도 언어는 자의적 음운은 아니요, 자의적 음운이 아니기 때문에 통용되는 어휘의 형태상으로서 그 본질을 파악할 수는 없는 것이다.

이 기본적이요 태초적인 어운의 탐색, 추정없이 형태적으로만 어운 또는 어법을 관찰하기 때문에 언어는 한 개의 자의적인 사실같이 느껴지는 것이요, 언어 그것을 자의적으로 생각하는 까닭에 그의 의미, 내용의 관념까지 자의적으로 생각하며 따라서 각 언어 자체 속에 전승되고 있는 어운들의 상사相似한 것도 한 개의 우연으로 생각하게 되는 것이다. 그뿐 아니라 한 언어 속에서의 동음이의어도 우연한 상부相符로 느끼며 일견 상반되는 동음이의어의 존재는 더욱 그들로 하여금 어운의 자의성을 증膏하는 데 쓰이고 있는 것이다. 그러나 이것은 모두 그 어운이 지니고 있는 의미의 깊은 상관관계 또는 친연관계를 이해하지 못한 데서 기인된 것이니 하ͭ의 알, 실진實眞의 알, 난卵의 알, 친親(私)의 알, 적의適宜의 알, 석惜의 알(안, 알뜰), 통痛의 알, 향向(前)의 알, 지知의 알, 언言의 알, 반斑의 알(→아랑주=반주斑紬), 매昧의 알(아련하다, 아련 풋하다, 아름하다), 아雅의 알(아려, 혹운아려지음연비야'或云雅麗之音然非也'하다), 포抱의 알, 자剌(辛)의 알 등 어운 사이의 의미의 논리적 관계 또는 관념의 계보적 관계를 명확하게 못한 데서 유래된 미지未知의 결과이다. 그러므로 그 어의들 사이의 관련, 친속을 밝히는 것이 무엇보다 전제되어야 하는 것이다. 그러나 발생론적으로 계보의 등위를 결정한다는 것은 여간 곤란한 일이 아니다. 일례를 들면 등상登上의 '올'과 정의正義의 '올'과 우측右側의 '올'의 어느 것이 발생적으로 선후됨을 결정할 수 있느냐는 것이다.

등상登上의 올은 원래 일日을 '올 – 온'이라 하던 언어사회의 전승을 가진 어운으로 '해다 → 해하다 → 해돋다'의 관념 전이에서 일상日上을 '올다 → ♀ᄅ다' 하던 어운이 '올다 → 오르다'로 된 것이요, 정의正義의 '올'은 공명하다는 뜻으로 '어둡지 않다', '바르다'는 뜻이니 이것 또한 일日을 '올'이라 하던 언어사회의 전승을 어운으로 '해다 → 해같다 → 해일다'의 관념 전이에서 일명日明 – 광명, 광선光線을 '올다 → 오르다 → 올ᄒ다'로 된 것으로 정의正義라는 것은 은폐, 왜곡된 사실이 아닌 것을 뜻하였던 것이라고 할 수 있다. 그런데 요사이 '올바르다'는 말이 있으니 이 말을 쓰는 사람들의 어의의식語義意識이 '경정經正'에 있는지 '정직正直'에 있는지 상세히 하기가 곤란하나 '올'에 '정正과 경經'의 두 뜻이 있는 것은 사실이며 따라서 정의의 '올'에도 공명公明의 명明의 의식과 경조經條의 경經의 의식을 가졌다고 볼 수 있으니 그러면 정의正義의 '올'의 주의主意가 명明에 있느냐, 경經에 있느냐 문제되지 않을 수 없다. 경經, 직直에 있는 것이라면 이것은 일광 – 광선 – 선조線條 – 직선 – 정직의 계보에 소속되는 어운으로 볼 수 있다. 그러나 그 어느 것에 주의主意

를 둔다 하더라도 계보는 다르나 등위는 비슷하다. 그런데 등嶝의 '올'과의 계보는 또한 다르다 하더라도 등위의 문제에 있어서는 정의正義는 추상 관념이요, 등상嶝上은 구상 지각具象知覺인 만큼 그 사이에 차등이 없다고 볼 수는 없다. 그러나 계보의 등위는 같은 계통임을 전제하여야 하는 것은 인간의 친척계보에서와 같은 것이라면 계보를 달리한 이 두 어휘의 등위관계도 불문에 부치기로 하자. 그러나 우측右側의 '올'과 정의의 '올'과의 사이에는 어떠한 관계가 있는가? 우측의 '올' 역시 '해 ㅅ쪽', '해 오르는 쪽'에서 가지게 된 조선 사람의 관념으로서 '일日 → 일측日側', '일상日上 → 일상측日上側'에서 가지게 된 말이다(영어의 light와 right, 독일어의 licht와 recht의 관계와 같다. 그들의 어원사전에서는 전자는 라틴어의 lux(luc), 희랍어의 λeuk–os(white), Sanskrit어의 ruc(to shine)에서 왔다 하고 후자는 라틴어 rectus(straight, upright)에서 왔다고 하여 전자는 명明에서 후자는 직直에서 온 것이라 하였지만 recht는 rech(t는 과거분사 또는 명사접미사)에서 구성된 것으로 recken(곧게하다)과 동원어同源語로서 이것은 라틴어 reg–ere와 동근으로 '향한, 향하게 된'의 뜻을 가진 말이니 또한 방향을 의미하는 뜻을 가지고 있는 것이다).

그런데 일日에서 명明이 나오고 정正이 나오고, 그래서 우右가 나왔나? 일日에서 우右가 나오고, 그래서 정正이 나왔나? 또는 정正과 우右는 직접으로는 어의상 아무 관계가 없는 즉, 친형제간도 아니요, 부자간도 아닌 친류親類에 지나지 않는 말인가? 이것은 그대로 '발(정正)', '발(우右)', '발(명明)'에도 적용될 것이다.[24]

누위에 대한 남형男兄을 '온바, 올아비'라고 하니 이것은 '온＋바', '올＋아비'로 분석되며 '바'는 '비'의 전운이요, '아비'는 사물지칭사 ᄋᆞ비

---

24 『설문說文』에 우자右字를 '$司$, 수구상조야手口相助也'라 하였고 좌자左字를 '$左$, 수야 상형手也象形'이라 하였는데, 비자鼻字를 '$鼻$, 천야집사자자賤也執事者, 종오갑성從乂甲聲'에 서개왈徐鍇曰 '우중이좌비右重而左卑, 고재갑하故在甲下'라 하여 좌의 천시賤視가 표현되어 우가 중시된 사상이 나타나 있으니 이 또한 정正, 명明, 상上과 관계되어 있다고 볼 것이다.

(ㅇ는 조음소調音素) 또는 '압＋이' 즉, 부父의 '아비', '아버지'의 압과 같이 상자上者의 뜻으로 원어기原語基는 '온－올'이다. 이것은 위에 든 등登, 상上과 같은 어운으로 또한 상자上者, 장자長者의 뜻이니 이 어운은 상上의 '올'에서 분생分生된 자격子格의 어운이요, '온바'와 '올아비'는 어운상으로는 형제격이다. 제주도 방언에 '산, 뫼'를 '오름'(탐라지耽羅志, 이악위올 음以岳爲兀音. 석인명石寅明씨 저著 『제주도방언집濟州道方言集』 690쪽)이라 하느니 이것은 '올＋음'으로 분석되고 어기語基는 '올'이다. 이 '올'도 상上의 '올'에서 직접 전이된 것임은 물론이며 만주어, 여진어의 alin도 '올→올'의 전승임은 물론이다(토이기±耳其어법에서는 이마(額)를 alin이라 한다). 이렇게 일日, 일상日上 또는 일신日神의 관념에서 상자上者, 장자長者, 고자高者의 뜻으로 전이되어 남형男兄, 산악山岳의 관념을 분화시키는 것이다. 일본어에 현現, 신新을 '아라アラ'라고 하며 또 그 임금을 '아라히도가미アラヒトカミ'라 하여 한자로 '현인신現人神'이라고 써서 흡사 왕을 현현顯現된 인人의 신神이라는 뜻으로 해解하나 이것은 '아라アラ(上)'(일본말에 '동東'을 '아쯔마アツマ'라고 하니 이것은 atu(at)＋ma로 분석하여 동東＋지地의 뜻으로 해解하고 싶다. 송강정웅松岡靜雄씨는 '해海'의 뜻으로 석釋하였으나 한자 '동東'자를 훈사訓寫한 것을 보면 동을 at, atu라고 한 까닭일 것이다. 열熱, 광光을 'atu'라 함을 보아 광방光方을 'atuma'라 한 것과 같다. '아다마アタマ(頭), 아다アタ(上)＋マ(所), 히로마ヒロマ(廣所)'), '히도ヒト(人)', '가미カミ(尊)'로 해解할 것이니 왕王, 존尊, 군君, 상上의 뜻이다. '가미カミ'는 우리말의 '금－곰'에 대응되는 말이요, '아라アラ'는 백제왕칭 '어라하於羅瑕'(『주서周書』 백제조百濟條 참조)의 '어라於羅'에 대응되는 말로서 'ㅇㄹ－올'의 음사이다. 『일본고서기日本古書紀』, 『일본서기日本書紀』들에 '아라アラ'라는 명칭이 많이 나오는데 대개 '황荒'자로서 대역對譯하였으나 이 또한 그러한 뜻도 있으나 상上의 뜻으로 해解하여야 적역適譯될 것이 많다. 그것은 주인主人을 '아로지アロジ', '아르지アルジ'라고 함을 미루어 짐작할 것이다. 전前을 지금은 '앞'이라

고 하나 이조 초만 하더라도 '알픠'이요, 이것은 '알비'의 전운임을 추정할 수 있는 동시에 전일前日, 향일向日이 '아래' 즉, '알애'임을 미루어 원어기原語基는 '알－을'이었음을 추단할 수 있다. 이 '을'의 원의는 원초原初의 뜻으로 원인原因, 전인前因의 뜻으로 관념이 전이, 분화한 것이니 경주 김씨 시조 김알지의 알지閼智는 '알지－을지'의 음사로 시초인始初 ㅅ이라는 뜻이다. 일본에서 남한南韓을 '아리히시노카라アリヒシノカラ'라 하는 것을 보면 전前이 남南이요, 남이 전이라는 관념에서 전생轉生된 것도 같으며(『훈몽자회』에 '南'을 '앒남'하고 前을 '앒젼'이라 하였다) 지금도 북北을 '뒤'라고 함을 보면 혹은 그렇게도 수긍되나 고구려에서는 남을 '날－날'이라 한 것 같으니(이천군利川郡은 고구려高句麗 남천현南川縣 일운남매一云南買(날믜, 날믹) 황무현黃武縣 본남천현역동本南川縣亦同) 남南을 '앒'이라 한 것은 전면前面이 남방南方이라는 관념이 발생되었을 때 전생된 어운이 아닌가 생각된다. 제주도 방언에 우편右便을 'ᄂ단편'이라 하니 어근은 'ᄂ'이다. 명明, 현現에서 온 말이다. 혹은 전前과는 관계없는 광光의 '을'에서 향지向地, 광지지방光之地方이라 하는 '올바', '올 부녘'에서 전이된 것인지도 알 수 없다. 그 어느 것이라 하더라도 '시초－전자前者－남방南方－향방向方－전방前方'의 관념 분화에서 된 것임에는 틀림이 없을 것이다 (영어의 before의 어기語基 fore는 향向－전前의 뜻을 가져서 G. πapos, Skt. puras－pra에 대응된다). 여기서 전자前者, 향자向者의 '안가'가 구성되었음은 물론이다. 영어의 ago는 agone의 생음省音으로 a(away)＋gone 또는 a＋go로 된 것이라면 조선어의 앞의 '올－은'도 '지나간'의 뜻인지도 알 수 없다. '니었는적, 녯는적'이 '니젼, 네젼'인 것과 같이 'ᄋᄅᆫ적'이 '알애'이며 '이전－이전'인지도 알 수 없다. 그렇게도 생각되는 것은 동사과 거시칭이 '앗－안'임을 볼 때 즉, '막았다'＝'막안다(障)', '죽었다＝죽안다(死)'의 '안－은'이 '지나갔다'는 경과經過의 뜻으로 '앗－안'이 삽입된 까닭이 요해됨으로서다.[25]

그러면 이 관념은 분리分離 – 이거離去 – 거석去昔 – 전자前者의 관념 분화로도 해석된다. 그러면 전前의 '알'은 공간적 전방前方과 시간적 전시前時의 관념이 종합적으로 결합된 어의라고 봄이 타당할 것이라고 우선 정하여두나 우리의 조어사용자들이 동서를 중시했나, 남북을 중시했나의 것이 해결됨을 기다려 확정될 수 있는 까닭이다. 그것은 사邪의 '거르'가 암暗을 가리킨 것은 확실한 것 같은데 서방西方이 암暗이냐 북방北方이 암이냐는 것은 쉽게 결정할 수 없는 까닭이다.

우수右手의 '올흔손'이 동방을 또는 남방을 빌려서 얻은 어운이라면, 우리는 동방을 향해서 살기를 좋아했거나 북방을 향해서 있었거나 그 어느 것일 것이며, 또 이씨 조선에 왔을 때에도 동북방을 향해서 이동한 것일 것이라는 추정이 가능함으로써이다. 또는 향하는 방方이 전방前方이요, 남방과는 즉, 일방日方과는 관계가 없는 것이라면 '알'은 '보는 쪽'이라는 뜻을 가졌거나 '낯하는 쪽(面方)'이라는 뜻을 가졌거나 하여 사방四方과 좌우방, 전후방과의 관계가 없는 것이 되니 조선 민족의 이동은 달리 해석되어야 할 것이다.

어덥다는 말은 암暗의 뜻으로 '어 + 덥'으로 분석하느냐? '얻 + 업'으로 분석하느냐가 주저되나 '얻 + 업'으로 분석하여 '올(ᄋ) + ㅂ'로 추정한다. 그리하여 어근 '올'은 '얻 – 얼'로 되어 우치愚痴의 '얼', '애매曖昧'의 '얼음 얼음', 암暗, 부지不知의 '안옥', 요원遙遠의 '안옥(→ 아ᅀ 라이)'들의 관념 분화와 어휘 구성을 가져온 것이다. 우치, 애매, 부지는 원래 어두운데서 생긴 관념이요, 어둡다는 것은 시계視界에서 멀다는 관념인 까닭에 요원遙遠, 유원幽遠에서 전이된 것이다. ':가맣다'는 말은 '검다'는 관념도 표시하지만 '거기까지는 아직도 :가맣다'의 '가맣다'는 요원遙遠의 관념

---

25 前間恭作씨는 그 『용사고어전龍敎故語箋』 4장 ヵ항, 125장 ㅋ항에서 과거조동사 '앗, 얏, 엇'들은 원래 있(有)이 첨가된 것이 그렇게 되었다고 하였으나 그렇게 생각되지 않는다. 『두시국해杜詩國解』들에 이런 어운이 많으나 나는 발음경향으로 보고 싶다.

을 나타내는 것이다. 멀어진다는 것은 나에게서 거리距離가 증대增大되는 대상은 나에서 분리되고 이거離去 되어가는 까닭이다. 즉, 분리-이거-거원去遠-유원-암흑-부지不知-우치 등의 관념이 전이되어 분화되고 구성되는 것이다. 그리하여,

(1) 분分(ㄱ-ㄹ)-거去(ㄱ-ㄹ)-원遠(ㄱ-(ㄹ)-ㄱㅁ)-암暗(ㄱ-(ㄹ)-ㄱㅁ)[26]

라는 관념 분화의 범주(category)를 얻을 수 있을 것이다. 물론 이 간단한 범주로써 관념 분화의 상세와 치밀함을 해괄該括할 수는 없으나 가장 기본적인 것을 든 것에 지나지 않으니 보는 이는 그렇게 알 것이다. 그리고 갈라져 가는 것은 가맣게 되고 감감하게만 되고 마는 것이 아니라 모르게도 되고 잊게도 되고 잃어버리게도 되고 없어지게도 되고 하는 것이다. 또 갈라져 가는 것은 가맣게만 되는 것이 아니라 그 사이가 커지고, 커지는 것은 넓게도 되고 굵어도 지는 것이다(Sanskrit에서의 'ri'는 '가다, 움직이다, 오르다, 향하다, 만나다, 이르다, 가지다, 두다, 던지다, 있다, 주다' 등의 뜻을 가지고 있음도 참고될 것이다. zeivd, $\sqrt{ir}$, GK, åρôw, ôρ-vu-Mi, Lat, aro, ar-ior 등 참조).

(2) 분分(ㄱ-ㄹ)-거去(ㄱ-ㄹ)-영永, 증增, 대大, 광廣
    =다多-광廣, 원原, 군집群集-영역-촌읍국村邑國

의 관념의 전이 또는 분화의 범주도 얻을 것이다. 그리하여 '걸게먹다', '걸판지다', '거특하다'의 '걸' 어운이 무엇을 뜻하는 말인가를 이해할 것이며 이의 동위운同位韻이 '걷'일 것이며, 이 '걷'은 '갇-귿'의 전운일 것은 청산별곡의 'ㄱᄃ니 빅브른도긔'의 'ㄱᄃ니'가 '귿+ᄋ+니'의 합성어로 원어기原語基는 '갇-귿'이니 지금의 '크다라케'의 뜻이 그것이다. 대大의 현재 어운은 '크'이나 기음이전氣音以前은 '그-ㄱ'이었을 것은 '영풍

---

26 범어의 kala, 한어漢語의 갈색, 일어의 쿠로ᄼㅁ 참조.

군본대곡군永豊郡本大谷郡'의 기록에서 '영永'의 '기'와 '대大'의 '크'가 동일어운이었음을 발견할 수 있는 데서 수긍될 것이다. 그래서 전연 다른 문자로 표현되었으나 이것은 'ᄀᆞᆫ실'을 의사意寫한 것이다. 즉, 영永의 '긴-긴-ᄀᆞᆫ', 대大의 '크-큰-ᄀᆞᆫ'이 같고 풍豊의 '실-실건', 곡谷의 '실'이 같은 까닭이다. 언양군彦陽郡은 신라거지화新羅居知火이니 이것도 언즉대彦卽大의 '고디-ᄀᆞᆫ미'임을 전하는 기록이다. 지금 제주도 방언에 동리洞里를 '가름-갈음'이라 하며 또 향읍鄕邑을 '시골'이라 하느니[27] 동洞, 읍邑을 '갈-골-굴'이라 한 적이 있었음을 요해할 것이다.

국國의 원의가 집단, 촌락에서 전이된 것을 추정하는 우리는 가락駕洛이 낙동강의 기류岐流에서 생긴 것이 아니라 집단, 촌락 그래서 도성都城, 국부國府로 전칭轉稱된 '굴-ᄀᆞ라(ᄀᆞᆫ-ᄀᆞ다)'의 음사임을 생각할 것이다.

새로운 사상事象이 생기고 경험한다고 해서 그것을 의미하고 표식하는 어휘가 즉시로 생기는 것도 아니요, 그 사상事象 자체가 가지고 오는 것도 아니다. 결국 사람이 그 사상을 통해서 인식되고 구성된 관념을 가졌던 언어로써 표현하는 것이다. 더 말하면 가졌던 관념을 토대해서 그 사상을 추찰推察하고 인식코자 하는 것이다. 이것을 관념의 분화 또는 관념의 전이라고 하는 것이니 광光한 것이 백白한 것이요, 명明한 것이 정淨한 것이므로 광光-명明-백白-정淨은 동일한 관념에서 분화된 것이요 또 전이된 것이다. 그러므로 'ᄀᆞᆺᄀᆞᆺ(깻긋)'한 것은 광명을 뜻하는 '굴-ᄀᆞᆫ'에서 전이된 것이며, '흰(白)'것은 일日의 '히'에서 전이된 것이며 명明의 '볼ᄀᆞ'는 일日의 '볼'에서 분화 전이된 것이라는 것은 위에서도 여러 번 말한 것이지만 이렇게 분화된 또는 전이된 관념의 원류를 찾는 것은 언어의 원류 즉, 그 기원을 찾는 것이며 탐색된 언어의 본원과 관념의 원형이 어떻게 해서 결합되었는가를 설명할 수 있으

---

27 향鄕을 '싀ᄀᆞᆯ'이라 하여 이것이 시굴이 되고 또는 시골이 된 것이라고 하나 시굴 어운은 '싀ᄀᆞᆯ'의 전운이나 '시골'은 '시굴'의 전운이라고 본다.

면 언어의 기원은 찾아질 것이다. 그러므로 분화 이전의 관념의 원형, 분화 이전의 언어의 원의를 찾아야 할 것이다. 그러기 위해서 그 명칭이 가지고 있는 사물의 본질을 그 언어를 전승하는 민족의 국민의 사고사적思考史的 과정에서 파악하여야 할 것이다.

다음 언어의 계보에 가서 좀 상세히 하고 싶으나 이 분리–이거離去–거원去遠–유원幽遠의 관념 전이와 분리–분단–단절–절단–변단邊端의 관념 전이와 일약日躍의 자동지서自東至西의 양극의 관념은 변극邊極의 관념을 발생케 하고 이 변극의 관념은 외곽–외피–주위의 관념 전이를 가능케 하여 외부의 갓(←ᄀᆞᆯ), 방방傍의 갓, 피皮의 갓(갇ᄒᆞ–갑–갗)을 나게 하였고, 'ㅂ' 말받침을 가지면 외피, 외갑外匣의 갑(→갑흘)이 나오고 이 외피의 갑은 무내용無內容, 무실無實의 관념 전이로 되어 경박輕薄의 갑(→가분→가비운→가비야이, 가불)이 나오고, 기선箕選의 '가불'까지 나왔으며, 위의 '갓–갇'이 'ᄀᆞᆯ–가싀'가 '가이'–(ᄀᆞ이)가 'ᄀᆞ–개'='ᄀᆞ–겨'가 되어 곡각穀殼 즉, 조강糟糠의 이름까지 이루어지게 된 것이다(『금강경』하, 99쪽 우 'ᄒᆞ다가ᄂᆞᆷ이 가비야이ᄂᆞᆯ아너니너교미ᄃᆞᆨ외며'(약위인경천若爲人輕賤) 참조).

비등沸騰, 자비煮沸를 '끝타(끓다)'라고 하나 그의 타동사형은 '끌이다'(신철자법통일론자들은 발음대로 표기하자 하면서 끓이다로 쓰나)이다. 그런데 자동사형 '끓'의 활용형은 '끎'의 모양도 가지니 '끌거서, 끌그며, 끌꼬, 끌글때'들이 그것이다. 그러면 이 어운은 'ㅎ'활용형과 'ㄱ'활용형 이종二種이 있는 것은 염厭에 '실혼', '실븐'의 이종二種이 있는 것과 같이 그 어근은 '끌'로 보는 것이 타당할 것이다. '끌'은 '글'의 경음화硬音化한 것인 것은 『훈몽자회訓蒙字會』에 '비沸글흘비'라 힌 것을 보이 알 것이다. 이 '글'은 '굴'의 전운인 것은 흙이 '흙'이 되듯이 또 석析의 'ᄭᅵ'가 'ᄭᅳ'로 됨과 같다(『노기대老氣大』 하권 52좌 232쪽).

그러면 그 어근은 '굴＝ᄀᆞᆯ'이다. 그런데 '끌는다'는 말은 무슨 말인가? 사전에 보면 이 자비煮沸의 '끌'과 풍다豊多의 '끌'과를 병렬해 있으나 이것은 동음이의어로 구분할 것이므로 전자의 뜻만 들면 (1) '물이 떠거워져서 부글부글 솟아오르다', '지나치게 떠거워지다', (2) '병으로 배에 소리가 나다', '가래가 목구멍에 붙어서 소리가 나다'로 되어 있다. 그런데 (2)의 어의는 '바다물이 끌거오르다', '목소리를 끌거올려 노래 부르다'는 '끌'과 동의어로 볼 수 없을까? 만일 동계同系의 어휘로 본다면 이것은 팽창, 진동의 뜻을 가진 말로서 자비煮沸의 뜻을 석釋한 말이라 할 수 없다. 도리어 '그렁그렁', '그르렁 그르렁'의 계보에 소속 시킬 말이다. 그러면 또 '부글부글 솟아오르다'라는 석釋은 동요動搖, 진 동振動의 뜻을 가진 '굴'-'귿(경덕경덕)'이 그 어운의 동일 또는 사상事象 의 유사(즉 비등상沸騰狀)로서 작용하고 있을 뿐이요, 자비煮沸의 본질과는 관계하지 않는다고 볼 것이다. 또 우리가 실제로 쓰고 있을 때도 '좀더 끌이라'할 때 반드시 비등상沸騰狀을 내도록 비등점沸騰點에 이르도록 덥 게 하라는 말은 아니다. 단순히 '더 댑히라'는 뜻으로 쓰고 있다. 그러 면 이 끌이라는 말은 '자비煮沸, 진동, 발성의 세 뜻이 합해서 된 말이 라고 할 것이다. 이 삼의三義 사이에는 직접적으로 하등 의미의 연연聯 連이 없으니 무엇보다 그 주의主意가 무엇인가를 추정해야 할 것이다. 바다의 끌는 물이 반드시 더운 물이 아니요, 목에서나 배에서나 나는 소리가 반드시 더운 것이 아닌 이상 자비煮沸의 '끌'과는 서로 다른 말 이라고 보아야하며 그리하여 전열煎熱, 자비에 한정된 뜻으로 순화시킬 것이다.

환언하면 여러 뜻을 가진 '끌'이라는 말 가운데서 '더워지는, 더운'의 뜻만 추출해서 그 관념이 어떻게 해서 발생되었는가를 생각해보자는 것이다. 즉, '끌'에서 비등상沸騰狀과 비등성沸騰聲을 제거해 버리면 오직 남는 비등열沸騰熱만 가지고 생각해보자는 것이다. 그러면 '구비치고 뒤 눕는 모양'과 거기에 따르는 '끌는 소리'를 제거해 버리면 '더운, 떠거 운' 열만 남을 것이다. 이것이 '끌'의 주의主意라고 볼 것이다. 그러면

'떠거워지다' 또는 '타다'할 것이지 '끌타'라고 할 것이냐고 반문할지 모르나 그런 것을 '떠거워지다' 하지 않고 '끌타'고 하는 것은 '떠거워지는' 까닭에 그 어운으로 고정된 현상이 아니라 와동渦動하는 현상인 '글'의 관념, 어운이 거기에 작용하고 있는 까닭에 열동熱動의 관념으로 거기에 고정케 된 것이나 와동渦動은 언제든지 제2차적 의미 이상은 가지지 않는 것이다. 그러므로 그 주의主意인 자비煮沸는 열熱에서 온 것임을 아는 동시에 이러한 말에도 관념의 복합이 들어 있으며, 이 복합된 관념을 분석함으로서 왜 그러한 어운이 성립케 되었는가를 요해할 줄 안다. 관념의 분석은 역으로 종적縱的으로 횡적橫的으로만 할 것이 아니라 자체의 구조 속에도 미처야 할 것이다.

　'끓', '끍'이 '글'에서 왔고 '골'이 '굴'에서 왔다면 '글'의 동위적 음운이 '곧'임은 이미 알 것이다. 그러면 '곧'은 한편으로 '갇'으로 되고 '곧'으로 될 수 있는 것도 요해될 것이다. 그러므로 건조되는 것을 '가다지다', '갇아지다'라고 함도 당연할 것이요, 건조된 것은 경직, 견고하게 됨으로 그 뜻으로도 쓰여지며 동시에 '갈다, 가라지다'와 '고다지다', '고당 고당 해지다', '구더지다'라는 말도 있을 수 있는 것이다. 이 어운은 선조線條－직선－정직－솔직의 '곧'의 어의와 결합되어 강직의 '고지고실'의 어운이 구성되었으며 '사람이 꼬쟁이(고맹이)같다'는 어운도 전생轉生되었던 것이다. 원래 동원同源의 어운에서 분화 전이된 어운이 나중에 다시 결부상합結付相合되어 한 어휘를 이루는 수가 많으니 이것은 그 일례一例거니와 위조萎凋의 골에 이 경직의 어휘의 영향이라기보다 그 어의가 결합 또는 작용하고 있는 것도 수긍될 것이다. 이 건조乾燥의 'ᄀᆞ－굴'의 원운은 'ᄀᆞ'이었을 것도 말하였거니와 건조의 '가므다, 가물다'의 '가므'의 '가(←ᄀᆞ)'도 이 어운의 전승으로 '므'에도 건조의 '말－믈－므'의 뜻이 있다고 할 것이나 이 '므'는 '시므(식植)', '살므(팽烹)'의 '므'와 같이 활용접미사로 보아 무관하니 원어근은 'ᄀᆞ'이다. 이 'ᄀᆞ'는 '곧

－글'의 한 시대 이전의 어운으로 직접 'ᄆ'와 결합되어 구성된 것이요, 이 'ᄀ'어근에 'ᄇ'접미사를 가져 'ᄀᄇ'가 되고 그것이 'ᄀ우'－'구'가 되어서 자烖의 '구'가 되어 '구어서'가 되는 한편 그대로 'ᄀ'가 'ᄇ'의 순음의 영향을 받아 '구'가 된 것이 '굽다', '구버서'이다.

일본말 '가와쿠ᄼᄼᄼ(ka-wa-k)'는 여기에 대응되는 말이요, 건乾의 '카라ᄼᄼ(kara)', 고枯의 '카래ᄼᄼ(kar)', 열熱의 '칸ᄼᄼ(kan←kar)', 고固의 '카타ᄼᄼ(kata-kat)'는 모두 '굴←ᄀᄀ'에 대응되는 말이다. 이 강직에서 강경으로 전이되었다고도 볼 수 있는 말에 '깐깐하다, 깔깔하다, 깔그랍다, 깔아롭다, 깔치, 깔그레기'들이 있다. 그러므로 다음과 같은 관념 전이의 과정을 얻을 수 있다.

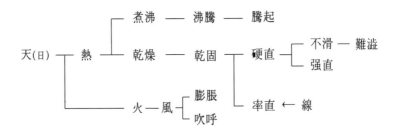

선線이나 경經을 '날'이라 하며 '살'이라 하는 것은 누구나 다 알 것이다. 그러나 연목椽木의 '샛가리(샛가래)', 노죽蘆竹의 '갈ㅅ대', 조조條條히의 '갈갈히'의 '갈'이 선조線條의 뜻을 가진 말이라고는 얼핏 생각지 않을 것이다. 지枝의 '가지'가 '가디'의 전운이요, 그 어근이 '갇'이요, '갇'은 '갈'로 더불어 동위적 어운이라면 지각支脚의 '가리'도 동계의 어휘로 볼 것이다. 이 지각支脚의 '가지－가리'가 분기分岐의 뜻에서 온 것이지만 이 분기의 뜻은 '분리, 분출'의 뜻과 '지조枝條, 파생'의 뜻이 합쳐서 된 말이다. 광光, 명明을 '갈'이라 한다 함은 이미 말한 바이나 광光의 '갈' 과 선線의 '갈'이 어떠한 관념의 연쇄로 동일한 어운을 가지게 되었는가? 우리의 조어사용자들이 광파光波의 현상을 알았을 리 없고 광선光線

을 체험하였을 리가 없다. 그러나 공극空隙을 통해서 비치는 광속光束, 광조光條는 알았을 것이다. 즉, 한 줄기의 햇빛이 구름 사이를 통해서 내려오는 현상은 경험하였을 것이다. 그러할 때 그들은 처음은 일日 – 일광日光 – 일조日條 – 광선光線의 모든 속성적 현상을 종합적으로 관념하였지만 그들의 관념의 분화 또는 발달은 일日을 '갈'이라 하던 그들은 일日의 광조光條는 '갈'의 '갈'이라고 표현하던 것이 나중에는 선조線條의 관념을 '갈'이라는 어운으로 고정시킨 것을 전승한 것이 지금 우리가 가지는 어휘라는 것이라고 생각한다.

혜경鞋經의 '신ㅅ날'의 '날'도 그리하여 전승된 것이며 조창條窓의 '살창'의 '살'도 그리하여 전해진 것이며, 승繩의 '샏기(살기)'의 '산(← 살)'도 그리하여 생긴 것이며, 비箒의 '석비'는 '살기 + 비' → '삼비' → '삭비' → '석비'의 과정을 밟아 성립된 것이다. 이 '간(곧)'은 '곧'으로 전운되어 정직의 '곧곧'이 되고 교정矯正, 개정改正의 '곧히 → 고치'로 관념이 전이되었을 것도 물론이다. 광선은 직선이요, 직선의 직은 곡曲이 아니요, 정正이 되는 까닭이다. 그러면 정행正行의 '바른 짓'의 '발'은 지금 우리가 그 어휘를 가지지는 않았지만 선조線條를 '발'이라던 때가 있었을 것이요, 다만 지금 우리가 그것을 잊어버리고 있다고 볼 것이다. 염簾의 '발' 속에는 '간격間隔을 가진 것'이라는 뜻만 있는 것이 아니라 '선조로 된 것'의 뜻도 들어있는 지 알 수 없다. 이조 초에 족足을 '발'이라고 하고 비臂를 '볼'이라 하였는데 모두 '가리'와 같이 '분출, 파생'의 뜻 외에 '선지線枝'의 뜻도 들어있는 것 같다(족足의 '발'에는 이 밖에 하下의 뜻도 들어 있다. 비臂를 '볼'을 '풀 – 탈(폴)'이라고 기음화氣音化시킨 것은 족足이 '발'에 비해서 좋고 높은 것을 강조하기 위해서 또 족足의 어운과 구별하기 위해서 전화轉化시킨 것일 것이다). 여기에 색승索繩을 '바'라 한다는 것을 발견한다면 이상 나의 추정이 그릇된 것이라고는 말하지 않을 것이다. 선사線絲를 '올'이라고 한다면 정사正事를 '올혼 일'이라고 하는 말에 직直의 뜻이 있을 것은 물론이요, 승繩을 '줄'이라 한다면 직왕直往을 '줄곧 가다'라고 물론 할 수 있을 것이다. 따라서 직로直路는 곡로曲路에 비해서 가기가 쉽듯이 직선은 곡선보다 그 행정行程이 용이함으로 '줄줄 가다', '술술 넘어가다'라는 형용도 가능한 것이다. 그리하여 다음과 같은 관념의 전이를 상정할 수 있다.

$$日 - 日光 - 光線 - 線條 - 條正 \begin{cases} 正直 \begin{cases} 正義 \\ 改正 \end{cases} \\ 容易 \end{cases}$$

난卵을 '알'이라고 하고 영靈을 '얼'이라 하며 그 어의가 원래는 동일하였고 그 어운도 원래는 동일한 '올'이었을 것이라는 것은 이미 말한 바이거니와 난卵, 영靈을 왜 '알-얼-올'이라고 하였던가 하면 우리의 조어사용자들은 난은 조지정鳥之精이요, 영은 인지정人之精으로 생각하였으며 그 정精은 태양지분신太陽之分身으로 생각하였던 까닭에 정즉일精卽日이라 하여 일日을 '올'이라 하던 언어전승사회言語傳承社會에서 자생滋生된 어휘임을 나는 단언한다. 우리는 수생受生을 '태여난다-태난다'라고 하느니, 이 '태'는 '타(←트←드)'의 전운으로 원의元義는 '분分'의 뜻이라는 것도 상술하였거니와 일日 또는 일정日精을 분수分受해서 이 생生을 얻었다는 것이 우리 조어사용자의 사상이요 신앙이었다.

이 사상은 뒤에 성숙星宿의 정精을 타고났느니 산천의 정精을 타고났느니 영금신수靈禽神獸의 정精을 타고났느니 하는 사상으로 분화하여 현재 남양족南洋族의 Totem 사상에서 그 현저한 사례를 보는 것이다. 영靈을 '올'이라 하고 난卵을 '올'이라 하는 사상이 영아嬰兒, 유아도 '올'이라 하였을 것은 누구나 추상할 수 있을 것이니 그런 까닭에 '어린이'의 '얼'을 얻을 수가 있으며 일정日精인 소아小兒는 처음은 영특한 존재로 알았으나 다년간의 경험은 천진天眞, 난만爛漫하기는 하나 유치하고 무지함을 알게 된 그들은 우치자愚痴者라고 해서 암매暗昧의 어운 '어리'의 뜻과 결합시켜 '어린이'라 하였고, 우치하다하여 '어리다'는 어휘로 전화시킨 것이다. 또 한편으로 영靈은 인지정人之精이요, 인지심人之心인 까닭에 중심, 실체를 또한 '알(을)'이라 하였으니 형각形殼에 대한 내용을 '알'이라 함도 짐작할 것이다.

내용을 '소, 속, 숩(←ᄉ)'이라 하고 기欺를 '속'이라 하는 까닭도 정精, 해孩에서 술중術中 또는 의중意中에 들어갔다고 해서 그러하기도 하지만 암暗의 어의를 농후히 받아서 소小, 우愚로 전이되고 우치愚痴에서 무지無知, 그래서 모르게 하는 것, 어릿박게하는 것이 '속'이는 것임을 추단할 수 있을 것이며 취醉의 '얼'과 황해도 방언에 '취醉'의 '속'이 다함께 암매하게 무지각하게 된다는 뜻에서 전이된 것임을 또한 추단할 수 있을 것이다.[28]

'을'의 동위운同位韻이 '온'임은 물론 이의 명사형으로 '아디'가 되어 '아디, 아ᄉᆡ – 안시'들로 되어 소아, 소자少者의 뜻으로 쓰여지며 '온'의 원어근이 'ᄋ'이므로 여기에 '기(ㄱ)' 명사접미사를 가지면 '아기(아기)'가 되고 '이(이)', 명사접미사(혹은 이는 ᄉᆡ의 전변된 것으로도 해解할 수 있으나)를 가지면 '아이', '아ᄋᆡ'로 되고, '히(히)'를 가지면 '아히(아히)'가 되는 것이다. 일본말에 미味의 '아지ｱﾁ(adi–aji)'라는 말은 '온(at–ad)'에 대응되는 말로서 원의는 실정實精, 정미精味, 진미眞味의 뜻으로 맛이 있다는 말은 정실精實이 있다는 말이요, 풍류風流의 '멋'은 '맛'의 전운으로 또한 정묘精妙, 신묘神妙하다는 뜻임을 미루어 짐작할 것이다. 즉, 맛이 있다

---

28 내內의 '안'은 '알'의 전운임은 이미 말하였다. 불不의 '아니 – 안'이 내內의 '안'과 같이 '알', '아리'의 전운임은 손목孫穆의 『계림유사』에 '廈曰 安里塩骨眞'(아리염골진), '不善飮曰 本道安里麻蛇(본도아리마사)라는 것을 보아 '아니–안'으로 된 것은 적어도 개성지방을 중심해서는 그 이후에 전변된 것으로 보아야 할 것이며, 그 '알'은 '불리不離 – 이거離去 – 거원去遠 – 원유遠幽 – 유암幽暗 – 암매暗昧 – 부지不知 – 불위不爲'의 계보에 속하든지, 공허 – 공무空無의 계보에 속하든지 또한 암매 – 부지 – 불위의 뜻에서 전이된 것이다.

는 말은 '알, 속'이 있다는 말이요, 정액精液이 있다는 말이요, 멋이 있다는 말은 정묘, 신묘, 묘미妙味가 있다는 말이다. 그러면 다음과 같은 관념의 전이(transference of idea)를 상정할 수 있다.

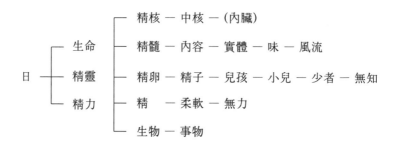

반半을 '가우-가웃'이라 하고 '중처中處'를 '가운데'라는 것을 연관시켜 생각하면 '가운-가ㅂ-가비'의 미묘한 관념상 관계에 놀라기도 할 것이다. '가우-가ㅂ-가비'는 '갑' 즉, 등동等同, 동일의 뜻에서 온 것인 것은 상술하였거니와 등동의 점에 있는 것은 과연 중간될 수 있을까? 가배嘉俳가 '가비-가위'의 것 차자借字인 것은 말할 것도 없으나 팔월십오일을 '한가위'라고 하는 것을 보면 원래 가배嘉俳는 15일을 가리킨 것이요, 파월 십오일을 가리킨 것이 아니었음을 알 것이다. 그러면 고시古時에는 십오일을 '보름'이라 하기보다 '가비-가빈'라 하였음을 짐작할 것이다. 반은 등동한 이분지일(½)이 될 수 있지만 중中은 반드시 등동의 이분지일의 곳을 의미하는 것은 아니다. 그러면 반半과 중中은 어운은 같아도 어보語譜는 달리한 말인가? 일본말에 '중中'을 '나까ナカ(naka)'라 하고 '반半'을 '나까바ナカバ(nakaba)'라 하는 것을 보면 조선말의 구성형식과는 다르다. '바バ'가 장소를 의미하는 어운이라면 nakaba는 중처中處이요, 조선말의 '가운데'는 반처半處이다. 그러면 면적상으로 보면 중中이요, 수량상으로 보면 반半의 뜻이 서로 농후할 뿐으로 결국은 같은 관념의 분화라고 생각하는 것이 타당할 것이다. 그러나 '가운데'의 '가

우'에 포위의 뜻이 등동의 뜻과 더불어 동일하게 작용하고 있다고 볼 수 없을까? 중中은 포위, 주위를 예상하고 가능한 관념이기 때문에 또 실로 이러한 어의가 결부됨으로 말미암아 중中의 어의가 분화, 고정된 것임을 주의할 것이다. 그것은 간間의 말 '亽싀'와 '서리'가 병행되었음을 보면 짐작되는 바가 있을 것이다.

그런데 이 '갑'과 그 어운을 같이하면서 다른 어휘가 있으니 그것은 신神의 '귀', 관공官公의 '구이'가 그것이다. 신神의 '귀'는 'ㄱ비'의 전운이요, 공公의 '구이' 또한 'ㄱ비'의 전운인 것은 말한 바 있거니와 'ㄱ비'는 '굽이', 그 어근은 '굽'이다. 이 '굽(← ㄱ비)'이 구성됨과 동시에 '각←가기', '간←가니', '갈←가디(갈←가리)', '감←가미', '갓←가시'들의 어운도 구성된 것 같으니 그 선후를 추정하기는 곤란하나 역시 원조선계元朝鮮系 조어의식造語意識, 고구려계 조어의식, 부여계 조어의식, 신라계 조어의식이 거기에 움직인 결과 이러한 어휘들이 각별로 구성되었다고 볼 것이다. 그리하여 그 공동된 어기, '가-ㄱ'를 추정할 수 있으니 이 원의는 상上, 존尊, 고高의 뜻을 가진 것으로 나는 추정한다. '각'은 각간角干, 대각간大角干, 대대각간大大角干의 '각角'운과 '각씨'의 '각', 총각總角의 '각角'운이 보이는 것과 같이 또한 존칭하는 상자上者, 미칭美稱하는 상자上者의 뜻으로 나는 보고 싶다. 두頭의 '곡', 현峴의 '곡'이 모두 'ㄱ'의 전운으로 상上, 고高, 존尊의 뜻을 가진 말이다. 각간角干은 '쑐간-쑐한'의 이두식吏讀式이라고 하나 신라시대의 각角의 어운이 '쑐(spul)' 즉, 서불舒弗이었다는 것은 수긍되지 않으며 그러므로 각角을 도리어 '각'으로 읽었으리라 생각한다. 일기견一奇見이라고 비난할지 모르므로 이 어운에 대해서는 길게 거론하지를 아니하나 후일의 상고詳考로 미루고 '간'이 간干-한汗으로 한음사漢音寫되는 Altai계 어운인 것은 말할 것도 없으며, kan-kun이 서로 출입할 수 있다면 간干-군君도 출입할 수 있다고 볼 것이다. 거서간居西干, 마립간麻立干 등의 '간干'도 이 어운의 한자기사漢字

記寫로서 '님, 하, 감'과 같은 어운이며 산山, 입笠의 '갓'이 '갈시'의 오기인지 그 어떻게라도 고집할 수 있는 어운이나 거서간居西干(그시간), 가섭원迦葉原(가ㅅ불)의 기록을 보아 '갓'이의 음사로 추정할 것이며, '갈 -가디'는 변弁의 '곧갈', 봉산峰山의 '갈뫼'에서 그 고高의 뜻을 찾을 수 있을 것이다.

그러면 '가-ᄀ(갈-글)'에 왜 상上, 고高, 존尊의 뜻이 있으며, '갑-급'에 왜 신神의 뜻이 있느냐고 물을 것이다. 전에도 일언하였지만 태양을 'ᄀ-ᄀᆝ'라고 일컫던 언어사회에서 일출일상日出日上의 관념과 태양은 유일, 최고, 지존, 신神이었던 까닭에 일日을 'ᄀ' 즉, 신神을 'ᄀ'라 하던 것이 그 위력과 속성을 경앙景仰하던 나머지 그런 사상事象 또는 성질 즉, 고高, 존尊의 관념에까지 'ᄀ'라고 전이시킨 것이라고 생각한다. 거기에 사물지칭사 '비-빅'가 첨가되어 '가비-갑'이 되어 제2차적 어기를 구성시킨 것이니 갑甲, cap들은 이 제2차적 어기에서 전이된 것이다. '갑'운은 여기서 고정되었지만 즉, 신神, 관官, 갑甲에 끝이었지만 '갈 -갈'은 입笠, 산山, 왕王에 '갓'은 입笠, 산山, 군君(王)에까지 전이된 것이다.

그러므로 가섭원迦葉原은 '가시ㅅ불'로 왕도王都, 군성君城의 뜻이니 일본의 '카시하라カシハラ(강원橿原)'는 여기에 대응되는 말이다. 혁거세赫居世의 '거세居世(고시)', 거서간居西干의 '거서居西(고시)' 모두 '가시'와 동위운으로 혁거세는 '한가시' 즉, 대왕, 상왕上王의 뜻이요, 혁거세를 방언으로 불구내弗矩內라 한다하여 혁거는 '붉은'의 음사音寫로 보고 세世는 '뉘'의 이두吏讀로 보는 편이 있으나 전연 다른 어휘로서 불구내는 '불구내' 즉, '불군이' 즉, 국왕, 국군國君의 뜻으로 같은 어휘의 한자명 또는 이두명이 아니다. 거서간은 '가시+간'으로 군존君尊, 왕존王尊의 뜻이니 간干은 간기干岐의 '간干'에도 쓰여 역시 왕자王者의 뜻을 가진 말이나 거서간, 마립간, 각간의 간干은 단순히 '님, 하'의 뜻으로 보아 상관없을 것이다. '간'으로 군君, 존尊의 뜻을 가진 말은 지금 없으나 '최상의 시匙'를 '간지술'이라 하는 말이 있으니 이 '간지'에 좀 남아 있다고 볼 것이다. 그리하여 다음과 같은 관념의 전이 과정을 상정할 수 있을 것이다.

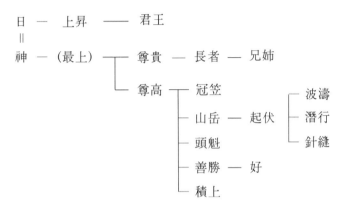

높(← ㄴ반那奔)은 것이 귀한 것이요, 돋은 것이 좋은 것이요, 도두는 것이 도우는 것이 되는 것은 물론이다. 그리하여 관념의 전이, 분화는 진실로 미묘하여 신비, 불가지不可知에 가까운 의미의 소격疎隔, 의미의 대척對蹠이 실實로는 일련의 과정 위에 놓여 있음을 우리는 얼마든지 발견할 수 있다. 자姉의 '누위-누비'와 잠蠶의 '누비'가 어운은 같으나 그 어의가 어떤 것임을 알지 못하는 까닭에 그 어보語譜의 계통을 밝히지 못하며 더구나 침봉針縫의 '누비'로 더불어 그 어운의 동일함이 어디서 왔는가를 물을 때에 진실로 누구나 주저할 것이다. 그러나 파랑波浪의 '눕'이 침봉의 파상波狀, 잠행蠶行의 파상을 추상할 때에 그 어운이 '누비질', '누비ㅅ버레'의 약略된 어운임을 짐작하고 또한 수긍할 것이다. 그러나 자姉의 '누비'는 그 어느 속성에서도 파상波狀을 발견할 수 없는 이상 다른 계보에서 찾을 것이며, 또 와臥의 '눕'이 그 어느 속성에서도 파상을 발견할 수 없는 것인 이상 다른 속성에서 찾을 것이다.

파波의 '눕'이 원래로 기복에서 왔다는 것보다 물의 기상起上 즉, 오르는, 높아지는 현상에서 얻은 것으로 고高의 'ㄴㅂ'에서 전차轉借된 것이나 파波에서 파상波狀으로 전이되어 고정될 때에는 고高의 'ㄴㅂ'와 저低의 'ㄴㅂ'가 내면적으로 결합되어 고저高低, 기복起伏의 관념이 복합된 것을 의미준 것 같다. 그러나 제娣의 '눕'은 고高의 뜻만 가지게 되고 와臥의 '눕'은 저低의 뜻만 가지게 된 것으로 납작이 된 것이 눕은 것이요, 높은 이가 누비인 것이다. 그것은 형兄의 '어니'가 일본말에 '아니ㄱ='가 되고 제娣가 '아네ㄱ차'로 된 것을 생각하면 저윽히 짐작할 것이다.

소지所持의 '갖-가지'는 '간-가디'의 전운으로 소속 또는 병위屛圍의 뜻에서 온 것이니 그것이 나에게 격속擊屬되었다. 또는 나의 소애범위所愛範圍 안에 있다는 것이 그 원의이다. 또는 '가지'는 '가＋지'의 합성어로서 소지所持, 소장所藏의 '지니'의 '지'와 결합된 것으로도 보아 무관할 것이다. 수폐囚閉의 '간(가두다)', 격박擊縛의 '걸', 수장收藏의 '걷'들의 동계 어운들이 있음을 추정하여 나는 '귿(ㄱ드)'의 단어근單語根으로 보고자 한다. '갖'이 위에 든 뜻을 가진 것이라면 나에게 걸려 있는 것이 내가 가진 것이요, 나에게 가두어진 것이 나의 가진 것이라는 것이다. 수囚의 '간'은 격박擊縛하였다는 뜻도 있지만 병처屛處에 수용하였다는 뜻도 있으니 예隷의 '거러치'←'걸어치'의 '걸'은 '걷'의 전운이요, '걷'은 '간-귿'의 전운으로 추정할 수 있으니 '옷을 고리에 걸다', '그 사람은 이 일을 하는데 몹시 시일이 걸린다'들은 괘掛-계繫에서 온 것이다. '담을 쌓아 집을 가루다', '옷으로 몸을 가루다'의 '갈'은 병장屛障, 폐쇄의 뜻이니 '주위周圍하다, 포위하다'는 뜻의 '갈-갇'에 있음을 알 것이다. 이미 말한 바이지만 가쇄枷鎖의 '칼'은 도刀의 '칼'이 '갈'에서 전운됨과 같이 '갈'의 전운이요, '갈'과 '갇'이 동위적 음운이니 가枷의 '갈'은 도刀의 '갈'과는 전연 그 뜻이 달라 전자는 격박, 수박囚縛의 뜻을 가진 '갈-갇'임을 짐작할 것이다. 격박의 관념은 예속에서 전이된 것이요, 예속의 관념은 무엇에 의거하였다는 관념에서 전이된 것이요, 의거依據라는 관념은 무엇에 연유하고 그것에 원인하고 있다는 관념에서 전이된 것이요, 원인했다는 관념은 그것에 시초, 원원原源하였다는 관념에서 전이된 것이다. 그러면 원인, 원초의 관념은 어찌하여 구성되었는가? 그것은 어의의 분석장分析章에서 논한 바 있음으로 그것을 참조할 것이요, 수폐囚閉한다는 말은 격박擊縛한다는 뜻인 동시에 포위한다는 것이 원의이요, 포위는 주위周圍한다는 관념과 같은 것이요, 주위한다는 관념은 주변周邊한다는 관념이요, 주변은 외곽外郭이요, 외곽은 변극邊極이요, 또한 한계이다. 그러므로 변극邊極도 '강'이요, '갖'이요, '갓'이요, 외피外皮도 '갖←갓'이요, 측방側傍, 근처도 '곁-긷-귿'이요, '갓'이다. 종성들의 각이各異는 어운을 고정시키려는 의식과 그 의식에 따르는 어음성벽語音性癖 또는 어음의식으로 말미암아 그렇게 된 것이다. 이 '갇-갈'은 '므다'의 활용접미사를 얻어 은장隱藏의 '갈므다'가 되고 그것이 수장守藏의 '갈미'가 되고 이 '갈므'가 '감'이 되어 '추다'의 활용접미사를 받아 '감추다'가 되는 한편 그대로 '감'이 되어 폐목閉目, 명목瞑目의 '눈을 감다'로 되고 또 한편으로 폐식閉息, 질식窒息의 '감우치다'로 모음이 분절되어 쓰이기도 한다. 최最의 '가장'은 변극邊極의 극한에서 전이된 것이요, 변邊의 '가장'은 변극의 변단邊端에서 전이된 것이다. 종단終端, 말단末端의 '끝'이 '귿'에서 '귿'에서 '귿'에서 온 것임은 말할 것도 없다. 이것의 원운原韻이 'ㄱ'임도 다 알 것이다. '하늜 ㄱ앳상설霜雪에 츤하늘히 가얏도다'(천애상설제한소天涯霜雪霽寒宵)-『두시국해』 권14, 19쪽) 이것이 첨단의 '끝'이 되고 한계의 '끝'이 되었던 것은 누구나 알 것이다.

　관념 전이의 예로 어찌 이에만 끝이리요만 너무나 서술상 번쇄하겠기로 이로서 마치려 하고 다음 언어의 계보系譜 조에 가서 좀 더 상세히 도시圖示해 보려 한다.

제6절 언어의 계보^{系譜}

　이상 언어의 의미, 음운의 분석, 어의의 확립(분석)과 관념의 전이 장
章에서 어휘의 성립, 분화^{分化}와 어의의 구성, 전이 내지 그 논리적 관
계를 말하여 언어라는 것은 우연적으로 된 것도 아니요, 고립적으로
된 것도 아니어서 말과 말의 사이에는 불가단^{不可斷}의 의미의 상관관계
를 가지고 있으며, 말과 말의 사이에는 불가이^{不可離}의 의미의 친속관계
^{親屬關係}를 가지고 있음을 말하였다. 이것이 단순히 조선말만 아니라 모
든 언어에 공통된 현실이라고도 생각하지만 이 논^論의 관여할 바가 아
니므로 오직 조선어에 한해서 말할 뿐이나 이 현상의 근원적 탐색은
절로 일정한 언어의 계보를 찾기에 이르게 하는 것이다.

　적어도 그 언어가 외래어의 집합 또는 모방이 아닌 이상 스스로 언
어로써의 어운의 체계와 의미의 체계를 가지고 있으며, 그 체계를 가
지는 동안 관념의 계보 또는 어휘의 계보를 가지고 있는 것으로 보지
않을 수 없다. 다행히 조선어에 있어서 이 계보는 놀랄 만치 정연한
유래와 친속의 등위^{等位}를 추정할 수 있으니 내 이러하여 이 일장^{一章}을
만들어 언어의 계보를 상정하는 동시, 그 언어의 원류에 소급시키려는
것이다. 임의의 단어들을 잡아 그 어운을 분석하고 그 어의를 확정하
고 그 원운^{原韻}, 원의를 탐정하여 이러기를 모든 어휘에 적용시키고 또
귀납시킬 때 일견 상반되고 일견 무관계한 어휘가 내면적으로 의미적
으로 친근한 동지^{同枝}의 관계에 놓여 있음을 발견할 때에는 다른 의미
에서 언어의 신비성, 언어의 마술상^{魔術象}에 망연하지 않을 수 없는 것
이다.

　이상에서는 누설^{屢說}한 바이지만 형태상으로 또는 의질상^{意質上}으로

보아 진실로 자의恣意 그것이 아닐 수 없다는 실망 그것도 정연한 계보 그것을 들여다 볼 때에는 보다 일찍은 사색시대 또는 철학시대에 벌써 알았음직한 일이 되었을 법한데 누구 하나 이 언어의 마술성을 적나라 하게 간파한 연구가 전체적으로 이루어지지 않았다는 것은 이상한 느낌을 가지게도 하지만 한편으로 내 자신의 결론에 '과연 이럴까'하는 의아도 가지게 한 것만은 사실이다. 언어의 의미, 언어의 기원에 대해서 지금까지 농무濃霧의 속에 헤매게 한 이유가 나변那邊에 있었던가 내 아직도 이것을 밝힐 수 없으나 모든 철학과 사상에 있어서 놀랄 만치 신경과민에 가까운 영민穎敏, 총혜聰慧를 가진 인류가 이 문제에 한해서 무열의無熱意하였다는 것은 원래 아는 일인 까닭에 흥미를 느끼지 않았던 탓인지, 또는 동음이의同音異義, 이음동의異音同義의 어휘의 출몰에 염증을 느꼈던 탓인지 좌우간 기괴한 일이라 아니할 수 없다. 실로 지금까지 언어기원에 대한 모든 학설은 그 전승의 내용이 부정확한 탓도 있겠지만 이 '기괴한 일'의 가면으로도 보이지 않는 것도 아니다. 이 사실은 언어의 기원에 대한 인간의 탐색이 또한 '크로테스크'적 연구 범위를 넘지 못하였다는 것을 표현하는 것이 아닌가도 생각된다.

일면一面으로 Man이 '사람'이요, '사나히'는 또 '종자從者'는 그러면서 '남편男便'이라는 것을 잘 알면서도 Manes(meiniz)의 영혼靈魂과 manage 의 제어制禦와 무슨 관계가 있는 줄은 알지 못하며, Many의 많다와 무슨 관계가 있는 것은 생각해 보려고도 하지 않는다. 더구나 many와 mass와 multi를 음운적으로 비교할 생각도 가지지 않으며 mort(다多), mill(군다群多), mull(난맥亂脈), million(백만)과의 비교는 더구나 엄두도 내지 않는다. 조선말에도 '다多'의 man(h)가 있고 mal(k'ttm)이 있고 mul 이 있고 mod가 있는 이상 그것들을 비교해도 괜찮을 것이며 한어漢語에 만滿이 있고 문們이 있고 일본말에 mar(全)가 있고 mat(taku)가 있고 mit(u)(滿)가 있고 하니 그것들을 비교해 보아도 좋을 것이나 이런 짓을 도리어 기괴하다고 생각하는 것 같다. 주柱, 간竿의 mast와 주인, 수장首長의 master(← magistrate)의 비교도 가능한 일이나 그들은 기괴한 일이라 하여 돌보지 않았던 것이 아닐까? mast가 many나 much의 최상급형이라 하고 st가 best, finest의 st와 같이 최상급형의 접미사라 하면 그 원근原根은 ma일 것이라고 추정하기를 주저할 필요가 있을까? 조선어에 있어서 '어머니'의 어근 '엄'은 대大, 상上의 뜻을 가지고 있으니 mother의 mo에도 그러한 뜻이 없다고 할까? 일반으로 이 어근은 미상하다고 하지만 mod, mad, mat, mut 등으로 추정하나 그 어의를 밝히지 못하는데 조선말에 장長, 상上, 최最를 mat(mad)라 하느니 이 어운과 더불어 그 전승을 같이한 원격遠隔되어 있는 친속이 아닐까? 그러나 der, ther, ter들이 agent(動作者)를 뜻하는 suffix라고 적출摘出할 수 있는 이상 그 기근基根은 ma, mo에 구할 것이며, 그 mo에 장長, 상上, 최最의 뜻이 들어있다는 것을 상정하는 것이 타당할 것이다.

mast의 '장대', '돛대'의 조선말 뜻은 '높은 대', '큰 대', '긴 대'들의 뜻을 가진 말이니 '장'은 장壯, 장長의 뜻을 가져서 웅계雄鷄의 '장닭', 악부岳父의 '장인', 사령관, 수장首將의 '장수', 편의 '장히'(부사형)의 '장'들이 그것이며, '돛'은 상석上席의 '돛ㅅ자리'(이 돛이 돛히-도티-도치-돛으로 전략傳略된 것이다), 맹상萌上의 '돋아'들의 '돛'이 그것이니 mast의 st도 사상捨象해 버릴 수가 있으면 그 ma 또한 장長, 고高의 뜻을 가진 말이 아닐까? ma, mo 내지 mu까지 서로 출입할 수 있으니 이들 말은 서로 친연관계에 있다고 추정하는 것이 결코 기괴한 태도가 아니요, 도리어 그렇게 생각하기 싫다는 것이 기괴한 것으로 나에게는 보인다. 좌우간 동음이의어와 이음동의어가 많음과 그 어휘들 사이의 엄청난 어의의 차이 또는 대척對蹠은 언어의 원류와 그 원류를 따르는 계보의 구성에 큰 암벽을 이루고 있는 것도 사실이며 수천 년 내지 수만 년 동안 내려오면서 어운의 성쇠, 소실은 계보의 일환一環 내지 수환數環을 잃어버렸던 결과 그 필연의 등위와 연친관계連親關係를 찾기에 큰 곤란을 주고 있는 것도 사실이며 문화, 종족의 교류로 말미암아 생긴 언어의 혼효混淆, 어운의 변화, 어휘의 고립, 어의의 전이들로 말미암아 생긴 착종錯綜, 혼란 내지 변질들은 더욱 언어 계보도의 구성에 불가능의 실망을 주는 것도 사실이다.

그러나 어운의 역사적 변화와 어의의 논리적 전이에 대한 탐색은 그 계보의 서열을 파악하게 할 뿐 아니라 잃어버렸던 가능한 고어古語의 있었음을 상정하여 소실된 어보語譜의 일환一環 내지 단어들을 찾게도 한다. 이하 조선어사회에 있어서의 많은 어휘(물론 전부는 아니나)의 어운, 어원, 어의를 비교하여 분석하고 종합한 나머지 귀납되고 소원溯源된 과정과 단계를 계보적으로 개시槪示하려 한다.

이상에서도 말하였지만 조선어는 십종의 원음을 달리한 언어가 혼성된 것으로 그 원음을 기본으로 해서 발생시키고 발전시킨 언어소유자 내지 언어창조자의 관념 구성 방식 또는 사고 방식이 항상 같았다고는 볼 수 없으므로 일일이 그것을 정확하게 명시하기가 곤란함으로 특이한 사고 방식에서 생긴 어휘의 계보에 한해서는 그때그때 따로 별기할 생각이다. 그리고 이상 여러 곳에서 이 어보를 약기略記하였으나 그것은 편의와 이해를 주로 한 것이므로 이 어보語譜 장章에서는 어보를 주로 할 것이다. 그러나 상세한 보표譜表는 이 논에서는 거의 불가능함으로(작표作表의 불가능도 있다) 그 대략만 드니 추리해보기 바란다.

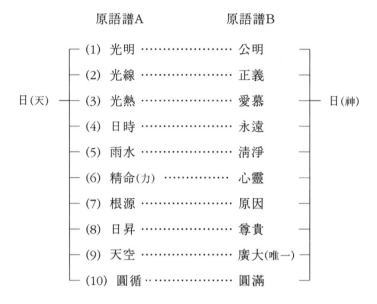

原語譜A　　　　　　原語譜B

日(天) ┬ (1) 光明 ·················· 公明 ┬ 日(神)
　　　├ (2) 光線 ·················· 正義 ┤
　　　├ (3) 光熱 ·················· 愛慕 ┤
　　　├ (4) 日時 ·················· 永遠 ┤
　　　├ (5) 雨水 ·················· 清淨 ┤
　　　├ (6) 精命(力) ··············· 心靈 ┤
　　　├ (7) 根源 ·················· 原因 ┤
　　　├ (8) 日昇 ·················· 尊貴 ┤
　　　├ (9) 天空 ·················· 廣大(唯一) ┤
　　　└ (10) 圓循 ················· 圓滿 ┘

　우리의 조어사용자들이 일日－천天에서 광명, 광선 등의 관념을 즉시로 분화시켰다는 것도 아니요, 일시에 또 전이시켰다는 것도 아니다. 이러한 관념을 분화시키는 동안이 상상 이외로 길었을는지도 모르나 태양을 기초로 해서 또는 그의 속성으로 이러한 관념을 구성시켰을 것이라는 것이다.

　물론 이러한 관념들을 분화시키기 전에는 천즉명天卽明, 천즉열天卽熱, 천즉선天卽線, 천즉시天卽時, 천즉우天卽雨, 천즉정天卽精, 천즉원天卽源, 천즉상天卽上, 천즉순天卽循으로 생각하였을 것이요, 또 그전에는 사고적으로 천즉일체天卽一切의 주객미분主客未分의 관조 단계에 있었을 것이다. 다만 그 관념 분화의 직접적인 관계를 보이기 위해서 이렇게 도시圖示한 것에 지나지 않는다.

　그리하여 우리의 조어祖語에서는 천天, 일日을

(1) (a) ㄱ – 곤 – 굴	(b) 기(겨) 긔, 기
(2) (a) ㄴ – 눈 – 눌	(b) 닉(녀) 늬, 니
(3) (a) ㄷ – 둔 – 둘	(b) 딕(뎌) 듸, 디
(4) (a) ㅁ – 문 – 물	(b) 믹(며) 믜, 미
(5) (a) ㅂ – 분 – 불	(b) 빅(벼) 븨, 비
(6) (a) ㅅ – 순 – 술	(b) 싁(셔) 싀, 시
(7) (a) ㅇ – 온 – 올	(b) 익(여) 의, 이
(8) (a) ㅈ – 준 – 줄	(b) 직(져) 즤, 지
(9) (a) ㅊ – 춘 – 출	(b) 칙(쳐) 츼, 치
(10) (a) ㅎ – 혼 – 홀	(b) 힉(혀) 희, 히

라고 하였을 것이라는 것을 상정한다. 이 음운은 다음과 같이 그 발음 습관 또는 어음기벽^{語音嗜癖}, 어감감정^{語感感情} 내지 품사 분화에 따라 변화도 하였을 것이다.

(c) 가 – 간 – 갈	(d) 개 – 갠 – 갤
(c) 나 – 난 – 날	(d) 내 – 낸 – 낼
(c) 다 – 단 – 달	(d) 매 – 맨 – 맬
(c) 마 – 만 – 말	(d) 배 – 밴 – 밸
(c) 바 – 반 – 발	(d) 새 – 샌 – 샐
(c) 사 – 산 – 살	(d) 대 – 댄 – 댈
(c) 아 – 안 – 알	(d) 애 – 앤 – 앨
(c) 자 – 잔 – 잘	(d) 재 – 잰 – 잴
(c) 차 – 찬 – 찰	(d) 채 – 챈 – 챌
(c) 하 – 한 – 할	(d) 해 – 핸 – 핼

(e) 고 – 곤 – 골	(f) 그 – 근 – 글
(e) 노 – 논 – 놀	(f) 느 – 는 – 늘

(e) 도-돈-돌   (f) 드-든-들

(e) 모(무)-몬(문)-몰(물)   (f) 므-믄-믈

(e) 보(부)-본(분)-볼(불)   (f) 브-븐-블

(e) 소-손-솔   (f) 스-슨-슬

(e) 오-온-올   (f) 으-은-을

(e) 조-존-졸   (f) 즈-즌-즐

(e) 초-촌-촐   (f) 츠-츤-츨

(e) 호-혼-홀   (f) 흐-흔-흘

(g) (b)의 각음에 'ㄷ', 'ㄹ' 종성이 붙은 음운들.

(h) 종성 'ㄹ'(ㄷ)이 'ㄴ'으로 된 음운들.

그러므로 조선어에 명청明晴을 '개', 명청明淸을 '갇＝걷', 연年을 '개(時 끼-끼)', 일日을 '늘-날', 시時를 '녁', 월月, 명明을 '들-달', 시時를 '때', 색色을 '믈-믈-믈', 명정明淨을 '믈-믉-맑', 시時(際)를 '물-물업', 성星, 광光, 명明을 '별-볽-밝', 광光, 명明을 '슬-살', 연年을 '살, 새', 광光, 명明을 '올-알', 일日, 시時를 '제-재', 명정明淨을 '조-조흥', 명결明潔, 미장美粧을 '츌-찰', 일日을 '흐-홀', '히-해', 연年을 '히-해'라고 하는 까닭도 이 때문이다.

선線에는 '노-날', '단-단줄', '바-받', '산-산기-살', '씨-신-실',[29] '올-올애기', '줄'들의 어운이 있으나, ㄱ계 어운, ㅁ계 어운, ㅊ계 어운, ㅎ계 어운의 말은 없으니 이것은 당연히 있어야 할 것이 있지 아니함은 이미 잃어버렸다고 볼 것이다.

열熱에서 전이된 '글-끌-긁-끓(비沸)', '녹-눅(暖)', '달-달그', '단-

---

29 실(絲)을 일본말로는 ito라고 하나 이것은 yito의 전운이요, yito는 jito-sito의 전운임과 같이 '실'은 '싀'-'질'의 전운인지도 모른다. 그것은 방적紡績을 '질삼'이라 하여 '삼'은 '사ㅁ'의 축음으로 작위의 뜻이요, '질'은 사絲의 뜻으로 '질삼'은 '작사作絲'의 뜻으로 생각됨으로써다.

달달 – 딴듣’, ‘떠거운 – 따가운(溫熱)’, ‘불’, ‘볻그(火熱, 煮煎)’, ‘살’, ‘살므’, ‘설(燒, 熱, 烹)’, ‘찌’, ‘찌기(蒸煮)’, ‘활 – 한(熱)’들의 말이 있으니 이 모든 어의가 지금은 이렇게 분화, 고정되었으나 원의는 ‘열熱하다, 열이 있다. 열을 가하다’의 뜻이다. 결국은 ‘덥다, 더워지다, 덥게 하다’는 뜻으로 ㅁ계 어운 ㅇ계 어운, ㅊ계 어운의 말이 없는 것은 또한 상실되었다고 봄이 타당할 것이다. 건조의 ‘말 – 마르다’는 어운이 있는 이상 열熱의 ‘믈 – 몯 – ㅁ’계 어운이 없을 리 없으니, 비沸의 ‘굴’이 있고 건乾의 ‘굳’ – ‘곳 – ヌ’이 있음을 보아 짐작할 것이다.

년年, 월月, 일日, 시時의 어휘에

개(年)	끠(時)
날(日)	녁(時)
달(月)	**때(時)**
살(年)	ㄱ시(時)
애(日)	을(日)
제(日)	제, 적(時)
해(年)	흘(日)

들이 있으나 ㅁ, ㅂ, ㅊ계 어휘는 없다 하더라도 이것 또한 상실된 것으로 볼 것이다. 영어의 month가 월月의 moon에서 온 것임은 말할 것도 없으나 m계 어휘가 독일어 monath, 라틴어 mensis, 희랍어 men 들에 전승되어 있음을 볼 것이다. 연年, 일日, 시時가 태양과 관계가 있다는 것은 수긍할 수 있으나 월月과 태양太陽과 관계 있다는 것은 우습게 생각할 것이다. 토이기어土耳其語의 kamer는 월月, 일광日光을 의미하는 동시에 태양도 의미하듯이 월月의 달은 성星의 ‘별 – 빌’과 같이 광휘光輝한다는 뜻에서 또는 광명한다는 뜻에서 전이되었다는 것을 알면 그 의문은 빙석氷釋될 것이다. 조선어에 계절을 ‘철’이라 하는데 이 ‘철’의

어의가 무엇인지 미상未詳하나 서열의 '찰'의 전운인지 이 또한 연年, 시時를 뜻하는 말인 듯하다. '아직 철이 들지 않아서', '철이 없다'는 '철'과 동의어가 아닌가도 생각된다. 그렇다면 이 '철'은 연령의 뜻이 아닌가도 생각되며 그렇다면 연年, 역曆과 같은 어운일 것이나 여기에는 의심을 가져둔다. 영어의 season은 sero, satio(파종播種)에서 왔다하는 것이 확실하다면 '철'의 어의도 다른 원의에서 전이된 것인지도 알 수 없다.

우雨, 수水의 뜻으로 지금은 '비', '물', '미'에 고정되어 있으나 원래는 천天(일日), 천의 부분이라는 뜻이었으며, 하천, 계류溪流를 '걸(영), 가람', '개', '내, 나리', '돌앙', '신(내)'들의 어의도 원래는 '글 – 기', '늘 – 닉', '들 – 딕', '슬 – 식'라고 비와 물을 뜻하던 말이었다. '비'는 '븨 – 비 – ㅂ이 – ㅂ'의 전운이요, '물'은 '믈 – 믈 – ㅁ'의 전운이다. 라틴어의 plubia(비)는 pluo(to rain)와 함께 그 어근은 plu로서 비, 비하다는 말이요, 희랍어 plu, plunos, Sanskrit의 plu는 함께 수영水泳, 수침水浸의 뜻을 가진 말이나 라틴어의 plu와 같은 어운인 것은 물론이다. 그런데 일방은 우雨, 일방은 수영, 수침水浸, 수욕水浴을 뜻하였다는 것은 이 어운을 일방은 원의대로 전승한 것이요, 일방은 우雨 – 수水 – 수침으로 전이된 것을 전승한 것이라고 볼 것이며 양자의 공통된 원의는 천天, 우雨일 것이다. 조선어에서도 수화水和, 수혼水混을 '개다', '말다'라고 하여 또한 '물하다'는 뜻이며 침浸을 '담 – 다므' → '잠 – 자므'라 하여 이 또한 '물하다'의 뜻이 농후하니 plu를 일방에서 '비'의 뜻으로 쓰고 일방에서 '물'의 뜻으로 쓰는 것이 이상할 것은 없다. Sanskrit의 apa(水)는 Greek의 aphros(水泡, 水沫)가 되고 라틴의 amnis는 apnis의 전운으로 수류水流, 하천을 뜻하고 Lithuanis의 uppe(河川), Gothic의 abva(하천)가 되고 드디어 라틴어의 aqua가 된 것으로 이 aqua가 수일반水一般, 하천, 호천湖泉, 해양의 뜻을 가진 것은 '개'가 계溪, 포浦의 뜻을 가지고 '걸, 가람'이 천川, 강江의 뜻을 가지고 '내, 나리'가 천川, 강江의 뜻을 가지고 '미'가 수水, 호湖의 뜻을 가진 것과 같다. 해海의 '바다, 바당, 바달'의 '바-받-발' 또한 영어의 water, 독일어의 wasser의 wa 또는 wat, wa oder wass와 같이 수水(←우雨)를 뜻하는 말이라고 추정한다고 틀린 것은 아닐 것이다.

하河, 해海가 쌍성雙聲이요, 일본말 해海의 umi(우미ゥミ)가 매梅의 우메ゥメ, 마馬의 우마ゥマ의 '우ゥ' 성문폐쇄음聲門閉鎖音이 순음脣音의 앞에서의 조음調音 그것과 같은 것이라면 해海의 미ミ, 수水의 미ミ(미즈ミヅ)가 동계어임을 추정할 수 있을 것이다. 또 일본말에 천天을 아메ァメ, 우雨를 아메ァメ라 하여 그 어운이 동일함은 천天과 우雨가 동일한 관념에서 분화된 것임을 단적으로 표증表證하는 것이라고도 할 수 있을 것이다 (일본말의 sora(天, 空), Sanskrit의 sura(天, 日), 라틴의 sol(日)이 우연의 일치는 아니다).

정명淨命은 정신, 정령, 정수, 정핵과 생명, 천명, 수명과 정력, 기력, 생명력의 뜻을 가진 술어로서 일체 만물이 있게 된 것은 천天(日)에서 분신되고 천天으로부터 수태되었다는 신앙, 사상을 우리 조어창시자들이 가졌다는 것은 위에서 말하였거니와 그러므로 그들은 물질과 정신을 추상하기 전에는 생물 전체로서 천天(日)의 분신分身이라 생각하였고, 물질과 정신의 관념을 추상분화抽象分化한 뒤로는 주로 정신, 영혼, 생명, 기력들을 천天(日)의 소사所賜요, 생물의 정령으로 생각하였고, 그 정령의 소재처와 그 정령의 작용을 또한 그렇게 생각하였다. 그리고 드디어는 그 정령의 소재처는 내재적이라고까지 생각하였다. 그러므로 모든 사물 또는 생물을 지칭하는 접미사는 지금은 다만 조어법상 단순한 명사접미사로 간주되고 있지만 그 원의는 생물 또는 생명가진 것이라는 뜻으로 독립적으로 쓰였던 것이다. 지금은 우리가 쓰고 있는 '거, 것, 기, 개, 게, 긔' 또는 '가리, 가이, 가시'들이 원래는 'マ-マシ-キ-기'의 전변된 것으로 생물(무생물 그것까지도 천天의 소산이요, 천의 분화로

생각하였다) 그것을 가리키고 천ᄌ – 일ᄇ – 태양 바로 그것을 가리켰던 것이다. 삼라만상森羅萬象 일체 사물一切事物은 하늘이 만든 것이요, 하늘에서 태어난 것이요, 또 모든 것을 감각적으로만 생각하는 그들은 모든 현상 내지 정신 작용까지도 그렇게 생각하였고, 그들의 음성, 어운 내지 어의까지도 하늘의 작용이요, 하늘이 태어나게 해준 것으로 느끼었다. 알기 쉽게 말하면 그들이 지껄이는 말과 소리도 하늘의 힘이 그들에게 움직이는 까닭이요, 그들을 통해서 나타나는 것으로 여겼던 것이다. 하물며 다른 사물과 현상이야 말할 것도 없는 것이다. 모두 천ᄌ의 분신이요, 천의 소사所賜요, 천의 소수所授요, 천의 소산所産으로 여기었던 까닭에 그들에게는 맨 처음은 사람과 동물, 동물과 식물, 정신 작용과 자연 현상과의 사이에 구별이 없었고, 자연 현상을 그들의 정신 현상과 상통하는 것으로 알았고 현대 사람으로는 꿈에도 생각할 수 없는 관용으로 사람과 동물 내지 식물은 서로 친연관계를 가지고 평등하여 진실한 의미에서 하느님의 아들로 생각하였던 것이다. 그 하늘이란 생각도 천공天空, 태양太陽을 분별한 것이 아니라 천공天空, 일월日月, 성신星辰을 통합해서 같은 하나로 본 것 같으며, 일월日月, 성신星辰을 하늘의 정精이요, 천공은 그의 체体라고 본 것은 오히려 후기단계에 이르러 분화된 것 같다. 즉, 태양을 '희'라 하고 천공을 '희ᄇ', 'ᄒᄂᆞᆯ'이라 한 것은 뒤에 분화, 구성된 관념이라는 것이다. 그러므로 천ᄌ(日)과 일체 사물의 명칭이 동일하였던 것이다(물론 관념상 발전단계의 차差는 내재적으로 의미적으로 있었겠지만 다만 어운적으로 그러하였다는 것이다).

천ᄌ(日)을 'ᄀ'계 어운으로 표상하던 언어사회에서는 각각 그 어운으로 명칭하였을 것은 말할 것도 없으므로 그런 어운들이 우리말에 전승된 것이,

내, 네, 늬, 니- 나리, 나이, 나이

대, 데, 듸, 디- 다리, 다이, 다이

매, 메, 믜, 미- 마리, 마이, 마이

배, 베, 븨, 비- 바리, 바이, 바이

....

....

들이다.

여기서 하나 문제될 수 있는 것은 그러면 우리 조어사용자들은 정령精靈을 먼저 관념하였느냐, 물질을 먼저 경험하였느냐는 것이다. 모든 것을 감각적으로 경험하던 그들이니 정령, 생명보다 생물, 생체生體를 먼저 경험하고 또 관념하였을 것이 아니냐? 그렇다면 정명精命이라는 범주보다 생물이라는 범주가 선행되어야 할 것이 아니냐는 것이다. 그러나 생각건대 그들은 생령生靈, 생체라고 그들을 추상해서 생각하기 전에 한 개의 '생生', 한 개의 '물物'로만 보았던 것이지 Animism에서 말하는 spirit나 Materialism에서 말하는 material로 구분하여 또 분별하여 생각하지 않은 것 같다. bio-being or bio-matter 즉, 생명 있는 것, 정령 그것 생물 그것으로 보아 환언하면 심心, 물物을 종합적으로 본 것 같다. 그러면 그들은 그런 종합적인 생生(物)에서 먼저 정령의 관념을 발전시켰느냐? 먼저 물질(체体)의 관념을 추상시켰느냐? 실로 어려운 문제로서 인간은 선천적으로 유심적唯心的이었던가, 유물적唯物的이었던가 하는 문제의 해답이 될지도 알 수 없다. 후자라면 인간의 사고의 출발은 유물적이었다고 할 것이고, 전자라면 인간 사상의 출발은 유심적이었다고 할 수 있다. 감각적인 것이 반드시 유물적이 아닌 것은 말할 것도 없으나 유심적으로만 경험되는 것도 아닌 이상 원시인들의 사고는 물심분열物心分裂 이전의 단계에 있었으며, 그러나 그 경향은 유심적 경향을 가지고 있었다고 나에게는 보여 진다. 그들은 어떤 사물의 본질을 추구하여 구심적으로 비가시적非可視的 초점에 집중되어 가고 있던 것을 우리가 가진 사상사에서 볼 수 있는 것을 미루어 추단할 수가 있다. 그러나 결국은 웅雄이 자雌에서 분화되었느냐, 자雌가 웅雄에서 분화되었느냐는 것과 같은 문제일 것이다. 그러므로 다른 가능성과의 관계를 고려하고 또 사고 방식, 발전의 경향을 짐작하여 구체적이고 고정적인 생물이란 것에 앞서서 정명精命이란 범주를 세운 것이다.

이상 열기列記한 각 어운의 원의는 천天(日)을 본질로 한 정령, 정수를 뜻하던 것이라고 추정한다. 지금에 간肝을 '간'이라 하고, 뇌를 '골'이라 하고 어魚의 정액을 '곧-곤'이라 하지만 그 원의는 생명, 정수, 심수心髓를 뜻하던 것이 그렇게 분화된 것이니 심주心注, 신전神專을 '골돌', 전주자專注者를 '골이', 채핵菜核을 '골갱이', 화花를 '곶-곧', 관중貫中을 '끛-끋'이라 함은 모두 이 까닭이다(欲=慾=意, 고져-고지-고디-곧).

'넉(넉시-넋)' 백魄 [30]

'느끼(늗기-늗)' 감感

'너기(관주觀做)' [31]

'널치(기력氣力, 정혼精魂)' [32]

---

30 혼魂의 넉은 넏(늗)+기의 축음인지도 알 수 없으니 '넏기'가 '넉기', 그러하여 '넉'으로 되고 거기에 사물지칭사 '시'가 첨가되어 '색色'이 '색시'로 되듯이 '넉시-넋'으로 된 것으로 생각된다.

31 너기다라는 말은 그렇게 나에게 느껴지는 즉, 그렇게 나에게 감지되는 것이므로 '너기'는 것이라면 이 '너기'는 혼魂, 영靈의 '넉(넋)'의 어근 '너-ㄴ'에서 분화된 것으로 보아 무난할 것이니, 그렇다면 '느끼'에서 '넏기→넉기-넉-넋'으로 되었다는 것은 성립될 수 없고 '느끼'의 '늗기'-'늗' 어운이 성립되기 이전에 'ㄴㄱ다'-'ㄴ기다'에서 구성된 것으로 볼 것이다.

32 '담이 크다'는 '담'이 한자음 '담膽'에서 왔다고들 하나 이 또한 그렇지 않은 것으로 나는 여긴다. 담은 일본말 난卵의 '다마코タマコ', 혼魂의 '다마시히タマシヒ'의 '다마タマ'와 대응되는 말로서 일본말 간중間中의 '타마타마タマタマ', 국어의 치중置中의 '담'과 같은 어의를 가진 것으로 중中, 중심, 중핵의 뜻을 가진 말이요, 정명精命의 뜻을 가진 말이다.

‘마음(마ᅀᆞᆷ - ᄆᆞᅀᆞ미 - ᄆᆞᅀᆞ 〈 ᄆᆞᄉᆞ - ᄆᆞᆺ - ᄆᆞ / ᄆᆞᄃᆞ - ᄆᆞᆮ - (ᄆᆞᆯ - ᄆᆞᆫ) 〉 ᄆᆞ)’[33]

‘비우, 비위’를 脾胃비위라고 한자에서 온 것처럼 아나 원래는 심心, 성性을 뜻하는 말인 것 같다. ‘비우가 좋다’는 말을 지금은 후안厚顔에 쓰나 오히려 감정이 강하다는 뜻이 아닐까? 폐肺를 ‘부화’라고 하나 원운은 ‘부하 - ᄇᆞ희’의 전운이 아닐까, 흡사 비脾를 ‘알하’라고 하는 것과 같이 경상도 방언에 심기心氣(노기怒氣)내는 것을 ‘부애’낸다고 하느니 ‘애’가 심心, 장腸의 어운이던 말든 ‘부’의 속에 기성氣性 - 조야粗野의 ‘불’ 어의가 들어있건 말건 또한 심기를 뜻한 말이 아닐까? 중中, 간間, 내內의 ‘복(판)’(← ᄇᆞᆨ기)도 있는 것을 보면 더욱 그러한 것 같다. 힘을 ‘받 - 왇’이라 하던 것이 활용접미사로 전용된 것이 ‘내받다’, ‘일받다’에 남아 있다.

심心, 신神을 ‘신’이라고 하느니 ‘신을 내다’, ‘신을 떨다’의 ‘신’이 그것으로 이 ‘신’을 한자음 ‘신神’에서 왔다고도 하나 심감心感을 ‘신끼다’라고 하는 말이 있는 것을 보면 바이 그렇다고도 할 수 없다. 또 마음이 편치않다는 것을 ‘신관(간)이 좋지 않다’고도 하느니 이 또한 심신心神을 뜻하는 것이다. 그러나 이 어운이 원래 동이東夷의 어운인지 한어인지 또는 전승을 달리한 동일어인지 여기서는 상론하기 어려우니 후일에 미룬다.

심芯, 핵核을 ‘심’ 또는 ‘심지’라고 하느니 한어의 심心과 그 어운이 같

---

33 라틴어의 cor, cordis(심, 심장心臟)는 조선어의 ‘뇌腦’의 ‘골’과 흡사하며 mens, mentis($\sqrt{\text{anen}}$)는 Sanskrit에 그의 동위운으로 mat(-a-i)가 있다. 영어에 ‘듣다’를 to hear, 심장을 heart라 하여 그 어운이 비슷하게 같은데 우리말의 청聽의 ‘듣-들’의 원의는 입ㅅ이요, 중中이라는 뜻이니 hrd-hardia-cor-heonz-heart보다 그 원의는 정수, 중심, 심수心髓의 뜻일 것이다. 만주어의 뜯(뜻志) mujilen과 대조對照. 중정中庭을 뜰이라 하고 오奧을 ‘ᄯᆞᆯ’, 원源을 ‘ᄯᆞᆯ’이라 하던 것을 보면 우리 고어에서는 심心, 정精을 ‘ᄯᆞᆯ - ᄃᆞᆯ’이라 한 것이 있었을 것도 같으며, 더욱이 자子의 ‘아ᄃᆞᆯ’, 여女의 ‘ᄯᆞᆯ’의 어의를 생각할 때 더 그런 느낌을 준다.

다(일본말에 호縞를 '시마シマ'라고 하느니 여기에 대응되는 말 같으나 존의存疑).
혹자는 한음漢音 심心에서 온 것이라고 하나 '심ㅅ보'니 '알심'이니 '새알심'이니 힘의 '심'이니 하는 어휘들이 있는 것을 보면 일향一向으로 그렇게 볼 것이 아니라 조선 고유의 어운이라고 봄이 타당할 것이다.

이裏를 '속' 또는 '솝'이라 하는데 만두의 도餡을 '소'라 하는 것을 보면 그 어기語基는 '소'이다. '소'는 'ㅅ'의 전운임은 말할 것도 없다. 미米의 쌀은 '벌'의 의 전운이요, 그 원운原韻은 '슬'이며 그 어의는 정수라는 것은 이미 말하였거니와 육肉의 '살'도 그 뜻에서 일러진 것도 말하였다.

간間의 'ㅅᆡ'-'ㅅᆞ-슫'도 간격의 뜻도 있지만 중中의 뜻이요, 중심의 뜻에서 온 것이니 inter(prifix)는 간間, 중中, 내內의 뜻을 가진 말로서 in에서 구성된 것은 말할 것도 없다. 그러면 이 'ㅅᆞ-ㅅᆞ-슫'에 정수精髓, 명력命力의 뜻이 있다고 볼 것이니, 음부陰部를 이르는 것도 정력, 정근精根의 뜻에서 전이된 것이다. 생生을 '살'이라 함도 '생명하다'는 뜻으로 생명력의 '살'에서 전이된 것이니, life와 live가 같은 어운에서 분화된 말이요, 라틴어 uīta(life)와 uīnere(to live)가 같은 어원을 가졌음을 보아도 알 것이다.[34]

내內를 '안'이라 하고 '내용, 내실'은 '알'이라 하는데 '안'이 '알-앝'의 전운이며 난卵의 '알'과 같이 정수精髓(소자少者의 뜻도 가미되어 있다)-정핵精核-내실內實-내용內容-내부內部-내면內面으로 전이된 것이다. 또 '곤(精蟲)'을 '이리-일'이라고도 하나 이것은 '윌-일-올'의 또는 실-실-실-슬의 전운으로 골(곤)과 을의 어의가 원래 같음을 보인 것이다.

장腸을 '애'라고 『훈몽자회』에는 말하였으나 원운은 '익-ᄋᆡ-ᄋᆞ'로서 원의는 심心, 정精을 뜻하는 말이었다. 지금도 '애를 태우다', '애를 쓰다'의 '애'는 장腸이라기보다 심신心神, 심력心力을 뜻하는 말이다. 심장

---

34 담膽의 '쓸개'-'씰개'-'실개'의 '슬' 참고.

을 '염통'이라 하고 『훈몽자회』에 '心 염통심'이라 하였는데, '통'은 원기圓器를 뜻하는 말이니 원어기原語基는 '념'이다. '념'이 '님－늄'의 전운으로도 볼 것이다.

'yom'의 전운된 기사記寫로서 'yom－jom－dzom－tsom－tsm'으로 '즘'의 전운으로도 볼 수 있으니 념－염－셤－셤－슴의 전운으로도 볼 수 있다. 그렇다면 '심'이 '십－심－심'으로 되어지는 한편 '십－셤－셤－염'으로 된 것이라고도 볼 수 있다. 물론 혼魂을 '얼'이라 함은 '알－올'의 전운으로 광대, 위대, 신묘의 어감語感을 가지게 하기 위해서 '얼'로 전운시켰음은 말할 것도 없다.

안정眼睛을 '눈ㅅ자슥'라 하고 송실松實을 '잣'이라 하고 정요精要함을 '자슥로분'이라 하여 '잗－잣'이 정수精髓를 뜻하는 말이라는 것은 이미 말한 바거니와 정근精根 '잦(荗)'도 또한 정력의 뜻을 가진 말이니 그 어근은 '줃'이다. 진액津液, 유지油脂를 '진－짐(지미)'이라 하며 유류油類를 '질음'이라고 하느니(기름은 지름의 아운雅韻) 이 또한 정수, 정액의 뜻이다. 지금도 '짐'을 생기生氣, 기력의 뜻으로 쓰이고 있느니 짐작(斟酌), 짐즛(心作), '짐이 빠졌다'는 말에 남아있으며 그렇다면 수증기의 '짐'도 수水의 '기력氣力', 수水의 '정력精力'을 뜻한 말일 것이다. 자미滋味의 '자미'도 한어漢語와 국어國語의 공동된 전승으로 '잠' 즉, '입심入心, 전신專神, 기흥氣興'의 심心, 신神, 기氣를 뜻하는 어운일 것이니 '재미있다', '재미나다', '재미내다', '재미들다'의 말들이 모두 주관자主觀者의 심心, 기氣, 흥분興奮의 뜻에서 구성된 것 같다(흥악興樂의 '즐겁다', '질겁다'의 즐, 질, 또는 질색窒塞의 '질'에도 그런 뜻이 들어있는지 존의存疑). 영어의 interest의 (e)st가 amongst,[35] toast, trust들의 st와 같이 조어접미사로 본다면 in, in-

---

[35] amongst의 st를 Skeat씨는 t는 무용無用의 접미사라 하고 s는 among의 부사형접미사 (adler hial suffix)라 하였지만, midst(中)의 st와 같이(Skeat씨의 해석은 同上) 사물지칭접미사로 볼 것이다. mist.

ter(e)는 중中, 간間, 내內의 뜻을 가지는 동시에 정수, 심정의 뜻도 가진 것으로 interest와 '자미'의 어의語義 사이에는 재미나고도 흥미있는 것이 있다할 것이다.

진眞을 '참'이라 하는데 그 원의는 무엇인가? 점심, 간식의 '참'이란 말은 무슨 뜻인가? 인내의 '참'은 무슨 뜻인가? '찰, 칠'에 정장精粧, 명장明粧의 뜻이 있으나 조리條理의 뜻도 있으며 '착'에 선善의 뜻을 가지면서 질서, 순열의 뜻도 있다. 또 '차-찰-참'에 진액의 뜻도 있으며 순서의 뜻도 있다. '그 사람은 퍽 찰되다'-'그 사람은 퍽 참되다'가 다소 어감과 어의의 출입은 있으나 진실되다는 뜻에서 쓰이는 말이다. '그렇게는 차마 할 수 없다'의 '차마'는 참을 부사적으로 쓴 말인데 이 또한 진실로, 진심으로의 뜻을 가진 말이다. '그 사람 생김이 대단히 참하다(차마다)'에서 이 '참'은 우아, 단정, 요조窈窕의 뜻으로 쓰이는 말인데 우아-우미優美-미려-정미精美의 뜻에서 전이된 것이니 정수로 뽑아졌다는 뜻이다. 그렇다면 중식, 간식의 '참ㅅ밥'의 '참'은 중심, 중간의 뜻을 가졌다는 것을 긍정할 것이며, 충만充滿의 '차-채'가 군다群多의 뜻이 농후하고, 또 그렇게도 쓰여지지만 '안에 들게 하다'의 뜻으로 '물에 그릇을 채우다', '독에 쌀을 채우다'라고 쓰여지는 것을 시인할 것이다. 그러면 '참'은 '차미'의 촉음促音이요, '차'의 명사형으로 쓴 것이 '참다운, 참된', '참'이다. 선善의 '착'은 진실眞實의 '차기', 질서秩序의 '차개차개', 상上의 '차기'의 어느 어의에서 전이된 것인지 미상하나 그 제의諸義를 구비한 것이라고 봄이 타당할 것이며, '참'은 '차븐차븐'의 형용사에서 '참'이란 어운을 구성시킨 것으로도 보이며 '차빈살'의 '참살(찹쌀)'에서 전용된 것으로도 보인다.

기력氣力을 '힘'이라 하느니 기력은 생명력이므로 그것을 원래는 뜻하였던 것이다. '힘'은 '히'의 명사형 '히미'의 촉음이요, '히'는 '회-히-ㅎ'의 전운으로 역위力爲, 작업의 '하다-ㅎ다'의 'ㅎ'와 같은 어운인 것은 다시 말하지 않더라도 알 것이다. 이 'ㅎ-하'를 명사화시킨 것에 '하기'가 있으며 이것의 촉음이 '학'이니 '아주 혼이 났다'할 것을 좀 능동적으로 표시한 말에 '아주 학을 뗏다'라고도 하느니, 이 학은 정력, 정혼精魂을 의미하는 말이다. 실상 '혼'어운도 혼魂의 한음漢音이라기보다 원래 동이東夷의 어운이 아닌가 생각한다.

지금에 근根을 '뿌리'라고 하나 이조 초기에는 '불휘'라 하였다. 원源을 지금에서는 무엇이라고 하는지 또 어떠한 방언에 있는지 알 수 없으나 이조 초기에서는 '쏠', '출'이라 한 것 같다. 근원은 시초요, 또 원인이다. 동시에 그것은 이유도 되고 조건도 된다. 그러나 결과에서 보면 결과의 의거가 되고 가적假籍이 되고 의속依屬이 되는 것이다. '불휘'의 '휘'는 어떠한 어운인지 확언할 수 없으나 이조 초기까지도 조선 어운에 있어서 ㅎ음이 퍽이나 활발한 세력을 보이던 때로서 명사접미사(지금은 명사주격토名詞主格吐)로 '히-희'가 많이 쓰였던 것이다. 그러므로 '불이'할 것을 '불히', '싸이'할 것을 '싸히', '고이'할 것을 '고히'로 발음하였던 것이다. 그리고 명사접미사의 모운母韻 'ㅣ, ㅗ' 대신에 북방계(몽고어 등) 어운의 영향을 받아 'ㅜ'로 발음하는 습벽習癖을 얻어 '불후'-'불휘'로 된 것이라 생각된다. 그러므로 그 어근은 '불'이며 이것은 '블'의 전운일 것이니, 이조 초의 화火의 '블'이 지금 '불'로 된 것을 보아 짐작할 것이요, '블'은 '블'의 전운이다. 이의 동위운同位韻이 '븐-븓-븐'이다. 지금에 시초의 '부터'가 '브터'에서 그리고 '븓허'←'븐-븓'에서 온 것은 이미 말한 바이다. 이 '븐-븓-븐'에 정력과 근원, 의거, 의적依籍의 뜻이 있고 이 뜻에서 전이되어 가차假借, 가용假用 또는 예속, 격박擊縛의 뜻으로도 쓰여지는 것이다. 차借(빌)는 거기에 의뢰하였다는 말이니 '꾸다-꾸이다-뀌다'의 '꾸'도 그것을 가졌을 것이다. 경남 방언에 '꾸'를 '꼬'로 발음하느니 '꾸'가 'ㄲㅂ'의 전운이라기보다 '꼬'의 전운으로 볼 것이며 '꼬'는 'ㄲ'의 전운이요, 그것이 경음화하기 전은 'ㄱ'이

었을 것이다(일본말 카루カル, 카리루カリル의 ka-kari는 여기에 대응되는 말이다. 일본말의 '부터'의 '까라カ키' 참고). 이 'マ–ㄲ'가 '까'가 된 것이 원인, 이유의 말 '까달–까닭'의 '까'이다. 지금 '이런 줄, 그런 줄'의 고어古語 '둘'이 '까닭'의 뜻을 가졌으며, 이 '둘'이 '달'이 되고 '달기'가 되어 '까닭'의 '닭'이 된 것이다. 또 '오거늘, 가거늘'의 '거늘'이 고어古語에서는 '어늘'로 쓰이며 이 '어늘'의 '어'는 조음삽입음調音揷入音이니 그 어기語基는 '늘'이다. 이 '늘'이 조건, 이유를 뜻하는 것인 이상 또한 근원의 뜻을 가졌을 것이다. 유由, 연緣, 의依를 지금은 말미암이라 하나 『두시국해杜詩國解』 21권 20쪽에 '일병연명왕一病緣明王'을 '흔 병病은 발ㄱ 님금을 말미하얘니'하여 '말미'라 하였다. '말미'는 '말ᄆ'의 명사형으로 '말ᄆ다'의 동사에서 전성轉成된 것이요, 'ᄆ'는 위에서도 말한 것처럼 '호다'의 '호'(力爲)와 같은 활용접미사이니 원어근은 '말–ᄆᆯ'이다. 이와 동위운이 'ᄆᆯ'이요, 이것이 '맏–맫–맷'으로 전운되어 결박의 뜻으로 쓰이니 이 또한 그 원의가 '근원'에서 전이됨을 알 것이요, 이와 동의어에 '매–마–ᄆ'가 있으니 '줄을 매(ᄆ이)다'의 '매'가 그것으로 'ᄆᆯ–ᄆᆯ' 이전의 최고最古의 어형을 유지하고 있는 것이다. Sanskrit에 근根을 mula라 함은 이 어운과 같은 전승으로 볼 것이며, 이 근根 mula는 Monier williams의 사전에 의하면 'firmly fixed'의 뜻이라 하니 고착, 부착의 '붇–불–(←격박)'을 누구나 연상할 것이다.

『용비어천가』 제2장에 원源을 '시미'라 하였고 지금 천泉의 '샘'의 고운古韻임은 말할 것도 없으나 '시미'가 천수泉水를 뜻한 말인가? 원원源元을 뜻한 말인가? 또 '시미'는 '시의미'라는 뜻인가? 그만 '심=시미'라는 말인가? 좀 불확실하나 나는 전자의 분석을 취하여 '원원元源의 수水'라고 보고자 한다. '시'가 원인, 이유, 조건의 뜻으로 쓰이는 것은 '아니뭘씨, 아니그츨씨'의 씨(이 '씨'는 '시'운韻 앞에 'ㄹ'음이 올 때 이조 초기 어법에는 '씨'로 난다)가 그것을 보이는 것이다. 그리고 산山에서, '서울서'의 종격토從格吐 '서'는 이조 초기에서는 '셔'운韻이었으며, 이 '셔'는 '싀'의 전운이며 '셔'의 어의는 '부터, 시작해서'의 뜻이다. 즉, 근원, 시원의 뜻을 가진 어운이 토吐로 전용된 것이다. 시작의 '시작'도 '시 + 작'으로 '작'은 용언활용접미사로 '받작', '끔작', '살작', '걸적', '움적'의 작, 적과 같은 것이요, '시'는 '싀'의 전운으로 봄이 또한 타당할 것 같다('탐貪하디 아니흘싀 바믹 금은기운金銀氣運을 알아보고(부탐야식금은기不貪夜識金銀氣)' - 두해杜解 9권 120쪽).

　김알지金閼智의 알지를 유사작자遺事作者는 '향언소아지칭鄕言小兒之稱'이라 하여 '아지(알지)'로 해解하였으나 그의 강탄설화降誕說話는 김씨왕계金氏王系의 시조始祖를 신비화하기 위한 것이요, '알지'라 함은 '알 + 지'로서 '지'는 인人의 뜻이요, '알'은 시始, 원元의 뜻으로 합하여 원인元人, 시조始祖의 뜻이라고 생각한다. 초初를 '아이'라고 하고 '애'라고도 하여 석昔을 '아래(← 알)이라 하느니 '아 - 알'이 원초元初를 뜻하던 말인 것이다.

　'이런 들, 그런 들'의 '들'을 지금은 '줄'이라 한다고 말하였거니와 들이 원인, 이유, 조건을 뜻하는 어운이라면 줄 또한 그러할 것은 곧 수긍할 것이다. 그러나 줄의 어운 분석이 퍽 곤란하여 '즈블'의 변음이라고는 보이기 어려우니 '즐'의 직접 전운이라고 볼까? 존의存疑한다(만주어 Če = 부터 참조).

　'츨'이 원源의 뜻이라는 것은 말하였거니와 '심'의 천泉이 원源에서 온 것처럼 이 '츨'도 시원始源의 뜻이라고 생각한다. 초初의 '처음 - 처섬'이 '처ᅀ미 - 처ᅀ - 첟 - 첟 - 찯 - 촌'에서 온 것이라면 '촌 - 츨'은 한 어운에서 분화된 것이라고 볼 수 있다.

　상上, 등흥을 '오르 - 올'이라 하고 그것은 '올 - 온'의 전운임은 이미 말하였다(일본말 atama 참조). 두상頭上의 'ᄀ - 곧 - 굴 - ᆺ'이 있고 고高, 출出의 '나다'의 '나 - ᄂ'에 현現의 뜻도 많으나 승상勝上의 '나 - 낫 - 낳'이 출상出上의 뜻으로 쓰이고 '도 - 돋 - 돕' 또한 그러하고 승상勝上의 '믈 - 믇',

두頭, 상上의 'ㅂ－비', '븓받(奉上)', 존상尊上의 '시－싀－싀－ᄉ', '살－설', '스－승', '성－상'이 그러하고 'ᄌ－자－잗(잣)', '잘－잗－잔', '장－정(↔ 덩)'(장바기－정바기)가 그러하고 'ᄎ－치－츼－치', '초－추'가 그러하고 'ᄒ －하－핟－할'이 그렇다. 이 모두 일상日上, 일출日出의 관념에서 전이시 킨 것이다.

천天, 천원天原(空)에서 허공의 관념, 공허의 관념을 구성시키기는 어 려운 일이 아닐 것이다. 일본말 '카라ヵ ラ'는 국어 '걸'에 대응되는 말이 라는 것은 이미 말하였다. 이의 동위운이 '걷'임도 알 것이며, 'ᄂ'의 활 용접미사를 삽입시켜 '걷느다', '건늬다'의 도渡의 어휘를 전생轉生시킴도 요해了解될 것이다. 도渡는 그 사이에 공극空隙을 둔단 말이다. 이 관념 은 추천鞦韆의 '걷늬'－'근늬'－'그네'에까지 간단화簡單化하여진 것이다. 그런데 이 허공, 공간의 관념은 분리, 분열에서도 전이될 수 있는 것이 니 분리되는 갑甲, 을乙은 그 사이에 공간을 남기는 까닭이다. 이 공간 된 영역은 경역境域을 이루고 지역을 이루는 것이다. 역장域場의 '갓← 갈시－갈'은 허공－광원廣原－야원野原에서도 전이되었지만 공간－영역에 서도 전이된 것이다. 이 어보의 한계를 명확기는 진실로 곤란하여 그 어의 구성에서 작용한 것이라고 봄이 무난한 판단이라고 할 수밖에 없다. 이 어보語譜에서만이 이러한 관계가 있는 것이 아니라, 여러 번 말한 것처럼 모든 어의語義 구성에 계보를 달리한 어의가 서로 관계하 여 결합된 것이 많다. 예를 들면 곡谷의 '골'에는 중오中奧의 뜻(즉, 산속) 이 주의主意이나 공극空隙의 뜻, 분열의 뜻, 선조線條의 뜻이 들어있는 것 과 같다.

공空의 '비, 븨, 뷔' 또한 'ㅂ－비'의 전운으로 원의는 천공天空, 허공에 서 공허, 허무에로 전이된 것이며 무無의 '노', '없－업'도 천공天空, 공허, 허무에서 온 것일 것이다. '노'는 'ᄂ'의 전운이요, 'ᄂ'는 '늘'의 기운基韻 이니 석조夕照를 '불살＝붉은 살'이라고도 하지만 '놀'이라고도 하느니,

이것은 '아침놀', '저녁놀', '붉은 놀'의 수식사가 생략된 것으로 원의는 '살'과 같이 광光을 뜻하는 말이다. 그러면 일日, 천天도 '놀'이라 하고 천공天空도 '놀'이라 하고 한편으로 '노'라고 하였던 까닭이다. 무사無事, 유폐遊閉의 '놀'은 유희遊戱의 '놀'(動搖의 뜻)과는 그 어의가 다르나 '일없이 놀다'의 '놀'다는 무위無爲, 공유空遊의 뜻이다. 없다의 '없'은 '업스다'의 촉음으로 '스-ㅅ'는 활용삽입사로서 어근은 '업'이요, 이 '업'은 '압-앏'의 전운으로 암暗-부지不知-무無의 계보에 소속시켜도 무관하나 상上, 고高의 뜻으로서 직접 '천天(日)'을 뜻하던 말이니 만주어 천天의 ab-ka의 ab에 대응되고, 일본말 아마ㄱㄹ(아메ㄱㅅ)에 대응되는 말이니 또한 허공도 뜻하였던 것이다. 공空한 것은 허虛한 것이요, 허한 것은 무無한 것이다. 공지空地를 '난달'이라 하며 무관두無冠頭 '맨머리'라 하며 무장처無障處를 '한데'라 하며, 허물虛物를 '헛것'이라 하는 것도 모두 이러한 뜻을 가지고 있는 것이다.

　원환圓環을 '고-골-곤', '강-공'이라 하고, 원회圓回를 '돌-둘', '동-둥'이라 하고, 원권圓捲을 '말', 원환圓還을 '믈', 원회圓廻를 '살-설-술'이라는 어휘를 가지게 된 것은 일원日圓에서 일전日纏에서 일월순환日月循環의 관념에서 얻은 것이 아닐까? 그렇지 않으면 원회圓廻의 관념을 구성시킬 기근基根적 사실을 발견할 수가 없다. 즉, 해는 둥근 것이요, 돌아오는 것이기 때문에 그러한 어휘가 성립된 것으로 느껴진다. 이 원회圓廻에서 반환, 상환償還, 배상의 어휘라든지, 원형, 원기圓器의 어휘들이 생긴 것이라 생각하며 주변, 변극邊極, 극단, 주위, 포위, 포장, 은장隱藏의 관념에도 전이된 것이라고 생각한다. 다음에 말하려니와 분개分開된 공간, 허공의 공간, 주변周邊된 공간의 이 계보 관계는 또한 그 관계가 확연치 않으며, 그 확연치 않은 것은 또 그 언어사회의 관념 형식과 사유 방식이 같지 아니한 데서도 기인한 것으로 생각되어 어의語義 확정確定에 혼란을 일으키고 있는 것은 어쩔 수 없는 일이라 할 수밖에 없다. 다음에 가서 상론詳論하고 싶다.

천신天神의 관념은 분석적이었다는 것보다 총체적으로 천즉신天卽神으로 본 것이다. 하늘이나 해 그것이 신이라는 것으로 하늘, 해에서 신의 관념을 추상해서 구성시킨 것은 아니나 신이라는 관념은 모든 것의 원천 모든 것에 최고最高, 모든 능력의 소유所有라는 것으로 구성된 관념이다. 그러므로 신의 관념 속에는 전지전능의 사상이 들어 있으니 천天(日)에서 분화된 관념이기보다 천天(日) 그것이 그대로 신이라는 것이니 천天(日)에서 신의 관념이 전이되었다고는 볼 수 없으나 천天(日)과 신神의 관념이 분화分化 고정固定된 지금에 있어서 즉, 자연현상으로부터 천계를 별립시킴으로 말미암아 생긴 천天(日)의 지위는 모든 자연세계를 지배 통솔한다는 의미 또는 신앙에서 신의 관념이 명확하여 졌으므로 '천(일)→신'의 관념 전이의 계보위系譜位로 한 것이다. 그러나 조어 사용자들의 원시 사상 또는 태초 신앙을 존중하는 의미에서 감각적인 즉, 직접경험적인 것을 원어보原語譜 A로 하고 추상적 의미 관념을 원어보 B로 하였다. 그러나 이하 그렇게 구별하여 기록하기는 여러 가지 혼란과 착종錯綜을 가져오겠으므로 종합해서 만들고자하니 그렇게 요해了解해주기 바란다. 위에서도 이미 말한 것과 같이 라틴어에서의 deus(영어의 deuce)는 Sanskrit어의 deva에 대응되는 어휘로서 deva는 div, dyu(diu)에서 온 것이며 그 어의는 천天, 일日, 공空, 광光, 화火의 뜻을 가진 말이다. Greek어에서는 Zeus로 전해지고 있으나 라틴어에서는 별도로 Juppiter(jupiter)라고도 하느니 이 어운은 diuspiter의 ziuspiter-jiuppiter의 전운으로 신神(日)의 부父(主)란 뜻으로 신神과 부父의 합성어이다.

조선어에서는 귀鬼를 '귀신' 또는 '귀것'이라 하느니 '귀+신', '귀+것'으로 분석되어 그 어근을 '귀'로 본다. '귀'는 '구이'의 촉음이요, '구이'는 'ᄀᆞ위-ᄀᆞ비-ᄀᆞ븨-ᄀᆞ비'의 전운으로 원어근은 'ᄀᆞᆸ'이요, 어기語基는

'ㄱ'이다. 일설에 고어古語에 신을 '곰 - ㄱ미'라 하였다 하여 금승禁繩을 신승神繩으로 보아 '금ㅅ줄'이라는 '금'이 그것이라고 하나 이것은 일본 말의 가미ｶﾐ(神)의 어의의 영향으로 오해된 것이 아닌가한다. 일본에 서도 '가미ｶﾐ'라고만 하는 것이 아니라 '가미加微'라고도 쓴 것을 보면 kwi라고도 한 것 같으나 조선어에서는 신을 '곰 - ㄱ미'라 하였는지 어 쩐지는 불확실하다. '금ㅅ줄'은 '한계해 놓은 줄'의 뜻이요, 한계한 것은 출입을 금한 것이기 때문에 '금ㅅ줄'이라 한 것이요, '신神'이 있다하여 '금ㅅ줄'이라 한 것 같지는 않다. '금'에 상上, 존尊의 뜻이 있음을 보면 신의 뜻으로 쓰일 가능성도 있기는 하나 우리에게 전승된 언어 유산에 는 도리어 'ㄱ비'가 있었던 것을 말한다. 독각귀獨脚鬼의 '돗가비', 유령幽 靈의 '헛개비, 허제비', 신압神壓 즉, 몽압夢壓의 '가위 - 가비'들이 그것이 다.

영어의 god, 독일어의 gott, Dan. Swed.어의 gud, Greek어의 ϰυλ os, ϰνμos, Sanskrit의 hn, hat들의 어근은 go-gu-g일 것이며, 영어의 ghost, 독일어의 geist의 어근도 gho gei ga g일 것이다. 부사칭왈고父 死稱曰考, 물고왈사物故曰死의 ko, gho도 사폐死斃를 뜻한다는 것보다 사 신死神을 뜻하는 것이 아니든가? 'ㄱㅂ'가 '구'로만 되는 것이 아니라, 'ㄱ오 - 고'라고도 전변될 수 있으며 또는 'ㅂ' 말받침을 가지기 전에 'ㄱ'가 직접으로 '고'가 될 수도 있다. 신소神所의 '고당', 신제神祭의 '고 사'(기신애민祈神愛愍의 고시에서 온 것도 같으나)의 '고'가 그것이 아닐까? 그 렇다면 신神의 ㄱ어운은 퍽 넓은 분포를 가졌다 할 수 있다.

또 귀鬼를 '손'이라고도 하느니 지금은 그 어의를 잊어버렸으나 기방 忌方을 '손이 있는 쪽'이라 하고 천연두를 신역神疫이라 하여 '손님'이라 하고 무격巫覡의 신간神竿을 '솟ㅅ대'라 함이 그것이다. '손'은 '순 - 술 - 솓'의 전운으로 지금은 악신惡神의 뜻으로 전용되나 원래는 신神 일반一 般을 뜻하던 말일 것이다. 『위지동이전魏志東夷傳』에 신소神所를 '소도蘇

犂'(소도-소터의 뜻)라 한 것을 보면 원어근은 '소-ᄉ'였음을 확정할 수 있다.

이상 말한 것처럼 조선어에 있어서의 '신귀神鬼'의 어운은 이 두 어운 계통 이외에 아직 알지 못하며 하나님, 하느님 내지 하늘을 지금에 있어서 신神의 어휘로 쓰기에는 너무나 그 어의가 우리의 관념에 맞지 않으므로 신의 어휘로 들고 싶지 않다.

어보語譜 B에서 신의 관념에 전이된 것을 A어보의 그것과 표리表裏시켜 그 범주를 들었는데 위에서 여러 번 논급한 것으로 대강 짐작하겠기로 여기서 일일이 설명하기를 피하거니와 공명公明에서 분명分明의 관념이 나오고 광선光線에서 정직, 정의의 관념이 나온 것은 누구나 알 것이다. 광열光熱에서 애모愛慕의 어휘가 전생轉生되었다는 것은 빨리 이해되지 않을지 모른다.

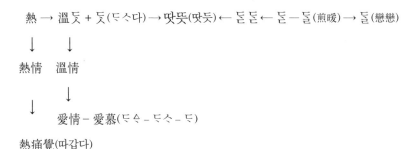

熱 → 溫돗 + 돗(ᄃᄉ다)→ 땃뜻(땃돗)← 돌돌← 돌ー돌(煎暖) → 돌(戀戀)
↓ ↓
熱情 溫情
↓
愛情 - 愛慕(ᄃᆞ - ᄃ - ᄃ)

熱痛覺(따갑다)

선비를 ᄃᆞ실씨 (차애유사且愛儒士) —『용가龍歌』, 80쪽

돗온욕欲을 스러ᄇ리고 (소기애욕消其愛慾) —『능엄楞嚴』, 17쪽

훤暄 후煦 'ᄃ슬' —『유합類合』하下, 50쪽

가可히 돗은 왕손王孫이 긼모해셔우놋다(가련왕손읍로우可憐王孫泣路隅)
—『두해杜解』8권, 1쪽

또 '듯' 이외에 '괴(과이, 괴시) 고시'라는 어운이 있으니

'괴여 위아애인이^{爲我愛人而} 괴여위인애아^{爲人愛我}' —『훈민정음해례^{訓民正音}
^{解例}』합자해^{合字解}

'아소님하 도람 드르샤 괴오쇼셔' —『정과정곡^{鄭瓜亭曲}』

축도^{祝禱}, 기원^{祈願}에 쓰는 말로
'고시래 – 고시 – 라이' – (만주어 gosire 愛愍하소서)

라는 말이 있고 또 취지가애자^{臭之可愛者}와 미지가애자^{味之加愛者}

'고시다, 구시다'

는 말이 있으니 이것은 '고시 – 고싀 – 고이 – 괴'로 각전^{舒轉}된 어운이니
그 어근은 '곧 – ᄀᆺ – ᄀᆽ – ᄀ'이다. 건조, 건열^{乾熱}의 '갇 – 갓'이니 건조상^乾
^{燥狀}을 '고실고실하다', '고슬고슬하다'의 '고실, 고슬'은 'ᄀᆽ – 곳'의 전운
이다.

또 탐애, 애착을 '반'이라 하느니 가능한 어운 추정은 '반 – 발 – 받'으
로 원망^{願望}을 '바라다 – 발'이라 함을 보면 이 또한 열중^{熱中}, 동경^{憧憬}의
뜻에서 전이된 것 같다. 지금에서는 애련^{愛戀}, 사모를 '사랑 – 살'이라고
하는데 이것은 이조 초기의 사량^{思量}(ᄉᆞ랑) 회억^{懷憶}(ᄉᆞ랑)의 어휘와 애호,
애총^{愛寵}(사랑)의 어휘와의 어느 것을 전승한 것인지 사량^{思量}, 사유^{思惟}
에서 사모, 애모로 전이된 것인지 애모, 사모에서 사량, 사유로 전이된
것인지 즉, 사랑한다는 것은 생각한다는 것이요, 생각하는 이는 사랑
하는 이인지 알기 어려우나 애모는 열중^{熱中}, 열정에서 오는 것이라면
애모의 '살'은 열^熱에서 전생된 것이요, 사유의 '살'은 총명에서 전생된
것이라고도 할 수 있다. 그러나 영어의 think와 thank와의 어의^{語義} 관
계를 생각하면 일률적으로 그렇게만도 생각할 수 없을 것이다. 실로
사유라는 것도 충동이 감정으로 추상되고 감정의 다시 반성된 것이 사

유인 이상 별계別系의 관념 계보에 분속分屬시킬 것이 아니며, 사랑이라는 것이 사고가 아니라 충동감수衝動感受의 생리적 현상 즉, 열熱의 상승을 그대로 표현한 어운인지도 모르겠다.

사랑은 무엇이냐에 대한 설명은 사랑의 본질과 현상을 기실은 설명하는 것이 아니라 시인, 문사文士의 얼빠진 수사修辭의 나열에 지나지 않는 것이라면 과학자의 생물학적 또는 생리적 상태에 대한 기술이 애愛를 사랑이라고 부른 우리 조어사용자들의 사상, 또는 그 사랑의 본질을 정확히 설명하는 것이라고 나는 믿고 싶다. 명칭은 사물의 본질을 표현하는 것이다. 적어도 그 명칭을 준 철학가들의 그 사물의 본질에 대한 근본 의미를 표현한 것이라는 것은 소박한 대로 진리일 것이다.

우리가 영원永遠 또는 무한無限의 관념을 시간상 또는 공간상에 가지게 된 것은 일월日月의 무왕불복無往不復과 우주의 광대무변廣大無邊에서 온 것임은 누구나 수긍할 것이다. 항시恒時의 '늘'이 일日의 '늘'에서 전이되었고, 항구恒久의 ':내'가 'ᄂ리=ᄂ이-ᄂ'에서 온 것임도 요해될 것이다. 영구永久의 '오래-올-울'도 일日 → 시간에서 전이된 것이며, 대大, 후厚, 고高의 '하' 어의와는 다른 장구長久의 뜻을 가진 부사로 '하'가 있으니, 이것도 일日 → 장시長時로 전이된 어운이다.

영英, 불어佛語의 eternal도 Latin의 aeternālis에서 온 것으로 이 또한 연시年時에서 전이된 말이라고 한다. 우리의 조어 창조자 또는 조어 전승자들은 공간적 무한無限이라는 것은 생각할 수 없었던 것 같다. 외곽外廓, 변극邊極의 '갓-ᄀ-ᄀ'은 어떤 한계를 예상한 것이오, 종단終端의 의미인 '가-갓', '글-끝'도 여기서 전이된 것인데 끝이 있는 것이오, 끝이 없는 것은 아니다. '어대[36]까지', '어대까장'이던지 영역領域의 '갓-갇'은 변단邊端의 '갓'을 가지고 있는 것으로 생각하였다.

그러나 그들도 어느 사이에선지 '갓없는', '끝없는', '까지가 없는', 말

---

36 '어디'.

할 수 없는 '가장 큰 것'을 생각하기는 하였던 것이다. 요사이는 장구長久, 영원의 뜻으로 '길이-기리'라는 말을 쓰나, 이 '길'은 원래 시간관념時間觀念에서 나온 어휘가 아니고 공간관념空間觀念에서 나온 것으로 차용借用한 것이다. 물론 이 어운은 이조李朝 이전부터 병용하였던 것이다.

청정淸淨의 어휘로 'ᄀᆞᆮ(ᄌᆞᆮ)', '조ᄒᆞ', '말ᄀᆞ'들이 있는데 이 어휘들이 광명, 명정明淨에서 전이된 것인지 우수雨水, 수청水淸, 청정淸淨에서 왔는지 확연히 하기가 곤란하나 영어의 clean은 clear에서 온 것이오, clear는 Latin의 clārus에서 불어佛語 cler, clair를 지나서 온 것인데 광명에서 직접 전이된 것 같다. 그러나 어떻게 생각하면 고대인古代人들은 '물'을 퍽이나 청정淸淨한 것으로 여겼던 것으로 세례洗禮, 관정灌頂에 물을 쓴 것은 말할 것도 없으며 재계齋戒에 목욕은 불가결不可缺의 예비의식豫備儀式이었다. 직접으로 또는 실제로 물은 모든 것을 맑게 하는 것임을 조어祖語 사용자들도 경험하였을 것이다.

그리하여 '물은 맑은 것이다, 물은 갓은 것이다, 물은 조흔 것이다'고 하지 않았을까? 그렇다면 맑은 것은 밝음에서 왔다기보다 '믈-믈-물', '믈-말'에서 왔다고 볼 것이며, 'ᄀᆞᆮ-ᄀᆞᆮ-ᄀᆞᆮ'에서 왔다고 볼 것이며, 'ᄌᆞ-조-졸'에서 왔다고 볼 것이다. 즉, 수水에서 왔다고 볼 것이다. 그러나 일률적으로 그렇게만 보아지는 것도 아니니, 어떤 어의는 즉, 어느 언어사회에서의 관념 전이는 우수雨水를 통해서, 어느 언어사회에서는 광명을 통해서 그 관념을 전이시킨 것으로 볼 것이다. 예외의 범주에 대해서는 설명치 않더라도 알 것이므로 그만 두는 바다.

제1 어보^{語譜} A(원어보^{原語譜} 1의 a)

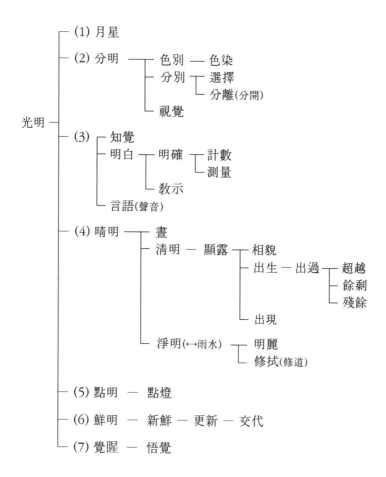

월月의 '달(둘)', 성토의 '별-빌-불'이 일日에서 직접 전이된 것으로 보아도 무난하나 광명光明에서 전이된 것으로 보아 둔다.

광명光明의 'ᄀ-ᄀᆞᆫ-굴'이 분별, 분리, 분개分開의 '가르(글)', 분절分切의 '갓, 간'으로 전이되고, 선택選擇의 '갈리', '골르'로 된 것은 누구나 알 것이다. 광명의 'ᄂ-ᄂᆞᆫ-늘'이 'ᄂᆞᆫ'으로 음운이 전변되어 분리, 분배의 '나노, 나누', '난호'가 되었으며, 광명의 'ᄃ-ᄃᆞᆫ-들'이 분제分除의 '덜', 분리의 '떨-떠', '따'로 전변되고, 광명의 'ᄆ-ᄆᆞᆫ-믈'이 분별의 '마련', 색色의 '물', 분리의 '말리'(싸움을 말리다는 말의 '말리'가 '말게 하다'는 뜻도 있으나 접전接戰을 분리시킨다는 뜻이 더 농후한 것 같다), 원리遠離의 '멀', 후퇴의 '물리', 분열分裂의 '매-미'로 전이되었으며, 광명의 'ᄇ-ᄇᆞᆫ-불'이 분개分開의 '발리', '벌리', '발기-벌기'-'빠게', 분쇄分碎의 '뻐게'-'빴, 빳, 뿟', 분탈分奪, 탈취의 '뺏'으로 전이되었으며, 탈의脫衣의 '벗-밧'이 현로顯露, 노정露呈의 뜻도 있으나 이탈離脫 즉, 분리의 뜻도 있다.

견見의 '보'도 'ᄇ'의 전운轉韻으로 Latin의 'vidēre'의 어근 'vid'도 원래는 명明의 뜻이니 이 'ᄇ'도 광명, 분명分明의 뜻이다('보이다'의 방언方言에 '비이다'라는 어운이 있으니 '비이다', 'ᄇ이다'의 따로 된 전운일 것이다). 광명의 'ᄉ-ᄉᆞᆫ-슬'이 분절分切, 분단分斷의 '썰', '썬', '싼글-썬글'[37] 간격間隔-희소稀疎의 '선기-설'로 전이되었으며, 광명의 'ᄋ-ᄋᆞᆫ-올'이 '올'로 전변되어, 분절分切, 절개切開의 뜻으로 쓰이며, 또 분리, 이거離去, 이거移去의 뜻으로 '올ᄆ'가 있으며, 광명의 'ᄌ-ᄌᆞᆫ-줄'이 분제分除의 '재', 분절의 '잘-짤'로 전이되었으며, 광명의 'ᄒ-홀-훌'이 분산의 '흩ᄒ-흩', 분괴分壞, 붕괴崩壞의 '허르, 헐므', 분파分破의 '헐', 파상破傷의 '헐'로 전이된 것이다. 기음氣音으로 분절의 '캐', 탐취探取의 '캐', 분절의 '타', 분배의 '타', 매매賣買의 '파', 굴취掘取의 '파', 분할分割의 '패', 분해分解의 '풀',

---

37 개開의 '열'은 '설'의 전운임은 이미 말한 바로서 이 또한 분개分開, 분리分離의 뜻에서 온 것이다.

개발開發의 '펴-픠-픠-프-포'들도 모두 분개, 분리의 뜻을 가진 'ᄀ-굳-굴', 'ᄃ-둗-둘', 'ᄇ-붇-불'의 전운임은 물론이다.

명백明白은 분명한 것이니 명백과 분명을 따로 정립시키지 않더라도 무관할 것 같으나, 명확하게 하고, 확연確然하게 하고, 확실하게 하는 뜻으로 전이시키면 그 어의가 다소의 차이를 가지게 되므로 별립시킨 것이다. 이 명백에서 백색白色의 '시-실',≠'ᄒ-히-희-히'어운이 생긴 것으로 일본말 '시로ᄼ口'는 여기에 대응되는 말이오, Skt의 śvetā(白)는 śvit(to shine)에서 온 것이니 일광日光에서 전이된 것은 의심할 여지가 없다. Latin어의 albus(√alb)도 또한 √al-√ar에서 온 것으로 동東의 √ori-or와 같은 어근일 것이다.

교敎를 '가르치', '가르키'의 '가르-갈'은 밝게 하는 것이오, 분별시키는 것이니, 분명의 계系에 소속시킬 것이나, 단순한 분별만이 아니라, '치, 키'의 활용접미사를 가져 능동적인 어의를 가지게 되었으므로 명백하게 하는 것, 확실하게 하는 것의 뜻으로 이 계에 소속시킨 것이다. 사물의 경중輕重을 알아보는 것을 '다루다'라고 하느니, 이 '다루-다르-달'은 명확히 한다는 것이다. 형衡의 '저울'은 '저＋울'의 합성어로 보아지나 '접＋울'로 분석할 수도 있다. 전자前者라면 '울'은 'ᄋ리'의 전운으로 사물지칭접미사이오, 어근은 '저'일 것이며, 후자後者라면 어근은 '접'이다. '접'은 '잡-줍-ᄌᄇ-ᄌ'의 전운으로 등동等同의 뜻을 가진 어운이니, 등동은 등제等齊, 제일齊一, 균일均一의 뜻으로 전이되어 경중輕重을 다루는 것은 '균정均正해 보는 것'(형衡의 균정均正된 모양에서 구성시킨 관념)의 뜻이 아닐까 생각되기도 하나, 척尺의 '자'가 측測의 '자이-재'에서 구성된 어휘라면 '저울'의 '저-자-ᄌ'도 거기서 온 것이 아닐까도 생각된다.

한漢의 칭자秤字의 뜻은 제평齊平에 있으나 일본말 '하카리ᄼ力リ'는 명확明確의 뜻을 가진 것 같다. 영어의 balance는 Latin어의 bi-lanx에서

온 것으로 two scales의 뜻이니, 이 또한 균제^{均齊}에서 온 것으로 볼 수 있다. 계수^{計數}의 '세-헤', '세알-헤알'의 세는 '싀-스'의 전운으로 '시-싁'의 방언이 있음을 보아 더욱 확연할 것이니, 이 또한 명백, 분별에서 전이된 것이다.

날이 흐린 데서 밝아지는 것을 '개다'라고 하느니, '개다'는 '가이다'의 촉음^{促音}이오, '가이다'는 '가다-가'의 자동사역형^{自動使役形}이다. '가'는 'ᄀᆞ'의 전운으로 광명의 뜻에서 '밝아지다'와 같은 뜻을 가진 말이다. 즉, '하늘이 개다'라는 말은 '하늘이 밝어지다'는 말이다. 청명^{淸明}, 청결^{淸潔}의 '맑-몱-믈'은 수^水의 청^淸에서 온 것으로 말하였으나 '깨끗-ᄀᆞᆺᄀᆞᆺ(ᄀᆞᆯᄀᆞᆯ)'이 청정^{淸淨}의 'ᄀᆞᆺ-ᄀᆞᆯ'은 광명, 청명에서 전이된 것으로 보고 싶다.

즉, 우리 조어^{祖語} 중 'ᄀᆞᆺ'어운은 광명에서 그 관념을 구성시킨 전승^{傳承}의 어휘라는 것이다. 염료, 색료^{色料}를 '물감'이라 함을 보면 광^光=색^色의 관념 전이로 보아 광^光을 '믈←믈'이라 한 적이 있었음을 말하는 것이니 청^淸의 '말ᄀᆞ'가 광명에서 오지 않았다고도 할 수 없으나 한자의 청, 정^淨, 결^潔의 제자^{諸字}가 모두 수변^{水偏}을 가진 것은 우수^{雨水}가 청정^{淸淨}하다는 그들의 관념 전승을 솔직히 표현한 것이라고 볼 것이다. 일본말 청^淸의 'kiyo'는 'kijo-kiso-ks'의 전운으로 국어^{國語} 'ᄀᆞᆺ-ᄀᆞᆯ'에 대응되는 말이나 이것은 우수에서보다 광명-청명^{晴明}-청명^{淸明}에서 전이된 것 같다.

『삼국사기^{三國史記}』 권제34 지리일^{地理一}에 '청천현^{淸川縣} 본살매현^{本薩買縣}'이라 하여 청천^{淸川}을 '살미'로 읽었음을 보면 청^淸을 '살←슬←슬'이라 하였는데, 지금도 청초^{淸楚}한 것을 '삳득(삳듯)'이라 하는 말이 있다. 이 청^淸의 '삳' 또한 우수에서 왔느냐 광명에서 왔느냐? 아마 광명의 '숟-슬'에서 전이된 것 같다. 세^洗의 '씻(←싣ᄒᆞ)', 소^掃의 '실' 모두 이 계통이다.

'구름이 걷다', '팔을 걷다', ':발을 걷다'들의 '걷은' 수집收集의 뜻은 아니오, 현로顯露의 뜻이니 '나타나게 한다'는 것이다.

'칼ㅅ날(刃)'의 '날'은 '날카라운'의 '날'로 전이된 말이나, 원의는 광휘光輝에서 구성시킨 것일 것이다. 현로顯露의 '나타나'는 '낟ㅎ+나' 즉, 현출顯出의 합성어로서 어근은 '늘ㅎ-늘'이다. 이 또한 광명-청명晴明-명현明現에서 전이된 것이다. 안면顔面의 '낯'도 여기서 구성된 것이며, 상相의 고어 '느지'는 '느디-늘'의 전운으로 원어근은 '늘-ㄴ'이니 안顔의 '낯-낟ㅎ-날-늘'과 그 어근이 같은 것임을 알 것이다.

그리고 모상貌相의 '상'이 한자漢字 상相에서 온 것처럼 알고 있으나 우리 고어古語에서도 현現을 '상'이라 한 것 같으니 '아직'의 '상기', '상금尙今'의 '기, 금'은 시時의 뜻이니 '상'은 금今-현現의 뜻이다.

생生의 '나, 나ㅎ'가 현現의 뜻이며, 생에서 출出로 전이되어 '집을 나다, 문門을 나다'의 어휘가 구성되었으며, 이 출에서 과過, 월越, 여餘의 어의들이 생긴 것도 말할 것 없을 것이다.

정조精調를 '다루다'라고 하느니 칭정秤正의 '다루다'와는 좀 다른 뜻으로 쓰이는 것이니 '옷을 다루다', '고기를 다루다'들의 '다루-달ㅂ-달'은 정명精明하게 한다는 말이니 광명-분별에 소속시켜야 하나, 정명精命-정묘精妙에 소속시켜야 하나, 일종一種의 주저인순躊躇因循이 생각되나 이 계보에 소속시켜도 무난하리라고 생각된다. 그것은 '옷을 다리미로 다리다'라고 할 때의 '다리-달'은 정명淨明, 정결淨潔, 미려美麗하게 하는 것을 뜻함으로서다. 또 '다듬다-다듬질하다'의 '닫'도 정명하게 하는 것이오, 미려美麗하게 함으로서다. '빛다듬다'라는 말은 '빛'나게 하고 '달'나게 한다는 말임을 생각할 때 더욱 그러하다. 식발飾髮, 장발粧髮을 '달비'라 함도 꾸미는 것이므로 그 명칭을 얻은 것이다. 그러나 현재 우리가 전승하고 있는 미美의 어휘는 '아름답다', '곱다' 즉, '아름다움', '고움'이다. 이 '아름-알', '곱-고'의 어휘는 이 정명淨明의 계보에 소속되는 것이 아니오, 정명精命의 계보에 소속시켜야 할 어운이나 미인美人을 여인麗人이라고도 한다면 '아름다운 이'를 '빛나는 이'라고도 하여야 할 것인데 그러지는 않는다. 이것은 오로지 사고 방식과 관념 전이의 전승적 차이에서 온 때문이다.

청명清明, 청정清淨의 '맑'은 '몱', '물 ㄱ'의 전운이며 원어근은 '물 – 몬 – ᄆ'임은 이미 말하였거니와 이 어휘의 어의는 정명淨明에서 온 것이 아니라 우수雨水 – 청명清明에서 온 것으로 나는 위에서 말하였다. 이 청결清潔의 관념은 광명, 우수에서만 전이된 것도 아니오, 정명精命에서도 전이될 수 있는 어운이다(영어의 pure는 Latin의 purus, Greek의 $\pi\upsilon\rho$(puar), Skt. pū와 같은 어근을 가진 말이라면 이 또한 광명에서 온 것이다).

원단元旦, 신년新年의 장물粧物 '비음'은 '빗음 – 빚음 – 빋'의 전운이오, 추帚의 '비', 소梳의 '빗'의 어의도 청결清潔하게 하는 것, 미려美麗하게 하는 것의 뜻이다. 불어의 beau, bel, bon 모두 같은 전승의 어운이 아닐까?

'산듯'하다는 어의도 밝다는 뜻으로 '산'이 어근이오, '듯'은 여如의 뜻으로 요사이 '가는 듯이, 자는 듯이'의 듯 그것과 같은 뜻을 가진 것이다. '산 – 숟'이 광명에서 왔느냐, 우수에서 왔느냐, 또 정명精明에서 왔느냐? 심히 규정하기 곤란하나, 일반 어의의 공동共同된 점으로 보아 광명 – 정명淨明에 소속시킨다. 총명聰明의 '살미', 명찰明察의 '살피', 명혜明慧의 '살가오←술＋갑' 등 모두 광명 – 명백明白 – 명확明確에서 온 것들을 생각할 때 더욱 수긍될 것이다(언言, 왈曰, 운云, 성聲들의 '가로', '니르', '말', '살ᄫᅵ', '소리'들의 어의가 직접 이 계보에 소속되는 것은 아니나 이 명백明白의 뜻을 농후히 가졌음은 주의할 것이다).

청정清淨의 '조ᄒᆞ', '좋졸(조출)'은 그 계보를 밝히기가 심히 곤란하나 이 어휘는 정명精命 – 정묘精妙에서 오지 않았나고도 생각되나 광명의 계보에 소속시켜 두는 것이 무난할 것 같다.

미장美粧의 '차리, 치리, 채리(← 츨 - 츤 - 츳)'가 광명, 명정明淨에서 온 것임은 물론, 소제掃除의 '치 - 칙 - 츳이'도 이에 소속되는 것이다. 백白의 '히 - 회 - 히 - 흥'가 일日에서 바로 왔느냐, 명백明白에서 왔느냐, 청명淸明에서 왔느냐가 또한 문제되나 어보상으로 이 청명淸明에 소속시킨다. 광명이란 종합관념에서 분명, 명백, 청명淸明 등 관념이 분출分出된 것만큼 계보상으로 이렇게 분류하나 그 분류된 어의가 내면적으로 깊은 관계를 가지고 있으며, 늘 혼선을 이루기 쉬움을 미리 요해할 것이다. 또 가능한 모든 어휘를 가져 와서 그 어운을 밝혀 그 계보를 확정하는 것은 이 논論의 본래 뜻한 바도 아니고, 또 여기서는 번쇄煩瑣함으로 독자는 이것을 토대土臺해서 모든 어운과 어의를 확정해서 이해하기를 바라는 바이다.

점명點明을 '켜다, 혀다, 셔다'라고 하느니 이 어근은 '켜 - 키 - ㅋ - ㄱ', '혀 - 히 - ㅎ', '셔 - 시 - ㅅ'의 전운으로 원어의는 '밝히다'는 뜻이다. 혹은 '셔다'의 어운을 '현다'의 전변된 음운이라고 고집하는 이가 있으나, 이 '셔 - 서'는 '시 - ㅅ'의 전운으로 '혀'의 변운變韻이 아니오, 고유의 어운이니 명明, 서曙의 '새(시)'운이 있음을 보아 고집할 것이 아니다. 그리고

'불을 떼다', '불을 :대다'
'불은 타다'
'불이 붙다'
'불을 살다(사르다)'
'불을 지르다'

이 어운들은 '밝히는 것'이라기보다 '불질'한다는 뜻이니 점명點明의 계보에 소속시킬 것이 아니라, 광열光熱 - 화열火熱 - 화火 - 화지火之의 계보에 소속시킬 것이다.

신新의 '새'가 명明에서 온 것은 물론이나 교체交替, 갱신更新의 '갈', '갓'이 정명淨明-청정淸淨에서 분화된 것이냐 어쩌냐는 것은 얼른 단정하기 어렵다.

밝은 것이 새 것이냐? 또는 맑은 것이 새 것이냐? 또는 갓 나타난 것이 새 것이냐? 영어의 new는 Latin어의 novus, Greek의 neos[nefos], Skt.의 nava와 서로 대응되는 것이며, Skt.의 nava는 그 어근을 Skeat씨는 √nu에 연관된 것이라 하였다. 영어의 now는 W.Monier씨는 그 범어사전梵英辭典에서(Skeat씨의 영어원사전英語原辭典 역동亦同) Latin의 nu-nc, Greek의 nun, Skt.의 nu에서 왔다 하였다. 국어에서의 '지금-진(짓)금'의 '지-진'에 청결淸潔의 뜻이 있으니, 식拭의 '닫그다-딲다'를 '지우다←지브다←지다←지'라고 함이 그것이니 '맑게, 밝게'한다는 뜻이다. 또 초初, 금今의 뜻이 있으니 '지새는 밤'이라든지 이두吏讀 '절비분節比分(지위ㅅ분)', '=이번만'의 '지'에서 찾을 수 있다. 금今의 '이제'는 '이+제'로서 '제'는 시時를 표하는 말이오, '이'는 유有의 '있'과 그 어원語源을 같이한 것으로 '이-의-이-ᄋ'의 전운으로 원어운은 'ᄋ(아)'이다.[38] 일본말 '아나르ㅏㄴㅏㄹ'의 'ㅏ'는 여기에 대응되는 말이다. 이 'ᄋ'는 '온-올'과 동위운 또는 그의 원운으로서 전변하여 '오-온-올'이 되어 금일今日, 금년今年의 '오늘', '올해'의 어휘를 구성시킨 것이다. 영어의 this year와 그 어의가 꼭 같은 것이다. 그런데 이 'ᄋ-온[39]-올'은 명明-현顯-현現-금今-신新의 뜻을 가진 말이니, '새'는 청명晴明-명현明現의 뜻을 가진 말로 볼 것이다. 그러면 이 선명鮮明-신선新鮮-갱신更新은 청명淸明-현로現露의 계보에 종속시켜야 할 것이나, 그러나 어의 전이

---

38 상금尙今의 아즉'은 '아+즉'으로 금시今時, 현시現時의 뜻이다. 원래는 '아즉까지'라고 하여 '迄于今時'의 뜻으로 썼던 것이 '까지'를 약략略하고 쓰기에 버릇이 되었다. 고어古語에 '손직'라는 말도 '직'는 시時의 뜻이니 '손-ㅅ'가 또한 금今의 뜻일 것이다.

39 일본말 '아라ㅏㅋ', '아타라ㅏㄱㅋ(新)', '아라후ㅏㅋㄱ(洗)', '아라타ㅏㅋㄱ(改)', '아라하ㅏㅋ ㅅ(露, 現)', '아리아리ㅏㅣㅋㅣ(歷歷, 存在)' 등 참조.

상 따로 독립시킨 것이다.

'갓난 아이(新生兒)'에서 보듯이 '신新'의 뜻을 가진 '갓'은 '갈 – 갏'의 전운이니 그의 동위운同位韻은 '갈'이다. 그러므로 '날이 가시고 달이 가시서……'로도 쓰이며 이 신新에서 대代의 뜻으로 전이되어

'옷을 갈아입고 말을 갈아타다'
'북관北關에 ‥ 새님 그미 ᄀᄅ시니(북관갱신주北關更新主)' —『두시杜詩』
　　권21, 23쪽
'대代 ᄀᄅ츨딕' — 자회字會 중권中卷
'서르ᄀᄃ디몯ᄒᄂ니라(불용상대不容相代)' —『능엄楞嚴』권1, 93쪽

로 쓰이는 것이다. 이 갱신更新이 경중更重 – 중첩重疊 – 중복重複의 어휘 '갋 – 갈비 – 갋히'에 작용하고 있음은 물론이나, 그러나 이 말의 계보가 여기에 소속된다는 것은 아니다. 갱복更複의 '다시 – 닷', '다부 – 답'도 여기에 소속되는 것이 아니오, 또 '동개다', '포개다'의 중첩, '쌓다'의 중적重積, '재다'의 첩상疊上도 이 계보에 소속되는 것은 아니다. 그러므로 이 어보에 소속되는 어휘가 적으므로 따로 일계一系를 만드는 것이 좀 번루煩累하기도 하나 위에 말한 것처럼 그리하여 별립시킨 것이다. '대신 ', '대로'의 대代가 한음에서 왔다고 일반이 생각하고 있으나, 나는 우리가 그 전승을 같이 할망정 우리의 고유어가 아닌가 생각한다. 그 어근은 'ᄃ리 = ᄃ이 – 딕'로서 선명鮮明 – 신선新鮮 – 갱신更新 – 갱대更代 – 대체代替로 전이된 것 같다. 교환交換의 '받구 – 받ᄀ'가 교잡交雜의 '섣ᄀ'와 같은 계통에 소속시켜질 것도 같으나 교체의 계보에 소속시키는 것이 도리어 의당할 것이다.

'잠을 깨다'
'소견이 깨엿다'
'도道를 깨다'

의 '깨'는 '까이-까-가-ㄱ'의 전운으로 '깨닫다-깨다르다'의 어휘를 구성시킨 것으로 청晴의 '개'와 같이 '밝어지다'는 뜻이다. 그러나 '돌을 깨다', '그릇이 깨여지다'의 '깨'와는 계보를 달리한 것이오, 부화孵化의 '깨리다-까다'의 계보와도 다른 것 같다(부화의 '까-깨'가 명현明現, 출현出現의 뜻이니 그 계에 소속시킬 것이다). 요설饒舌, 다변자多辯者를 '입만 깟다'고 할 때의 '까'는 이 계보에 소속시킬 것이 아닌가 하고 생각한다. 수식修拭을 '닦그다-땎다'라고 하느니 이 어근은 '닦'이다. 이 '닦'을 정명淨明의 뜻으로 해解하여 옳으나, 수도修道의 '닦그'에는 '밝아지고 깨여지는' 뜻이 들어 있지 않을까?

이상 말한 바와 같이 한 관념 속에 들어 있던 모든 속성이 분화되어 여러 관념으로 전이분화轉移分化된 까닭에 그 전이분화된 관념들은 서로 그 의미의 접근왕래接近往來로 말미암아, 또 그 언어사회의 모든 제도, 풍습, 경험으로 말미암은 영향을 받아 다시 결합되기도 하고, 또는 하나는 그 현재에서 고정되고 다른 것만이 관념 분화觀念分化의 능력을 가진 어운이 되기도 하는 것이다.

제1 어보 B(원어보 1의 b)

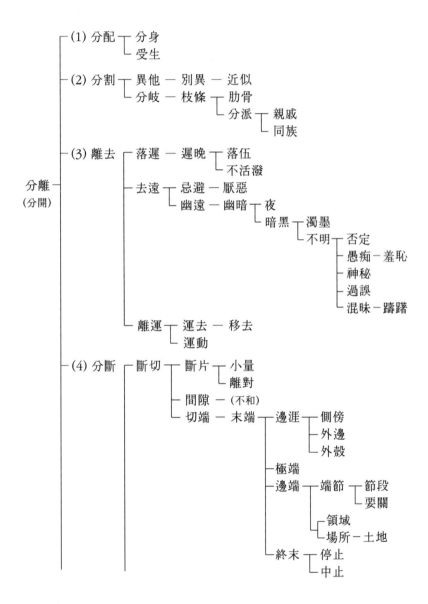

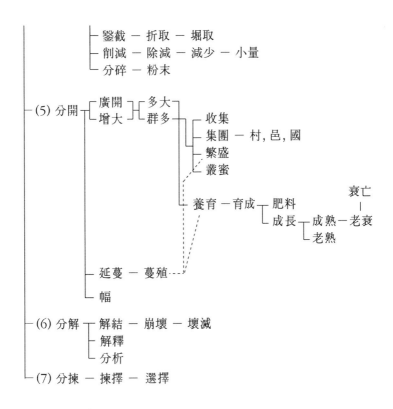

'박을 타다'라는 말은 분할分割의 뜻이나 '배급配給을 타다'라는 말은 분배分配를 받는다는 말이다. 그러면 '봄을 타다', '바람을 타다'라는 말의 뜻은 무엇인가? 춘기春氣의 분배를 받는단 말이오, 풍기風氣의 분배를 받는단 말이라는 것은 위에서 말한 바와 같다.

그러면 '문성文星을 타고 났다', '북두칠성北斗七星을 타고 났다'의 '타'[40]

---

40 '타'운은 '틱'의 전운으로 '하늘맛 영靈흐긔운을 틱며'(품천지지령稟天地之靈) –『내훈內訓』권1, 2쪽–를 보아 알 것이며 이 '틱'는 '띡 – 딕'의 전운이다. 불락拂落, 분제分除의 '털 – 떨 – 덜'이 모두 분리의 뜻에서 전이된 것으로 그 어근은 '돌 – 돋 – 닥'임을 미루어 짐작할 것이다. '석석析 ᄠᆞ릴 –『유합類合』하下, 59쪽', '자규子規새바믹우니묏대ᄣᅥ려디고 (자규야제산죽렬子規夜啼山竹裂) –『두시국해杜詩國解』권9, 9쪽.

는 무슨 것인가? 이 또한 그의 정기精氣의 분여分與를 받아서 낫다는 말이다.

우리 조어 사용자들은 그들이 이 세상에 생탄生誕케 된 것은 일정日精, 천기天氣 내지 성진星辰의 정精의 분여分與를 받아서 된 것이라고 생각한 까닭에 '이 세상에 태어났다'는 것은 즉, 일정日精, 천명天命의 분신分身으로 이 세상에 왔다고 생각한 까닭이다. 그것이 뒤에는 산악山嶽의 정기精氣, 하천의 정기 내지 영금신수靈禽神獸의 정精을 받아 태어났다고까지 생각한 것이다. 그리고는 십이지十二支의 사상이 들어오자 연年의 간지干支의 힘을 받아 태어났다고 해서 그 원천源泉으로 무슨 '띠'하기까지 된 것이다. 이 사상은 모든 감생설화感生說話를 만들어내게 하였고 신인동형설神人同形說을 내게 하였고, 대아소아설大我小我說을 빚어내게 한 것이다.

'가르다', '나누다' 등의 분배의 뜻을 가진 말이 있는 이상 이 말이 수생분신受生分身의 뜻으로 쓰인 적이 없었다고 누가 단언하랴! 수受의 '받'이 봉상捧上의 뜻이 주의主意이나 '분수分受'의 뜻도 가졌으며 의뢰依賴의 뜻도 가진 것이다. 그렇다면 '이 세상에 몸을 받아 나서'할 때의 '받'어운 속에는 분신分身의 뜻도 들어있지 않다고 할 수 있을까? '이 몸이 삼겨 날 제'의 '삼ㄱ-삼'은 생生, 작作의 뜻이 주의主意이나 등동等同, 포위包圍의 뜻도 있으며, 분단分斷 '삼그다-상글다'의 뜻도 가졌으니 수생受生의 뜻도 들어 있다고 볼 것이다.

분할의 '가르-갈'은 분기分岐의 '갈-결'로 전이되고 선조線條의 뜻의 영향을 받아 분파分派의 뜻으로 전이되어 '가리', '갈래'가 되고, 한편으로 '가리', '갈비'가 되어 늑골肋骨의 '갈비ㅅ대', '갈비ㅅ뼈'가 되었음도 추상推想될 것이다. 노로蘆의 '갈-굴', 각脚의 '갈' 모두 여기서 전이된 것이다.

그런데 분기分岐, 분리의 '나느-나노-나누', '난호-난후'의 '난'이 '날

-날'의 전운인 것은 'ㄷ=ㄹ=ㄴ'의 어운 전변 또는 출입ᵇᵉ으로 추정할 수 있으니, 분할분기分割分岐의 뜻을 가진 '날'계 어운은 지금 가지고 있지 않으나, 이운移運의 뜻으로 '나르다-날르다'라는 말이 쓰이고 있으니, 결국 이운移運한다는 말은 A점에서 B점으로 분리시키는 현상을 가리키는 것이니 이 어운 속에서 찾을 수 있다고도 할 수 있다. 그런데 여기서 문제되는 것은 이異의 '다르-달'이란 어떠한 관념이며, 이 관념은 무슨 경험을 통해서 무슨 전대前代 관념을 기본해서 구성시킨 것인가이다.

지금도 서로 어긋나는 것을 '갈린다'라고 하느니, 어긋난다는 말은 무슨 뜻을 가진 말인가? '갈린다'는 말은 '다르다-달러진다'는 말과 같은 뜻을 가진 말이 아닌가? 영어에서의 different라는 말은 그 어근 differ에서 구성시킨 것이오, 이것은 Latin어 differre(to carry apart)에서 온 것이오, dif는 dis가 f음 앞에 선 까닭에 변한 음으로 Greek의 di-와 함께 apart(分離)의 뜻을 가진 말이오, ferre는 'to bear'의 말이다. 그리하여 differ, differre는 'to bear apart, to carry apart'의 뜻이라 한다. 그러면 '다르다'는 말의 뜻은 '떠르'진 까닭에 '떼'여 졌으므로 '따로' 있는 것이므로 구성된 관념이라고 보아도 괜찮을 것이다. 이 differ와 같은 어운을 가진 말에 defer라는 말이 있으니 역시 differre에서 온 말인데 그 어의는 '연기延期하다, 느루다, 유예猶豫하다'는 뜻을 가지고 있다. 조선말에 '느루다-느리다'라는 말은 그 어근이 '늘-는-느'로서 분리分離의 '난-날-낟'과 그 어근이 같음을 볼 때 분리=분개分開=연만延蔓은 같은 관념의 전이임을 추정케 한다. 그렇다면 '갈러진 것'은 '갈리는 것'이오 '덜어진 것'은 '다른 것'임을 알 수 있다. 그러나 반대어인 '같(갇-갈)'은 하나이고 한 가지이기 때문이니, 일一, 대大, 동同의 계보에 소속시킴이 타당할 것이다.

갈러지는 것이 가는 것이오,[41] 가는 것은 떨어지는 것이오, 벌어지는 것이오, 멀어지는 것이오, 설어지는 것이오, 아름하게 되는 것이오, 저물게 되는 것이오, 점글게 되는 것이오, 그리하여 어덥게 되어 감감하게 되고, 깜깜하게 되고, 캄캄하게 되어, 잃어버리기도 하고, 모르게도 되고, 흐리게도 되는 것이다. 그러면 헤맬 수밖에 없을 것이 아닌가?

흑색마黑色馬의 '가라말'의 '가라'는 몽고어이냐? Skt.어에서도 흑黑을 kala라 하며 일본말에서도 kuro라 한다. 조선말에서도 탁濁을 '흐리다'라고만 하는 것이 아니라 '걸다'라고도 하니, 원래 탁하단 말은 밝지 못하고 맑지 못하고 흐리고 어덥다는 말이며, 또 원래 흑黑의 '감-검'이 암暗에서, 불명不明에서 전이된 것이니 '갈'이 외래어라고만 생각할 것이 아니다. 일본말에서 운雲을 kumo라고 하는데 국어에서는 '구름'이라 한다. 영어에서는 cloud를 굳이 'a round mass' 즉, 집단, 군집群集의 뜻으로 해解하려고 하나(운집雲集→집단→군다群多로 전이되었음을 부정하려고는 하지 않으나, 군다→집단→운집에의 관념 전이 과정을 나는 부정한다), 나는 암탁暗濁의 뜻을 가진 원어근 $\sqrt{k-r}$에서 해解하려 한다. '구름'은 '구르미'의 촉음促音이오, 어근은 '구ᄅ-굴'이었다고 생각한다. 이 '굴'은 'ᄀᄇᆯ'의 전운이오, 'ㄹ'음(또는 ㄷ음, 이 음이 첨가된 것이 암흑暗黑=악惡의 군-궂이라고 생각한다)이 첨가되기 이전은 'ᄀ비'였을 것이라고 추정한다. 이 '굽'은 'ᄀᄇ'에서 재구성시킨 것이나 원의元義는 '덮는 것', '어더운 것'의 뜻으로 구름은 하늘을 덮고 어덥게 한다 하여 그렇게 명칭한 것이라고 생각한다.

---

41 멀다는 말에 '가맣다'는 말이 있으니 이것은 '가마하다'는 말이 준 것으로, 그 어근은 '가마-감'이다. 이 어근을 '갑ᄆ-갈ᄆ'로 분석하기는 곤란한 일이나 그 어근의 '감'은 '가미'-'가ᄆ'로 분석하지 않으며, 안 될 일은 동일한 정도에서 난삽難澁을 느끼게 한다. 생각건대 'ᄆ'는 활용접미사라기보다 같이 원遠의 뜻을 가진 '갈-가'와 '믈-ᄆ'가 합성되어 된 말이라고 보고 싶다. 그렇지 않으면 '가ᄅ다' 해도 괜찮을 말을 왜 '가ᄆ다'라고 하였을까? 식植의 '시므다', 한무의 '가므다'와 같이 그렇게 된 것이라고 하면 그만일 것이나, 동류어운同類語韻이 없는 것은 그렇게 단정하기를 곤란하게 만든다는 것을 부언해둔다.

Skt.어에서의 megha(雲)는 그 어근이 $\sqrt{migh}$ = mih로서 '물뿌리'의 뜻을 가진 말이라고 한다 하면, 고어 'ᄀ + ᄇ리'에도 '수水 + 살撒'의 뜻을 가지게 할 수 있으나 그 어떨는지 곧 판단이 서지 않는다. 참조로 들어 두지만 몽고어의 운雲의 üle도 담천曇天을 ületei üdür이라고 함을 보면 역시 암暗에서 전이된 것이 아닐까?

영어에서도 무霧를 mist라고 하느니 이것은 Skt.의 $\sqrt{migh}$ = mih에서 왔다 한다. 그리하여 mist로 구성시켰으며 mis(wrong, err or bad)로서 접두사(prefix)에 쓰이기도 한다. 이 mist에서 mistery, mystery, misty들을 구성시켰으니 아무래도 암暗에서 비秘로, 일방은 암에서 치痴 – 과오過誤로 전이된 것 같다. 과오를 '거릇', 또 허위를 '거짓'이라 하느니, 그런데 과오는 불명不明한 것이니 '거르 – 걸'이 불명암매不明暗昧에서 전이되었다고 할 것이나, 허위는 좀 다른 관념으로서 '거짓'은 이조李朝 초에는 '거즛 – 거즈'라 하였으니 그 어근은 '것'이다. 요사이도 공空히를 '것어'라고 하느니

'거저 먹다'

'거저 놀다'

가 그것이다. 그리고 '것'은 '걷 – 갇'의 전운이라면 이것만은 허공의 계보에 소속시킬 것이다. 또 기피忌避, 염오厭惡를 '끄리다 – 꺼리다'라고 하느니 이 '껄 – 걸'은 멀리 한다는 뜻에서 전이된 어운이다.

매媒의 '꺼으름 ← 거스름 ← 거슬 ← 거스 ← 것'이 '좃 – 조 – 존'에서 왔으며 '므스기, 그스기'의 수모誰某, 부지하인不知何人의 '굿'도 여기서 왔다. 덜다(분제分除), 떨다(낙불落拂), 떠다(리離), 떼다(리離), 이외에 ᄃ계 어운으로는 지遲의 '드디', 불활발不活潑의 '더듬'들이 있으며, 구垢의 '떼', 예穢의 '더러운'이 혹 여기에 소속시킬 것이 아닌가도 생각되나 존의存疑하며, 영어의 distant, dark는 우선 이 계통(Tarnish 亦同)으로 보아 무난할 것이다. 복개覆蓋의 '덮'이 '우하다'의 뜻이나 '어둡게 하다'의 뜻이

들어있지 않다고는 하지 못할 것이다.

부지不知의 '몰'이 '믈-믇-무'에서 전변된 것으로 퇴退의 '물-믈', 원遠의 '멀', 분열分裂의 '매', 제초除草의 '매', 혼미混迷의 '멍', 농聾의 '먹', 묵墨의 '먹'들이 이 계통에서 소속되는 것으로 볼 것이다. 그리고 인추引推의 '밀'이 이운移運-운동의 '밀-밀-뮐'에 소속시키는 것이 당연도 하나, 인引의 '끌', 이移의 '나르'와 같이 분리운동에서 구성된 요소를 농후히 가졌다.

분리의 '벌-발', 분할分割의 '빠-뻐', 쇄碎의 '밧-빳-붓-봇'과 거원去遠의 '버으름', 이탈離脫의 '밧-벗'들은 이미 지적한 바이거니와 야夜의 '밤-바미'가 암흑暗黑과 불가분의 관념상 관련이 있을 것이나, 몽고어에 야夜를 süni라 하는데 sünümui라 하면 멸망, 소실消失한다는 뜻이니 그것과 계보를 같이 한 것인지도 알 수 없다.

과비過非를 '외'라 하고 부정不正을 '비-빗'이라 하고 경사傾斜, 횡사橫斜를 '비-빙'이라 함을 보면 '외'는 '비'의 전운이오, 폐기, 무용無用을 '버리-벌-불'이라 함을 보면 이 또한 같은 계통임을 짐작케 하나, 이것은 위조委凋의 계보에 소속되는 것이며 틀어진 것을 비틀어졌다고 함도 동계同系의 어휘이다.

'썰다'하면 분단의 뜻을 가진 말이나 '낯설고 산설다' 하면 생소生疎하고 부지不知하다는 뜻이다. 일본말 '사루サル'는 거리去離의 뜻으로 이 계보에 소속되는 말이며 '설명하다'는 말은 '설+멍'으로 모두 암매暗昧, 부지를 뜻하는 말이오, '살망'하다는 어운도 있다. '활을 쏘다'의 '쏘'도 이거離去의 뜻이 제일의적第一義的이오, 취취醉의 '속', 기欺의 '속다-소기다'의 '소ㄱ-소'도 혼매부지混昧不知의 뜻에서 전이된 것이 아닐까? '설레대다', '설치다'의 '설'도 운동-동작의 뜻을 가진 말로 볼 것이다. 염厭의 '실ㅎ-실'도 원리遠離의 뜻에서 전이된 것이다.

유암幽暗의 '아득'은 '아드-알'의 전운이오, 우치愚痴의 '어리-얼'은

'알－앋'의 전운이다. '어름어름하다'의 주저踟躇, 인순因循의 뜻도 결국 암매부지暗昧不知에서 전이된 것이오, '어더분'의 '얻'도 여기에 소속될 것은 물론이다. 하何의 '어떤, 어떻게, 어찌, 어째서'의 '얻－엋'이 모두 부지不知에서 전이된 것임은 이미 말한 바와 같다.

석昔의 '이전, 예전'의 '이－예'가 '니－네'의 전운으로 이거離去－과거過去의 뜻임은 물론이나 이 '니－네'가 '시－싀'의 전운인지 어쩐지는 확언키 곤란하다. 숙석宿昔의 '아래'의 '알'은 확실히 이거離去－과거의 계보에 소속되는 것이다. 시조時調들에 나오는 '어즈버'라는 말은 무슨 뜻인 줄 알지 못하고 있으나, '아지못커라'의 뜻이 아닌가고도 생각되는데 그렇다면 '버'는 활용접미사로서 '수저버', '가리버'의 '버'와 같은 것이오, 어간은 '어즈－어드－얻'로 암매부지暗昧不知의 뜻으로 해解하고 싶다.

취醉를 '어리다'라고 하느니 이 또한 혼매混昧케 되므로 이름 얻은 것이다. 곤란하게 생각하는 것을 '어리하다－어렵다'라고 하느니 이 '얼'도 부지不知에서 주저踟躇 내지 허삽虛澁으로 전이된 것이다. 어려운 일은 모르는 일인 까닭에 자연 어리하게 되는 것이다. 두려운 일도 알지 못하는 일인 까닭에 '두릿두릿'하는 것이 아닐까? 이운移運을 '올므－올'이라고 하느니 이것도 분리현상에서 전이된 것으로 이 '올ᄆ'가 '옴'이 되고 '옴ᄀ'가 되어 지금은 '옹기다'라고 발음들 한다.

이 '옴'에서 준동蠢動 동작動作의 '움즉'이란 어운이 구성되었는지 맹아萌芽 즉, 정명精命－생명－생동生動의 '움'에서 전이된 관념인지 그 계보의 소속을 밝히기가 곤란하나 양계兩系의 의미가 다 작용한다고 보아 둔다. 이 의심을 가지는 것은 '곰직－꼼작'－'금즉－끔즉(섬석－껍적)'의 '곰－금－검'이 분리 보행步行의 '걸－걸어가다'의 '걸'과도 의미상 관련을 가지기도 하나 아무래도 정명精命－정수精髓의 '곰'과 밀접한 관계가 있는 것 같아서다. 이 '움'이 '울므'의 촉음促音인 것은 동요動搖의 '울렁거리다'의 '울'이 있음을 보아 짐작할 것이며 '알랑거리다'의 어운이 있음을 보아 '울'과 함께 '올'에서 전변된 것임을 알 것이다.

'자르'가 원래는 분리의 뜻이나 지금은 단절의 뜻에 고정되었으며, 모훈의 '점'이 '저'에서 구성된 것이며, 이 어의가 수면睡의 '자-잠'과 같이 위조萎凋-노쇠老衰 또는 단절斷切-종말終末의 계통에 소속시킬 것인가? 또는 암흑의 계통에 소속시킬 것인가? 의심이 없지 않으나 유암幽暗의 뜻으로 보는 것이 주의主義일 것이오, 여타餘他의 뜻도 들어 있다고 봄이 타당할 것 같다. 또 분척分剔을 '짜개다'라고 하여 '짝-짜ㄱ'가 지금의 발음이나 그 어근은 '짜-째'이다. 분열分裂의 '째'가 이조 초에 이미 경음화하였던 것은 말할 것도 없으나, 척술斫鉞의 '짜구'(경남 방언)가 경기京畿에서는 아직도 '자귀'라고 발음됨을 보아 원어근은 '작-즉-즈'였음을 짐작케 한다. 일방으론 좀 더 그 활용을 유력하게 하기 위하여 '자ㄱ다-짜ㄱ다-짜기다-짜개다'로 되고 일방으론 그만 '자이다-짜이다'→'째다'로 된 것이다.[42] 기피忌避, 염오厭惡를 '짜다'라고 하니 물론이 계보에 소속시킬 것이다. 물론 이 기피, 원리遠離의 '짜'에 정지精之→압착壓搾의 '짜'의 어의가 작용하고 있음이 지금 쓰이고 있는 '짜다'의 어의임을 잊어서는 아니 된다.

분단, 단절斷切이 분리에서 파생된 어운임은 물론이다. 현 어운 '끈-끊'가 '귿'에서 온 것이오, 이것이 '귿ㅎ-귿-긏'이 된 것도 말할 것 없다. 이 '귿'이 '걷'에서 온 것임은 지금에도 '간-갓'의 어운이 전승되고 있음을 보아 짐작할 것이다. ㄷ=ㄹ=ㄴ이 상통관계相通關係에 있음은 도渡의 '건-걸-건'에서도 발견할 수 있으며 내부의 '안', 내용의 '알'에서도 발견할 수 있다. 이 단절斷切의 '귿-긏'에서 단말端末의 관념이 구성되었으니 단절된 그 자리는 그 물체의 종단終端을 이루는 것이오, 종단은 그 물체의 한계를 이루는 것이므로 단斷의 '귿-긏'은 '귿-긏'이오 한限의 '귿-긏-긎-긏'이다. 한계는 그 물체의 외곽外廓이오, 주변이므

---

42 찢다←찌즈다←쯪←즊←즑←즑. 지음←즈슴(隔)←즊←즑←즑. 참조.

로 주방周傍의 '곁-긷-귿', 피皮의 '갗-곷-귿-긋', 한도의 '까지', 변경邊境의 '가장+자리', 한극限極, 극단極端의 '가장'들의 관념과 어운들이 파생분화된 것이다. 그러나 여기서 일고할 것은 단말端末이 외변外邊, 주변의 관념에 직접 전이될 수 있느냐는 것이다. 종단은 종말終末이오 한계限界요, 단변端邊은 될 수 있으나, 일단一端이 아닌 전단全端의 즉, 주단周端의 관념까지 구성시킬 수 있을 것이냐는 것이다.

그러므로 주변, 외변外邊, 외곽, 외각外殼, 외피外皮, 표피表皮의 관념은 제10어보第十語譜 원위圓圍의 관념을 기다려 비로소 완성될 수 있는 것이므로 이 정도로 주의를 환기시킬 뿐이오, 자세한 것은 제9어보와 제10어보를 고찰하기 바란다.

한계의 관념에서 국한局限, 단절段節의 관념이 전생轉生되었으니 절節의 '맏'(일본말 홀迄의 마데マデ는 여기에 대응되는 말이다)-'마디'라는 어운이 생기는 것도 이 까닭이다.

이 단절에서 단편斷片의 관념이 구성되고 즉, '짜게진' 것에서 쌍척雙隻의 '짝'이 나오고, 편便의 '쪽'이 나오고, 편片의 '쪼각'이 나온 것은 말할 것도 없다. 여기서 소량小量의 '족금'-'조그만'(정명계精命系의 어의도 작용하고 있지만), '작은', '자그만'의 관념이 또한 구성된 것이다. 축소縮小의 '조라지다', '줄어지다'의 관념도 여기서 나왔느냐, 위축萎縮에서 나왔느냐가 다소 판정키 곤란하나 위축이 주요, 단편斷片의 작용은 부副라고 볼 것이다.

두계 어운에 소속되는 것으로 제감除減의 '덜'이 있으니 분리의 '떠-떨, 때-뗄'과 같은 어운으로 지금은 오로지 제감의 늦에 또 제감된 것은 적다는 뜻에서 소량少量의 뜻으로 전이되어 부사로만 쓰이나 원의는 분리, 분단의 뜻이다(혹은 이 양 어휘는 그 어운은 같으나 전연 어보를 달리한 것으로 후자는 정명精命-소자小者의 계보에 소속시킬 것이라는 설도 성립시킬 수 있다).

급及을 '및'이라 함은 거기까지 한限한다는 뜻이니 확충擴充, 확장擴張의 뜻도 가진 말이다. '미처 가지 못했다'고 부사적으로도 쓰니 이 어의도 '최最' 또는 '완完'의 뜻으로 쓰인 것이니, '거기에 미치지 못하였다'는 뜻이다. 광狂의 '미치-및'은 이와 어운은 같으나 미처 말하지 못하였으나 암흑暗黑-과오過惡의 계통에 소속시킬 것이 아닌가 생각한다. 종말終末의 '막' 어운도 '마+기'의 촉음促音으로 이 계통에 소속되는 것이다. 방어防禦, 충새充塞의 '막'은 물론 다른 계보의 어운으로 방어의 '막'은 병요屛繞, 폐장閉藏의 뜻이나, 이 한계의 뜻도 농후하다.

모두 그 어근은 'ᄆ-ᄆᆡ-믜-미', 'ᄆᆞᆯ-ᄆᆡᆯ-믤-믿' 또는 'ᄆ-마', 'ᄆᆞᆯ-맏'으로 전변될 수 있는 'ᄆ-ᄆᆞᆯ'이다. 항項, 관關의 '목'은 'ᄆ+기'의 전운으로 또한 한限, 절節의 뜻에서 전이된 것이다. 분배량分配量의 '목'도 이 계통의 것이나 전부의 뜻도 들어 있다(계박繫縛의 '묵'을 참조).

분단分斷, 절단切斷의 '버히다=버이다'들에 대해서는 이미 말하였거니와 전田의 '밭←받', 구획區劃의 '뺨-밤'은 허공-광원廣原-영역의 계보에 소속된 것이지만 주변周邊(外廓)의 받(받간=밧갓), 벽壁의 '발암'의 '발' 등은 이 계보에 속할 어휘로서 전田, 구區는 영역에서 외곽外廓은 주변에서 벽壁은 병장屛障의 뜻도 있으나 한계에서 전이된 것이다.

간間의 '사ᄉᆡ-사지-사디-샅', '서리-섵', 간교間交, 교잡交雜의 '섣그'는 잡다雜多, 교체交替의 뜻이 원의이나 '서로 사이에 넣다'는 뜻도 가지고 있다.[43]

경내境內의 '얼+안', 번리藩籬의 울(?←ᄋᆞᆯ)이 병장屛障의 뜻이냐 한계限界의 뜻이냐? 그 주의主意를 추정하기에 알망알망하나 한계가 주의이오, 병장屛障은 부의副意라고 추정해 둔다. 탈탈奪奪의 '앗-앗-앝'이 분단분

---

43 편뉴編紐의 '엮그'는 '섣그'의 전운이니 간교間交에서 교직交織, 편직編織의 뜻도 있으며, 직織의 '짜'가 원래는 정지精之의 뜻으로 직조織造, 교직交織의 뜻에서 교구交構, 구조構造의 뜻으로 전이된 것이다.

리斷分離에서 왔을 것이다. 토양土壤의 '흙-흘기'의 '흘'이 영역-토지에서 왔느냐? 암탁暗濁에서 왔느냐는 것은 좀 미상未詳하나 후자라면 암탁의 그 뜻 속에 우리 조어 사용자들의 우주생성관宇宙生成觀에 재미난 견해를 보내주며 재하자在下者라고 '흘', '흘기'라 하였더라도 재미스러운 견해이다. 그러나 나는 전자를 취한다.

분리되는 것이 분개分開되는 것임은 물론이다. 개開의 '열'은 '설'의 전운임이 추정될 때에 더욱 의심없을 것이다. 늘어지는 것은 넓어지는 것이오 늘워지는 것이다. 나란히 선 것이 늘어선 것이냐? 벌려선 것이 늘어선이냐? 덜부친 것이 덛부친 것이오, 더부친 것인 이상 증대增大의 '더'와 '덜'은 동위운同位韻으로 보아야 할 것이다. 더해지는 것은 많(←말ᄒ)아지는 것이오, 많아지는 것은 크(←ᄀ)지는 것이오, 무리지어 지는 것이다. '무리'는 '므리'의 전음이오, '므리'는 '믈-믈'의 전운이다. 모두 군다群多의 뜻이오, 그리하여 집단集團의 뜻으로 촌락村落, 시읍市邑의 뜻으로 전이된 것이다.

곡谷(里)의 '실-슬', 신라국의 '실-실앙', 동洞의 '골-ᄀ을', 구려국句麗國의 '골-고리', 벌伐의 '벌-블', 부여夫餘의 '부서', 백제百濟·맥이貊耳의 '배ᄉᆡ-배지', 가야伽倻·가락駕洛의 '가ᄉᆞ-가라-가다'의 어운도 모두 집단集團에서 도읍방국都邑邦國의 뜻으로 전이되어 얻은 것이오, 일본의 Jir-pan은 졸본卒本, 휼품恤品, 솔빈率賓에서 얻은 이름을 그들의 국호國號로 한 것이다. '소-솔', '시-실'은 집단의 뜻이오, '본-번-븐-블' 또한 집단의 뜻도 있을 것이나 광원廣原의 뜻도 들어 있다고 봄이 옳을 것이다. 예濊의 고음古音은 '새' 또는 '살'이니 이 또한 'ᄉᆞ이'-'슬'의 전운으로 볼 것이며, 진眞, 진辰은 '신'으로 읽을 것으로 '신←실'이 되기 전前에는 '슨-슬'이었을 것이다. 선인仙人, 선인善人의 선仙, 선善도 '신'으로 진眞, 진辰과 더불어 동음이사同音異寫로 볼 것이다. 그런데 증대增大, 광대廣大, 군다群多의 관념이 이 분개分開되는 현상에서 구성된 것이냐, 천

天-일日의 속성인 허공의 광대廣大에서 구성된 것이냐에 대해서도 주저됨이 없지 않다. 영어의 one, Latin어의 uni-, unus의 on, un이 대大, 동일同一의 뜻을 가진 것은 누구나 알 것이나 그 원의가 무엇인가는 확연치 아니하다. 한자의 천자天字가 대大에서 구성되었든지, 대자大字가 천자에서 분화되었든지 이 두 글자가 상사한 것은 대의 뜻이 천일天日의 뜻과 상사함을 보이는 것이라고 추찰推察할 수가 있다.

조선어에 있어서 분개分開의 '간-갈, 걷-걸'과 대大의 '간-갈=걷-걸'과 같으며 일一의 하둔河屯(ᄀ든), 동同의 '간-갇ᅙ-같'과도 같아서 분개에서 중대-대일大一-동일의 관념이 구성된 것도 같으나 허공, 공계空界, 천일天日을 우리 고어에서도 '간-갈-귿'이라 한 적이 있었을 것이라는 것은 광光의 '갈'에서 이미 말하였거니와 일본말 공空의 '카라カ ラ'는 이 전승을 견지堅持하는 어운이라 할 것이다. 그러므로 이 관념전이는 그 어운을 전승하던 언어사회의 사유방식의 차이에서 생긴 것이니, 즉, 어떤 전승사회에서는 분개分開에서 광대廣大, 장長, 다多의 관념을 구성시켰으리라는 것이다. 그러므로 여기서는 중대增大, 다대多大, 군다群多의 뜻에 국한시켜 이 계보에 소속시키고, 일一, 동同, 전全, 독獨의 뜻으로 전이된 부분은 허공-광대廣大-유일唯一의 계보에 소속시키려고 한다. 그것은 특별한 의미에서 보다 편의상 그렇게 한 것이오 다른 의도는 없다.

청산별곡青山別曲에 '멀위랑 ᄃ래랑 먹고 청산青山애 살어리랏다'의 '멀위', 'ᄃ래'는 '멀애, 달애'라고도 하느니 이 '달', '멀'이 원과円果의 뜻도 있지만 함께 만초蔓草의 뜻에서 득명한 것이 아닌가 생각한다. 만연蔓延을 '벋-벌', '벛', '벐'이라 함도 여기서 나간 것이며, '벛-뻗'도 '벋-벛'의 전운이다.

연석延席의 '픠-펴'(분포分布의 '펴'도 이와 동계어同系語)도 이 계보에 소속되는 것이다. 이 만연蔓延, 만식蔓殖 내지 중대, 증장에서 양육養育, 생성

生成의 관념이 발생되었는지 정명精命 – 생명 – 생활에서 전이되었는지, 또는 일상日上 – 상고上高에서 전이되었는지, 어운상 구분하기 곤란함으로 이 또한 관념구성에 있어서 그 전승의 다름을 고려하여 병기한다.

크기가 크 – 키(← ㅋ이)이오 키가 기(← ㄱ이)의 전운이라면 양육養의 '길', '키우다'라고 함을 보면 증대에서 또는 일상日上 – 상고上高에서 양육의 관념이 나왔다고 보아지나 양육養의 '치'는 일상 또는 정명에서 전이된 것도 같다.

또 크게 되게 하는 것이 기르는 것이 아니라 기르는 것이 크게 되는 것이라면, 즉, 대大→양육養이 아니라 양→대이라면 이것은 생명의 계보에 소속시키는 것이 옳을 것 같다. 비료肥料의 '걸음'은 '걸(大)'게 하는 것이므로 그 이름을 얻은 것이라면, 더구나 양養→비肥→대大의 관념 전이 과정이 자연스러운 것 같다.

또 육성育成에서 성장의 관념이 나오고 성장에서 성숙, 성숙에서 노숙老熟, 노숙에서 노쇠, 쇠망의 관념이 전이되는 것도 수긍될 것이나 이 육성이 양육에서 나왔고 그 양육이 증대증장增大增長에서 나왔느냐? 생명生命 – 생장에서 나왔느냐로 말미암아 그 계보가 자연 달라질 것이다. 이것은 기운이 '세'다의 '세'는 '서이 – 사이 – ㅅ'의 전운으로 원래로 강强은 력力의 뜻이오, 력은 생명이오, 생명력이니 이것은 정명精命의 계보에 소속시킬 것으로 노숙의 '세'도 여기서 나왔다고 볼 것이다. 그런데 종縱의 '세'는 원의元義는 '장長, 고高'의 뜻이니 이 장長, 고高는 어디서 전이된 것이냐? 생장生長 또는 일상에서 전이된 것이 아닐까?

분리되는 것은 또한 분해分解되는 것이오, 해박解縛되는 것이오, 해박되는 것은 자유自由로 되는 것이다. 해解의 '풀'은 초草의 풀이조 초에는 '플'이었고 화火의 불이 '블'이었음을 보아, 이조 초에는 '플'이었을 것은 개開를 '프다'라 함을 보아 알 것이다.

매화梅花픈 만리萬里밧긔(매화만리외梅花萬里外) ‒『두국杜國』권21, 15쪽

이 '프‒플'이 '프‒풀'에서 왔을 것은 '픠다, 픠다, 펴다'의 어운이 있음을 보아 짐작할 것이며, 이 기음氣音은 '브‒블'에서 온 것이다.

해解의 '껼'이 원의는 분개分開한다는 것이오, 분리시킨다는 것으로 개開의 '열'은 '설'에서 왔으며 '벌'(←블)에서 '펼'(‒치다)이 나온 것이다. 붕괴崩壞의 '헐'도 여기서 나온 것이오, 분산의 '흐트(흩ㅎ)'도 여기에 소속되는 것이다.

분간分揀의 '갈러다', '골러다'가 정명精明하게 하는 것이냐 어떠냐는 것으로 그 계보를 달리할 것이나 분간分揀의 뜻에서 여기에 소속시킨다. 선택選擇이 분별分別에서 직접 나왔다고도 보여지나 분리의 관념 속에 포촬包撮시키는 것이 도리어 무난할 것 같다.

제 2 어보(원어보 2)

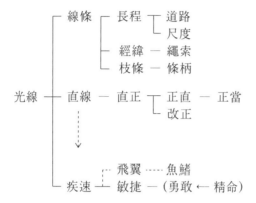

지枝의 '가지←가디← 굳'이 분기분출分岐分出의 뜻에서 이름을 얻은
것은 확실하나 그렇다고 이 선조線條의 뜻을 가지지 않는 것도 아니다.
도리어 이 두 뜻을 함께 가짐으로써 지枝의 진실다운 관념을 구성시키
고 있는 것이다. 노蘆의 '갈, 갈ㅅ대'도 그 선조의 형태形態에서 이름을
얻은 것이오, 죽竹의 '대'의(←ᄃ이-ᄃ) 또한 그러한 것이다. 각脚의 '가
리-가랭이'도 또한 분출분기分出分岐의 뜻이 주의主意이나 선조의 뜻을
가졌으며, 늑골肋骨의 '가리-갈비'는 선조의 뜻에서 얻은 것이다.

승繩의 '노', 경經의 '날'의 원어근은 'ᄂ-늘'로서 광선光線의 선조에서
이름을 얻은 것이며, 일본말 '승繩'의 '나와ナワ nawa-naba'는 '나＋바'
로 '나'이나 '바'이나 모두 선조의 뜻일 것이다. 죽竹의 '대'도 선조의 뜻
에서 왔다고 하였으나 일본말의 taka라는 어운이 있음을 보면 고高의
뜻도 들어있는지 알 수 없다. 마래어馬來語 tinggi는 '높'다는 형용사이나
'죽竹'을 뜻하는 말로도 쓰임을 보면 그 뜻이 농후하다고도 할 것이다.

Malay어에서는 bambu, or buloh라고 함은 '대(take)'와는 그 어운어계를 달리한 것이다. 생각건대 bambu는 banbu 즉, ban-bu로 그 어근은 ban이오, 이 ban은 bar-bal의 전운이라면 동어同語의 등藤의 balun을 연상할 것이다. 그리고 buloh의 bul-oh와 그 어근이 원래 같았음을 보이는 것이 아닐까? 우리말에 승繩을 '바'라고도 하느니 이 어운은 '받-발'로 전화轉化될 수 있는 것이다.[44] 그렇다면 malay어에서는 죽竹으로, 조선어에서는 승繩으로 분화고정分化固定되었다고도 볼 수 있다. 그러나 malay어에서 차봉車棒, 차원車轅을 bam이라 함을 보면 bambu의 bam은 ban-bar의 전운이 아니오, ba-m으로서 원어근 ba에서 구성된 것이라고 할 수 있다. 우리말에 비臂를 '팔'이라 하나 이조 초에서만 해도 '볼'이라 하였으니, 이 '볼'은 또 분출분기의 뜻이지만 선조線條의 뜻을 가진 것이다. 그러나 '힘이 있는 것'이라는 뜻에서도 왔는지 모른다. 일본말 '우데ウデ'는 완腕의 뜻만 가진 것이 아니라 '능력能力'의 뜻도 가지고 있는 것 같다. 영어의 arm도 완腕과 권력權力의 뜻을 가졌고 arms, army로 전이되어 무력武力, 군대軍隊의 뜻을 가졌음을 보아 짐작할 수 있다.

승색繩索을 '삭기(삼기)'라고 하느니 이 어근 '삳'도 선조線條에서 온 것이오, 비臂를 지금은 '곱비'(←곧비)라고 하나 이조 초에는 '셔기-셕'이라 하였으니 그것은 '셕-싁-슥-ᄉ' 또는 '셛기-셛-싇-슫-ᄉ'에서 전운된 것으로 또한 색索의 '삳(슫)'과 그 어운을 같이 하였던 것이다. 시矢를 '활+살'이라 함도 자력刺力의 뜻이 원의이나 궁弓에 쓰는 선조물線條物이라는 뜻으로도 명칭된 것이오, 산형山荊의 '싸리(사리)'도 그런 형태를 가진 때문에 명칭되었던 것이다.

사絲의 '실'도 '슬-실-싈'에서 전변된 것이라는 것은 곧 짐작할 것이다. 일본말 ito는 yito의 전운이오, yito는 jito-sito-sit에서온 것으로

---

44 강綱, 벼리-비리-ᄇ리-볼 참조.

'실'의 동위운同位韻 '싣'과 그 어근을 같이 할 말이다. 창窓살의 살, 연鳶살의 살, 사립문門의 '살', 경계선境界線 살미의 살 등 모두 그 뜻에서 명칭 지어진 것이다. 선승線繩의 '줄'은 'ᄌᆞᆯ'의 촉음促音이니 소승小繩을 '자불악'이라 함을 보아 알 것이다. '악'은 '아기'의 촉음促音으로 왜소矮小를 표시하는 명사접미사이니 승繩을 'ᄌᆞᆯ'이라고 하던 고어를 그대로 전승하는 어운이다. 선열행線列行의 '줄'도 그것이며, 『훈몽자회訓蒙字會』에 적䋙, 강䋄을 '쥬리올'이라 하였는데 곱비를 셕이라고만 한 것이 아니라 '쥬리올'이라고도 하였음을 알 수 있는데 '올'은 사선絲線을 뜻함은 지금에도 다름이 없으며 '쥬리'는 '줄'의 특별한 기사記寫라고 볼 것이다. 이 '쥬리'는 '지우리 – 지부리 – 지불 – 지블'로 분석환원分析還元시켜 'ᄌᆞᆯ – 지블 – 듸블'의 어운을 일방으로 전하는 것이라고도 볼 수 있다. 이의 어근은 'ᄌᆞᆯ – ᄌᆞᆸ – ᄌᆞ'이다.

　저箸를 '저 – 졔'라고 하나 전라 방언에서 '져븜'이라고도 하느니 그 현실 발음은 'ᄌᆞ븜'이다. 이것은 'ᄌᆞᆸ + 미'의 합성어로 '미'는 사물지칭접미사이오, 어간은 'ᄌᆞᆸ'이다. 이것을 보통 '집는 것'의 뜻으로 '저븜'이라 한다고 생각들 하고 있으나 '져 – 졔'가 근筋, 조條의 뜻인데 'ᄌᆞᆸ'만은 집執의 뜻이라고 할 수 있을까? 일본말 '하시ハシ'는 협挾의 '하사무ハサム'와 깊은 관계가 있는 것 같고 한자에서도 협자筴字가 지持, 저箸의 양의가 있음을 보면 국어의 'ᄌᆞᆸ'도 집執의 뜻이라도 할 것이나 그 어운이 '지븜'이 아니고 '져븜'으로 또는 'ᄌᆞ븜'으로 전해짐을 보면 집執과는 다른 뜻을 가진 것이라는 무의식적 노력이 그 속에 작용하고 있는 까닭이 아닐까? 또는 이 'ᄌᆞᆸ'는 수반隨伴의 뜻으로 일본말 '沿フ, 伴フ(so-pu)'에 대응되는 말이라고 하면 저箸의 의미가 심심甚深해짐을 느끼게 하나 여기서는 서로 따르는 근조물筋條物이라는 뜻으로 정해 둔다. 노鑪의 '줄'도 그 선상線狀에서 득명한 것일 것이며, 화본과禾本科에 속하는 '줄풀'의 이름도 이 뜻에서 얻은 것일 것이다.

장정長程의 원어운이 '길'이냐 '질'이냐는 것은 급거히 논단하기 곤란하나 그 어느 하나를 밝히더라도 꼭 같을 것이다. 이 장長의 관념이 어떻게 해서 구성되었느냐 하는 것은 가장 나를 초조케 하고 방황케 하는 어운의 하나이다. 도량형度量衡에 대한 관념구성의 과정을 더듬기에 나는 헤아릴 수 없는 사고의 장도長途를 헤매었다. 그러나 그 어의의 계보를 확실히 하였다고는 내 자신 아직도 석연하지 않으나 이 어보에 소속시키는 것이 무난할 것 같다. 대大의 관념에서 전이시키는 것이 얼른 생각하기에 가장 타당할 것도 같아서 거기에 소속시켜 만족도 해 보았으나 결국 이리로 가져 왔다. 또 분리分離 – 이거離去 – 거원去遠 – 장원長遠의 전이 과정도 추정해 보고 만족하려 하였으나 너무나 관념적임이 반성되었다. 좌우간 이 장長의 관념은 퍽 복잡한 구조를 가지고 있는 관념으로 먼 것도 긴 것 같고, 큰 것도 긴 것 같고, 넓은 것도 긴 것 같고, 높은 것도 긴 것 같고, 오랜 것도 긴 것 같고, 또 그러한 동작 자체에서 길어지는 것도 같아서 뻗어가고, 번져가고, 퍼지는 것이 긴 것인가? 건너는 것이 긴 것인가? 설어지는 것이 긴 것인가? 자라나는 것인 긴 것인가? 이 모든 의미를 합해서 된 것이 길다는 관념 그것인가? 그리하여 드디어 폭幅을 고려한 '길이'가 참 '길이'일 것이다 하여 이 선조의 계보에 소속시킨 것이다.

　또 이것이 가장 감각적이라고 생각한 때문이다. 길이와 같은 폭을 가진 길이는 있을 수 없다. 고高와 광廣으로 더불어 같은 분별할 수 없는 장長은 있을 수 없다. 그러므로 멀어진다, 커진다는 관념에서 깊이의 관념이 구성되었다고는 생각되지 않는다. 다만 생장生長하는 것은 장대長大하게 되는 것이니, 이 관념에서 장의 관념이 전이되었다고 하는 것은 확실한 근거를 가질 수가 있다. 신장身長의 '키'가 '크이 – 킈'의 전운임이 확실한 이상 대大와 장長의 관념은 밀접분가분密接不可分의 위치에 놓여 있으나 무슨 다른 관념이 작용하지 않고는 구성시키기가 곤란하며 조선 어휘에 있어서 '길'의 동음어는 양양養의 '길', 로로路의 '길', 구久의 '길', 찬찬讚의 '길', 차尺의 '길', 무무袤의 '길'(『유합類合』에 길시무), 유유油의 '길'(→기름), 안안鞍의 '길'(→기르마), 급급汲의 '길', 심심尋(장丈)의 '길', 순치馴致의 '길', 방적紡績의 '길쌈' 등등이 있는데 길＝긴이 동위운이라면 주주柱의 '긴', 금襟의 깃(긴), 대대待의 '긴'(→기다리다), 희희喜의 '긴'(긴그, 긴거브, 긴브) 등인데,

　양양養은 장장長의 뜻
　구久는 시時의 뜻
　찬讚, 안鞍, 주柱, 희喜는 고高의 뜻
　무袤는 광廣의 뜻
　유油는 정수精髓의 뜻
　급汲은 분할分割의 뜻(떠다, 퍼다란 말을 참고)
　로路, 심尋(장丈), 대待는 장장長의 뜻
　순馴은 행동(행위)의 뜻
　방紡은 선線(사糸)의 뜻(삼은 작위作爲의 뜻)

으로 이 어운은 그대로 '질－진'에 환치換置시킬 수 있다.

　그러면 지연遲延의 '질'(지리, 지루), 행동의 '짓＝질', 경직徑直의 '질', 농농濃의 '진'(진흙), 대大의 진(진흥)들도 여기에 포함시킬 수 있다.

　지연遲延은 구장久長의 뜻
　행동은 동요動搖의 뜻
　경직硬直은 직直의 뜻
　농濃, 대大는 다多(성성盛)의 뜻

들이니 이 가운데 장장長에 관련된 어휘는 양양養, 구久, 찬讚, 안鞍, 주柱, 희喜, 무袤, 로路, 심尋, 대待, 방紡, 지遲, 연延, 경직徑直의 어운들로서 양양養＝

장長, 구久＝장, 고高＝장, 광廣＝장, 선線＝장, 연延＝장, 다多＝장, 대大＝장의 관념상 상관을 간취看取할 수 있다.

이 가운데서도 장양長養, 생장生長에서 장長의 관념을 구성시켰다는 공산公算이 퍽 큼을 시인하나 선線을 떠난 장을 연상할 수는 없다. 그러므로 생장生長의 장을 깊이 관심하면서 선조의 장에 소속시킨 것이다. 그렇다면 도道의 '길'이 선조線條인 것, 장長한 것의 뜻으로 쉽게 해석할 수 있다. 토이기어土耳其語의 양육한다는 büyüt-mek의 어근 büyü는 크게 되다, 생장生長, 생육生育하다의 뜻을 가진 말로서 명사로 쓰면 마술魔術, 주술呪術, 요술妖術의 뜻을 가지며, 형용사로서 büyük라 하면 '큰, 키 큰, 고귀高貴한, 거룩한, 나이 많은, 넓은'의 뜻에 쓰이며, büyü-ka-ba는 조부祖父요, büyü-anne는 조모祖母의 뜻으로 쓰인다. 일본에서 '오후オフ'의 어운은 대大의 뜻과 고高의 뜻에 쓰이며 한자의 장長 또한 수상首上, 존상尊上의 뜻에도 쓰인다. 참고로 들어 둔다.

혹은 영어의 way는 도로, 보행의 뜻이 있으며, 범어의 vaha에서 유래된 말로서 √vah는 운행運行의 뜻을 가진 말이오, malay어에서는 도道를 jalan이라 하고 걷는 것을 jalan 또는 berjalan이라 하니 길의 어운도 보步의 '걷-걸'에서 온 것이 아닌가라고 할 것이다. 물론 가능한 의문이다. 그런데 도로는 왜 '길'이란 어운으로 되었으며 가街는 왜 '거리'라는 어운에 고정되었는가? 거리는 '걸음＝걸'과 음운상 밀접한 관계가 있어서 가街는 '걸어 다니는 데'라는 것이라고도 할 수 있으나, 도로의 '길' 또는 '질'이 왜 방사紡絲의 '길', '질', 장長의 '길', '질'과 어운상 동일한가 하는 의문이다.

혹은 길은 거리와 같이 원래 그 어운이 같은 '굴'이었으나 가街는 보步의 어의영향으로 '거리'에 고정되었으나 도道는 장長의 어의의 영향을 받아 '길'에로 전변된 것이라고 할 수 있다. 만일 어운상 관계로만 말할 수 있다면 일본말 '미찌ミチ'는 장長의 뜻이 아니라 단短의 '미찌카시

ミチカシ의 '미찌ミチ'의 뜻이라고 할 것이 아닌가고도 할 것이다. 그러나 거리는 걸어 다니는 데라고 하여 그러한 이름을 얻었다고도 수긍할 수 있으나 이 거리라는 말은 도리어 집단集團, 군다群多의 뜻도 또는 외부外部의 뜻도 그것 못지않게 농후한 뜻을 가지고 있다. 일본말에 도道는 미찌ミチ이지만 가街, 정町은 마찌マチ이며, 이 마찌マチ는 국어의 '말-맏'에 대응되는 말이나 미찌ミチ의 어근 어의는 불명하다. 송강정웅松岡靜雄은 미ミ는 마マ의 접두어의 전이오, 원어근은 '찌チ'이라 하였다. 그것이 정확하다 하면 '질'과 그 어계를 같이 한 것으로 국어의 '질'도 '딜-디'의 전운으로도 볼 수 있다. 찌チ가 도로道路를 가리키는 어운임은 확실하며 '미ミ'도 선로線路의 뜻을 가진 어운이 아닌가 한다. 그것은 간幹의 '줄기'를 '미키ミキ'라 함을 보면 승繩, 선선을 '미ミ-미키ミキ'라 하던 흔적일 것이다. 물론 간幹의 '줄기'를 선조線條의 계보에 소속시킬 것은 아니오, 정수精髓, 중심中心의 '줄거리'와 같은 계보에 소속시킬 것이나 선조의 뜻도 가지고 고정시킨 것이다. 구인蚯蚓의 '지렁이'는 '질+엉이'의 합성어로 그 신장身長에서 얻은 어운인데 이것을 일본말로 미미즈ミミズ라 함을 보면 미ミ에 장長의 뜻이 있는 것 같다. 즈ズ는 명사접미사로서 상상傷의 '키즈キズ', 령령鈴의 스즈スズ, 계화髻華의 우즈ウズ, 정정靜의 시즈シズ와 같은 것이오, 미미ミミ는 장長의 미ミ의 첩운疊韻일 것이다.

척尺의 '자'는 장長의 뜻에서 전이된 것이니 '재다'는 말은 '자이다'의 전운으로 길이를 알아본다-길이를 해본다의 뜻일 것이다. 병柄의 '자리-잘'도 장봉長棒의 뜻에서 전이된 것이 아닐까? 혹은 '줄기'와 같은 어운이 아닌가도 생각하나 후喉의 '목줄대'(상嗓 목쥴뒤상, 『자회字會』상上), 관管의 '줄대'를 들어보면 정핵精核의 뜻만 아니라, 선조線條의 뜻이 더 농후하게 들어 있다고 할 것이다. 편鞭의 '채, 찰이'도 선조의 뜻이오, 차원車轅을 차채라 함도 여기서 온 것이다.

직정直正한 것을 '곧다-곧곧하다'하며 개정改正하는 것을 '곧히다-고티다–고치다'라 하며, 정직正直하고 정당正當한 일을 '곧은 일'이라 하는 것들은 모두 이 계보에 소속되는 것이다(강직强直의 '굳굳'에는 견고堅固의 '굳'이 깊이 작용하고 있음은 물론이다). 정正의 '바르다', '반반하다', 강직强直의 '벋벋–뻗뻗'은 역강力强의 '븓'이 상당히 그 어의에 작용하고 있으며, 정당正當의 '닷–닫', 정상正常의 '떳떳', '덧'(무상無常의 덧없다의 덧)도 모두 이 계보에 소속하는 것이다.

질속疾速의 관념이 광음光陰이 여시如矢한 데서도 왔다 할 것이나 광선光線의 질속에서 이 관념을 구성시킨 것 같다. 급急의 '갈', '걸(걸핏)', 민敏의 '날(날사다)', 치馳의 '닫–달', 속速의 '빨', 급急, 망忙의 '받(받브)', 질속의 '살(살물)', '산(산박산박)', '싸', '얼(얼른)', '언＝어(언서＝어서)' 등 모두 이 계보에 소속되는 것이다. 익翼의 '날애', '날개'가 고양高揚의 뜻도 있지만 신속迅速의 뜻도 못지않게 들어 있다. 어기魚鰭의 '나래미', '날개미'를 참고할 것이다. 즉, 빠르게 하는 기구器具라는 뜻이다.

제 3 어보(원어보 3)

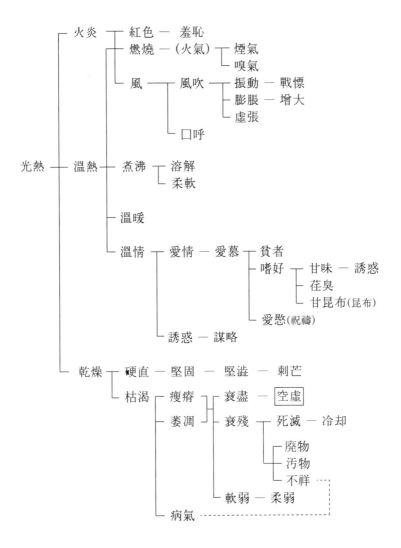

우리의 조어 사용자들은 불(화火)을 태양太陽의 일부 또는 바로 그것으로 보았을 것이다고 하여 이 추상推想을 지나친 것이라고는 하지 않을 것이다. 지금 국어에 있어서 태양을 '해'라고 하는데 화火는 '해'라고 하지 않으나 연기煙氣, 화기火氣를 '해'라고 하느니, 등화燈火에서 거으름이 날 때에 '해가 난다'고 하며 구화篝火를 '홰', '해-해ㅅ불'이라 하는데 바로 화를 '해'라고 하는 말인지 연기가 나는 불이란 말인지 미상하나 연기를 '해'라 함은 틀림없다. 취기臭氣를 '내', '새' 또는 '내미', '냄새'라고 하느니 이 '냄새'라는 말의 의미는 화기火氣를 뜻하던 것이었다.

그러므로 화기가 나는 것을 '내(연기煙氣)'가 난다. 새ㅅ내가 난다고도 하는 것이다. 그렇다면 화기는 화火를 떠나서 있을 수 없으니, '내, 새'라는 말은 화를 '나, 내' 또는 '사, 새'라고 하던 시대 또는 그 언어사회의 전승을 전하는 것이라고 하지 않을 수 없다. 일본말에 일日, 화火함께 '히ヒ-hi-pi'이오, malay어에서의 화火의 api는 등燈, 촉燭, 열熱, 광光, 광선, 태양까지도 의미한다.

그러면 연기의 '해'는 화火를 '해'라고 하는 시대 또는 전승사회의 유산이라고 추정하여도 무관할 것이다. 일본말 연煙의 kemuri는 후後에 구성된 어운이오, ri가 첨가되기 전에는 kemu라 하였으며 이 명사형은 바로 동사형 ke-mu에서 차용한 것 같다. 그리고 kemu는 kaimu의 전운으로 mu는 활용접미사이오, i는 활용삽입사이다. 몽고어의 mui, 여진어女眞語 mai-me와 같이 역위力爲의 뜻을 가진 활용접미사로서 편編의 a-mu, 기起의 i-mu, 산産의 u-mu, 소笑의 e-mu의 mu와 같고, 그 어근은 ka, $\sqrt{k}$이다. 일본어에 있어서 ka, $\sqrt{k}$는 화火의 뜻으로, 일日을 ka, ke라 하여 그 어운이 같다. 조선어에 있어서 화火의 불이 이조 초에는 블이라 하였지만 한 시대 이전의 어운은 '벌'이었을 것이다는 것은 앞에서 누설한 바 있거니와 이 '벌'은 광명, 광선光線, 광휘光輝들을 뜻하는 말이다.

해ㅅ발: 일광日光

볃(볓) = 별 – 빋 – 볻(블), 일양日陽, 조양照陽, 성신星辰

해ㅅ빋(빛): 일광日光, 일색日色

반(→빤) = 발(받): 명확明確, 분명分明

반작(발 + 작, 받 + 작): 광섬光閃, 광휘光輝

밝(발그다에서 →): 일명日明, 명백明白

보(다) 볼: 견見, 명明

봄: 춘春, 양기陽氣, 생명력生命力

(일본말에 paru, Latin말에 ver 모두 그 원의가 미상하나 malay어에서는, mu-sim–bunga(꽃철의 뜻) 또는 musimleute라고 하는데 방탕放蕩의 철이라는 뜻이니 봄의 어의를 찾는데 참조.)

볶(← 볻그다): 전자煎煮, 열연熱燃

불: 화火, 화기火氣

불: 근根, 생명력生命力

붉: 적赤

붇그(= 불그): 수치羞恥, 적면赤面

이상 어휘들만 보더라도 불의 관념은 태양 즉, 하늘에서 분화구성分化構成되었음을 알 것이다. 음운의 전변에 대해서는 어운의 분석장分析章에서 약술하였으니, 모음의 변화 같은 것은 그리 문제되는 것이 아니다. 화火의 색色에서 홍색紅色의 관념이 구성되었을 것은 곧 요해할 것이다. 그런데 홍색의 어운이 왜 '불'이 아니고 '붉'이냐는 것을 말할 것이나, 이것은 명明이 일日의 '발'에서 왔다면 명도 '발'이 될 것인데 '밝'이 된 것과 같다. 이 'ㄱ'운의 삽입은 그 음운에 굳은 전승의식傳承意識을 가진 언어사회에서는 체언의 어미에 용언의 활용사 쓰기를 습관적으로 하던 결과 그대로 전승된 까닭이다.

시므다	끌다(비沸)
심다	끌흐다(끓다)
심그다	끌그다(긁다)
달(계鷄)	불(정근精根)
달기, 닭	불기

이렇게 하는 어운의 세력이 작용함으로 유遊의 '놀'에와 같은 접미사인데, '이'를 붙이면 단순한 명사가 되나 '기'를 붙이면 의욕적 어의를 가지게 되는 것이다.

화색火色에서 홍색紅色이 구성되었다면 적면赤面, 수치羞恥의 '부끄럽'의 '럽-러우-러운'은 '답, 덥'의 전운으로 용언활용접미사이고 그 어간은 '부끄'이다.

이 '부끄'는 이 '붇그'의 속철俗綴이오, '붇그'는 '불그'의 동위운으로 결국 '얼골이 붉어진다'는 것에서 수치羞恥에로 전이된 것이다. 그러면 '수줍다, 수접다'의 '숯'도 그러면 적색赤色에서 왔느냐 하고 반문할는지 모르나 그런 것은 아니다. 같은 관념을 구성시키고 전이시키는데 그 언어사회의 공통된 사고, 경험이 항상 전제되는 것이나, 그 경험, 사고는 또한 풍속제도의 반영이니 반드시 같은 사상에 대해서 그 관점이 꼭 일치한다고는 할 수 없다. 수羞의 현상現象으로 적면赤面에 치중置重할 때에는 홍색紅色→수치羞恥의 어운을 구성시키지만 수羞의 현상으로 위축萎縮, 내기內氣에 치중할 때에는 그 현상의 어휘로서 달리 구성시키는 것이다. 또는 수羞의 본질로서 무용無勇, 우치愚痴에 치중할 때에는 그 의미의 어휘로서 표현하는 것이다. '숯-숟'은 우암자愚闇者의 뜻으로 전이시킨 것 같다. '사람이 숟되다'의 그 '숟'에서 전이시킨 것 같다.

연소燃燒가 화염火炎의 현상인 이상 화분火焚의 '때-대', '타-태', 화연火燃의 '붇-붇ㅎ', 화소火燒의 '살'들이 모두 화火에서 연소로 전이된 것이오, 점화點火의 '켜-케', '셔-시', '혀-히'들은 밝게 한다는 뜻으로 이 것은 화에서 직접 전이된 것은 아니다. 앞에서도 말하였지만 이 연소 의 화기火氣, 연기煙氣에서 '내, 내미, 새, 냄새'란 취각臭覺의 어휘로 전이 시킨 것이다. 결국 '냄새'의 원의는 불 붙는데서 나오는 기氣를 뜻하였 던 것이다. 그러나 정분精分, 정기精氣 중中의 기에서도 온 것 같으니 병 기倂記하여 둔다. 화기火氣를 받아 조금 탈 듯한 것을 '눈는다'라고 하느 니, 이 '눈'의 동위운同位韻이 '눌'이오, 이 '눌'에서 황색黃色의 '누르-눌' 의 관념이 구성된 것이라고 생각하나 노열老熱, 위조萎凋에서도 온 것 같다.

풍風의 관념이 화火의 관념에서 전이된 것이라면 놀랄는지 모르나 '바람-ㅂ룸-ㅂㄹ미'의 'ㅂㄹ-블'의 어운이 화火의 '불-블-블'과 원래 는 같은 어운이라는 것을 알면 그런가도 할 것이다. 『삼국사기三國史記』 34 지리조地理條에 '우풍현虞風縣 본우화현本于火縣'이라는 기록이 있는데, 우虞=우于, 풍風=화火, 즉, '우불'현縣을 경덕왕景德王이 우풍현虞風縣이라 개명하였던 것이다. '불'에 풍風ㅅ자를 대代한 것은 그때에 아직도 풍風 을 '블', 'ㅂㄹ'라 하였던 까닭이라고 볼 수밖에 없다(어의분석장語義分析章 풍조風條 참조).

일본말에 바람을 'kaje'라 하고 불을 'kaji'라고 하여 그 어운이 같으 며, Latin어의 flamma-flag-ma(화염火焰)과 flatum, flag와 flat가 비슷한 것이 또한 무슨 관계를 보이는 것이 아닐까? 좌우간 우리 조어사용자 들은 풍의 현상은 화염火炎으로 말미암아 일어나는 기류현상氣流現象과 같음을 생각하였던 것이다. 즉, 풍風은 화기火氣로 화火의 속성屬性으로 알았던 것 같다. 화, 화기, 화성火性, 화열火熱을 한 관념으로 생각하고 표현하던 원시시대에 있어서 풍을 '불'이라 하였다 하여 잘못은 없을 것이다. 그리고 풍을 화의 속성으로 본 그들이 '바람은 찬 것이다'는 관념을 가질 수 없는 지대地帶에 살았을 것이다.

바람이 바람한다는 것으로 바람이 불다 즉, 바람하다-블하다-블다가 취吹의 불다의 활용사가 성립된 것이오, 이 '불'에서 진동振動, 동요動搖의 관념을 구성시켰을 것이다.

'발발떨다-벌벌떨다', '부들부들떨다'의 '발-벌'이 그것이다. 그러면

간+닥의 간

놀+다의 놀(논), 나불의 나, 납

떨+다의 떨(←덜덜떠다)

뮈+다의 뮈(←미)

설+레의 설

움+즉의 움(=곰작의 곰)

쩔+쩔의 쩔(←절) 흔들다

흔+들의 흔(←홀)

흘+레의 흘

들이 모두 진동, 동요의 뜻을 가진 말이니 그러면 모두 화火-풍風-동動에서 전이된 어운인가? 우雨-수水-천川-류流에서 온 어휘도 있을 것이며, 또 있을 수도 있는 것이니 일률적으로 단언하기 곤란하나 '놀'은 '논', '논'으로 더불어 동위운으로 수전水田의 '논'은 수水의 뜻이 많은 것 같으니 강변江邊을 '노들'이라 함도 이 뜻에서요, 몽고어 '호수'의 'nur-nol'과 그 전승을 같이 한 것이니 이 어의는 천류川流-유동流動에서 온 것 같으며, '뮈' 어운은 '믜-미-ㅁ'에 환원시킬 수 있는데 이것도 수류水流-유동에서 온 것 같으며 '흔-흘'도 천류川流에서 온 것 같으나 다른 것들은 확연치 않다. 곰, 움의 어의는 '고물고물, 우물우물'에서 구성된 것인데 이것은 생명生命-생동生動에서 준동蠢動의 뜻으로 전이된 것이라고 보는 것이 도리어 타당도 할 것 같다. 일본말의 '카다카다ガダ ガダ'는 '간'에 '후루フル'는 '벌'에 대응되는 말이나 동動의 '우고 ウゴ'-ugo

-ug는 wugo-wug인지 알 수 없으나 u-wu가 어근인 것 같다. 그것은 '우요우요ウヨウヨ(군동群動)'라 하여 u-yo라는 어운이 있으므로서다. 만일 그렇다면 malay어에 화火를 api라 하니 awi, aw-au-u로 전변될 수 있으니 혹 그와 친연관계가 있으며, 국어의 '움'도 'ᄋᆞᆸᄆᆞ다'에서 '우므다', '움다'에서 '움즉'으로 재구성시켰는지 모른다. 혹은 '움'은 '울ᄆᆞ다'-'올ᄆᆞ다(이동移動)'에서 전변된 것인지도 알 수 없다.

취吹의 불다와 호呼의 부르다가 동의어가 될 수 있는 것은 요해될 것이다. 이 취에서 호에로 그리고 팽창膨脹(부르다, 불다)으로 전이된 것 같다.

그것은 풍기風氣가 들어가는 곳은 팽창함으로서다. 이것이 기음화氣音化한 것이 '푸'(군다群多의 계통에 소속시켜도 되나 허장虛張의 뜻이 많으므로)일 것이며 그리하여 '풍치다, 풍쟁이'의 어휘가 구성된 것이 아닌가? 이 '풍'운韻은 풍에서 왔다는 것을 부정하며 도리어 그 전승을 같이 한 것으로 볼 것이다.

따뜻하다는 관념은 열熱을 떠나서 있을 수 없다. 열에는 지열地熱도 있을 것이오, 화열火熱도 있을 것이나 광열光熱만치 보편적이오, 직접적인 것은 없을 것이다.

'덥다'라는 어운은 '더+ㅂ+다' 즉, '덥'은 '더+ㅂ'의 촉음이오, 'ㅂ'는 'ᄒᆞ다'의 'ᄒ'와 같은 활용삽입사이니, 원근原根은 '더'이다. 그런데 '땃뜻'이 '닷닷'에서 왔으니, 그 이전의 어운은 'ᄃᆞᆺ-ᄃᆞᄉᆞ'(훤暄, 온溫, 드슬훤(-온))이었다. 즉, 'ᄃᆞᆺ'의 첩어疊語 'ᄃᆞᆺᄃᆞᆺ'이 '닷닷'으로 되고, '땃뜻'으로 된 것이다. 그리고 'ᄃᆞᆺ', 'ᄃᆞᆯ', 'ᄃᆞᆯ'은 동위운이며 온지溫之, 열지熱之, 전지煎之의 '달-돌'도 이의 동위운이다. 팽지烹之의 '태다-태우다'는 '대다-대우다'의 강세강조로 말미암아 기음화한 것이다. 이 'ᄃᆞᆺ-ᄃᆞᆯ'의 근본어근은 'ᄃᆞ'이니 '더'는 이 'ᄃᆞ'의 전이이다. 이것은 이미 말한 바로서 여기서 재론하지 않겠다.

고사를 지낼 때 떡, 밥, 기타 음식을 버리면서 하는 말에 '고시래 - 고수레'라는 말이 있는데, 이 말을 단군시대에 고시高矢라는 분이 있어 경농법耕農法을 백성에게 가르쳤던 까닭에 그에게 예사禮辭를 드리느라 '고시례高矢禮'하던 것이 이 말이 되었다고 한다. 이것이 엉터리 어원설이오, 강인부회强引附會도 이 정도에를 가면 더 할 말이 없을 것이다.

'래 - 레'는 원망법토顧望法吐로서 '잘가거레', '잘자거레'의 '레' 그것이오, 어간은 '고시'(→ 고수)이다. 이 '고시'라는 어운은 지금은 깨소금의 맛이라든지 냄새라든지를 형용하는데, 그 본래의 뜻을 지닌 채 쓰이고 있으며 질지도 않고 되지도 않고 적의適意하게 된 것을 형용할 때 건조乾燥의 뜻을 좀 포함시켜서 쓰는 말에 '고슬고슬 - 고실고실'이라는 어운이 남아 있다. 이 '고시'라는 고운古韻이 '고싀' - '고이'로 되어 '괴'로 되었으니 여요麗謠 서경별곡西京別曲에 '괴시란딋우러곰좃니노이다'의 '괴시'(이 괴시는 '괴 + 시'가 아니라 '고'가 Ümlaut화한 것), 정과정곡鄭瓜亭曲에 '아소님하도람드르샤 괴오쇼셔'의 '괴'가 그것이다. 여기에 대응되는 말에 만주어 gosi-rambi라는 말이 있으니, 이 말 뜻은 애민愛愍, 애모愛慕의 뜻을 가진 말이다. 즉, '고시래'라는 말은 '사랑해 주소서'의 뜻을 가진 말이다. 지금의 애모愛慕의 사랑이라는 말이 압도적으로 그 세력을 얻기 전에는 '닷', '드슫 - 둧 - 둧'이라는 어운을 주장 썼던 것이다. 유혹誘惑의 '꾀 - 꼬이'는 '고이'에서 전이된 것으로 책략策略, 모략謀略으로 전용되는 까닭은 순정純情의 애모愛慕에는 쓰이지 않게 되었으며, '둧'은 그의 동위운同位韻 '닫 - 달'이 애愛에서 가애可愛의 뜻으로 그리하여 '감甘'의 뜻에 고정시키면서 감곤포甘昆布의 '다시마'에 '입맛을 다시다'에 그 유영遺影을 남기고 있을 뿐이다. 그런데 이 '닷 - 둧'은 온溫의 '둧'에서 온 것으로 우리 조어 사용자들이 얼마나 온열溫熱을 희구하며 동경하여 숭배하였던가를 짐작할 수 있다. 온溫은 좋은 것 사랑할 만한 것으로 온의 뜻에만 쓴 것이 아니라, 호好, 선善, 애愛의 뜻으로도 분화 전이시켰던 것이다. '고시'는 일본말 'kopi', 'hosi↔kosi'와 그 어근을 같이 한 것으로 '고-곳'에 온열溫熱의 뜻이 전연 없다고는 할 수 없으나, 이 '고-고시'는 온열의 뜻에서 전이되었다는 것보다 정명精命-정명精明-정묘精妙-호선好善에서 전이된 것 또는 광명-명정明淨-미려美麗-호선好善에서 전이된 것 같다. 그리고 사랑은 사량思量에서 사모思慕로 온 것처럼 문헌상 기록은 전하니 온열의 뜻이 없는 것은 아니나, 사량-숙사熟思-사련思戀으로 전이된 것으로 봄이 무난할 것이다. 탐애眈愛에서 '반한다'는 말이 있으니 '반'은 '반가운'의 '반'과 (←본←불)과도 관련이 있는 어운으로 이것은 온열-온정溫情-애정愛情-애모愛慕의 계통에 소속되는 것 같다.

건조乾燥가 온열의 결과인 것은 쉽게 경험할 수 있는 것으로 '갇'아지는 것은 열熱이 가해진 결과이다. 그러나 우리 조어 사용자에게는 열熱과 건乾은 동일한 현상으로 보았던 까닭에 즉, 마르는 것이 더워지는 것으로 보았던 까닭에 동일한 어운으로 표현한 것이다.

또 말라지고 갇아진 것은 단단하게 되고 갈아지는 것이오, 갈아진 것은 깔깔해진 것이오, 굳어진 것이오, 딴딴해진 것이오, 빤빤해 진 것이다. 깔깔한 것이 깔그러운 것이오, 껄그러운 것이오, 그것이 깔그레기일 것이다(이 말 속에는 분리되었다는 뜻이 들어있다). 자망刺芒의 '까시-깐시'도 여기서 전이된 것일 것이다. 건조된 것이 고갈枯渴된 것이라면 물이 마르듯이 몸이 마를 때는 수척瘦瘠해지는 것이오, 빼빼하게 되는 것이오, 파리해지는 것이다.

한旱의 '가므-가믈'의 원운이 '가(ㄱ)'에 직접으로 활용삽입사로 'ㅁ'이 첨가되었는지 '갈'에 'ㅁ'이 첨가되어 '갈므'가 되고, 그것이 ㄹ음이 탈락되어 '갈므'가 되었는지 미상하나('배가 곯어다'의 곯은 골브, 골프의 촉음促音인 것과 같이), '가-갇-갈-간'이 가능한 동위운인 이상 거기서 왔다고 하여 틀림이 없을 것이다(고로苦勞, 재繩(盡力)의 '귿, ᄀᆞᆾ'(『월인석보月印

釋譜』권1, 9쪽 우右, 동同 28쪽 우)도 피로, 노력에서 고로苦勞에 전이된 것이다. (갓ㅂ 참조. 일본말 카와쿠カヮク(건乾), 카레루カレル(고枯), 카타쿠カタク(견堅) 참조).

위조萎凋가 수척瘦瘠인 이상 위조가 고갈枯渴에서 전이된 것이라고 추정하는 것을 부인하는 것은 아니나, 위조는 고갈에서만 오는 것이 아니라 노쇠老衰에서도 오는 것이다. 위조의 어휘에 '시들-시드-싈'이 있는 것은 다 알 것이나 이것의 동위운이 '실'로서 잔물殘物의 '실애기-시레기'란 말도 여기서 나온 것이며, 그 원어근은 '스'로서 이 '스'가 '싀-싀-시'로 된 것이니 이상곡履霜曲에 '고대셔 싀여딜 내 모미', 송강松江의 사미인곡思美人曲에 '츨하리 싀여디여 범나븨 되오리라'의 '싀'는 이 어운을 전하는 것이오, 이 '싀'가 지금은 '시'로 변한 것이다. 그런데 이 '시-싈-실'이 고갈의 뜻이냐 하면 이것은 고갈의 뜻이라기보다 노쇠의 뜻에서 전이된 것이라고 보아진다. 여기에서 사멸死滅의 '싀-시'가 나와서 사死의 '시그-식'이 구성되고, 거기서 다시 냉각冷却의 뜻으로 전이된 것이다. 그러므로 이 계통의 사멸은 고갈의 계보에 소속시킬 수 없다. '죽'의 어보 또한 건조乾燥-고갈枯渴의 계보에 소속시킬 수 없고, 노쇠-위조의 계보에 소속시킴이 옳다.

유연柔軟하다는 뜻으로 '무르'다는 어휘가 있으나 '말랑말랑', '몰랑몰랑'들의 어운이 있음을 보면 그 어근은 '물'일 것이다. 이 '물'이 수水의 '믈-플-물'에서도 온 것 같으나, 무력無力, 무기無氣가 그 어의임으로 이 고갈-위조-무력無力에서 유연유약柔軟柔弱으로 전이되었다고 할 것이다.

유柔의 '부드러운'의 '붇' 또한 '븓-블'의 전운으로 초췌憔悴의 '파리'가 '바리-ㅂ리-블'과 동위동의어이다. 혹 이 어운은 창백색蒼白色의 어의에서 전이되었다고 하더라도 무관할 것이나, 그래도 위조계萎凋系에 소속시키는 것이 타당할 것이다. 그런데 이 '붇'이 위조계의 어휘가 아니

라 사비煮沸 – 전팽煎烹의 계통에 소속시키는 것이 어운형태상으로 보아 가의可宜하지 않을까 하는 견해도 무론無論 확실히 성립된다. 일본말의 '야하ヤハ, 야하라ヤハラ, 야하라카ヤハラカ'의 어간 'ヤハ'는 우優의 '야사ヤサ'와 같이 소燒의 '야ヤ'와 깊은 관계가 있는 것 같으며, 영어의 mild는 melt와 깊은 관계가 있는 것 같으면 자비煮沸 – 용해鎔解 – 유연柔軟의 어보는 확실히 성립될 수 있다. 그러나 '녹다'라는 말이 '노그' – '녹'의 어운에는 용鎔의 뜻만 있는 것이 아니라, 피곤疲困의 뜻도 있으며 탈기脫氣(무력無力케되다)의 뜻도 있으니 용열鎔熱 – 용鎔의 계보도 구성되지만 그 어운으로 위萎 – 쇠衰의 계보에도 소속되는 것이다. '녹진녹진'하다 할 때 즉, '노근', '누근'하다 하는 것이 열熱에서 온순溫順, 유순유연柔順柔軟의 어의 전이도 추정되지만 '느르' – '날근', '늙은' 즉, 위쇠萎衰에서 무력無力, 유약유연의 어의 전이도 추정되는 것이다. 그러므로 이 관념이 어떤 한 사상事象에서만 구성시킨 것이 아니라, 그 어운을 따라 적의適宜히 그 계보를 작정作定하는 것이 옳을 것이다.

고어古語에 대소변大小便을 '믈'이라 하였는데(『월인석보』권1, 43쪽 좌 참조), 이 '믈'의 어의는 무엇인가? 지금 이 어휘는 없어지고 대변大便을 '똥', 소변小便을 '오즘'이라고 하는 어운에 통일되어 버렸다.

물론 이조 초의 문헌 상에도 이 두 어휘가 병행하였던 것은 물론이다. 그런데 '똥', '오즘'의 어의는 무엇인가? '오즘'의 어의는 좀 미상하나 '옷 – 온'이 그 어근으로 혹或 하설下泄, 폐물廢物의 뜻을 가진 것이 아닌가 생각한다. 똥은 '시동 – 신웅이'의 전운 또는 약운略韻으로 원래는 '시 – 싄'하던 것을 '당이 – 앙이'의 명사접미사를 붙여 그렇게 만들었던 것이다. 그것이 즉, sitong – stong, 그리하여 s음의 발음준비동작에만 그치고 tong음을 발음한 까닭에 Tong이 된 것이다.

이조 초의 철자형綴字形 똥은 stong을 기사記寫한 것이라는 설說은 문자의 발음과 어운의 변화를 혼동한 것이다. 기사자記寫者가 분糞을 '똥'

이라 쓰지 않고 '쏭'이라 기사할 때 기사자는 '쏭'의 어운은 '시동'의 촉음促音이라는 의식은 가졌는지 알 수 없으나, '쏭'의 음이 stong이었다는 것은 문자기록의 시대적 음운 변화를 몰각한 것이다. 국문國文의 기원연대起源年代를 결정적으로 추정하지 못하는 지금에 있어서 '쏭'은 꼭 ?tong을 기사한 것이오, stong을 기사한 것이 아니라고 또한 단언할 수 없으나, 우리가 가지는 문헌기록상 '쏭'은 stong이 아니오 ?tong인 것만은 단언해도 좋다. 그런데 ?tong이, stong의 촉음이라는 것은 일본에 전해진 이 음운이 '시돈シドン'인 까닭이다. 여기에도 여러 가지 이의가 있을 것이나 결론적으로 '시동'의 전변이라고만 명백히 해 둔다. 그러면 그 어의는 무엇인가? 나는 위조萎凋에서 왔든지 조잔凋殘에서 왔든지 간에 폐물廢物, 잔존물殘存物의 뜻에서 명칭된 것이라 생각한다. 말하면 '시레기-스레기'라는 뜻이라고 생각한다. 그렇다면 '믈', '므리'도 폐물廢物, 잔존물의 뜻으로 해解하는 것이 의당할 것이다. 그래서 믈은 고갈枯渴에서 위조-폐물의 뜻이라고 추정한다. 그리고 '추접다' 또는 '구진-굳'의 어운도 여기에 소속시켜 둔다.

제4어보(원어보 4)

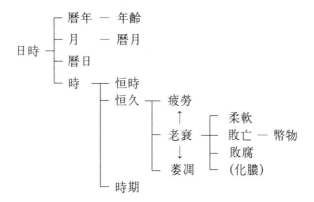

역년歷年의 '해'가 태양太陽의 '해'에서 온 것은 누차 말한 바이다. 천天, 일日을 'ᄆ - 기', 'ᄀᆯ - ᄆ리', 'ᄂ - ᄂᆡ', '늘 - ᄂ리', 'ᄃ - 듸', '들 - ᄃ리', 'ᄆ - 믜', '믈 - ᄆ리', 'ᄇ - 븨', '블 - ᄇ ㅣ', 'ᄉ - 싀', '슬 - ᄉ리', 'ᄋ - 의', '올 - ᄋ리', 'ᄌ - 즤', '즐 - ᄌ리', 'ᄎ - 츼', '츨 - ᄎ리', 'ᄒ - 희', '흘 - ᄒ리'라 하였다면 연年뿐만 아니라 역월歷月, 역일歷日 내지 시간까지 모두 이러한 어운이 있을 것이나, 모두 그 가운데서 가장 어운 세력을 가진 어휘만이 전승되어 고정된 것이다. 조선어에 있어서는 '개', '살', '해'(우마牛馬의 연치年齒에 풀이라는 어휘가 있는데 혹시 '초草'의 풀에서 왔다고 하니 확언키 어려우나 '블'의 '불'에서 기음화한 것이 아닌가도 생각된다)만이 역년歷年의 뜻으로 전승되고 있다. '개'는 금년今年의 '올개'에 남아 있고, '살'은 연령年齡에 전용되어 남아 있고 일반적으로 그 어운 세력을 가지고 있는 것은 '해'이다. 태양의 일주一周가 일년이라는 천문상 관측이 어느 때에 확립하였는지 원래는 일日만을 의미하던 것이 그 천문상 확정이 있은 뒤에 연年의 뜻으로 전이 고정되었을 것이다.

그때의 어운이 '해(희)'었다는 것은 아니다. '개'였거나 '새'였거나 역년曆年의 관념이 그때에 구성되었을 것이라는 것이다. 그리고 연령年齡의 '나이', '나히'가 'ㄴ'에서 온 것은 부인할 수 없을 것이며, 그것이 일日연年에서 온 것임은 물론이다. 그것은 연령의 '살'이 있음을 보면 '나' 또한 일日연年에서온 것임을 짐작할 것이며, 년年＝세歲가 같이 쓰임을 보면 더욱 그러할 것이다. 역월曆月의 관념은 태음太陰 즉, 월月에서 전이 구성된 것만큼 광명월月의 계보에 소속시킬 것이나 시간적이라는 의미에서 여기에 소속시킨 것이다. 역월의 관념은 역년歷年의 관념보다 먼저 구성되었으리라는 것은 누구나 추상할 수 있을 것이다. 일본어의 역월의 tuki가 태음太陰의 tuki에서 온 것도 확실하며 영어의 month도 moon에서 온 것도 확실하다. 그러나 태음의 tuki와 moon의 어의는 무엇이냐 하면 잘 알지 못한다. 조선어에서 태음의 '달'은 일日(天)광명을 '달'이라 하던 언어사회에서 태음도 태양의 반영이라고 하여 또는 바로 태양 그것이라 하여 태양의 어운 '달'을 월月의 '달'에 전용하였는지 혹은 월月은 '밝은 것'이라 하여 '달'이라 하였는지 확언하기 곤란하나, 나는 후자를 취取하여 월月, 성星과 함께 밝은 것이라는 뜻으로 명칭을 얻은 것이라고 생각한다.

일日의 어휘도 지금 일반적인 것은 '날'이요, '흘', '제', '계', '을', '애'들이 '이흘, 사흘, 나흘,', '사을, 나을', '닷애, 엿애, 일애'들에 남아 있다. 이 '날'이 '늘'의 전운으로 태양의 '달'에서 온 것은 물론이다. 역일曆日은 '흘'은 '홀'의 전운이오, '홀ㅎ리'가 'ㅎㅎ이희'와 동위운同位韻임도 의심없는 일이다. 혹은 '을, 애'는 '흘해'의 ㅎ음 탈락으로 생각들 하나 나는 그렇지 않고 ㅎ계 어휘보다 ㅇ계 어운이 도리어 고대어이라고 생각한다. 그것은 ㅎ음이 즉, 유기음有氣音이 무기음無氣音보다 뒤에 생겼다는 조선어운발생의 일반적 법칙에 따르는 것이 타당한 것

임으로서나. Orient, Oriental, Orere의 어근 'or'는 역시 동방東方 = 일방日方의 관념에서 태양 or에서 온 것이며, 몽고어의 역일曆日 üdür은 üdü-r, üd-ü, üd-od-ad로 그 어근을 추출할 수 있으며, 이 od-ad는 or-ar와 동위운이니 ar,ur의 태양어운太陽語韻이 있을 수 있는 것이다. 일본어에 역일을 '카ヵ' 또는 '후ク'라 하느니 '카'는 태양의 어운과 같으며, '후'는 금일今日의 '케후ヶク', 작일昨日의 '키노후キノク'에 그 흔적이 있는데 '후ク'는 '히ヒ'와 같이 태양을 뜻하는 말이다. '어젓게, 그젓게'의 '게'가 시時이냐 일日이냐 의문은 있다. 영어의 day, 독일어의 tag의 어근이 ta, da, dai, de 그 무엇이거나 태양과 그 어원, 어근을 같이한 것으로 단정하더라도 무관할 것이다.

주畫의 '나제', '나재'가 이조 초에는 '나직'이요, 석모夕暮는 '나조히-나죄'이다. 몽고어에서도 주畫, 오午는 üde이오, 석夕은 üdesi로 그 어운이 비슷하다. 그러나 주畫의 '낮'은 '나듸-나듸-나디-낟'의 전운으로 일日, 명明, 현顯의 뜻이오, 석夕의 '나조히-나죄-나조'는 생각건대 '저녁'이 저므는 녁의 뜻과 같이 종말終末의 '나조-나죵'과 그 어의를 같이한 것이 아닌가 생각한다. 그러므로 주畫는 청명晴明-현현顯現의 계통에 소속시킬 것이오, 석夕은 분단分斷-종말의 계보에 소속시킬 것이다. 그러므로 이 어운은 각기 그 계보에 소속시켰다.

시時의 어운으로 '때'란 어운이 절대적이나 '끼', '녁, 벽, 배, 적, 제, 즘'들이 합성어 속에 남아 있으니, '저녁, 새벽녁, 새벽, 새배, 올적, 갈적, 갈제, 올제, 언제, 요즘, 저즘'들이 그것이다. '끼'는 식시食時의 시時에 그 흔적이 남아 있는데 이조 초에는 '쁴'의 철자형으로 독립적으로 쓰여 졌으니,

'불진선不進膳이 현 쁴신들 알리(절선지기시絶膳知幾時)'—『용가龍歌』 제130장
'나못가지예있는새 어즈러이우는쁴(수지유조난명시樹枝有鳥亂鳴時)'—
　　『두국杜國』 권4, 33쪽

가 그것이다. 이것은 '지-긔-기'의 경음화한 것으로 연^年과 일^日(?)과 시^時를 한 어운으로서 공통되게 쓰던 흔적이다. '녁'은 '녁-닉-니기-느기-ᄂ'의 전운으로 항시^{恒時}의 '니', '늘-눌'과 그 어근을 같이 한 것으로 '니기'의 '기'는 명사접미사라기보다 시^時의 뜻을 가진 '기'와의 합성어인지도 모른다. '벽'은 '녁'과 같이 '복-ㅂ-기'의 전운이오, '배'는 'ㅂ이←ㅂ'의 전운이다. '적'은 '저기-ᄌ기'의 전운으로 '가서 본즉'의 '즉'도 원의는 '가서 볼 때'의 뜻을 가진 '즉'의 전운이다. [mong, čak(時)은 여기에 대응되는 말] '제'는 '지-ᄌ이'의 전운으로 하시^{何時}의 '언제'의 '제'가 그것이오, 올제 갈제의 토^吐로서의 '제'도 때의 뜻에서 전이된 것이다.

그런데 시시^{時時}를 '가끔-갇금'이라 하니 이 어운은 시^時의 그 주의^{主意}가 '갇'에 있느냐, '금'에 있느냐로 그 어의가 달라진다. '갇'이 시^時의 뜻이라면 '금'은 정도를 표시하는 어운이오, '금'에 시의 뜻이 있다면 '갇'은 '갖'의 어운과 같이 다^多의 뜻, 종종^{種種}의 뜻을 가진 말이다. 지금^{至今}, 즉금^{卽今}의 '지금-짇금'의 '금'이 시의 뜻을 가진 어운이오, '지-짇'은 무슨 뜻을 가진 어운인가? 자기^{自己}의 '지-저-직'가 차^此의 뜻의 어운이 아닌가? 혹은 '지새는 밤'의 '지'와 같이 '막새는 밤'의 '즉^卽'의 뜻을 가지고 초^初, 현^現의 뜻을 가진 어운이 아닌가? 그러면 시^時의 어운으로 '금-금-ᄀ미-ᄀ'의 일종도 얻을 수 있다. 기한^{期限}의 과만^{瓜滿} 또는 '가만'이라는 어운도 이 '금'과 그 어근을 같이한 것이 아닐까?

항시^{恒時}, 장시^{長時}의 ':내', '늘', '노', '노상'들의 어운이 있으며, 또 '장'이란 어운과 '오래'라는 어운이 있다. 이 모두 일시^{日時}, 시간을 'ㄴ, ᄌ, 올'이라 하던 어의에서 전이된 것이 아닌가 생각한다. 혹은 시^時의 뜻에서보다 장^長의 뜻에서 구^久, 항^恒의 뜻으로 전이된 것이 아닌가? 고도할 것이며 또 그렇게 해석될 수도 있다. 그러나 시간상 관념이므로 여기에 소속시킬 뿐이다.

그런데 노老의 '늙－늘그'가 '늙＝낡'(폐弊, 퇴頹의 '날')과 그 어원을 같이한 것인데, 이 노老의 '늘 늙'인 어운이 어떠한 어운에서 전화된 것인가? 늙었다는 말은 '오래되었다'는 말인가? '늘' 어운을 용언화하기 위해서 활용삽입사 'ᄀ'＝'그'를 삽입시켜 '늘ᄀ'의 어운을 구성시킨 것이 아닐까? 노쇠老衰는 장생長生의 결과이냐, 노숙老熟의 결과이냐, 장생長生의 관념에서 구성시킨 것이라면 노쇠는 시간의 관념과 관계가 있을 것이며, 노숙의 관념에서 구성시킨 것이라면 생명의 관념과 관계가 있을 것이다. 일본말 노인老人의 '토시요리ㅏㅅㅋㅓ'는 시간과 관계 있으나 '오이ㅓㅓ(老)'는 생장生長과 관계있는 것 같다. 영어의 old－ald, Latin의 al－ere, altus도 생장과 관계가 있는 것 같다. 앞에서도 이야기한 바이지만 장長이 생장과 관계 있느냐, 증장과 관계 있느냐는 것을 단정하기는 퍽이나 곤란한 일이다.

그러나 현 조선어에 있어서 노老의 '늘'은 장시長時의 '늘'에서 구성시킨 언어사회의 어운을 전승하는 것이라고 생각한다. 물론 만연蔓延, 증식增殖, 증대增大의 '늘'이 있다. 생명－생활－생장－생육의 뜻을 가지고 있지는 않다. 다만 '더해지고, 크지'는 뜻뿐이다. 노는 더해지고 커지는 속성도 조금 있지만 그것으로 노老의 관념을 구성시킬 수는 없다. 생장生長의 완료, 완성, 또는 연령(時間)의 장구長久, 극한極限의 관념이 노老의 관념구조의 주요 부분이 되지 않으면 안 될 것이다. 그런 까닭에 어운상 또는 어의상 관계를 고려하여 '노'의 '늘－늙'의 관념은 이 항시恒時의 계보에 소속시킨 것이다.

퇴색頹色한 것을 '물이 날렀다' 하느니 이 '날러', '날'이 비거飛去의 뜻이냐 쇠퇴衰退의 뜻이냐 할 때 누구나 전자를 연상할 것이고, '늙은 것'을 연상한다면 후자를 더 중시할 것이다. 피로를 '늘어졌다'함도 위조萎凋의 뜻으로 노쇠에서 전이된 것이다. '：널＋치'가 피로의 뜻이냐, 여외餘外의 뜻이냐가 물론 논란될 수 있으나 그 주의主意는 또한 피로가 아닌가 생각한다.

유연柔軟의 '날근날근', '난덕난덕', '넌덕넌덕'의 '날 – 난'이 열熱 – 용溶과 그 어운이 다르므로 이 어운은 위조萎凋 – 무력無力 – 유약柔弱의 관념 전이의 계통에 소속시키는 것이 옳을 것 같다. 고복폐물古服廢物을 '넉마'라 함은 누구나 알 것으로 이것은 '너근마'의 촉음이냐, '늙은마'의 전음이냐로서 그 소속이 판명될 것으로 생각된다.

구久의 '오래 – 올'의 어의가 시時에서 왔느냐, 노老에서 왔느냐가 퍽이나 의문되는 바이다. 즉, '오래'되었다는 말은 '늙게' 되었다는 말이 아닌가? 영어의 "old"(독어의 alt, Latin의 altus, 그 어근은 √al)의 원의는 '기루다, 키우다'로서 그리하여 노老, 고古의 뜻으로 전이된 것이니 조선어에 있어서의 '올애'도 등상登上의 '올'과 같이 '높다, 크다, 키우다'의 뜻에서 크진 것은 시간적으로 '오래'된 것이기 때문에, 구久의 관념은 생장生長 – 장성長成 – 성숙成熟 – 노숙老熟의 관념에서 전이된 것인지도 모르겠다. 영어의 alway, always – all(al) – way, – ways의 합성어로 어의의 중심은 all에 있다고 한다. 그렇다면 '늘'이라는 어의는 공간적 대大, 다多에서 시간적 대, 다로 전이된 것으로 보여진다. 그러면 조선어의 '올'도 공간적 군다群多에서 시간적 군다로 전이된 것인가? 그러나 일률적으로 규정할 수 없으니 각 언어사회는 그 사고 방식 또는 관념 구성방법이 다른 까닭이다. 그러므로 나는 구久의 '올'은 도리어 시간적 관념 즉, 역일曆日에서 구성시킨 것으로 보고자 한다.

제5 어보(원어보 5)

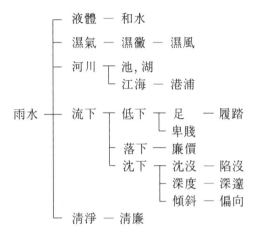

우雨의 '비'가 수水를 또한 의미하는 말이며, 수水의 '물'이 우雨를 또한 의미하는 말이었다는 것은 누차 말한 바로서 조어 사용자들은 '천天은 수로 되었다' 또는 '수이다'고 생각하였던 것이라는 말도 이미 여러 번 하였다. 그런데 여기서 참고로 들고 싶은 것은 토이기어土耳其語에 유지油脂를 'yağ'라 하는데 'yagmak'이라 하면 '비가 오다'는 동사로 되느니 'mak'는 동사부정형접미사이니 '비하다'는 말은 '기름하다'는 말과 같다고 볼 것이다. 그러면 그들은 유지油脂가 액체라 해서 우雨 – 수水 – 액液 – 유油로 전이시켰다는 것보다 도리어 우雨는 천天의 정액精液이라 해서 그렇게 한 것이 아닐까? 혹은 같은 어운이나마 그 계보를 전연 달리한 것이라 할까 참고로 들어둔다.

무엇을 물에 탈 때에 '말다'(밥 같은 것)라고 하느니, 이것은 '물한다'는 말이니 어근 '믈'이 한편으로 '믈 – 물'이 되고 한편으로 '말'이 되었을 뿐이다. 이 '물'이 국어에 있어서는 하천河川의 어운으로 쓰이던 것이 지금 전승되고 있지 않으나, 몽고어에 하河를 müren이라 하며 흑룡강黑龍江 amur의 mur도 이 어운을 전하는 것이다. 미黴를 '마'라 하며 대습풍大濕風을 '신마ㅅ바람'이라 하니 이 '마'운韻은 'ㅁ'의 전운으로 '믈 - 믇'의 원어근이다. 우雨, 수水에서 습기濕氣, 습미濕黴의 뜻으로 전이된 것이다.

이 우수雨水의 어운이 계溪, 천川, 강江, 하河, 지池, 호湖, 해海의 어운으로 전용된 것임은 이미 누설하였으니 재론치 않겠으나, 황하黃河의 하, 양자강揚子江의 강, 항하恒河의 '강가', 나일하河의 '나일', 라인강의 라인, 볼가강의 '볼가'들도 원래는 다만 '물'을 뜻하던 어운이었을 것이라고 나는 추정하고 싶다. 지池의 '몬(못)'도 '믈 - 믇'의 어운을 전하는 것이며 호湖의 '미 - 믜'도 '미 - ㅁ이 - ㅁ'를 전하는 것이다.

하천河川의 '나리'와 강하降下의 '나리'가 서로 같음도 유하流下의 '흐르'가 가염價廉의 '헐', 유하遺下의 '흘'과 같으며 '남을 낮보는 것'을 '남을 흘하게' 본다고도 하느니 이 '흘'은 '홀'의 전운으로 비卑, 천賤, 하下의 뜻을 가진 말이다.

자리를 깔다, 깔어앉다, 깔보다.
비가 나리다, 낮아지다, 낮보다.
쌀값이 떨어지다, 새가 떨어지다.

족足의 '발'이 비臂, 즉, '팔'의 '불'로 더불어 분기分岐의 뜻을 가지기도 하였을 것이나 원의의 속에는 하물下物의 뜻이 있으니, 수手의 '손'이 상물上物의 뜻을 가진 것과는 정반대의 뜻이다. 이 족足에서 답踏의 '발', 거기서 '발ㅂ - 밟'이 나온 것은 말할 것도 없다. 『노걸대老乞大』 권상卷上 (10쪽)에 '나리안하호那裏安下好'를 '어듸브리워야 됴홀고'라 하였으니 '브리 - 브리'에 하下의 어의가 있음을 알 것이다. 물론 기棄의 '버리'가 분리分離의 뜻도 가졌지만 투하投下의 뜻이 많은 것이다. 천천賤을 '늘아온'이라 함은 '나리-늘'에서 전이된 것임은 물론이다.

침하沈下, 침몰沈沒의 뜻으로 '꺼지다'는 말이 있는데, '꺼+디다'이냐 '껄+이다'이냐로 그 어근이 '꺼' 또는 '껄'으로 나뉘나 나는 전자를 취하여 '꺼-ㄲ-ㄱ'로 추정한다. 이것이 '깔'과 그 등위를 같이한 것으로 생각되는데, 모두 경음화하기 이전은 '갈=간', '거-그-ㄱ'이었으리라 생각한다.

꺼진 것이 '까바진' 것인가? 그렇다면 '까바'는 'ㄱㅂ'의 전운으로 'ㅂ'는 활용삽입사로 보면 원어근은 'ㄱ'이다. 이 'ㄱ'에 낙하落下, 저하低下, 함락陷落의 뜻을 가졌으나 'ㄱ'만으로는 몰락의 어의를 명확히 구현하기 곤란하여 '불'을 활용삽입사로 첨가시킨 것이다. 흡사 저低의 '낟-낮'의 '낮다'만으로 악惡의 뜻을 명확히 구현하기 곤란하여 '낟ㅂ다(낮브다)'라고 하듯 한 것이다. 또 속速의 '받'에 'ㅂ'를 삽입시켜 '받브다'하여 분망奔忙의 뜻으로 쓰는 것과 같다. 그리하여 'ㄱㅂ-급'의 어간을 구성시킨 것이다. 심深의 '깊'은 '깁흐'의 전운인데 '깁'은 '겁-깁-급'의 전운이 아닐까? 무릇 '깊'다는 말은 침몰沈沒, 함몰陷沒된 데를 의미하는 것이 아닐까? Malay어에서의 lobang은 와지窪地, 요소凹所, 함정陷穽, 심연深淵의 뜻을 가졌고, lobok=lubu는 깊이, 심연의 뜻을 가져 요凹=와窪=함陷=심深의 어의상 관련을 가지고 있음을 보면 조선어에서의 '깁-깊'도 '급(함陷, 요凹)'과 깊은 관계가 있다고 볼 것이다.

경하傾下를 '기우-기ㅂ'(지우-지ㅂ)라 하느니 이것은 한 편이 깔아진다는 것이니 즉, 수평水平이 되지 않고 일방이 저하低下하는 것을 이르는 것이다. 횡橫의 '가로(갈)'이 평등, 등동等同의 뜻에서 평형平衡을 뜻하는 것이라면 '깁'은 수평이 되지 않고 일방이 낙하落下한 것이라는 뜻이다. 여기서 경사傾斜, 편파偏頗의 뜻으로 전이되었다는 것은 곧 이해할 것이다.

수水를 '물'이라 하지만 색료色料를 '물ㅅ감'이라 함을 보면, 색色, 광光을 '물-믈-믈'이라 하였던 때가 있었을 것은 누구나 추측될 것이다. 그러므로 청정淸淨, 청명淸明이 광명에서 전이된 일반적 관념형성의 과정에 비추어 정청淸淨의 '맑-말'은 마땅히 제1어보第-語譜 A 청명에 소속시키는 것이 당연하나 우리의 조어 사용자들은 '물'에서 '맑'의 관념을 구성시킨 것이 아닌가 생각되며, 조선민족 뿐 아니라 인도민족, 일본민족들도 '물'을 청정시淸淨視한 흔적이 농후하다. 『현우경賢愚經』 제13 정생왕품頂生王品에 문타갈왕文陀竭王 즉위의 사연을 적은 기사記事에 '등조登祚하랴 할 때에 사천四天이 내려와서 각기 보병寶甁에 향탕香湯을 담아 그 이마에 붓는다'는 말이 있으니, 이것은 인도의 제왕즉위帝王即位 또는 입태자식立太子式 때에 쓰던 의식으로 물을 이마에 붓는 것이다. 이것은 '물'로써 모든 것을 맑힌다는 뜻에서 그러한 의식을 하는 것으로 기독교계에서의 세례의식 또한 이와 같은 것이다. 일본의 불祓(미리기ミソギ) 또한 일종 청수의식淸水儀式이며 한족漢族의 목욕재계 풍습 또한 이와 같은 것이다. 원시시대에 있어서는 '물'은 천天의 일부일 뿐 아니라 하천河川은 천에 통하는 길이며, 천에 감접感接할 수 있는 매개물로 알았던 것 같다. 그들은 산상山上에서 제천祭天하기를 발명하기 전에 물 위에 배를 띄우고 제천하기를 먼저 발명한 것 같다. 하늘에서 물이 내려오고 하천에서 물이 흐르는 것을 보았을 때 하천의 원류는 반드시 하늘에 통하였을 것이라고 그들은 생각하였을 것이다.

Shmer의 기록은 이것을 우리에게 암시하는 것이 아닐까? 하천의 원류를 찾아 산정에 이르렀을 때 비로소 그들은 하늘과 산정과의 사이에는 천기天氣의 왕래가 있다는 발견에 그들은 환희를 금치 못하였을는지도 모른다. 그리하여 그들은 물을 신시神視하고 신격시神格視하고 신성시神聖視하였을 것이다. 더구나 청정淸淨하고 투징透澄한 그 성질 그 물상物狀을 직접 경험할 때 물에 대한 그들의 관념은 더욱 경건화敬虔化시켰을 섯이다. 이런 충분한 관념구성의 기초 조건을 가진 '물'이 우리말에 있어서의 '맑-말-믈'과 관련시키는 것이 도리어 나에게는 타당하게 생각되므로 '맑'어휘의 계보를 이 우수계雨水系에서 찾은 까닭이 있는 것이다.

제6어보 A(원어보 6)

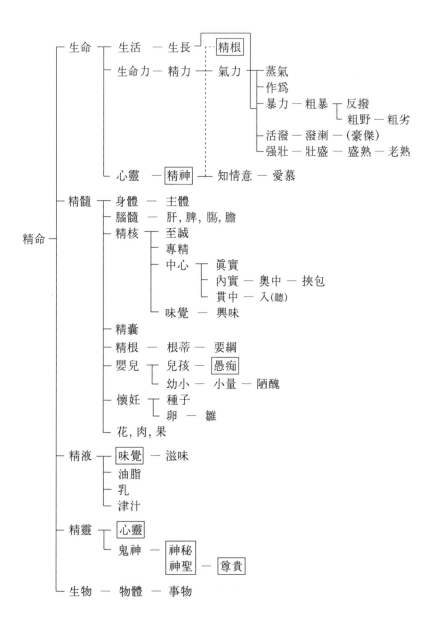

America의 원자原子위원장 Devid, E. Reliental씨의 '우리에게 생명을 주고 생명을 유지시키며 마천루摩天樓와 예배당을 지으며 시詩를 짓고 심포니를 연주하는 에 – 너지가 모두 그로부터 온다'(아메리카 제1권2호 54쪽)는 기사를 보고, 가장 첨단적인 현대과학자나 언어를 창조한 원시인이나 그 관찰, 그 추상이 그리 멀고 틀리지 않았다는 점을 생각하고 나는 무어라 형언하기 어려운 미소와 실망에 잠겼다. 원시인의 분방奔放한 직관력이나 현대인의 치밀한 이성력이나 그 차이가 멀지 않다기보다, 그 표현 과정이 다를망정 가치상으로 동등한 것을 생각하고 도리어 과학이란 말을 모르는 원시인의 과학적 결론에 경의를 표하고 싶다. 현대인은 수년, 수십 년을 두고 분석하고 실험한 결과 얻은 바 결론을 원시인은 직각적으로 그 진상을 파악하였다는 것은 진실로 놀라운 일이라 하지 않을 수 없다. 말하면 현대 학자는 고인古人의 발견에 이유理由 주고, 기초基礎 주는 아류亞流에 지나지 않는 것이라고 나에게 생각된다. 그는 또 말하기를 '생명의 근원인 태양도 그 자체가 일대一大 원자력공장原子力工場이라 할 수 있을 것이다' 하여 태양을 생명의 근원으로 보았다는 것은 늦기 짝이 없으나 원시인의 사상을 과학자가 시인하는 것이라고 볼 수밖에 없다.

누설한 바와 같이 우리의 조어 사용자들은 그들의 목숨은 천天(日)이 준 것이며 천의 일부라고 생각하였던 까닭에 '숨'이라 한 것이다. 숨은 '수미'의 촉음이오, '미'는 사물지칭접미사이니 어간은 '수'로서 한자의 '수壽'와 그 어운의 전승을 같이 한 것이다. 이 '수'운은 '스ㅂ'의 전운인지 다만 'ㅅ'의 전운인지 분석환원시키기가 곤란하나 여기서는 그대로 'ㅅ'의 전운으로 보아 그것이 'ㅅ – 싀 – 싀 – 시' 또는 'ㅅ – 소'로 되지 않고 '수'로 된 것은 명사의 어말모음語末母音을 '우'로 내기 좋아하는 북방계北方系 발음습벽發音習癖에서 '수'에 고정된 것이라고 보고자 한다. 맹아萌芽의 '움'이 이조 초에는 '옴'이라 하였으니 『월인석보月印釋譜』 권1 43

쪽 좌左에 '버거 두가지 옴가진 포도葡萄나니 마시도듯더니'의 '옴'이 그 것이며, 군총群叢의 뜻인 '수-숟'(수풀, 숟하다, 수다하다, 수두룩하다 등등)의 '수'가 '스'의 전운인 것은 군다群多의 뜻을 가진 '서리-설'이 있음을 미루어 짐작할 것이다. 살(歲)의 이조 초의 운이 '설'임을 보면 'ㅓ-ㅏ'는 서로 출입出入되는 음이오, '갈사록 멀다, 볼수록 좋다'의 '수록-사록'의 어근 '살-술'로서 역시 '다多-익益'의 뜻을 가진 말이니, '숨'이 '수미'-'스미', '스미'에서 왔다고 보아 틀릴 것은 없다. 지금은 생명生命은 '목숨'이오, 기력호흡氣力呼吸에 '숨'이 전용되려 하고 있으나 '숨'의 원의는 '심-힘'의 뜻이오, 생명, 생명력生命力의 뜻이다.

'숨수다, 숨쉬다, 숨시다'란 말은 공기를 호흡한다는 것이 본 뜻이 아니라 생명력을 활동시킨다는 말이다. 그것을 현상적으로 보아 호흡한다는 것에 전이시킨 것이다.

'소금에 재려저서 숨이 죽었다' 할 때에 그 '숨'은 호흡과는 아무 관계가 없고 생명력을 바로 이르는 것이다. 이 어운 '스'가 달리 전변된 것이 '싁-싀-시'의 역강力强의 운이오, 여기에 '미' 접미사가 붙은 것이 '시미-심'이다. 또 한편으로 '싁-세'로 전변도 되어 또한 역강의 뜻으로 쓰이는 것이다. 력力의 '힘'은 ㅎ계 음운이 ㅅ계 음운을 정복한 결과 생겨난 것이라는 설은 상당히 유력시할 것이나, 이미 ㅎ계 어운에 독립된 체계의 지위를 허여許與한 이상 여기서는 '심'의 전운이라기보다 독립적으로 발달된 어운으로 보고 싶다. 결국 '사(살)다'는 말은 생명이 있다는 말이다.

영靈, 혼魂의 '넉-넋', 지知, 정情, 의意의 '뜻-뜯', 심心의 '마음'-'념'(념통의 념은 '닙-늠'의 전운이냐 '심-슴'의 전운이냐가 문제될 수 있다)들도 반드시 생명력에서 전이된 것일 것이다. 영어의 spirit가 Latin어의 spiritus, spirāre(to breathe)에서 온 것임은 물론이나 기식氣息을 spīro라 함을 보면 spīr에서 구성된 것 같은 영혼, 기력氣力, 기식, 정신들의 뜻을 가졌으니 그 원어근이 $\sqrt{s-p}$, $\sqrt{s}$ 에 있는지 $\sqrt{p-r}$, $\sqrt{p}$에 있는지 간에 생명-생명력을 뜻하는 말일 것이다. 영어의 heart가 Latin어의 cor(Gen Cordis), Greek의 'kardia, ker'와 대응되건 말건 Skt.의 'hṛid-hṛd'와 대응되는 말로서 심心, 심장心臟, 흉胸, 정情, 기력氣力, 진수眞髓들의 뜻을 가진 말로서 또한 생명-생명력을 뜻하던 것일 것이다. 간주看做의 '넉', 감각感覺의 '늣기'가 혼魂의 '넋'과 밀접한 관계를 가진 말로서 원어근은 'ㄴ-늘'일 것이다. 심心의 '마음-ᄆᆞ슴-ᄆᆞᄉᆞ미-ᄆᆞᄉᆞ-슴-믈-ᄆᆞ디-ᄆᆞ'이라면 또는 '마음-마슴-ᄆᆞ슴-ᄆᆞᄉᆞ미-ᄆᆞᄉᆞ-ᄆᆞᆺ-ᄆᆞ시-ᄆᆞ'라 하더라도 Skt.의 man(smr)과 그 전승을 같이 한 것일 것이며, 만주어의 지志의 mujilen도 이에 대응되는 어운일 것이다. 일본말에 진眞, 수髓를 'マ(ma)'라고 하느니 이 또한 원의는 생명-생명력에서 전이된 것일 것이다. 원래 미味(mi, me)라는 말은 국어에서도 '맛'이라 하지만 그 물질의 내용, 진수를 말하는 것이니, 위에서도 일언한 바이지만 '맛이 있다'는 말은 내용內容, 진수眞髓, 본질本質이 있다는 말이다. 그러나 한어에서는 진수, 즉 미味의 어의에 고정되고, 심心의 '맏-몯-몿'로 그 음운을 전변시키지 못하였을 따름이다.

'사랑'의 '살'은 사량思量에서 사모思慕, 애모愛慕, 애련愛戀, 애무愛撫로 전이되었고, '고시, 다시'는 온열溫熱-온정溫情, 애정愛情, 애모愛慕, 애련愛戀으로 전이된 것이라는 것도 말하였으나 이 '고시, 다시'의 어운 속에 사량, 사모의 뜻도 들어있지 않을까? '고시, 다시'가 '고디-고지-고싀', '다디-다지-다싀'의 전운으로 추정한다면 그 어근은 '곧-닫'(←곧, 돋)일 것이다. 관串의 '고지'는 '안한다(입중入中)'는 뜻이며 입청入聽의 '들-듣'도 또한 '안한다(입중)'의 뜻인 이상 '곧', '듣' 어운에 내실內實, 정수精髓, 정핵精核의 뜻이 없다고 할 수 없다. 정庭의 '뜰' 또한 중지中地, 내정內庭의 뜻이니 그의 동위운 '뜯'도 있을 수 있는 것이다. 정의情意의 '뜯(뜬)'이란 어운도 정수精髓, 중심中心, 내실內實의 뜻을 가질 수 있을 것이니, 그 또한 생명-생명력-심령心靈의 뜻도 가질 것이다. '곧'의 동위운 '골'이 정수精髓, 본심本心(골을 낸다의 골은 분노의 뜻이 되기 전에 그 마음을 나타낸다는 뜻이다. Latin어 cor과 일본어의 kokoro를 상기) 정핵精核 등 뜻을 가지고 있는 이상 '곧'에 생명-생명력-심령의 뜻이 없다고 할 수 없다. 그렇다면 '고시, 다시'의 어의語義도 사랑, 사모에서 전이된 것이라고 할 수 있다. 영어의 life, live, love의 어운이 근사近似하고 독일어의 leib, leben, lieb, lieben이 근사함을 보면 영독어사회英獨語社會에서도 애愛는 생명-생명력-심령-사랑-사모에서 전이시킨 것이라고 볼 수 있다.

지知의 '알'이 실實의 '알', 내內의 '알'(→안)과 같음을 보면 '안다'는 것은 명明의 계보에 소속시킬 것이 아니라, 심령心靈, 정수精髓의 계보에 소속시키는 것이 즉, '느낌', '뜻'과 같이 동열에 주는 것이 타당할는지 알 수 없다. 아는 이와 알려진 것과 아는 것이 서로 다른 범주에 들게 된 것은 뒤의 일이요, 처음은 이 삼자가 하나의 종합된 관념이었던 까닭에 모두 '알'이라 하였다고 볼 수 있다. 그리하여 지知의 '알음'에서 친애親愛의 '알음'이 나오고, 친애親愛의 '알음'에 사私의 '알음'이 나온 것으로 볼 수 있다.

우리의 조어 사용자의 원시 관념에 있어서는 '몸'과 '마음'의 구분이 분열되지 않고 '몸'이란 것은 '생명을 가진 체體', '생명체生命體', '생명 그것'으로 본 것 같다. 일본말에서도 신身도 '미ミ', 심心도 '미ミ', 실實도 '미ミ'이니 그들의 조어 사용자도 그렇게 생각하였던 것이다. 한족漢族의 '신身, 신神'이 동운이오, '심心'도 동운이었을 것이다. 영어 body의 어간은 'bod'이며, 이 'bod'는 음운 전변상 'bor'-'bol'로도 될 수 있다. 징조徵兆라는 뜻에 'bode'라는 어운이 있으니 그 원의는 시초라는 뜻이다. 이 시초라는 관념이 어디서부터 생겼느냐 하면 '부터'의 'bud'(붇←붇)에서 생긴 것이며, 이 시초에서 의거依據의 관념이 생기고, 가차假借 즉,

borrow의 관념이 생긴 것인데, 제7어보^{第七語譜}의 근원에 가서 말할 것이나 천^天(日)을 √p, √p-d - √b, √b-d라고 하는 데에서 나온 것이다. '추^錐, 천공^{穿孔}한다'는 말에 'bore'라는 말이 있으니 국어의 '송곳'은 '솜-곧＋시'의 전운으로 즉, 'som-Kot-si'가 'song-kos-si' - 'Song-kos'이 된 것인데 내^內(中) 관기^{串器}의 뜻이니 영어의 어의 또한 '안으로 한다'는 뜻일 것이다. 그리고 수간^{樹竿}의 bole, 주간^{柱竿}의 pole을 상기하면 그들의 조어 사용자도 그렇게 생각하였다고 볼 수 있다.

몸이 생명이오, 생명력이오, 정력^{精力}이오, 정신(정수^{精髓})이라고 생각한 까닭에 '마음'의 관념이 필요하지 않았다. 그러나 그들은 몸과는 다른 '마음'이 있고 그것이 정말 정수^{精髓}요, 생명이라고 생각하여 '마음'의 관념구성과 동시에 '마음'의 어운을 만든 것이라고 나는 생각한다. '몸'의 어운은 '모미-모-ᄆᆞ'에서 된 것으로 'ᄆᆞ-ᄆᆞ이-ᄆᆞ-믜-미'로 되어 일본 언어사회에 전승시킨 것이다. '마음'의 어운 또한 '마ᅀᆞ미-ᄆᆞᅀᆡ-ᄆᆞ시-ᄆᆞᅀᅥ-ᄆᆞ시-ᄆᆞ' 또는 'ᄆᆞᅀᆡ-ᄆᆞ지-ᄆᆞ지-ᄆᆞ디-ᄆᆞᆮ'에서 전운된 것으로 그 어근 또한 'ᄆᆞ-ᄆᆞᆮ'으로 추정한다. 즉, '몸(모미)'라는 어운이 구성되기 이전의 'ᄆᆞ'에 보다 더 진수^{眞髓}, 진물^{眞物}이라는 뜻에서 심^心을 'ᄆᆞ디', 'ᄆᆞ시' 또는 'ᄆᆞᆮ시'의 어운을 구성시켰던 것이 주^主로 용언적으로 쓰였던 까닭에 명사화하기 위해서 'ᄆᆞ시＋미' - 'ᄆᆞ스미' 또는 'ᄆᆞ디＋미' - 'ᄆᆞ지＋미' - 'ᄆᆞ즈＋미'로 '미'라는 명사화 접미사를 첨가시켜 드디어 'ᄆᆞ슴' - '마음'으로 된 것이라고 생각한다. 『훈몽자회^{訓蒙字會}』에 단^斷을 '닛믜임흔'하여 '믜임'이라 하였는데 지금은 이 어운이 '몸'으로 변하였다. '믜임'의 '임'은 '믜'의 'ㅣ'의 영향으로 '임'이 된 것이라면 Ümlaut화하지 않은 '므'이라면 '음'이 되어 '므음'이 될 것이다. '므음'은 'ᄆᆞᆷ'으로 환원시킬 수 있으며 또 'ᄆᆞ슴'으로 환원시킬 수 있다. 그렇다면 치근^{齒根}인 은^齗은 치체^{齒體}가 아니오, 치심^{齒心}, 치핵^{齒核}, 치근^{齒根}의 뜻일 것인데 지금은 은^齗은 치체라는 즉, 치간^{齒幹}이다는 관념

형성으로 말미암아 '니ㅅ마음'될 것이 '니ㅅ몸'이 되고 말았던 것이다. 또는 '몸' 그 어운 자체가 'ㅁ숨－모솜－모옴' 그리하여 '몸'이 된 것이라고 할 수도 있으나 관념형성 과정상으로 보나 어운형태 구성상으로 보나 이 설說을 취取하지 않으나 다른 입장에서면 이 설이 성립될 수 없는 것은 아니다. 요즘의 '몸이 달다'라는 말이 '신체가 열熱해진다'는 말인가 '심心이 연모戀慕해진다'는 말인가 의문으로 들어 둔다.

뇌腦, 수髓를 '골'이라 하고 중핵中核을 '골'이라 하고, 전정專精을 '골'이라 함은 다 알 것이다. 안을 '골'(골방, 골마루, 골자기(谷))이라 하고 틀(型)을 '골'이라 하고 기벽奇癖을 '골＋대기'라 함도 다 알 것이다. '골'의 동위운이 '곧'이니 '고디 곧대로'의 '곧'도 본심本心, 본질의 뜻으로 이 계보에 소속되는 것이며, ㄹ－ㄴ의 호전互轉은 정精의 '곤'도 이 계보에 소속될 것이다. 관串의 '곧－곶', 협挾의 '끼'(←피－끠－기－ᄀ)도 여기에 소속시킬 것이다. 능협能挾, 소협所挾을 함께 '곧다'(→ 꼳다), '끼우다'라고 하는 것은 그 관념이 원래는 동일하였다는 것을 보이는 흔적이다.

(1) 감을 막대에 꼳는다.　(1′) 막대를 감에 꼳는다.
(2) 책을 옆에 끼다.　(2′) 산에 구름이 끼다.

가운(중中), 가위(중), 가우(표지表紙), 가웃(봉丰), 가웃(여지餘地)들이 있으나 이 가운데의 '중中', '간間'의 '가우'는 'ᄀᄇ'의 전운으로 그 원어근은 'ᄀ'이다. 이 또한 정액精液에서 중심, 중간의 뜻으로 전이된 것이라고 생각한다. 또 '무(물)다, 므(믈)다, (교咬믈교, 훈자訓字) 먹다, 먹음다, 마시다(← 맛시다)'들의 '무, 므, 먹, 맏(맛)'들의 어운도 '안하다, 들게 하다'의 뜻이다.

입入의 '들'도 중中의 뜻이오, 청聽의 '들'도 입入, 중의 뜻이다. 성盛, 잠潛의 '담'을 침하沈下, 함몰陷沒의 계보에 소속시키나 입중入中의 계열에 소속시키나? 진실로 곤란한 일이다. 전정專精, 전심專心을 '돌'이라고 하여 '골돌', '배돌이', '멋돌이'의 '돌'이 그것이며 중정中庭, 오오奧의 '뜰, 뜰'은 이미 말하였고 형型의 '틀'에 원原의 뜻도 있으나 입중入中의 뜻이 농후하며 그 '틀'은 '뜰'의 전운이다. 진실眞實의 '참'이 정수精髓에서 온 것임은 말할 것도 없으며 여기서 '참된', '참다운'들의 어휘들이 생긴 것이다. 내內의 '소, 속, 숩'도 정근精根의 뜻에서 전이된 것이다.

근根을 '뿌리, 불휘'라 하나 그 어근은 '불-블-불'이오 그 어운이 남근男根의 '불'과 같으며 제臍를 '배ㅅ곱', 강綱을 '곱비'라 하느니, 그 '곱'은 '고비'의 전운인지 '곧비'의 전운으로 kot-pi〉kop-pi〉kop에서 온 것인지 미상하나 강綱을 '고비'라 하지 않고 '곱비'라 함을 보면 '곧'에서 '곱'으로 전변된 것도 같다. 물론 '곧'이 구성되기 이전은 '고-ㄱ'의 전승이 있었을 것은 말할 것 없다. '삳'(-삳히-사티-사치-삿), '삳바', '삳ㅎ다리'의 '삳도 같은 뜻일 것이다. '사슬, 비리' 참조.

종자種子의 '씨', '씨＝앗'의 '씨' 또는 '앗-앋'도 이 정수精髓, 정핵精核의 계열에 속하는 어휘라 생각한다.

'씨를 깨리다'＝'알을 낳다'

'씨'와 '알'은 같은 어의를 가진 말로서 생명의 종핵種核이라는 뜻에서 전이시킨 것 같다. 자子의 '아들'(←아둘)도 '안＋을' 즉, 란卵의 '알'과 동위운인 '안'에 사물지칭접미사 'ᄋ리'가 첨가되어 구성된 어휘가 아닌가도 생각한다. 혹은 '아＋둘'이라 분석하여 '아'는 소애小愛를 의미하고 '둘'은 정수精髓를 의미하여 '소小 또는 애정수자愛精髓者'의 뜻인지도 알 수 없다. 그러면 '딸'(←똘, 뚤)의 어의가 문제된다. '딸'의 어운이 '쏠'에서 왔는지 'ㅂ달'(→똘)-『계림유사鷄林類事』에는 '보달寶妲'이라 하였다-에서 왔는지 급거히 논단하기 곤란하나 유일唯一, 이기而己의 'ᄯ름', 매苺의 '쏠', 원源, 오오奧의 '쏠', 계추繫追의 '쏠'들 어운이 있음을 보면 '둘'의 경음화한 것으로 봄이 타당도 하나 그러면 자子는 왜 '아들'이냐는 것이 따로 문제가 된다. 또는 자는 '앋'계의 언어사회에서 전승된 어운이오, 여女는 '들'계의 언어사회에서 전승된 어운이라 하면 그만이나, 일본말에 'musu-ko', 'musu-me'라 하여 공통된 'musu'어운을 가졌고 한음漢音에 있어서도 자子, 녀女의 음 tʃ(ts.) dʒ(ds) 공통의 음소音素를 가지고 있으며 조선어에 있어서도 또한 '들'의 공통음운을 가지고 있으니 또한 공통된 어의를 가지고 있는 것으로 보아도 타당치 않은 견해라고는 할 수 없다. 아해兒孩의 '아이-아잇'가 '아리-아릿'에서 ㄹ음이 탈락되어 된 것인지 원어근 'ᄋ'에 직접 '이' 또는 '잇'를 첨가시켜 만든 것인지 알 수 없으나, 유幼의 '어리'가 있음을 보면 혹 탈락된 것인지도 알 수 없다. 이 어운에 ㅎ계음 세력이 작용하여 된 것이 '아히-아희-아힛'이다. 추雛의 '삿기'는 '삳기'로서 '산(살)+기'에서 온 것으로 아芽의 '싹'이 '사+기'에서 온 것과 같이 모두 정핵精核의 뜻이다. 이 유幼의 '어리'에서 우치愚痴, 무지無知의 '어리'가 나왔는지 암흑暗黑, 부지不知에서 전이되었는가 판정하기 곤란하나, 이 두 관념에서 서로 어운상 견제작용牽制作用을 하면서 전이되었다고 볼 것이다. 이 '아이'의 유소幼小 또는 종자種子에서 소小의 관념을 구성시킬 수 있는 것은 물론이다. 그러나 분단分斷-단편斷片-소편小片 또는 위조萎凋-왜소矮小의 계보에서도 小의 관념을 형성시킬 수 있는 것도 물론이다. '갈앙비(갈방비)'의 '갈'과 '작-적'은 분단의 계통에서 전이된 것이나 축소縮少의 '졸-줄'은 위조萎凋의 계통에서 형성시킨 것이다. 추예醜穢의 '더러운-다라운'이 왜소, 감소減小에서 불만족으로 염오厭惡로 추예로 전이된 것이 아닌가 생각되는데, 그렇다면 이 또한 정핵精核-소자小者에서보다 분단의 계통에 소속시키는 것이 좋을 것 같다. 그러나 세소細小의 '잘'은 유소幼小에서 (분단에서보다) 온 것이 아닌가 생각된다.

부족不足, 소량小量을 '바듬' 또는 '바르'라 하느니 그 어근은 '받-발'인데 이것은 태殆, 근近의 뜻으로 원의는 등等-동同의 뜻인 듯하다. 즉,

'비슷'(←비+ᄉ+ᄉ)과 같은 어운일 것이다. 이조 초기의 어운에 소小의 뜻으로 '효근'이라는 것이 있는데 지금은 이미 폐어廢語가 되었는데 이 어운은 '호근'의 전운인 것 같은데 이 '호근'이 '소근'의 ᄉ－ᄒ의 호전에 의한 전운인지 ᄒ계 어운의 독립된 어휘로 볼 것인지 급거히 논단하기 어려우나 '소근'의 어운은 '소곤소곤'의 어휘 속에 그 뜻이 혼합되어 있으니 내밀內密의 뜻도 있으나 불대不大의 뜻도 들어있는 것이다. 그렇다면 정핵精核의 계통의 유소幼小에서 전이된 것으로 볼 것이다.

회임懷妊을 '배다'(←비－ᄇ)라 하느니 이것을 '복腹하다'는 데서 전이되었다고도 하고 또는 복의 '배'가 임姙의 '배'에서 전이되었다고 하나 후자가 오히려 관념 전이상 정당한 상정想定이다. 회임의 '배다'는 'ᄇ이다'에서 온 것이오, 복의 '배'는 'ᄇ이＝빅'에서 전이된 것이다. 좌우간 이 '배'는 배胚, 일본말 '하라ᄒᆞ라－하ᄒᆞ'－para－par－pa－p와 그 계통을 같이 한 것으로 '종자種子하다', '정핵精核하다', '회임懷妊하다'는 뜻이다. 또 '배가 열다, 감이 열다'의 '열'은 과실果實의 '열매', '열음'의 어휘를 구성시킨 어간이니 '감이 열다'는 말은 '감이 과실하다'는 뜻이니, 개開의 '열'과 그 음운은 같으나 그 본관本貫을 달리한 것이다. 이 '열'은 '설'의 전운으로 '아이를 설우다, 아이를 헐우다'의 그 '설', '헐'과 같은 어운이니 이 또한 '슬'의 전운으로 '종자種子, 정수精髓'의 뜻이다. 그러나 이 '설' 어운은 '배'와 달라 '생성과정', '생성작용'을 뜻하는 것은 아직 력力의 어운 '살－설'이 활발히 그 어세語勢를 유지하고 또는 영향 줄 때에 고정시켰으므로 그러한 뜻을 가지게 된 것이다.

꽃은 초목지정草木之精이라 하여 그렇게 명칭하였다는 것은 이미 말하였다. 이조 초기의 음운은 '곶'이었고 그 '곶'은 '곧'의 전운으로 뇌腦의 '골'과 동위운이다. 이 미염美艶의 '꽃다운'이 '꽃'에서 구성시킨 것은 누구나 수긍할 것이나 '고은, 고븐, 고흔'의 미려美麗의 어운은 그 어근이 '고'이니 이 어운은 정수精髓－정미精美에서 그 관념을 전이시킨 것이다. 이의 동계어운에 '곰'(←고음 - 고슴 - 곰 - 곧)이 '고흐다'가 있다.

육肉을 '살'이라 하고 미米를 'ㅂ슬 - 뿔 - 쌀'이라 함도 체지정體之精, 도지정稻之精에서 그 이름을 얻은 것이며, 또 간間의 '스싀', '설'이 있을 수 있음을 짐작할 것이다. '살가운'의 '살'이 유소幼小, 정묘精妙의 '살'에서 전이된 것도 같으나 '사랑스럽다'의 '살'에서 전이된 것으로 볼 것이다.

정액精液의 '진', '지름(기름)', '지미(면지面脂)'들의 어휘가 있는데 유乳의 '젓 - 젖'도 이 정수 - 내용 - 진실의 계열에 소속시킬 것인가? 미각味覺의 액체를 많이 연상하게 되므로 이 계열에 소속시킬 것인가? 미味의 '맛 - 맏', 흥興의 '멋'을 정수의 계열에 소속시킨다면 이 '자미'도 거기에 보내는 것이 옳을 것이나 어쩐지 그 어운을 이 계열에 소속시키는 것이 타당하지 않다고 생각된다. 또 농濃의 '진한'의 '진'이 번繁의 '진흔'의 '짇'과는 구분하여야 할 것이다.

Sanskrit어에서의 Ci, Cit(인지認知), Cint(사고思考), Citta(심심心)들의 어운이 음운상으로는 이 계통에 소속된 것이나 어의상으로는 심령心靈 계통에 소속되는 것인데 결국은 그 언어사회에서 그 어의에 고정시켰다는 것 뿐이오, 원래는 동일한 관념, 동일한 전승을 가졌던 것이다. 질質ㅅ자 참고.

정명精命에서 생명生命, 심령의 관념이 구성되듯이 정령精靈에서 귀신의 관념도 나올 수 있을 것이다. 이 항을 따로 세울 것이 없고 생명심령生命心靈에 소속시킬 것이나 귀신의 '가비, 귀, 귀ㅅ것, 손'들의 어휘가 심령과는 어운상 또 어의상 그 관련성을 발견해지지 않고 도리어 일상日上 - 존상尊上의 어운과 관련이 깊으므로 따로 분립시켜 본 것이다. '귀'는 'ㄱ비'의 전운으로 'ㄱ위 - 가위'로 된다면 중中의 뜻도 있으니 정수精髓의 뜻이 없다고도 할 수 없으나 공公, 귀貴의 '구이 - 귀'는 존상의 뜻을 가졌고 그 어운과 밀접한 친연관계를 가지고 있다고 볼 것이다.

일본말의 '카미ᵃᵐ'도 신神, 상上의 뜻을 가졌다. 또 '손'이라는 어운을 보더라도 지금은 그 어의가 악신惡神의 뜻에 고정된 감感이 있으나 원래는 선신善神의 뜻으로 쓰였던 것 같은데 객客의 '손', 수手의 '손'과 그 어운이 같다. 수의 '손'은 족足의 '발'에 대해서 분기分岐의 뜻과 함께 상자上者라 하여 하자下者의 뜻인 '발'에 대립시킨 것이다. 그렇다면 신神의 '손'도 상上, 존尊의 뜻을 가진 어휘로 볼 것이다. 이런 의미에서 이 정명精命의 계보에 소속시킬 것이 아니라고도 생각되나 정수의 뜻이 전연 없는 것도 아니므로 일항을 시설한 것이다.

원시인에 있어서 물질과 정신을 분리해서 생각하지 않았다는 것은 여러 번 말한 바이지만 일체 만물은 (생물, 무생물의 구별이 없었다) 천天(日)의 소생所生으로 알았던 까닭에 천天의 분신分身, 천의 일부라는 생각으로 그 또한 천天(日)의 어운으로 그것을 표현시켰다. 일체 만물 전체를 각각으로 분리 구분하지 않고 조화된 일개一個로 보았는지도 알 수 없다. 그러므로 천(日)을 'ᄀᆞ, ᄀᆞᆯ(ᄀᆞᆯ)'이라 하던 언어사회에서는 모든 사물을 'ᄀᆞ, ᄀᆞᆯ(ᄀᆞᆯ)'이라 하였고, 'ᄂᆞ ᄂᆞᆫ(ᄂᆞᆯ)'이라 하던 언어사회에서는 모든 사물을 또한 'ᄂᆞ ᄂᆞᆫ(ᄂᆞᆯ)'이라 하였던 것이다. 이렇게 'ᄃ-ᄃᆞᆯ(ᄃᆞᆯ)---ᄒ-ᄒᆞᆯ(ᄒᆞᆯ)'의 십종十種의 사물을 지칭하는 어운을 조선어에서는 전승하고 있는데, 이 가운데서도 'ᄋᆞ-ᄋᆡ-이', '올-ᄋᆞᆯ이-ᄋᆞ리'의 어운의 세력 영향을 받아 모두 'ᄀᆞ-긔-기' 또는 'ᄀᆞ리'의 형태를 가지게 되었다. 즉,

'늬-늬-니' ——— '느리'

'듸-듸-디' ——— '드리'

'믜-믜-미' ——— '므리'

'븨-븨-비' ——— '브리'

'싀-싀-시' ——— '스리'

'지-즤-지' ——— '즈리'

'치-츼-치' ——— '츠리'

'히-희-히' ——— '흐리'

들의 어운으로 되어 전승되고 있다. 내 서론에서 후음계喉音系 음운은 고구려(가야)계라 하고 마찰음계 음운은 신라(졸본卒本)계라 하고, 순음계脣音系 음운은 부여(백제, 옥저)계 음운이라 하고, 치음계齒音系 음운은 원조선계元朝鮮系 음운이라 하였으나 성문폐쇄음계聲門閉鎖音系 음운 즉, 'ㅇ'음계는 전조선적前朝鮮的 음운이라고 지칭하고 싶다. 이 'ㅇ'음은 그의 유성음有聲音 또는 비음鼻音 'ㆁ'과 왕래가 빈번하다고 할까, 그 음역이 'ㅇ-ㆁ'에까지 걸쳐지고 있다고 할까, '아이'가 '아이'로 '에'가 '에'로 많이 발음되나니 '놀아이'가 '놀아이'-'놀앙'으로 발음되고 또 구성되어 있는 예가 많다. 대개 어미에 'ㆁ'받침 가진 어운은 '이'가 '이'으로 발음 되는 결과 그렇게 된 것이다. '바다'의 '바당'은 '바다이'의 전운이오, 지地의 '땅' 또한 '따히' 하듯이 '따이'가 '따이'로 발음되던 결과 그렇게 된 것이다. '염소(산양山羊)'의 '염스이'가 '염스이'로 발음되어 '염생이'라는 어운을 구성시킨 것이다. 그러나 '이'가 먼저 생기고 그것이 '이'로 변하였다는 시대적 전후를 거기에 두려는 것은 아니다. 혹은 'ㆁ'음이 'ㅇ'음으로 변하였는지도 모른다. 다만 문자기록상 설명상 현재에 있어서 편의함으로 그러할 뿐이다. 도리어 'ㆁ'이 또 ㅇ의 유성음이 'ㅇ'보다 선행하였다는 것이 타당한 견해일는지도 알 수 없다. 좌우간 상기한 음운이 '이'와 재결합하여 '깅-깅' 등 어운을 구성시킨 것은 확실하다. 분糞의 '싀ㅇ이'가 '시등-시동-쏭-똥'이 된 것만은 확실하며, 원구円球의 '공'이 '고이'의 전운임도 확실하다. 구아狗兒의 '강아지'가 '가+아지'에서 온 것이라면 소아의 '아지'가 '아지'로도 통용되었음을 보이는 증좌證左일 것이다.

이 사물을 가리키는 음운들이 독립적으로 쓰이는 것은 지금에 있어서는 거의 없고 접미사 또는 토^吐로서 그 존재를 근^僅히 유지하고 있으니, '거, 것＝거＋시', '시', '해'들이 약간의 독립성을 인정할 수 있으나 여타는 그 원의를 발견하기조차 곤란할 지경이다.

이거, 이것, 내것, 너것
갑시, 색^色시, 말씨
내해, 너헤

그러나 인칭 또는 그의 접미사로 '내, 네, 니'가 있으며, 명사화접미사 또는 조동사로 '딕디－재지'가 있으며, '미미－ㅁ', '비비－ㅂ', '싀시－ㅅ', '익이－ㅇ', '지지－ㅈ', '치치－ㅊ', '히히－ㅎ'들의 접미사 또는 그 전형^{轉形}인 '받침'들로서 지금 남아 있는 것이다. 지^地의

'단'은 '다니'의 전운으로 '니'로서 사물을 표시하려는 언어사회의 전승 어운이오,

'달'은 '다디－다리'의 전운으로 '디'로서 사물을 표시하려는 언어사회의 전승 어운이오,

'당(땅)'은 '이－이'로서 사물을 표시하려는 언어사회의 전승 어운이오,

'다히(따히)'는 '히'로서 사물을 표시하려는 언어사회의 전승 어운이다.

그러므로 고^鼓의 '북'(←부＋기)라는 어운이 있는 동시에 '붑'(←부비)라는 어운이 있을 수 있는 것이다. 또 가^價의 '갑'이라는 어운이 있는 동시에 '갑시－값'이라는 어운이 있을 수 있는 것이다. 계^鷄의 '달－다리', 石의 '돌－도리'라는 어운이 있을 수 있는 동시에 '돍－돌기', '닭－달기'라는 어운이 있을 수 있는 것이다.

'가디(지)마라'의 '가디'는 '가 + 디'로서 '가(行)'의 용사用詞를 명사화하기 위하여 '디'를 첨가시킨 것으로 즉, '가는 것'을 하지 마라는 뜻에서 '디'를 첨가시킨 것이다. '오미, 가미(내왕來住)'의 '미' 또한 원래는 '것'자著의 뜻이던 것이 용언에 첨가되어 '그러한 사상事象'을 표시하던 것이 이제는 그 원의를 잃어버리고 접미사로 무의식하게 쓰이고 있을 따름이다. 가격의 '값'은 '갑(가비)'로서 훌륭한 어운이었으나 '시'를 첨가치 안으면 사상, 사물을 가리키는 어감이 생기지 않는다는 언어 전승집단에서는 그것이 군짓임을 불구하고 '갑시'로 구성시킨 것이다. '갑 - 가비'의 어운 또한 '가'로서 등동等同의 뜻을 원래 가진 것이나, '비'로서 사상, 사물事物을 표시하는 언어사회에서는 모든 사물에 '비'운을 첨가시키자는 충동을 느끼는 법이므로 '가비'라 한 것이다. '갈 - 갈'이 산山을 가리키던 말이었으나, 산은 '뫼 - 믜 - 미'라고 한다는 고집을 가지는 언어사회에서는 선주민先住民의 '갈' 어운에 '뫼 - 미'를 첨가시켜 '갈뫼 - 갈미'라고 하여 '갈'을 고유명사처럼 만들어 버리는 것이다. 여기에 다시 산山을 '산'이라고 고집하는 언어 의식을 가진 집단에서는 그 선주민의 말 '갈믜'에 '산'운을 첨가시켜 '갈믜산'이라 하며, 이것에 산을 mountaine이라고 고집하는 언어 의식을 가진 사람들은 '갈믜산 mountaine'이라고 하여 '갈믜산'을 고유명사로 만들어 버린다. 이렇게 한 나머지 문화의 교류, 물화物貨의 교역, 정복의 지배支配 등으로 말미암아 언어의 교류, 어운의 세력소장勢力消長이 생겨 차츰차츰 고정된 것이 지금 우리가 전승하고 있는 언어인 것이다.

제6어보 B(A 생명보의 계속)

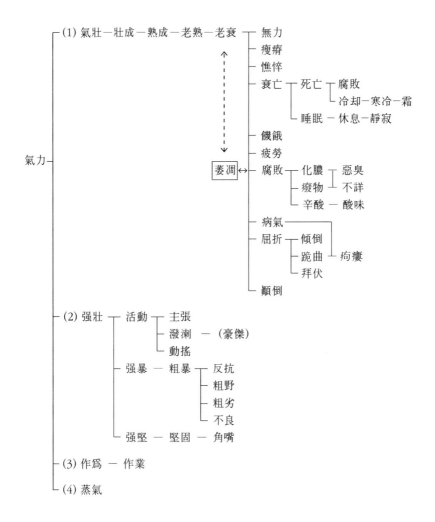

조선어는 십종十種의 독립된 어휘 체계로 구성되었다는 것은 이미 말하였으니 기력氣力의 어운도 십종계어가 있을 것은 물론이다. 즉, 'ㄱ, ㅋ, ㄲ, ㄲ', 'ㄴ, ㄵ, ㄶ, ㄵ' 등등인데 이 가운데 상실된 것이 많으나 대개는 활용접미사(또는 삽입사)로 남아 있으니 '발각, 달각', '상글, 빙글', '날낙, 들낙', '받작, 살죽'들이 그것인데, 지금은 그 본어의本語義가 망각되고 국어학자까지도 허사虛辭로 여기고 있다.

'숨'이란 어휘가 생명력, 기식氣息, 기력들의 뜻을 가졌다는 것은 이미 말하였거니와 기력의 '심', '힘' – '짐', '김' 등 어운들도 '시미', '히미' – '지미', '기미'의 촉음으로 어근은 '시, 히', '지, 기'이다. 이 '시, 히, 지, 기'는 '시, 히, 지, 기'의 전운으로 사물을 지칭하는 주격어미 '이'운韻이 강렬하게 작용한 결과 그렇게 된 것이다. 이 '시, 히, 지, 기'는 'ᄉ이, ᄒ이, ᄌ이, ᄀ이'의 전운으로 '이'는 사물지칭접미사이니 원어근은 'ᄉ, ᄒ, ᄌ, ᄉ'이다. 이 가운데 '시'는 요사이 '힘이시다', '힘이 세다'의 '시, 세'의 고어로 이 '시, 세'는 강력强力에만 쓰이는 것이 아니다. 장성壯成, 노숙老熟에도 쓰이느니 '박이 셋다', '감기感氣(모冒)가 세햇다'들에도 쓰이니 '단단하게 되었다, 익었다' 또는 '늙었다'는 뜻이다. 휴식休息의 '쉬', '시', 부패腐敗의 '쉬, 시'도 위조萎凋, 노쇠, 피로, 사망의 뜻에서 전이된 것으로 휴식한다는 것이 본뜻이 아니라 '골아졌다'는 것이 온 뜻인 것이며, 부패가 본 뜻이 아니라 '죽었다'는 것이 온 뜻인 것이다. 이 '쉬, 시'운 밖에 '쇠'의 어운이 있다는 것은 여요麗謠의 청산별곡靑山別曲, 송강松江의 사미인곡思美人曲에 나타나 있음은 모두 알 것이다. 이 부패의 다른 어운 '석'이 '서그 – 시ᄀ'의 전운으로 'ᄀ'의 고구려계 활용삽입사를 제거하면 '서 – 시'이다(이 '시 – 서'의 어운이 s ↔ j ↔ y의 어운변화과정을 밟은 음운이 ye, yi, yo이라면 '여비', '이ᄇ(yib)'의 어운이 있을 수 있음을 요해할 것이다. 이 '여비', '이ᄇ(이우)'의 어운이 '서비', '시ᄇ'의 전운으로 'ᄇ'운은 부여계 활용삽입사로 원어근은 '시 – 쇠 – 시 – ᄉ'이라고 할 수 있다).

한어漢語의 '사死', '시屍', 일본말 '시누シヌ'의 '시シ'들은 이의 전승 어운이다. 이 '시'가 원조선계 활용삽입사 'ㄷ - ㄹ'를 가지면 '시드 - 신 - 실'의 어휘를 구성시켜 '시드다 - 시들다', '실애기 - 슬에기(쓰레기)', '시르지다'들의 어휘를 전승케 한 것이다.

사멸死滅의 속어에 냉각冷却의 어운과 같은 '식었다'라는 말이 있으니 이것이 냉각에서 사멸의 뜻으로 되었다고들 생각하나, 한냉寒冷의 관념이 사멸체의 감각에서 구성시킨 것이므로 그러한 관념결합은 도리어 전도된 생각이라 하지 않을 수 없다. 영어에 병病을 sick이라 함도 이 전승의 어운인데 병의 관념은 위조萎凋에서 생긴 관념이오, 냉각에서 온 관념은 아니다. 그러므로 사死의 '식었다'는 어휘가[45] 냉각의 '식었다'는 어의로 전이된 것이다. 그러나 '손이 시리다, 발이 시리다'라는 어운을 보면 사死의 고어는 '신 - 실'이거나 '시'로서 여기에 활용삽입사 'ㄱ'가 삽입되어 '시ㄱ다 - 식다'로 되고 한편으로 상태사狀態辭로 '시다 - 시리다'가 구성되었으므로 도리어 냉각의 '식다'가 사死의 '식다'로 어의상보다 어운상으로 작용하였는지도 알 수 없다. 이 '실'(← 일 - 슬)에서 상霜의 '서리'가 나오지 않았나 생각된다. 로露의 '이슬'이 무슨 뜻으로 된 것인지 알 수 없으나 이 '슬'에 한냉寒冷의 뜻이 들어있지나 않나 생각도 된다.

수면睡眠의 '자다, 자부다, 자불다, 조다, 조우(조브)다, 주무시다(지므시다), 잠'들의 체용언들이 있는데, 그 어근 또는 어간은 '자, 잡, 조, 좁, 줌, 짐, 잠'들로서 일철어一綴語 '자'가 그 어근임은 누구나 짐작할 것이다. 그러면 '자다'는 말은 무슨 뜻인가? '바람이 자다'할 때의 '자'는 '죽었다'는 말인가, '쉰다'는 뜻인가, '잔(누어)다'는 말인가 또는 '잠잠'해졌다는 말인가?

---

45 영어에서의 병病의 sick, 독일어의 siech도 위조萎凋, 부패에서 병病으로 전이된 것 같다.

사망死亡의 '죽'이 '주ㄱ'의 촉음이며 'ㄱ'는 비沸의 '끌'-'끌ㄱ', 절折의 '걷'-'걷ㄱ'의 'ㄱ'와 같이 활용삽입사로 본다면 어근은 '주'이오, '주'는 'ㅈ우-ㅈ붇'로 분석되는 것이니, 수면睡眠의 '자브-ㅈ붇'와 그 어운이 같으며 도살屠殺의 '잡'은 이 'ㅈ붇'의 어운을 견지한 것이다. 그리고 경련痙攣의 '쥐'(발에 쥐가 내리다 등)는 'ㅈ붇+이' 즉, '주이'의 촉음인 것은 물론이다. 이 'ㅈ'가 'ㅂ'의 받침 대신 'ㄷ' 받침을 받으면 'ㅈ드-줃'이 되고 그의 동위운이 '줄'이다. 경련의 '자리', '재리', 염지鹽漬의 '저리'들도 무기無氣-위조萎凋의 뜻에서 전이된 것이며, 고枯의 '골'도 조燥의 '갈-갈'에서 전이된 것이며, 피로의 '골', 화농化膿의 '골ㅁ', 농액膿液의 '골음' 모두 이 어운과 어의에서 전이된 것으로, 이들은 모두 건조乾燥-고갈枯渴-위조萎凋에 소속시키는 것이 타당할 것이다. 그러나 숙熟의 '닉-니ㄱ', 로老의 '늙-늘ㄱ-늘ㄱ', 폐弊의 '낡-날ㄱ', 퇴頹의 '날'들은 노숙老熟-노쇠老衰-쇠패衰敗에 소속시키는 것이 타당할 것 같다.

하락下落의 '지다' 즉, '디다'의 '디'가 우수雨水-수하水下-하류下流-하락下落의 계보에 소속될 것이냐, 또는 '꽃이 지다, 해가 지다'의 '지-디'는 '노쇠-쇠망衰亡-소멸'의 계보에 소속시킬 것이냐에 의문이 없지 않으나 그 두 뜻을 가진 것으로 보지 못할까? 소모消耗, 쇠진衰盡에 '달앗다', '달갓다'는 말이 있으니, 이 말은 노숙老熟, 노회老獪의 뜻에도 쓰이느니 이 어휘들은 또한 고갈枯渴, 위조萎凋의 계보에 소속시킬 것으로 생각된다. 위조의 '마르다'가 건조乾燥의 '마르다'에서 온 것은 두 말할 것 없으며, 대소변大小便을 '말'이라 함은 그것이 폐물廢物인 까닭이다. '받받말랏다'할 때의 '받'도 고갈-위조의 계통에 소속되는 것이오, 초췌憔悴의 '파리(바리)' 물론 동계일 것이다.

이렇게 보아오면 고갈-위조-사망의 관념은 노장老壯-노숙老熟에서 왔다는 것보다 원시적 같고 도리어 노쇠老衰-사망의 관념은 뒤에 구성시켰거나 또는 특수한 관념 전이에서 구성된 것도 같다. 그렇다면 '실

-실'의 어운도 강장強壯-노숙에서 위조-사망의 관념 계보에 소속시킬 것인지도 모르겠다.

절첩折疊을 '접'이라 하며 궤배跪拜를 '저, 전, 절'이라 하느니 '접'은 'ㅂ' 말받침을 받은 것이오, '절'은 'ㄷ-ㄹ' 말받침을 받은 것으로 원의原義는 위조에서 굴절屈折, 절복屈伏의 모양에 절첩折疊, 궤배跪拜의 관념을 형성시킨 것으로 생각한다. 혹은 '접'은 중첩重疊의 '겹'(←갈-갊-갋)에서 온 것이라고 할 것이나 내 또한 적극적으로 부정하지 않으나 위조, 전복顚覆, 굴절屈折의 뜻도 동일하게 작용한다고 볼 것이다. 배拜의 '절'도 신절身折, 체굴體屈에서 온 것으로 불사佛寺에서는 배한다는 것을 '저숫다-전숫다'라고 하느니 '숫다'는 '수다'가 선행된 음성모음의 영향으로 된 것이거나, '고시래'를 '고수래'하는 따위의 발음습벽發音習癖에서 된 것이라고 생각한다. 그래서 그 어근은 '저-전'으로 몸을 굽히는 까닭에 그 형상을 가리켜 '절'이라 한 것이다. 그러므로 '절한다'는 말은 몸을 굽힌다는 말이다.

조폭粗暴한 것을 '갈다', '괄다'고 하며 강폭强暴한 것을 '부랑(불앙)타'하며 조야자粗野者를 '말갈랑이'라고 한다. '갈다'의 '갈'을 경직硬直, 건조乾燥의 그것으로 일반은 상상할 것이나, 실實은 기력氣力의 '갈'에서 전이된 것이며 '부랑'을 한자 부랑浮浪 또는 불량不良의 사음寫音으로 보아 그 어의는 조한朝漢이 전혀 달라 '부랑'은 강폭행패强暴行悖의 뜻을 가진 말이다. 부랑은 '불+앙'의 음사로서 '앙'은 '놀앙(황黃), 팔앙(청靑), 골앙(휴畦), 걸엉(계溪), 홀옹(등燈), 굴웅(엉)(갱坑)' 등의 '앙, 엉, 옹, 웅'과 같이 명사화접미사(아이의 전운)이니 그 어근은 '불'이다. '불불대다'(활동모活動貌), '불상놈', '불악불악'의 '불' 운과 같이 강장强壯, 장폭壯暴, 조폭粗暴의 뜻을 가진 말로서 원의는 기력, 생명력을 뜻하는 말이다. 일본말 '하리키루 ハリキル(pari-kiru)의 pari는 장張ㅅ자로서 쓰나 원의는 기력을 뜻하는 말이오 Sanskrit의 력力의 bala 또한 이와 그 전승을 같이한 것이오, 영어의 power는 중세 영어(M.E)에 있어서 pöer이었는데 w는 뒤에 삽입된 것이라 하니, 이 또한 같은 전승이나 그 어운의 전승이 변해져서 서로 다를 뿐이다. 이 '발'(← 블)의 동위운이 '받'(← 블)이면 potent, potens, potis, pot-sum(possum, I am able)의 pot가 있을 수 있음을 짐작할 것이다. 이 pot가 potsum→possum의 영향을 받았는지 posse, possible의 poss의 어운으로 변화시킨 것일 것이다. 지금도 동작의 모양을 말하는데 '발닥발닥'이라는 말이 있으며, '발악발악, 벌억벌억'들이 전승되고 있다.

각角, 취嘴의 '뿔', '불'은 원래 동일운으로 그 질質의 견고한데서 득명得名한 것이니, 신라시대에 각角을 '수불', 서불舒弗이라 한 까닭에 서불간舒弗干에 각간角干을 대代한 것이라고 하나 서불은 수도 경성京城의 뜻으로 서불간은 도장경윤道長京尹의 뜻이오, 각간角干을 '불간', '불한'으로 읽을 것이냐 그만 '각간, 각한'으로 읽을 것이냐는 것은 위에서 약간 말한 바이지만 신라시대에 각을 '수불', '쌀'이라고 이음철 또는 경음화 되었으리라고는 생각되지 않고 '불'이었으리라 생각한다. 각角의 '불'이 '쌀'로 경음화된 것은 우각牛角의 '소ㅅ불=소쌀' 또는 '쇠ㅅ불=쇠쌀'이라고 국문이 발명된 이후 적어도 신라말기 이후의 국문기사國文記寫가 있은 뒤에 생긴 것으로 생각된다. 그러므로 각간角干은 '각간', '각한'으로 읽어 상장上長, 대군大君의 뜻으로 해解할 것이다.

활동, 동요動搖들을 뜻한 말인 '건덕', '굼적', '놀', '덜먹', '뮈', '발닥', '벌벌', '설레', '움즉' 등이 모두 여기서 전이된 것이다.

'그 사람 바렷다'라고 말할 때의 '발'이 폐기廢棄의 뜻이냐, 조열粗劣의 뜻이냐 부패의 뜻이냐? 이 한 예만 보더라도 일사물一事物에 일어휘一語彙라는 생각은 확실히 의사意思를 또는 표현을 명확하게 하고 정확하게 하기 위해서 필요한 이상理想이나 인간 경험이 축적되고 관념의 분화分化 내지 구성이 그 한계를 모를 동안 일개의 환상에 가까운 이상理想이다. 그것을 기어이 고집하는 문학자 또는 철학자가 있다면 그 언어사회의 이상의 발전을 저지沮止시키는 것뿐일 것이다. 사상의 전개가 활발한 사회일수록 언어의 개폐改廢, 신생新生, 전이도 활발하며 외래어의 섭취라기보다 자언어自言語의 고모古貌의 발견 또는 친척 계보에의 복귀일는지도 모르는 어운이 속속 나타나는 것이다.

'말갈랑이'의 '랑이'는 선행先行되는 '갈'의 'ㄹ'음이 측류음側流音 'ℓ'로 발음된 까닭으로 원음元音은 '앙이-아이'일 것이나, 혹은 '당이'가 '랑이'로 전변된 것이 있으니 이것은 ㄷ-ㄹ의 호전互轉의 사실을 미루어 짐작할 것이다. 그러나 나는 전자를 취하므로 '앙이'는 사물지칭접미사이오, 어간은 '말갈'이다. '갈'은 이미 조폭粗暴의 뜻을 가졌단 말을 하였으니 더 재론치 않거니와 그러면 '말'은 무슨 뜻인가? '말'의 동위운은 '맏'이니 상上, 최最의 뜻인가? 전全, 완完의 뜻인가? 생각컨대 이 '말'도 또한 조폭粗暴, 조야粗野의 뜻이 아닌가 생각한다.

황荒의 '거칠다'는 '걸힐다'의 전운으로 그 어근은 '걸'일 것이며, '성질이 좀 걸다'할 때의 '걸'도 이와 동계의 어휘일 것이며 반역反逆의 '거슬이다' 또는 반대와 역행逆行의 '거시다'의 ' 것'도 이와 동위어일 것이나 형극荊棘의 '가시'운이 영향되었거나 또는 '걸'에 역力의 '시'-'슬'이 종합되어 구성된 것일 것이다. 사실로 형극의 '가시'란 말이 첨단尖端의 '갓', '간시'에서 왔는지 또는 형극은 역항逆抗하는 것이오, 항력抗力의 것이라고 해서 그 명칭을 얻은 것이냐 할 때 그 어느 계통이라고 단언하기 곤란하나 나는 전자의 관념에서 전이된 것이나 항력의 어의도 십분 내포하고 있다고 본다.

강타强打, 강책强責의 '강치다(강타다)', 항거抗拒의 '강거리다', 역주力酒의 '강술', 황맥荒麥의 '강보리(꽁보리)' 등의 '강'운을 일향一向으로 한자 강强에서만 왔다고 할 것이 아니오, 도리어 강강强剛과 그 어운전승을 같이한 것이라고 보는 것이 타당할 것이다. 그러므로 한자음漢字音과 같거나 비슷하다고 모두 외래어로 볼 것이 아니다.

작위作爲를 지금은 '하다(ᄒ다)'라고 하느니 이 'ᄒ'는 기력氣力을 뜻하던 말로서 역위力爲의 동사로 전용된 것이다. 력의 '힘'은 '히미'의 촉음이오, '히'는 'ᄒ-히-희'에서 전변된 것으로 '심'은 '힘'의 전변된 어운이라는 것은 그리 확실한 논거가 있는 것은 아니다. 이 기력의 어운이 역위力爲의 동사 또는 활용조사로 전용된 것이 많으니 예를 들면

그러거라	이러거니의 '거'(← ᄀ)
오느니	가느니의 '느'(← ㄴ)
그러더라	그러데의 '더'(← ᄃ)
그러마	주마의 '마'(← ᄆ)
죽어바라	살어바라의 '바'(← ᄇ)
그레사도	놀아사도의 '사'(← ᄉ)
가르치다	설치다의 '치'(← ᄎ)

(이 ᄎ음은 ᄐ음에서 전변된 것도 많다.)

등이 그것이다. 가르치다(교敎), 살피다(찰察)의 '키, 피'가 독립적으로 구성된 어운이냐 어떠냐는 것을 의문할 수 있을 것이나, 나는 우리 조어에 있어서 원칙적으로 'ᄎ', 'ᄒ' 이외에 유기음有氣音을 원운原韻으로 보지 않으려는 까닭에 '가르치다'는 '가륵히다'(흡사 성成의 '이룩하다', 기起의 '이룩하다'와 같이)의 기사記寫요, '살피다'는 '삷히다'(흡사 촉식促息의 간바-갈바-삷하-갈파, 갑하-간파'와 같이)의 기사記寫로 본다.

이상 기력氣力, 역위力爲의 어운과 어의추정語義推定에 항위抗爲할는지 모르나 즉, '그러거라'는 '그러하거라'의 '하'의 약略된 것 '그러더라'는 '그러하더라'의 약略들이라 하나, 여러 어운을 분석하고 어의를 추정한 결과 'ᄒ'와 같은 어운일 것이라는 것에 도달하지 않을 수 없었다. 우리가 현재 종지조사終止助詞로 쓰는 '다'도 원래는 '하'의 뜻을 가진 말로

서 '가다'는 말은 '행위行爲' 즉, '가하'의 말이라고 생각한다. 영어의 'go do' 즉, 'do go' 즉, 'to go'와 같은 뜻이라고 생각한다. '소변小便하는' 것을 '소변보다'라고 하는데, 이 '보'를 견見의 뜻으로 항간에서는 해석하나 이야말로 항간어원설巷間語源說로, '보다'는 'ㅂ다'의 전운으로 '고혼'에 대한 '고븐'의 '븐-빈-ㅂ'과 같은 것이다. 그러므로 협狹의 '쫍다'는 '쪼ㅂ다'의 촉음이오, '쪼ㅎ다'와 같은 뜻으로 쓰여진 말이다. '먹다'는 '머ㄱ다'의 촉음으로 '머+ㅎ다'라고도 구성시킬 수 있을 것이라고 생각한다. 다만 '먹다'는 'ㅎ' 대신에 'ㄱ'를 역위力爲의 뜻으로 쓰기 전승받은 언어사회의 의식을 가진 집단에서 구성시킨 것이 그 세력을 유지하고 있을 뿐이다. 혹은 모두 식食의 뜻을 가진 'ㅁ', 'ㄱ'의 양운이 결합된 것이라는 것을 나는 꼭 부정할 용기가 없으나, 현재 'ㅎ'가 역위의 뜻으로 모든 체언에 붙어서 활용사로 쓰임을 미루어 전설前說을 취할 따름이다. 원래는 그러한 것이 지금에 이르는 동안 모두 별이別異의 어의를 가지게 되고 또 거기에 사전학적으로 그 어의를 고정시켰을 뿐이라고 생각한다. '먹다'를 어운 구성상으로 보면 그 어근은 '머'(←ㅁ)이니 원래는 '머'로서 통용되었을 것이다. 그러던 것이 원조선적 어운으로 '머다(ㅁ두)'가 되고, 한편으로 가라伽羅 고구려적 어운으로 '머거(ㅁ ㄱ)'가 성립되어 이 두 어운이 교류하면서 '머ㄱ다'-'먹다'로 된 것일 것이다. 작作의 '짓-짖'도 물론 여기에 소속시킬 것이다.

수증기水蒸氣의 '김', '짐'은 '물ㅅ김, 물ㅅ짐'의 약어로서 '김, 짐'은 '숨, 심'과 같이 기력氣力의 뜻을 가진 말이다. 증기蒸氣의 기氣ㅅ자字가 단적으로 보이듯이 우리 조어사용자들은 수증기는 수水의 기력으로 보았던 것이다. 증력蒸力의 폭발력을 보았을 때 그것을 물의 힘으로 여겼을 것은 누구나 생각할 수 있는 일일 것이다.

'김이 빠졌다'

'짐이 죽었다'

모두 기력을 뜻하는 말이다. 그러면 해태海苔의 '김 짐', 잡초雜草의 '김, 짐'은 무슨 뜻인가? 잡초의 '짐 김'은 지방脂肪의 '지미'가 불필요물不必要物-잡물雜物로 전이되어 성립된 것 같으며, 해태는 해지잡조海之雜草라 그 명칭을 얻었는지 해지정초海之精草라 그 이름을 얻었는지 독자의 추구推究에 맡긴다.

제7 어보(원어보 7)

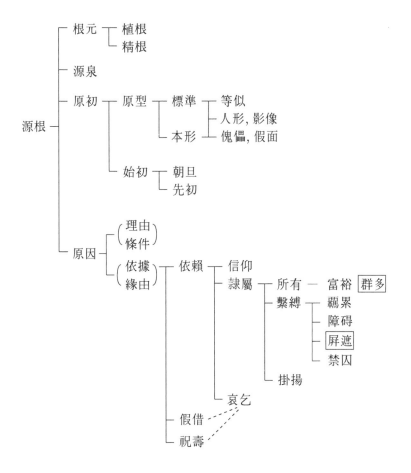

근根을 지금은 '뿌리'라 하나 이조 초에는 '불휘'라 하였는데, 그 어근은 '불-블-블'이라함은 이미 논한 바이나 근의 본질에서 보면 정수精髓, 정력氣力 즉, 정精에 있으나 형태에서 보면 근원根源인 것이다. 거기서 모든 것이 시생始生하고 시초始初함으로 그렇게 명칭한 것이며, 남근男根의 어운 또한 그러한 의미를 내포하고 있는 것이다. 별칭 '잦-잗-잘'은 정수精髓, 정핵精核의 어운과 같으니, 난황卵黃의 '노란자ᅀ', '노란자우', '노란자위', 안정眼睛의 '눈자ᅀ', '눈자우', 백실栢實의 '잣' 모두 여기서 그 명칭을 얻은 것이다. 그러면 '자지'는 정력의 뜻보다 정수, 정핵精核의 뜻에서 전이된 것으로 봄이 도리어 타당할 것이다. 또 별칭의 '샅(살)'은 정력에서 전이된 것이 정수에서 전이됨보다 농후하며, 음근陰根의 '봊-볻'은 '블=본'의 전이된 것일 것이다.

천泉을 '샘', 원源을 '츨'이라 함은 다 알 것이다. '샘'은 '새미'의 촉음이오, '새'는 '식-ᄾ이-ᄾ'의 전운으로 원源, 원原, 원元을 뜻하는 어운이니, 이 어운의 실사적實辭的 단어를 내 발견하지 못하였으나 이유, 조건의 조사 '식-새'(그러할 새, 저러할 새) 또는 종從, 자自의 조사 즉, 종격從格의 '셔-식' 즉, '경성京城에서, 동래東萊에서'의 '서'에 남아 있는 것이다. '미'는 수水의 뜻을 가진 어운인지 단순히 사물지칭접미사인지 분간分揀하기 곤란하나 나는 전자를 취하여 천泉을 '원수元水, 원수原水'의 뜻으로 해解한다. 원류源流의 '츨'은 단순히 원초源初의 뜻으로 그 원어근은 '츳'로서 '처ᄉ째'의 '처', '처섬(처즘)'의 '처'의 원어근이며 '아츰'의 '츰'의 원어근이다. 부사 '차라리(寧)'의 '찰'의 원의는 원초의 뜻으로 원류의 '츨-찰'과 동계어이다.

근원根源의 '츳-츤-츨'이 근원根元, 원천源泉의 뜻으로 전이되듯이 원초原初의 뜻으로 전이될 수 있는 것은 물론이다. '처-천-청-첫'에 초初의 뜻이 있는 것은 곧 이해할 것이나, 조朝의 '아츰'은 '아츰'이냐 '안츰'이냐는 것은 단순한 문헌상 기록만 가지고 단언하기 곤란하다. 그것은 기록자의 음운상 청각인상聽覺印象이 정확하였더냐, 어떠냐에 관계됨으로서다. 지금에도 유有의 '잇'이 '잇'이냐 '있'이냐가 서로 논란되는 것과 같다. '아(ᄋ)'에 일日, 천天의 뜻이 있는 이상 '아', '알'의 어운의 차差로 논란할 것이 못되나, 현재의 지식인에게 설명하기에는 '알-알'의 어운으로 하는 것이 엄치 편의한 까닭이다. '알'은 '온'의 전운으로 일, 천, 명明의 뜻을 가진 말인 것은 전술한 바와 같으니, '아츰'은 '아츠미'의 전운의 '일시日始, 일초日初'의 뜻이다. '벌서', '발서'라는 말의 뜻이 '앞서'의 뜻이지만 '빠르게'라는 뜻도 가졌으며, '일즉'이라는 말로 '속하게'라는 뜻을 또 지니면서 전이된 것이 아닐까?

'발서 갔다 왔늬!', '일즉 갔다 왔구나!'

이 어휘는 상瞥, 조早의 뜻이라기보다 급속의 뜻을 가진 말이다. 그러나

'발서 없어 졌다.', '일즉 찾어 왔다'

할 때의 의미는 다르다. 그러면 빠른 것이 발서이고 일즉인 것인가? 앞서고 먼저 된 것이 '발서'고 '일즉'인가? 양자의 관념 전이가 모두 가능하다. 그리하여 어운은 같으나 어보는 달리한 것일까? 벌서의 '서'는 종자從自의 뜻을 가진 조사로 보더라도 '벌'은 무슨 뜻을 가진 말인가? '붙허 븥허'(부터, 브터)의 '븥-븐'을 연상할 것이다. '븥'의 동위운이 '블'이요, 이것이 '벌'로 전변된 것이라면 시始→선先의 관념 전이를 허용할 것이다. 물론 '벌서'라는 어운과 '발서'라는 어운이 병행되고 있음을 우리는 음운상 주의할 것이며 이조 초기의 어운은 '블셔'임을 알 것이다. 그렇다면 '일즉'─즉, 적은 시時의 뜻이니─의 '일'이 '올-읃'의 전운으로 문득 영어의 at, Latin어의 ad를 또한 연상할 것이다. 소계所繫의 뜻을 가진 말이니 원자原子의 atom과 같이 원원原源의 뜻을 가진 말

일 것이요, 원原-선先-조무의 관념 전이에서 성립된 어운이라고 할 수 있다.

국어에서 원형, 원본原本을 '틀', '본'이라고 하느니 '틀'의 이전 운은 '들'이요, 이 '들'은 '돌'이다. 가면假面의 '탈'은 또한 이 '돌'의 전운으로 원형, 본형本型의 뜻으로 어떤 것의 원형이라는 뜻이다. 일본의 가무기 歌舞伎의 배우들이 별 형상으로 그 안면顔面을 분식粉飾하는데, 그것을 '구마토리^{クマトリ}'라 하여 한자로 우취隅取라고 쓰나 원어는 '카미토리^{カミトリ}' 즉 신형神形이라는 뜻이니 그 '토리^{トリ}'는 이 '돌(ᄃ리)'에 대응되는 말이다. 근사近似한 것의 '달므다(담다)'의 '달'은 그 원의가 '닫-달'에 같다는 뜻으로 '원형, 본형本形'의 뜻으로 '달므다'란 말에 작용하고 있다고도 보아지나 그것은 제9어보에 가서 말하겠다. 영어의 인형人形의 doll이란 어운도 이 전승을 가진 것일 것이다(← doralty. G.K.).⁴⁶

근본根本 또는 관향貫鄕까지도 국어에서는 '본'이라 하느니 이것은 일반一般이 한자 '본本'의 음에서 온 것으로 여기나 '본대(본래本來)', '본바닥(본처本處)', '본시(원래)'의 '본'과 같이 한어와 그 전승을 같이 한 것이나 '븓-블-븐'의 전운이다. 자시自始, 종자從自를 지금은 '부터'라 하나 이조 초에는 '브터'이요, 그 어근은 '븓'이요, 그 원어근은 '블'이다. 이 '블'이 '블', '븐'으로 전운될 수 있는 것은 누설한 바로서 다 이해할 것이다. 군다群多의 '물'이 개皆, 집集의 뜻으로 '모두, 모타(몯하)'가 되는 한편 '물-믈-물'이 되며 한편으로 다多의 '만흐(← 말흐)'가 되듯이 또 비牌의 '말하'(『훈몽자회訓蒙字會』)가 지금은 '만하'로 변한 것처럼 지금의

---

46 자연自然을 '절'이라 하느니 '저절로'는 '제(自)' + '절로(元形)'의 합성어인지, 모두 원형 元形, 본형本形의 뜻을 가진 '저-절'의 첩어인지 미상하나 본연本然의 뜻으로 '절'이라 한 것 같다. 이두문吏讀文에 '인자因子', '잉우仍于'를 '지즈로'로 읽는 까닭을 알 수 없으나 잉仍음音이 '싱'임에 인함인지 미상하다. 그러나 '지즈로'에 원인, 의거依據, 종자從 自의 뜻이 있는 것은 자연의 '지절로'에서 전이된 것인지 만주어의 ǒi가 '부터, 보다'의 뜻을 가진 말이니 그와 동계어로 '지-그지-지-즈', 또는 '절-질-줄'의 합성어로 보아야 할 것인지 존의存疑한다.

'본'노 그 이전은 '볼, 볻'이었을 것을 짐작할 것이다. 마래어馬來語에서 영상影像, 소상塑像, 인형을 patong이라 함은 이 'p-t'어운을 전승하여 그 어의에 전이시킨 것이다. 일본말 '혼ホン, 혼토ホント, 혼마ホンマ'의 어운들도 모두 이 전승일 것이다. 영어의 from은 fro의 재구성된 것임은 누구나 다 알 것이요, Iceland의 frā, Danish의 fra와 동계어로서 'f-r'이 그 어근이라면 p-t, p-r과 그 전승이 같은 것일 것이다. 그러므로 '부터'란 말은 거기서 시초한다는 뜻이다. 여기서 일언하고 싶은 것은 형용사 비교급조사 '보다'로서 이 어운 또한 '볻'의 전운으로 그 어의 또한 본원本元, 원초元初의 뜻에서 전이된 것이다. 이 '보다'를 '에서'로서 대용代用도 하며 대용한다는 것보다 오히려 고형古形에 가까운 것이니

'블고미일월日月에셔더으고(명유일월明愈日月)' —『몽산법어약록蒙山法語略錄』 49쪽

'살인殺人에서ᄀ장ᄒ니업스니(막종어살인莫終於殺人)' —『무원록無冤錄』, 1쪽

가 그것이다. 이 '에서'가 종자의 뜻을 가지고 지금도 종격조사從格助辭로 쓰이고 있다. 이 가운데 '에'가 조음소調音素이냐, 어격조사於格助辭이냐가 좀 불분명하나 어격토於格吐로 보고, 실어근實語根은 '서←셔←싀←ᄉ'라고 볼 것이다. 일본말에서도 시초始初의 '카라ヵラ', '요리ヨリ'와 비교급의 '요리ヨリ'가 서로 같으며, 만주어에서도 'či'가 그 양의兩義에 통용됨을 미루어 짐작할 것이다. 즉, '너보다 내가 크다'는 말은 '너로부터 내가 크다'는 뜻이다. 즉, '너를 표준하여 내가 크다'는 뜻이다.

이유, 조건의 조사 또는 명사인 '줄', '들', '때문', '까닭'도 여기서 전이한 것이니 이조 초에서는 '줄' 대신에 오로지 '들'을 썼으니, 이 '들'을 지금의 '그런들, 저런들'의 뜻에도 썼지만(『용비어천가』 15장, 21), '미리그러흟 들아ᄅᆞ샤'(현지기연縣知其然 -『능엄경』 3쪽), '스싀로수隋ㅅ구스를어더야명주夜明珠ᆫ들아노라'(자득수주각야명自得隋珠覺夜明 -『두시杜詩』 권22,

17쪽)의 '들'의 뜻으로 썼는데, 이 '들'운이 '줄'로 변하였는지 전연 독립으로 병행되는 어운으로 '줄'만이 지금까지 전승된 것인지 알 수 없으나 오로지 '들'만이 쓰여졌다. 이 '들'을 이유의 뜻에 단적으로 쓴 것은 '이런ᄃ로모로매 이 오념五念과 또 육종료간六種料簡을 아로리니'(시고수식 차오념급육종료간是故須識此五念及六種料簡 _『영가집永嘉集』권상, 104쪽)가 그것이다.

'때문'이라는 어운은 상술한 '달ᄆ'-'담'에서 어운상으로 전이된 것 같은데 이의 동의어에 '따우'가 있다. 이것은 일방에서 'ᄃᄆ'가 원초原初, 원인, 이유의 뜻으로 쓰여지면서 일방에서 'ᄃᄇ'의 어운이 구성되어 쓰이던 결과 'ᄃᄆ', 'ᄃᄇ', 'ᄃ우'가 혼합되어 'ᄃ무-다무-따무'가 성립되고 그 뒤에 'ㄴ'(?←ㄹ)이 첨가된 것 같다. '까닭'은 '까달'-'까달+기'가 그렇게 된 것으로 본어간은 '가달'이었을 것으로 추정된다. 이 '가달'이라는 어운은 이유의 뜻, 원인의 뜻으로 경남지방에서 상금尙今 사용되고 있다. 이 어운은 '가+달'의 합성어인지 '간+알'의 결합어인지 전자라면 '가'는 '간-갈'(일본말, 카라ｶﾗ는 여기에 대응됨)의 고운古韻일 것이요, '달'은 '들'의 전운일 것이며, 후자라면 '알'은 단순한 명사접미사이요, 어근은 '간-ᄀ'으로 일본말, Kara, -Kar-Kat-k-t와 그 전승을 같이 한 어운으로 초생아初生兒의 '간난아이'의 '간'과 같이 원초原初, 원인의 뜻을 가진 말일 것이다. 가거늘(←가거늘), 가매, 가면, 갈새들의 '늘, 매, 면, 새'들도 여기에 소속시킬 것이다. 이 '간'에서 일본말, '카라ｶﾗ', '가리假ﾘ', '가리루借ﾙ', '가수貸ｽ'가 전이되었고 조선말에서는 '걸어지(걸인乞人)', '걸다(계繫, 괘掛)', '걸리다(계박繫縛, 장애障碍)', '가리다, 걸치다(병차屛遮)'가 전이되었는데, 차借의 '끼다', '꾸다', '뀌다'의 '끼, 꾸'가 '기' 즉, 'ᄀ이-ᄀ기-긔'의 전운이고, 즉, 'ᄀ이다'가 'ᄀ다', '기다', '끼다'가 되고, '구' 즉, 'ᄀᄇ-ᄀ우-구'의 전운 즉, 'ᄀᄇ다'가 '구다'가 되어, '꾸다-꾸이다'가 되었다고 볼 수도 있다(토이기어土耳其語 kira 차료借料, kiraci 차가인借家人, 채차인債借人, karala-mak, 차借하다, 대貸하다, 등 참조). 동의어 '채다'가 '차이다'의 촉음으로 '차'는 또한 계박繫縛, 패착佩着의 뜻을 가졌으며, 장애障碍('돌에 채잇다'는 말은 '돌에 걸렸다'는 뜻이다)의 뜻을 가졌으니, 의속依屬, 의뢰依賴, 의거依據의 뜻을 가졌으며, 동시에 원초元初, 원인의 뜻을 가진 말인 것은 위에서 근원根源의 항에서 설명하였다. 또 동의어 '빌다, 빌리다'의 '빌'은 '빌－빌－불'의 전운임을 알면 '불'='붙'의 출입 관계로 보아 시초, 의거依據, 의속依屬, 의뢰의 뜻을 가졌음을 곧 알 것이다. 즉, '빌린다'는 말은 의뢰한다는 뜻이요, 원인한다는 뜻이다. 차주借主로 보면 의뢰하는 것이요, 차물借物에서 보면 의속한 것이요, 원인한 것이다. 그렇다면 우리의 조어 사용자들의 소유관념이 명확한 때에 전이시킨 어운일 것이요, 그 어운의 발생이 오래면 오랠수록 소유의 사회적 관념 내지 관계가 유구한 시대에 확립되었다고 할 것이다. 걸乞의 '빌'도 '걸'과 같이 의뢰하는 것이냐, 예속隷屬하는 것이냐, 차물하는 것이냐? 또 기도祈禱의 '빌'도 의뢰하는 것이요, 차복借福하는 것일 것이다. 즉, 신神에 의뢰하는 것이요, 신神에 의속依屬코저 하는 것일 것이다. 의뢰, 신앙의 '믿'도 원인, 의거에서 전이되었으며, 자본금의 '밑천'이란 말도 '하전下錢', '저전底錢'의 뜻이라기보다 '본전本錢, 원전原錢'의 뜻일 것이다. 결국 '믿는다'는 것은 의뢰하고 원인한다는 뜻에서 의뢰한다는 뜻으로 전이된 것이다. 도급到及의 '및'과 여급與及의 '및'(?-밋)은 원래 다른 어보의 어휘로서 후의 '밋(및)'은 연계시키는 말이니, 이 계보에 소속시키는 것이 타당할 것이다. 접속조사 '와, 과'가 결합, 내합來合의 뜻을 가진 말이나 연계連繫의 뜻도 가진지 알 수 없다. 이운이 같다고 연상상聯想上 편의로 모두 '및'으로 기사記寫하는 것은 경솔한 짓이니 여급與及의 'mit'은 '밋'으로 철자할 것이다(이 '밋'의 동위운 '밀'이 원초原初, 선자先者의 뜻으로 예豫의 '미리'에 전용된 것 같다). '남에게 밀려 살다'는 말이 남에게 추진推進받아 산다'는 말인가 남에게 예속隷屬되어 산다'는 말인가? 나는 후자의 뜻으로 해하는 것이 옳다고 생각한다.

계박繫縛의 '매다'는 말의 '매-마이-ᄆ이-ᄆ' 어운도 여기에 소속시킬 것이며, 결結의 '맺'(절(節)의 맺음과는 다르다), 괘금掛金의 '맏고리'의 '맏'도 여기에 소속시킬 것이다.

'칼을 차다', '닭을 차가다'

들의 '차'도 여기에 소속시킬 것이며, '돍을 차다', '돍에 채이다'의 '차, 채'도 타打의 '치＝티' 뜻도 있으나 '걸린다'는 뜻이니, 여기에 소속시킬 것이나 '재기를 차다', '공을 차다'의 '차'가 여기에 소속시킬 것이냐 아니냐는 자못 미상하다. 소유의 관념이 소속의 관념에서 전이된 것은 어의의 분석장分析章에서도 약론하였거니와 이 관념의 형성과정은 그대로 소유의 사회적, 윤리적 통념을 형성시킨 것 같다. 즉, 자연물自然物이건 비자연물非自然物이건 자기에게 먼저 소속시킨 것은 자기의 소유요, 자기의 소유권을 확립시켰다는 것이다. 경제학상 소유권을 어떻게 규정하거나 사회사상社會史上 소유제도가 어떻게 형성되었거나 조선의 조어 사용자들은 일체 만물의 소유주는 천天이요, 지상地上에 있어서의 소유권은 소유주의 취득으로 그 소속이 결정됨으로부터 확정되는 것으로 보아 대차貸借의 사실이 그 소유권을 좌우함이 아닌 것을 인정하였다. 공동수렵, 공동경작의 공동분배제도가 있었다 하더라도 소유제도의 발생이 그때에는 있지 않았다는 것은 표면상 관찰에 불과한 것이요, 개인취득이건 공동분배에 의한 취득이건 취득으로 소유가 확정되고 또 공동취득에 선행해서 개체소유가 있었다고 나는 생각된다. 그것이 가족적 소유, 민족적 소유, 또는 이질적인 집단적 소유에로 그 관념, 그 제도를 확립시켰더라도 원시형태는 개인 또는 가족적 소유형태라고 나는 생각한다. 집단적 소유형태는 어떤 발달된 단계에 있어서의 사회적 약속인 줄로 생각한다. 그렇지 않다면 언어상 대차貸借의 어의가 성립되기 곤란한 까닭이다. 이식利息이라는 것도 취득의 노력에 대한 당연한 보수라고 생각한 것 같다. 물론 그러한 방면에 있어서의 문외한인 나의 감언敢言할 바 아니나 소유는 소속의 관념이요, 대차의 관계가 성립되더라도 원소유자에 예속되어 있음을 표현하는 까닭이다. 부富한 것을 '가으므다', '가ᅀ멸다' 하느니 이것은 '가즈+멸'의 합성어로 '소지所持+풍다豐多'의 뜻인 듯하다. 혹은 '가ᅀᄆ다'의 어운이 '가ᅀ며'로 변하여 '가ᅀ멸'이 되었다 하면 단순히 소지자所持者의 뜻으로 생각하며, 이 소지의 관념에서 부유富裕, 풍유豐裕의 관념으로 전이되었으며, 풍유의 계절인 추秋의 'ᄀᆞ슬'이란 어운도 여기서 구성된 것이라고 나는 생각한다.

금수禁囚의 '갇'이 원래 계박繫縛, 약속約束의 '갇'에서 온 것임은 위에서도 말한 바 있거니와 이 금수의 관념에서 병차屛遮, 폐새閉塞의 관념으로 전이도 될 수 있으니, 방어防禦, 차단遮斷, 금지禁止의 '막'이 아닌 폐장蔽障, 차장遮障, 폐새의 '막'이 있으니, 이것은 '막幕으로 막다', '막애로 막다'의 '막'으로 이 어보에 소속시키는 것이 타당하리라 생각한다. 그러면 '옷으로 몸을 가리다', '막으로 가리우다'의 '갈'도 이 계보에 소속시킬 것이요, '옷을 몸에 걸치다'의 '걸+치'도 괘掛의 뜻도 많지만 폐은蔽隱의 뜻을 주의主意로 볼 것이 아닌가? 그러나 은닉隱匿의 '숨', '감추'는 이 계보에 소속시킬 것이 아니요, 암흑暗黑의 계보에 소속시켜야 한다는 것은 주의할 것이다. 또 '마개로 막'는 것과 '마개를 박'는 것과는 다른 뜻임에도 불구하고 그 현상의 동일함을 연상하여 또 그 어운의 비슷함을 보아 곧 '막=박'은 출입한다는 주장은 심갈 깃이다. 『월인석보月印釋譜』 권1(44쪽 우)에 병처屛處, 은소隱所를 '그세'라고 하였으나, '그세'-'긎+애'의 '긎'은 암유暗幽의 '그스기'와 같이 이 계보에 소속시킬 것이 아니다.

제8어보(원어보 8)

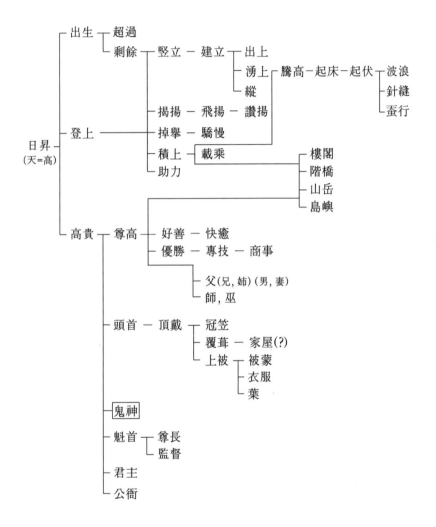

일출^{日出}, 일승^{日昇}에서 출생(나, 낳, 놓)의 관념이 구성된 것이 아닌가 생각한다. 생^生의 관념은 생명력에서 전이된 것이라 하더라도 시생^{始生}, 초출^{初出}의 관념은 이 계통에서 성립된 것 같다. 초과^{超過}의 '넘', 잉여^{剩餘}의 '남'의 어휘도 일정한 한계를 지난다는 뜻에서 전이된 것이 아닐까? 『용비어천가』86장에 '비월^{飛越}'을 'ᄂ라나마시니'라 하여 초월^{超越}을 '남'이라고 하고, 『두시국해^{杜詩國解}』권21, 19쪽에 '백년이과반^{百年已過半}'을 '백년^{百年}이ᄒ마반^半이나ᄆ니'라 하여 '과^過'를 또한 '남'이라 하였으니 월^越, 과^過, 여^餘는 원래 같은 어운임을 알 것이다.

'오르다', '놉흐다'의 등상^{登上}의 관념은 일승^{日昇}에서 왔느냐, 천고^{天高}에서 왔느냐의 그 기원을 따지는 것은 무의미한 일이요, 일^日 = 천^天의 관념에서 전이시킨 것임에는 의심하지 않는다. 혹은 '오르'는 일승에서 얻은 용언^{用言}이요, '놉흐'는 천고^{天高}에서 얻은 형언^{形言}이라고 할지 모르나 일본말에서는 이 '놉'에 대응되는 '노보루^{ノボル}'라는 용언을 가지고 있으니 그렇게도 해석할 수 없다.

입^立의 '서다'가 원의는 '높게 되다'는 뜻이라면 놀랄는지 모르나 이 '서'운은 이조 초에는 '셔'이니 (아비님ㅅ 뒤헤셔샤 - 『용가^{龍歌}』28) 이것은 '싀'의 전운이요, '싀'는 'ᄉ'의 Ümlaut화한 것이다. 앉는다는 말은 '아래지다' 즉, 하락^{下落}의 뜻이니 '서, 세'는 '이르키'는 뜻이요, '우되게하'는 뜻일 것은 의심할 것이 못된다. 이 'ᄉ'가 '솔'이 되고 '솟'이 되며, '솔ᄉ다', '솟다'가 되어 용상^{湧上}, 용출^{聳出}의 뜻으로 쓰이는 것이다. 생장^{生長}의 '길'이 종^縱의 '길'이 되듯이 입상^{立上}의 '세'가 종^縱의 '세'로 되는 것도 같은 의미^{意味}에서 전이된 것이다.

게양^{揭揚}의 '달다'가 계속^{繼屬}의 뜻도 가졌지만 (마래어^{馬來語} dari = brom 참조) 고양^{高揚}의 뜻도 주의^{主意}이므로 고현^{高懸}을 '달'이라 하며, 비양^{飛揚}의 '날'이 신속^{迅速}의 뜻도 가졌지만 이 또한 고양^{高揚}의 뜻도 있다. 침착^{沈着}하지 않는 것을 '거들거리다' 또는 '거들먹거리다'라고 하느니 '거

리'는 활용삽입사이요, '먹' 또한 '덜먹덜먹', '설먹설먹'의 '먹'과 같이 활용접미사이니 어간은 '거들'이요, 'ㄹ'은 경향성을 가진 음소音素이면 어근은 '걷'이다. 물론 이 어운은 동요動搖의 뜻도 있지만 도거掉擧 '건방지다'는 뜻에서 기상氣上의 뽐내는 어의를 농후히 가지고 있다. '건방'은 '걸+방'의 합성어로 '방' 또한 '갈방비(세우細雨)', '갈방잎(건엽乾葉)', '솔방'의 '방'과 같은 용언접미사이니 어근은 '걸-건'이요, 원어근은 '걷-귿'이니 이 또한 도거掉擧에서 교만驕慢으로 전이된 것이다.

적상積上을 '쌓다-싸흐다', '개다', '고이다', '고우다', '동개다' 혹은 '포개다' 등 어휘들이 있는데 '쌓'의 어근은 '싸-사-ㅅ'로서 원의는 '높게 하다'는 뜻이요, '개다', '고이(우)다'는 말은 'ㄱ이다'의 전운으로 또한 '우되게 하고', '높게 하다'는 뜻이다. '동' 또한 상上의 뜻이니 원운은 '등'이다, '동곳'이라는 말은 '상관上串'이라는 것으로 상투 위에 꽂는 것이기 때문에 그렇게 득명得名한 것이요, 옷의 '동정' 또한 그러한 뜻을 가진 것이다. 동이東夷의 '동딕'는 원래 상지上地, 수도首都, 왕지王地의 뜻으로, 동방이적東方夷狄이란 말은 한인漢人의 교묘巧妙한 문자의 부회附會에 지나지 않는 것이다. '포'는 '보'의 전운으로 원어근은 'ㅂ', 그 명사형 '비'가 두상頭上을 뜻한다는 것은 이미 말하였다. 동량棟樑의 '보', '들보', 척량尺樑의 '대들보' 등 모두 상목上木의 뜻으로 '보' 또는 '들'(←들)이라 한 것이다. 버선(말襪)은 보선의 유운類韻이요, '보선'은 'ㅂ선'의 전운으로 '위에 신는 신'이라는 뜻이다. 보배寶貝의 '보비'는 상상물上上物의 뜻이라면 의아할는지 모르겠다. 또는 상패上貝의 뜻인지도 모르겠다. '보寶'자는 주패장어가중珠貝藏於家中을 회의會意한 것이 아닐까? 이 'ㅂ'에 '듸-ㄷ' 말받침 받은 것이 'ㅂ듸', '븓'이다. 봉상捧上의 '받들다' 또는 상포上抱의 '보드마안다'의 '받, 본'도 이 계통의 어운이요, '본'이 '붇'으로 전이되어 조력助力의 '붇들어주다'의 어휘를 구성시킨 것이다. 이 '붇'을 부附, 착捉의 뜻인 줄만 아는 것은 너무나 일방적이다.

재載를 '싣-실'이라 함도 등상登上의 뜻이니 그 동위운이 '신'이다. 이 '신'은 대大의 뜻만 있는 것이 아니라 상上의 뜻도 있으니, 흡사 '하'에 대, 상上, 다多의 뜻이 있는 것과 같다. 신지臣智, 신소도臣蘇塗의 신臣을 대大라고만 해독할 것이 아니라 상上이라고 해독하여 비난할 이유는 없다. 이 '신'은 '신'의 전운이요, '신'은 '선'으로도 전운될 수 있으니 '왕검선인지택王儉仙人之宅'이니 '송양선인지후松讓仙人之後'이니 하는 선인仙人은 산중수단山中修丹의 선인이 아니라 당시 문화의 우수와 국가적 존경을 받은 진辰(진眞)인人을 가리켜 말한 것으로 생각한다.

　사士의 '션비'도 장부丈夫, 상인上人의 뜻이다. 지금 화사靴屣를 '신(신발)'이라 하나 『양지동이전梁之東夷傳』에 화왈세취靴曰洗臭라 하였음을 보면 그 당시 신라에서는 '신구', '신기'라고 한 것 같으니 이 뜻은 재물載物의 뜻이다. 발을 담아 신고 다니는 까닭이다. 지금은 또 '신발'이라 하고 있는데, '발'은 족足의 뜻도 있지만 양수量數의 뜻도 있으니 전자라면 '신'은 '발을 실고 다니는 발'이란 뜻일 것이요, 후자라면 그만 신짝이란 말일 것이다.

　'높'은 '놉ᄒ'의 전운이요, 어간은 '놉'이라는 것은 말하였거니와 '놉'은 '나븐', '나분'의 전운인 것은 손목孫穆의 『계림유사鷄林類事』에 '고왈나분高曰那奔'이란 것을 보아 짐작할 것이다. 『월인석보서月印釋譜序』에 '션유지출처시종鮮有知出處始終'을 '나아 드니시며 ᄀ마니 겨시던 처엄 ᄆᆞᆾ 믈 알리노니'라 하여 선유鮮有를 '노'라 하고, 『노걸대老乞大』 권상(8쪽 좌)에 '경리끽식귀천京裏喫食貴賤'을 '셔울 머글거시 노든가 흔튼가'라 하여 귀貴를 '노'라 하였다. 그러면 ':노'운은 희귀稀貴의 뜻이니 이 '놉, 높'의 원어근이 아닐까 생각된다. 그러나 ':노'가 장음長韻됨을 보면 고어근古語根은 '노소-노소-노소-ᄂᆞᄉᆞ'인지도 알 수 없고 또는 '노븟'가 '노오(no-wo)'로 전변된 것인지도 알 수 없다. '노오-ᄂᆞᄉᆞ'에서 구성시켰다고 생각되는 '나ᄋᆞ리←나ᄉᆞ리'란 어휘가 있으니 한자로 '진사進賜, 진상進

上'으로 쓰나 이 또한 '높은 이'라는 뜻일 것이다. 이 중에서 '분 - 븐'은 활용접미사이요, 어근은 '나 - ㄴ'이다.

　현재 국國의 어운 '나라'는 '나랑'의 'ㅇ'음이 약約된 것이라 하나, 나의 생각에는 '나라'에 '나라이'되어 '나랑'이 되었다가 다시 그 고형古形에 돌아간 것이라 본다. '나라'는 '나다'의 전운으로 '나 + 다'로서 '나'는 고高, 수首, 왕王의 뜻을 가진 말이요, '다'는 지地, 도都의 뜻으로 또한 왕성王城 있는 곳을 뜻하던 말이었다. 영어의 nation, 나전어羅典語의 nātio를 natal, nātālio(출생, 생산)에만 관계시켜 해석하나 과연 그럴는지? land, state가 모두 지역, 영역을 뜻하고 국國 또한 영역을 의미하는 이상 혹 그런 뜻은 가지지 않았을까? 좌우간 조선어에 있어서의 국國, 군都의 명칭은 상도上都, 왕지王地에서 국의 명칭으로 예를 들면 열양涅陽 - 낙랑樂浪 - 나라(험독險讀 - 환도丸都는 국명으로 발전하지 못하였다) 아사달阿斯達 - 아ᄉ달(다), 고구려 - ㄱ골, 맥이貊耳 - 백제百濟 - 비지 - 비지, 신라 - 신로新盧 - 서라徐羅 ← 신양新良 ← ᄉᆞᆷ당, 가라駕羅 - 가락駕洛 - 가덕加德 등 모두 왕도, 왕지의 뜻에서 그 국명으로 발전하였다. 부여扶餘(bhujö)가 부조夫租(bhutou) 옥저沃沮((w)utou) 과집窠集(waji)로 전화하고 부여가 (bhujö)가 맥이(bhäji) 백제(bhätse)로 일방으로 전승된 것이 아닌가도 생각된다.

　이 어근이 put, p-t이었다면 p-r이 되어 불弗, 벌伐, 화火의 촌락村落으로 또한 전이되었다고 볼 수 있다. 사로斯盧가 한편으로 실(곡谷)이 되고 한편으로 시로ᄼᄆ(城)가 되듯이 또 '골 - 굴'이 국명이 되면서도 한편으로 향鄕, 읍邑에 전용되듯이 국國, 군都, 촌村, 리里의 어의 성립과정의 고찰은 진실로 다기多岐하여 여기서 논의할 수 없으나, 국國은 대읍大邑, 왕도王都, 수도首都의 뜻에서 전이된 것만은 확실하다고 본다. 이 'ㄴ - ㄴᆸ'에서 표양飄揚의 '나붙기다'의 어운도 구성시키고 자姉(접蝶은 비양飛揚에 득명하였는가)의 어휘도 성립되고, 기타 기복起伏, 파랑波浪, 잠행蚕行, 침봉針縫의 어휘가 성립되었다 함은 이미 말하였다.

산山의 우리 고어에 '간(갓), 갈', '달', '모리, 뫼, 미', '비', '살, 산, 싀', '올(음)', '갈미(뫼)', '살미(뫼)', '심', '얌' 등이 있었다는 것은 대강 말하였거니와 모두 고소高所의 뜻이요, 이철어二綴語는 같은 뜻을 가진 양어兩語의 합성어이다.

교橋의 다리(ᄃ리), 제梯의 다리(ᄃ리), 계階의 다리(ᄃ리)가 모두 고상高上의 뜻을 가진 말이니, 누樓의 달악, 누옥樓屋의 달집, 모두 그 뜻에서 구성된 것이다. 산山을 '달'이라 하였던 것은

인산현藺山縣 본고구려석달현本高句麗昔達縣 ―『사기史記』 35
면산현免山縣 본고구려오사함달현本高句麗烏斯含達縣 ―『사기』 35
토산군土山郡 본고구려식달군本高句麗息達郡 ―『사기』 35
청산현菁山縣 본고구려가지달군本高句麗加支達郡 ―『사기』 35

등을 보아 알 것이다.

『훈몽자회訓蒙字會』에는 '계階셤계'라 하였는데, 『한석봉천자문韓石峯千字文』에는 '계ᄃ리계'라 하였고, 지금도 '섬돌계'라 한다. 『여씨향약呂氏鄕約』에 '승자서계升自西階'를 '션녁ᄃ리로오ᄅ다'(전全 39쪽)라 하였음을 보면 '계'를 '섬' 또는 'ᄃ리'라 하여 병행되었음을 알 수 있다. 동일한 계를 '섬' 또는 'ᄃ리'라 하였으니 섬과 ᄃ리는 이음동의어임을 짐작할 것이다. 그런데 'ᄃ리'에 등상磴上의 뜻이 있다면 '섬'에 등상이 뜻이 있을 것이다. 그러면 '어버이를 섬기다'는 '섬'에 봉상捧上, 시상恃上의 뜻이 있을 것은 물론이다. 그런데 『용비어천가』 11장에는 '독부수獨夫受ㄹ 섬기시니'로 '섬기'라 하였으니 이조 초의 음운은 '셤기'가 아니요, '섬기'였음을 알 수 있는 동시에 계의 '셤'과는 그 어운이 다르지 않나 할 것이나, 이것은 일반 요음拗音이 직음直音으로 변해 가는 경향을 보아 계의 고음古音 '셤'이 이조 초에 벌서 '섬'의 직음으로 변하였던 것이라고도 볼 수 있다. 이조 초의 요음이 지금에 와서 모두 직음으로 발음됨을

미루어 추단할 수 있을 것이다.

『훈민정음해례訓民正音解例』 기타其他에 '도島'를 '섬'이라 하였는데 이 또한 고高, 상上의 뜻이라고 보지 못할까? 도는 해중지산海中之山인 까닭에 높다는 뜻에서 '섬'(슴-쉼)이라 한 것이니 일본말에 세마ㅅ~, 시마ゝ~는 이 말의 전승이다. 일본말에 산山을 야마ヤ~라 하느니 yama는 sama의 전운으로 존칭어, 양樣의 sama와 같은데 이 sama는 국어에서의 '금, 님, 하'와 같이 높은 이의 뜻이니, 산의 yama, sama도 높다는 뜻에서 득명한 것이다. 그 sama가 säma, shima로 된 것인데 이 yama가 국어에 '얌'으로 남아 있는 것이 산양山羊의 '얌(염)소'에 남아 있다. '섬기'에 봉상捧上, 시상恃上의 뜻이 있는 이상 '섬(島)'에도 고高, 상上의 뜻이 있을 것이다. 즉, 섬이란 높은 데 또는 산이라는 뜻이다. 음운상으로 '섬'은 '쉼-슴-ㅅ미'의 전운이요, 이 'ㅅ미'는 '슬미, 슬믜, 슬뫼'의 'ㄹ'음이 탈락한 어운이라고도 할 수 있으나 '슬믜'의 고음古音으로도 볼 수 있다. 동래東萊에 장莨(상上)산山을 '상살미'라 하고 동東(원圓)산山을 '동살미'라 함을 보아 우리 고어에 산을 '살', '미-뫼', '살믜'라 한 적이 또한 있었음을 말하는 것이다. 동래의 금정산金井山을 속칭 '새미산'이라 하는데 이것은 '쇠뫼(금산金山)'의 와어訛語라고들 생각하는 모양이나, '시믜' 즉, 'ㅅ미'의 전승으로 단순히 산의 뜻을 말하던 것이 고유명사화한 것일 것이다. '갈미봉葛未峰'이니 '갈미리葛未里'니 하는 '갈미'도 '간+미'의 전운으로 모두 고소高所를 뜻하는 이어二語의 합성된 것이다. 봉峰을 '수리'라 함은 '슬-스리'의 전운으로 현재 산山을 '산'이라 함은 '산'자의 한음에서 왔다고 생각하나 그러면 한인들은 산을 왜 '슨-신'이라고 하였던가고 물으면 대답하지 못한다. '슨'은 '슬-슨'의 전운으로 한韓, 한漢이 그 어운의 전승을 같이 한 것이다. 도리어 한어漢語에서 왜 산을 '슨-신'이라 하였던가를 그 어원, 어의를 밝힐 길이 없다면 한어의 산이야말로 조선 조어의 전승을 받은 것이라 할 것이다.

조력助力, 부조扶助하는 것을 '도우다 – 도브다 – 돕다'라고 하느니 어근은 '도 – 두'이다. 이의 원조선적原朝鮮的 어근이 '돈 – 든'(돌 – 들)이다. 지상支上, 거상擧上, 출상出上의 '도두다, 돈(아나)다'의 '돋'이 그것이다. 그러니 '도우다'는 말은 '높인다'는 말이요, 수준水準에서 '위되게하는' 것이다. '돋뵈기'(철안경凸眼鏡), '돋보이다'(잘 보이다, 훌륭하게 보이다)의 '돋'도 그 뜻의 친연성이 있는 것이다.

상上의 '우'는 '으 ㅂ' – '으 우'의 전운이니 앙仰의 '우르', '우르르'도 '우'에서 구성된 것이며, 일본말 apo – gu의 ap, 영어의 up, upon, over, 독일어 auf, ūf(O, H, G)들의 up, ov, auf, uf 등 모두 이 어운의 전승이다. 부負의 '업'이 또한 ─ 결합結合의 뜻도 있으나 ─ 상上의 뜻이 주의主意인 것이다. 父의 '아비, 아버지'의 '압' 또한 이 존상尊上의 뜻이다. 『일본신찬자경日本新撰字鏡』 권2 친족부親族部에 보면 조부祖父를 '어보지於保知'(오호치オホチ, opati, 오보디 – 오보지)라 하였으니, 또한 이 어운의 전승으로 고자古者에는 부父, 조祖의 구별이 없이 모두 존장尊長의 뜻에서 불렀던 것 같으며, 큰아버지, 한아버지, 할아버지는 뒤에 분화된 것 같다. 등상登上의 '올 – 온'이 남아男兒의 '올아비'(올르비), '온바'를 구성시켰는데, 일본의 동서同書에 따르면 백부伯父를 '호지乎知(ati)'라 한 것 보면 보다 고대에는 남계존장男系尊長은 모두 'at, ap'이라고 한 것 같다. 특히 주목을 끄는 것은 모母는 '어머니'(← 엄)이라 하여 '대자大者'의 뜻을 가져 엄연히 그 독자성을 가졌는데 남계男系는 그렇지 않다는 것이다. 적어도 조선어에 있어서 발생적으로 볼 때 모자母子의 음운이 먼저 생기고 다음 부계父系의 명칭이 생기지 않았나 생각된다.

사師를 '스승'이라고 하나 '시승'이라는 어운도 있다. 불사佛寺에서는 사주師主를 '스님' 또 '시님'이라고 하느니, 그렇다면 師師의 원운은 '스', '시'이라고 볼 수 있다. '스'를 '수'의 전운으로 '시'를 '싀 – 식 – 수'의 과정을 밟은 전운이라면 원어근은 '수'이다. 한자의 '사師'음 '수 – 식 – 시'

와 일치됨을 보고 곧 사師의 외래어라고 단정할 것은 아니다. 스승의 '승'은 김생金生이니 허생許生이니 하는 '생이-상이-ᄉᆞ이'의 촉음으로 생生, 자者의 뜻도 있으나 '님, 높은 이'의 뜻도 가졌다. 일본말 '상サン(양様)'은 이 전승을 고집하고 있으며, 그동안 우리나라에 역수입되어 외래의 일본말처럼 여기게 되어 그 처리에 몹시 곤란을 느끼고 있는 것도 사실이다.

상주尙州는 원래 사벌국沙伐國으로서 'ᄉᆞ(사)블'이었다. 이것을 법흥왕法興王은 상주上州라 개칭하였고, 경덕왕景德王이 상주尙州라고 한 것이다. 그러면 사沙, 상上은 같은 어운이요, 상尙은 음으로만 아니라 의義로서도 상上과 통하니, 'ᄉᆞ'에 상上의 뜻이 있는 것은 의심할 여지가 없으며 지금에도 존칭조사로 이 어운을 쓰고 있다. 이 'ᄉᆞ'가 '이-이' 명사접미사를 가진 것이 'ᄉᆞ이'이며 '승'이 성립된 뒤로 존상尊上의 뜻으로 그 어운 세력을 확대하였으니 상산上山의 '상살미', 왕王의 '상감', 고髻의 '상투', 호好의 '상글'의 '상'들이 그것이다. 모마牡馬를 '상마, 상말'이라 하느니 원래 '사내, 사나이'는 용감하였으므로 용맹하다는 것을 '사나분(운)'이라 하였는데 '사내'란 기력자氣力者란 뜻인가? 남자男子 또는 부夫를 존칭해서 '사내'라 한 것인가? 양의兩義를 겸한 것으로 보아 무난할 것인데, 남자를 '산'하기도 하고 '상'하기도 하였기 때문에 모마를 '상말'이라 한 것 같다. 이 '상'의 기력氣力-강폭强暴-조야粗野-조열粗劣-하열下劣의 뜻으로 전이되며, 상한常漢의 '상놈', 상스런 말의 '상말'들이 구성되었으니 상上, 하下의 양의가 있다고 웃을 것은 아니다. 또는 무부巫夫를 지금도 '상이'라고 하는데 원래는 존자尊者의 뜻이었다. 그 '상'이 차츰 사회적 신분이 저락되므로 말미암아 그 어운까지 비천해져서 '상놈, 상말'의 '상'의 뜻을 가진 것이다. 승僧의 '즁'은 '지응'의 전轉으로 'ᄌᆞ응-지응-긔응'을 지나 성립된 어운이다. 이것이 차차응次次雄의 차웅次雄, 자충慈充의 충充의 어운으로 이때에는 '지응'이 아니라 'ᄌᆞ응'이었던 것을 전傳하는 중요한 기록인데, 이 또한 존자尊者, 상인上人의 뜻이었다. 이것보다 더 높다 해서 상존자上尊者, 상상인上上人의 뜻으로 차차웅次次雄, 자충慈充이라 한 것인데, 줌의 사회적 신분의 저락으로 말미암아 '줌'의 어운이 어떠한 어감을 주고 있는가는 지금 경험하는 바이다.

이 '즈웅, 저웅'이 신神의 뜻 또는 상신上神의 뜻으로 쓰인 듯한데, 경남지방에서 가신家神, 씨신氏神, 주신主神들을 '재앙', '재앙님'이라고 한다. 이 '재앙'은 '지웅'의 '지'가 '재'로 되자 동화작용으로 '웅'이 '앙'으로 된 것 같다. 혹자는 이것을 조왕竈王의 와음訛音이라고 하나 내 이것을 취하지 않는 것은 씨조신氏祖神의 뜻에 많이 쓰임으로서다. 신곡新穀을 담아 모셔 두는 단지를 '신주단지'라는 것이 있는데, 이 '시주' 또한 '시+즈우'(시+즈웅의 약략略)로서 상신上神, 존신尊神의 뜻으로 봄이 타당하지 않을까 생각한다. 이 어운의 존재가 가능하다고 추정되면 처용處容, 초용草俑의 어운도 적히 그 해의解義의 단서를 얻을 수 있으리라 생각한다. 이것은 '츠웅'의 전음 '초웅'의 음자가 아닐까? '츠'에 상上의 뜻이 있는 것은 찬양讚揚을 '초아주다', '추어주다', '제일第一로 치다'의 어운에서 관취할 수 있으니, 그렇다면 귀신鬼神의 '손, 귀'의 어의가 모두 고자高者의 뜻을 가졌으니 '초웅'도 높은 이의 뜻을 가지는 동시에 귀신의 뜻도 가질 수 있는 것이다. 호선好善을 '좋-조흔'라 하나 이조 초에는 '됴흔'라 하였다.

'됴타됴타(선재선재善哉善哉)'—『금강경金剛經』 상, 2쪽 좌
'ᄆᆞᅀᆞᆷ 어느 ᄢᅴ 시러곰 됴히 녈려뇨(회포하시득호개懷抱何時得好開)'
　　—『두시杜詩』 권10, 39쪽
'면미왈날취조훈面美曰捺超祖勳(나시됴훈)'—손목孫穆의 『계림유사鷄林類事』

라 하였으니, 서기 12세기 초엽에도 또한 '됴흔'라 한 것 같다. 그러면 '흔'는 용언접미사라 치더라도 '됴'는 무슨 어운인가? 『훈몽자회訓蒙字會』

에 '사士'를 '됴슷ㅅ'라 하였는데, 이 '됴ㅅ'는 '도사道士'의 음사인지 '선자善者, 상인上人'의 '됴ㅅ'인지 속단할 수 없으나 전자라면 도道는 설두음舌頭音으로서 '도'이니, '됴'는 그의 전운이라고 볼 수 있으나 확증은 없다. 그러나 요음拗音이 모두 직음의 전변된 것임은 얼마든지 방증할 수 있으니, 시顋의 뺨이 '뺨'(시顋 쌤ㅅ—훈자訓字), 첨尖의 '뽀족'이 '뽀족'의 전운임을 미루어 짐작할 수 있다. 그러므로 '됴'는 '도'의 전운으로 지금은 '조'로 되었다고 볼 수 있다. 그것은 호好의 '나ᄒ', 선善의 '믿'[47]이 모두 상上의 뜻을 가짐을 보아 또한 그렇게 추정할 수도 있다.

'잘 보이다', '낮게 보이다', '높게 보이다'를 '돋보이다'라고 하느니 그것을 미루어 추측할 수도 있다. '돋보이'의 '돋'은 '크게'의 뜻이 있으니 그렇게 해할 것이 아니냐고도 할 것이나, 그 또한 긍정하는 것은 '조흔'의 반대反對, '더러운' 것은 '다라운' 것으로서 이 '달'에 '소小'의 뜻도 있으니 대大 = 호好, 소小 = 불호不好의 관념 전이도 가능한 까닭이다. 혹은 '됴'는 '디오'의 합음合音으로 '디 + 오'의 합성어인지도 모르겠다. '디'는 '듸(上)'의 전운이요, '오'는 '오르(등騰)'의 어근으로 그것이 합하여 '됴'가 되었는지도 모르겠다.

조선의 '됴신'의 '됴'는 이 계통의 어운으로 종신宗辰(진眞)의 뜻이 아닌가 생각된다. 또는 대신大辰의 뜻인지도 모르겠다. '신' 그것이 상인上人, 선인善人, 선인仙人의 뜻이나 특히 조선은 이 '신' 국가군중國家群中에서도 종국宗國, 대국大國인 까닭에 '됴'를 더한 것 같다. 주몽朱蒙의 주朱 '슈'가 동명東明의 '동'으로 환치되듯이 숙신肅愼의 숙肅(슈)에 조선의 '됴'가 환치換置될 수 있다면, 숙신과 조선의 역사적 관계를 짐작할 수도 있을 것이다.

---

47 일본말 오호미이츠オホミイツ(대릉용大稜威)의 itu, 엄조嚴鳥의 이츠쿠시마イツクシマ의 itu, 재齋의 이즈쿠イツク의 itu, 자慈의 이츠쿠시무イツクシム의 itu, 모두 이 (선善의 일)의 전승 어운이요, 더욱 대가야시조大伽倻始祖 이진아고伊珍阿敟(it-n-aki), 일본국조日本國祖 이장낙기伊奘諾岐(itsan-agi) it-n, itsa-n 모두 이의 전승이다.

우優의 '나ᄒᆞ', 유癒의 '나ᄒᆞ'의 '나'는 모두 고高의 'ᄂᆞ·ᄇ'의 'ᄂᆞ'의 전운으로 '위되게-높게 되다'의 뜻으로 해석된다. 전업자專業者, 전기자專技者 또 숙련자熟練者를 '장이-자이'라 하느니 '갓쟁이, 통쟁이, 칠쟁이'의 '쟁이'가 그것으로 그것은 상上, 선善의 '자'에 인칭의 '이-이'가 첨가되어 구성된 어운으로 어떤 사물에 숙련한 이는 그 사물에 대한 전업자專業者이요, 전기자專技者이요, 전문자인 까닭에 그 사물의 상자上者인 까닭에 '장이'라 한 것이다. 봉상捧上, 정상呈上을 '자'라 함은 이미 말하였다. 이 전업자의 하는 일이 '장사'이다. 원래 상인이란 물품, 농산물, 기구의 제작전문자製作專門者들이 그 소제所製의 물품도구物品道具를 가지고 일정한 장소에서 각자의 필요에 따라 교환 또는 매매하였던 까닭에 '쟁이들이 하는 일'이라 하여 '장사'라 하였고, 그 장소를 '장(사)터'라 한 것이다. 시市의 '져재'의 어근, 어의를 밝힐 수가 없으나 료처鬧處의 뜻이 아닌가고도 여겨진다. 『설문說文』에 '부정야不靜也'라 하였고 일본말에 시市를 '이치ｲﾁ'라 하는데, 이것은 yiti-oit의 명사형 siti로서 조선어에 있어서의 '싯거러운'의 '싣ㄱ-싣'에 대응되는 말이요, '젖' 또한 '졎'의 전운으로 '제저기다', '짖거리다'의 그것과 같은 계통어로 보고 싶은 까닭이다. 두頭를 '머리'라 하는데 이조 초에는 '마리'라 하였다.

'봀흥興에 아디 몯게라 플윗멋마릿그를지스니오(춘흥불지범기수春興不知凡幾首)' —『두시杜詩』 권22, 16쪽

그런데 『계림유사鷄林類事』에는 '두왈마제頭曰麻帝'라 하였으니, 그 당시에는 아직 두頭를 '마디-마딕'라는 어운이 성행되고 있었음을 알 수 있다. 그러나 신라나 고구려에서 마립간麻立干, 막리지莫離支의 명칭이 전해짐을 보면 그때에도 '마리'라는 어운이 있었음을 알 수 있으며 한편으로 이 '마리'(←ᄆᆞ리)에 '지旨'자를 차용한 것을 보면 지의 '맏-만시-맛' 즉, '마딕-마디'라는 어운이 진작 있었음을 보이는 것이 아닐까?

이 '마리'의 고운古韻 'ᄆᄅᆞ–ᄆᄅᆞ리'가 산山의 '모리'도 되고 '모로'(가산假山 되모로-『용비어천가』 권4, 주)도 되었으며, 봉정峰頂의 '마루'도 되고 청즉 상대廳卽上坮의 '마루'도 되었다. 또 그 동위운 'ᄆᆞᆯ–ᄆᄅᆞᆮ'는 백伯, 장長 의 'ᄆᆞᆯ'도 되었던 것이다. 가락국기駕洛國記(유사遺事 권2)의 '북구지北龜旨, 시봉만지칭是峰巒之稱, 약간봉복지상고운야若干朋伏之狀故云也'의 '구지龜旨'는 'ᄀᆞ비마로-구비몰'로 읽었는 듯하니, 'ᄀᆞ비–마로'는 상봉上峰, 산정山頂 의 뜻이요, '구비–몰'은 '복상伏狀'의 뜻이다. 'ᄀᆞ비'는 'ᄀᆞ비'를 지나 'ᄀᆞ 위', '구이', '귀'가 되며 귀鬼의 '귀 것', 공公의 '구의', 귀貴의 '귀'가 된 고 상高上의 뜻을 가진 어운이니 'ᄀᆞ비'가 당연히 산山의 뜻에 쓰일 수 있으 며, 또 'ᄀᆞ비'는 'ㅂ' 원순음圓脣音의 역동화작용으로 'ᄀᆞ'가 원순성圓脣性을 가지게 되어 '구'가 될 수 있으니, 그러면 '구비', '굽'이 되어 복伏의 뜻 을 가지게 되고 '몰'은 면모面貌, 상모相貌의 '몰골'의 '몰', '모리(ᄆᄅᆞ리)'이니 이 '모리(ᄆᄅᆞ리)'가 한편으로 'ᄆᆞ이–ᄆᆡ'가 되고 '매'되어 '매, 맵시'의 어운 을 구성시킨 것이다. 복상伏狀은 여기에 부회附會시킨 것이라고 생각한 다.

두頭, 수首를 '바리' 또는 '비'라고도 하느니 일수一首, 이수二首를 '한 마리, 두 마리'라고도 하지만 '한바리, 두바리'라고도 한다. '발–ᄇᆞᆯ'을 왕자王者의 뜻으로도 쓴 듯하니 『북위서北魏書』에 탁拓은 토土요, 발跋은 후后라 한 것을 보면 'ᄇᆞᆯ'에 주主, 장長의 뜻이 있음을 알 수 있다. 그렇 다면 해부루解夫屢의 음도 그것을 적은 것일 것이다.

평양平壤은 '비양–비앙–비장' 내지 '비상'의 음사音寫로서 수부首府, 왕도王都의 뜻임은 이미 말하였다. 요堯의 평양平陽, 왜倭의 도都 pi-ung (히우고ㅂㅎㄱ 일향日向)임은 반드시 그것에 역사적 전승 관계가 있을 것을 믿는다. 패수浿水도 평양의 강수江水라 하여 그랬으리라고 생각되기도 하나, '비=ᄇᆞᆯ'에 직접 우雨–수水–강江의 뜻이 있다. 이 '비'가 '벼'로 변 하였으니 두구頭具 즉, 침枕을 '비개–벼개'라 함이 그것이다.

정대頂戴를 '니'다라 하고 대물戴物을 '님'이라 하고 군주君主를 '님'이라 하고 액額을 '니마'라 함은 모두 '니'운에 '미' 접미사(혹은 이음동의어로서)가 첨가된 것이니 이 '니'가 yi의 편음사便音寫이라 하면 si의 전운으로도 볼 수 있으니 그렇다면 '시-쇠-싀-ᄉ'에 환원시킬 수 있고, 영어의 sir, Latin어의 senior(불어 sire), -원의는 older elder-와도 그 전승이 같을는지도 알 수 없으나 거기까지 천착하려 하지 않는다. '니'는 'ᄂ-ᄂᆡ-닉'를 지나 된 어운으로 추정할 수 있으니 원어근은 'ᄂ'로 고高의 'ᄂᄇ'와 그 어근 어의를 같이한 것으로 볼 수 있으니 그대로 보아도 무관할 것이다. 이 '니'가 '닏'-'닐'이 되어 거기에 '미'받침을 받은 것이 '니ᄅ미'-'니름'-'니림'이 되어 주主-종宗의 뜻을 가지게 되고, 이 '니림'에서 '님'이 된 것도 같으나 각별各別의 성립으로 보아도 오해라고는 못할 것이다. 이 주主, 종宗을 '니림'이라 한 것은 『일본서기日本書記』에 주도主嶋를 '니리무세마ニリムセマ'라 한 것이 그것이며 사군四郡의 일一이라는 임둔臨屯은 (사군의 일一도 아니지만) 조선어에 'ㄹ'음이 어두語頭에 올 수 없음을 미루어 '님둔' 또는 '니림둔'외 음사로서 이 또한 주국主國, 종국宗國의 뜻인 듯하다.

피被를 '닙', 즙葺을 '니요'(니ᄇ-니오-니요), 엽葉을 '닙-닙히-닢', 와瓦의 '닐(닏)'들의 '닙, 닏'도 그 받침은 다르나 모두 복상覆上의 뜻으로 의복衣服의 '옷←온시←온'도 피상被上의 뜻이다. 가家의 '집'의 어운, 어의를 확실히 할 수 없으나 시상관豕上冠(宀)한 것을 보면 이 또한 '니ᄇ대(즙처葺處)'의 뜻인지도 알 수 없다. 그런데 왜 '닙'이라 하지 않고 '집'이라 하였느냐? 한자 '즙葺, 집緝'에서 왔다고 할 것인가? 일본말에서도 '이혜イ〜(iye-ip)'라고 하니 혹 yipe←jipe←thip의 전변된 것이 아닌가? 지금에서 봉집縫緝을 '집는다' 하느니 이것은 복집覆緝의 편철編綴에서 전이되어 연속, 연접連接, 비린比隣('니웇, 니붗'이 아니라 이조 초에 벌써 '이웇'이나 '닙히' 잎이 되고 닙이 입이 되었음을 지금 보면 그 경향이 일찍부터 있었다고 볼 것이다)의 관념구성에 전이된 것이라 생각한다.

관冠, 립笠의 '갓 ← 갇시 ← 갇'이 고상高上, 복상覆上의 뜻임은 물론이요, 이 어운이 가섭迦葉(가ᄉ)원原, 거서居西(干), 해씨解氏, 기씨箕氏, 고씨高氏 (右)거사渠師의 어운으로 전이되었다 함은 나의 지론持論이다.

괴수魁首를 이조 초에는 '위두'라 하였는데, 이것은 한자 '위두爲頭'의 사음寫音으로 본 듯하니 『두시국해杜詩國解』(권16, 3쪽)에

  '우리한아빗그리 녯사ᄅᆞ미게 위두爲頭하더니(오조시관고吾祖詩冠古)'

라 함이 그것이다. 그러나 '위'는 '우이' 즉, 상上의 뜻으로 보면 반드시 위두의 음사라고는 할 수 없다. 또 구丘, 제堤의 '두덕, 두던'의 '덕, 던'은 모음조화현상에서 나온 것이요, 원운은 지地, 토土의 '닥, 단'이니 '두'는 '둘'과 더불어 대大의 뜻도 있지만 여기서는 상上, 고高의 뜻이니, 상의 어운 '위'와 '두'의 합성어로 볼 수 있다. 개蓋의 '둔게, 둔경'의 '둔'은 '두ᄫᆞᆯ'의 전운이요, 그 어간은 '두ᄫᆞ'이다. 이것 복覆의 '덥→덥ᄒᆞ→덮'이 됨은 물론이요, 어근은 '두'로 '상'의 뜻이다.

장長의 '어룬(어른)'이 가可의 '어루'와 같고 상上의 '오르'와 동계어임은 물론이다. 장長의 어운과 같은 '장'이 우리 조선어에서도 장상長上의 뜻이 있다 함은 장匠, 전업자專業者의 절節에서 이야기하였다. 감독은 지휘하는 것이므로 장長의 '감-ᄀᆞᆷ'에 활용접미사 '알'을 첨가시켜 '감알이', '→감마리 하다'의 어휘가 구성된 것 같다. 군君의 '굼', '님굼'의 '굼'은 이미 말하였는데, 동부여왕東扶餘王의 금와金蛙 또한 '굼가비'의 음훈양용사音訓兩用辭가 아닌가 생각한다. 금은 '굼'이려니와 와의 'ᄀᆞ비'는 둑(둔)가비(섬蟾)'의 '가비'요, 이 '가비'는 'ᄀᆞ비(ᄀᆞ빅)'의 전운으로 신神, 공公, 귀貴의 '귀-구이'와 같은 존상尊上의 뜻을 가진 어운이다. 그러면 금와는 왕상王上, 장상長上, 상왕上王의 뜻이니 고유명사가 아니라 보통명사임은 부루夫婁와 같다. 혹은 '님굼', '영감, 상감, 대감' 하듯이 '갑굼'이라

하지 않고 '굼갑'이라고 하였느냐고 반문할 것이나 이것은 어휘의 주의 主意를 어느 어운에 주느냐하는 그 언어사회의 언어 의식에 따라 이렇게도 합성시키고 저렇게도 합성시키는 것이다.

제9어보(원어보 9)

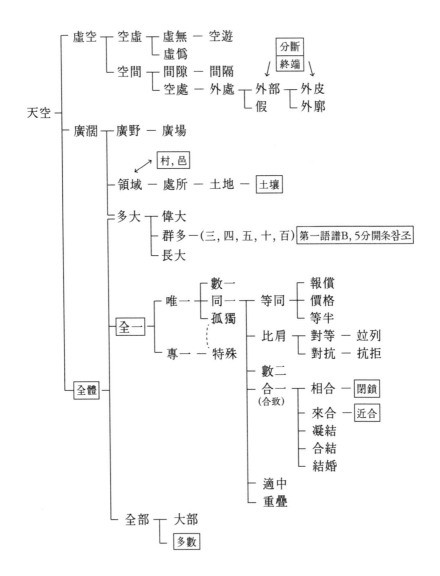

천天과 일日의 관념이 분화되지 않았던 상대인上代人에 있어서 천天과 천공天空의 관념 분화가 가능하였으리라고는 생각되지 않는다. Sanskrit 어에서 'Sura'는 신神, 신성神性의 뜻을 가지고 'sūra'는 태양을 의미하는데 'surya'라 하면 일日, 일신日神 또는 천제天帝, 천공天空의 뜻을 가진다. 그 어근은 svar이라 하여 동사로서는 '빛히다'에 쓰이나 명사로서는 태양, 일광, 광명, 광휘, 광채, 영광, 영예의 뜻을 가지고 있다.

Latin어의 sāl도 이 전승을 받은 것은 물론이다. 그런데 일본어에서는 sara라 하여 순수히 공空, 허공虛空의 뜻에 쓰인다. 토이기어土耳其語에서는 태양을 gün, günes, 공空을 gök, 기력氣力을 güc, 외피外皮를 gön, 심장心臟을 gönüo, 명견明見을 gör라 하니 이 일련의 gö, gü에 어의상 관련이 있으리라 생각된다.

조선어에 있어서의 '하늘'은 'ᄒᆞᄂᆞᆯ'의 전운으로 'ᄒᆞ(日)'+'ᄂᆞᆯ(日)'이냐, 'ᄒᆞ(→하)(大)', 'ᄂᆞᆯ(日)'이냐, 'ᄒᆞ(日)'+'ᄂᆞᆯ(原)'이냐, '한(大)', '올(日)'이냐, '한(大)'+'올(→울 리離)'이냐, 그 어느 것이라도 가능한 분해와 해석이 될 수 있다. 그러나 어휘구성의 과정을 보면 일사물一事物에 대한 일철一綴 이상의 어운은 동의어운의 합성이거나 접미사로 되어 있음을 미루어 생각하면 '하늘(ᄒᆞᄂᆞᆯ)'은

(1) ᄒᆞ(日)+ᄂᆞᆯ(日)
(2) ᄒᆞᆫ(日)+ᄋᆞ리(→ 올)(접미사)

이라고 봄이 타당할 것 같다. 원래 일日, 일一, 등等, 대大는 동일한 어운되기가 쉬우니 일日의 '할-한', 일一의 '할-한', 등等의 '한', 대大의 '할-한'이 그것이며, 『계림유사鷄林類事』에 일일하둔一日河屯이라 하였으니 일一의 '가둔-간', 등等의 '간-간흔', '갈븐, 갈온', 대大의 '간-가ᄃ니'이니 그렇다면 일日을 '간-갈'(혹은 간)이라고도 하였을 것이다. 일본말에서 일一의 '히토ヒト', 등의 '히토시ヒトシ', 대(심甚)의 '히도쿠이ヒドクイ' 그

러면 일^日도 '히토^{ヒト}'(← 히ᄇ)라고 한 적이 없었으리라고는 단언할 수
없다. 그러므로 조선어에서 일^日의 '해 – 히 – ᄒ'와 천공^{天空}의 '하늘'이
어운상으로는 다르게 고정되어 있으나 그 어의상으로는 동일하였음을
보이는 것이다. 그렇다면 천^天, 천공의 뜻으로

하ᄇᆯ 히ᄇᆯ 회ᄇᆯ heaven
ᄒᄆᆯ 히ᄆᆯ 회ᄆᆯ himmel
ᄒ들 히들 회들
ᄉ늘 싀늘 싀늘
ᄉᄇᆯ 싀ᄇᆯ 싀ᄇᆯ svar
ᄉᄆᆯ 싀ᄆᆯ 싀ᄆᆯ
ᄉ들 싀들 싀들
ᄋ늘 읙늘 의늘
ᄋᄇᆯ 읙ᄇᆯ 의ᄇᆯ
ᄋᄆᆯ 읙ᄆᆯ 의ᄆᆯ
ᄋ들 읙들 의들

들의 어운도 있을 수 있고, 'ᄀᆯ – ᄀ', 'ᄃᆯ – ᄃ', 'ᄆᆯ – ᄆ', 'ᄇᆯ – ᄇ' 또는
'ᄌᆯ – ᄌ', 'ᄎᆯ – ᄎ'의 어운으로 또 그러한 가능한 어휘들을 구성시킬 수
있으며, 'ᄅ – ᄂ'이 상호출입한다면 'ᄀᆫ, ᄂᆫ, ᄃᆫ, ᄇᆫ, ᄆᆫ, ᄉᆫ, ᄋᆫ, ᄌᆫ, ᄎᆫ,
ᄒᆫ'의 어운이 첨가되어 구성된 어휘도 있을 것이다.

  Shmer어에서의 giš, geš는 일^日, 천공^{天空}, 화^火를 의미하고 Mon-
khmer어에서의 kĕto, kĕtole은 천공을 뜻하는데, meketo, kir keto,
kit-keto, met-keto들은 일^日, 태양을 의미한다. 또 Shmer어의 par,
bar는 일^日, 청^晴, 광^光을 의미하며, Indonesia어에서 mata-hola-S는
일^日을 의미하는데, Mon-khmer어에서 천공을 bälikra 한다. 또 Shmer
어에서 광^光을 sir, 명^明을 sĕn이라 하는데, Munda어에서는 일^日을 sin,

Melanesia어에서는 sina, siha(dina, tina, thina)라 하며 Indonensia어에서는 일日을 sina-ng, 일광日光을 sina-r, 광명光明을 sina-war, Mon-khmer어에서는 sinar이라 하나 상술한 바와 같이 일본에서는 천공을 소라ʼ ラ라 한다. 또 Shmer어에서 광光을 ul이라 하는데 Melanesia어에서는 elo, arie, hera-ur라고 하고, Indonesia어에서는 alla, ala-r, alla-rra, era-m이라고 한다. Latin어 caelum(G.K.Koiλos = hollow와 연관이 있다)은 heaven, sky, bright의 뜻을 가지고 있으니, 일日, 천天, 공空의 뜻을 가졌다고 볼 수 있다. Sanskrit어의 loka는 공간, 영역, 세계世界의 뜻을 가질 뿐 아니라, 천계天界, 지계地界, 공계空界를 모두 의미하나 그 어근은 √ruc 로서 광명光明, 광휘光輝의 뜻이요, ruca, raca, racana는 광선, 일광, 태양을 의미하니 일日 = 천天 = 공空은 같은 관념이라 볼 수 있다. 앞에서 지적하였지만 G.K어의 λογos(logos)는 이 loka와 같은 어근을 가진 것으로 '말, 본질, 이성理性'으로만 역譯할 말이 아니라, 천일天日, 광명, 우주 등의 말로서도 역譯할 말이다. 이 천공의 관념에서 허공의 관념이 구성될 수 있는 것은 물론이며, 허공, 허무虛無의 관념, 공간, 간극間隙의 관념, 공처空處, 외처外處의 관념에로 전이될 수 있는 것이다. 공소空所, 외처를 '한대'라 함을 곧 이해할 것이며 외부, '받갈', 여외餘外의 일, '갇짓(가웃짓)'의 어의도 요해될 것이다.[48]

공허空虛의 '비-뷔'는 '비'의 전운으로 '브이-ㅂ'가 그 어근이다. 공空을 '거저'라 하니 공식空食을 '거저먹다', 허행虛行을 '거저 가다'함을 보아 알 것이며, 이 어간은 '겇'인데 '걷-굳'의 전운으로 허위虛僞의 '거즛-거짓'도 여기서 구성된 것이다. 유령幽靈, 허물虛物의 '헛것'은 '헏← 홀'+'것'으로서 이 '헏-홀' 또한 허공의 뜻에서 전이된 것이다.

여기에 의문되는 것은 공극空隙이 생기니 분개分開되는 것이냐, 분개

---

48 도로徒勞를 '한갓'이라 하느니, 이 '한', '갓'은 공空, 허虛의 뜻이다. 그러나 외처外處의 '받' + '갓'의 '갓'은 처處의 '곳-곧'과 같이 장소, 영역의 어운으로도 볼 수 있다.

가 되니 공극이 생기는 것이냐이다. 이 관념의 선후가 결정된다면 분별分別, 분리分離의 계보는 이 계보에 소속시킬 것이다. 그러나 이 두 관념은 서로 작용하고 서로 영향하지만 그 전개되는 경향을 보면 병생並生, 병존並存하는 관념으로 볼 것이다. 이상에서도 간취한 바이겠지만 관념 전이가 말단으로 가면 갈수록 이성異性의 결혼처럼 그 전래의 계보는 다르지만 그 의미가 서로 결합되어 어느 것이 주의主意인지 분간分揀하기 곤란하고, 따라서 그 정통의 계보를 찾기도 곤란한 일이 많다. 이것은 주의注意할 일로서 내 또한 그 과오를 많이 범하고 있으리라 생각한다.

근(겯ㄱ, 단斷) 근대가 귿(끝 단端)이며 또 ㄱ(ㄱㅡ귿변邊)이냐? 밭갓(외外)의 '갓(ㄱ)'이 단端이냐? 관념 전이의 계보를 정확하고도 명백하게 하기가 진실로 곤란한 일이다. 광원廣原, 광야廣野 내지 영역의 어휘로 '갓－간', '늘', '들', '불－븐', '얼(안)', '자리'들이 있는데, 이것은 공간에서 광장에서 광원廣原으로 전이된 것이다.

촌村, 읍邑, 동洞, 리里의 어의가 군집群集, 다중多衆에 있느냐, 지역, 광역廣域에 있느냐가 물론 의문될 것이다. 일률로 말하기 곤란하나 군집체群集體라는 뜻에서 전이된 것이 주의主意이오, 영역이라는 뜻에서 전이된 뜻도 들어있는 것 같다. 촌리村里의 '믈－몰－몰'(마슬－마슬－마을)은 군집에서 전이된 것이 아닌가 생각된다. '마뜰'의 '마슬－마실'은 '믈'의 원어근 'ㅁ'의 전운 '마'와 또한 촌락을 뜻하는 '곡谷' 즉, '슬－실'과 합성된 어휘로서 이 '슬－실' 또한 집단, 군집을 뜻하던 어운 같다. 그러나 경京의 '셔블', 향鄕의 'ㄱ블'의 '블'(벌伐, 화火, 부리ㄷ里)는 광역廣域, 지역의 뜻에서 전이된 것인지도 모르겠다. 이 '블' 또한 군집에서 전이된 것이라 하여 오해라고 생각지 않으나 영역, 지역의 뜻에서 전이된 것 같이 생각된다. 일본말 촌村의 mura는 '믈'의 전승이요, 리里의 sato는 '슬－실'의 전승이요, 군郡의 '코호리ㅋㅎㄹ(kopori)'는 'ㄱ블'의 전승이다. 'ㄱ블'

은 대촌大村의 뜻이요, '셔블'은 상촌上村, 수읍首邑의 뜻이다. 백제의 '고마固麻, 금마金馬'는 'ᄀ물'-'금물'의 전사轉寫일 것이요, 거발居拔은 'ᄀ블'의 전사일 것이다. 신라의 건모라健牟羅는 '근물' 즉, '큰 마을'의 전사이요, 가락駕洛의 금관金冠은 '금물'이요, 김해金海는 '금블'의 음훈차音訓借일 것으로 나는 추정한다.

처處의 '고-곳-곧'(이두吏讀, '庫(고), 고질庫叱(곧)'을 보면 처處의 고운은 '고' 또는 '곧'임을 알 것이다), '듸-대', 소所의 '바', 석席의 '자리' 모두 영역의 뜻일 것이요, 전田의 '밭←받해←받' 또한 영역→구역의 뜻이 아닐까 생각된다. 질質의 '바탕'의 원의가 정수精髓, 성질性質에서 전이되었다는 것보다 영역-지역-소지素地의 뜻에서 소질素質의 뜻에로 전이된 것이 아닌가 생각된다. 그것은 토양의 '홀-흘기-흙-흙'이 하천下賤의 뜻도 있지만 지역-토지에서도 전이된 것 같다. 지地의 '다-싸-따'계 어운들이 처處의 '듸-대'와 동계어임은 누구나 다 알 것이요.

'싸'가 sta의 음을 가진 말이냐, ʔta의 음을 가진 말이냐가 문제되어 있으나 이것은 범어의 sthe, sthā, sthala, sthāna(지地, 거지居地, 국國)의 어운이 있으므로 말미암아 더욱 혼란을 일으키고 있으며, 그러나 한편으로 마래어馬來語에 tanah(토土, 토양, 거지居地, 지역)의 S음을 가지지 아니한 어운이 엄존함을 보아 또 조선어에 있어서 '닥, 단, 달'의 어운이 그냥 있음을 보아 sta에서 ʔta로 되었다는 설을 나는 부인한다. 일본말 쯔치ツチ(tuti)는 tu-ti, tw-ti의 합성어로 '높은 곳(高い所)'의 뜻에서 전변된 것이 아닌가 생각한다. 흡사 육지陸地의 '뭍-묻'이 '높은 곳'의 뜻을 가지고 있는 것과 같다.

광활廣濶, 광대의 '하, 한'이 군다群多의 '하-한'에 전이될 수 있을 것은 누구나 상상될 것이다. 제1어보 B (5) 분개조分開條에서 큰 것은 넓은 것이요, 많은 것임을 말하였으나 여기서도 그와 같은 어보가 구성될 수 있는 것이다. 대大의 '하'가 다多의 '하'도 되고 광廣의 '하'도 되고 후厚의 '하'도 될 수 있는 것으로 이 '하'운이 분개分開에서 전이된 것은 아닌 것 같다.

대大의 '굴 – 귿(→걸, 거루배(대선大船), 거룩(위대偉大))과 그의 원어근 'ㄱ'의 어의가 분개分開에서 전이된 것이냐, 광활廣濶에서 전이된 것이냐에 대해서 제1어보 항에서 말한 바와 같이 그 소속의 결정이 퍽 곤란하나 관념 전이상 서로 작용하고 있다고 볼 것이라는 것도 말하였다.

광廣의 널, 넙, 넓

개皆, 등等의 다, 들, 후厚의 '둗 + 거운'

군개群皆의 물, 문, 몬, 몰(돈頓), 말, 만, 많

다대多大의 분, 불, 벌

군중群衆의 설, 수, 숟, 솔

광역廣域의 얼, 개전皆全의 온, 올(→오로지), 옹(옷)

군다群多의 잗(→잦), 잔, ?즘(다多, 중衆, 천千)

만다滿多의 차, 총

대大의 크

군群의 파

다대多大의 하, 한, 할

들의 어의들이 일日, 천天, 허공虛空 – 광대廣大 – 다대多大에서 모두 전이되었다고 보더라도 무관할 것이다.

전체라는 관념이 대大에서 나왔느냐, 일一에서 나왔느냐 또는 대大, 일一의 관념이 전全에서 나왔느냐 할 때 누구나 머뭇거릴 것이다. 즉, 천공天空에서 광대의 관념이 먼저 구성된 것이냐, 대, 일의 관념이 먼저 구성된 것이냐는 것이다. 어떻게 생각하면 광대에서 대大, 일一의 관념이 전이되고 대, 일에서 전일全一의 관념이 구성된 것도 같으나 확신이 생기지 않으므로 병렬하는 것이다. 원래의 수數의 일一 '하나', '가드니

(하둔河屯)'는 대大의 뜻에서 전이된 것으로 '한' 것, '갇'은 것 즉, '큰' 것의 뜻이다.

아지못커라 세계 여러 언어의 수사數詞 '일一'의 어의는 이것이 아닐까 느껴진다. 우리 조어 사용자들의 수數의 관념은 '이二'는 일一에 같고, 일一을 동일하게 반복한다는 뜻에서 'ᄃ벋 – ᄃ블 – 둘'이라 한 것이다. 영어의 two, 독일어의 zwei, Sanskrit어의 dua와 그 계통을 같이 한 것이나 조선어의 't+b'와도 그 전승을 같이 한 것으로 동일하게 반복한다는 뜻이다.[49] 삼三의 '세 – 셋'은 '많다' 즉, 군다群多의 뜻으로 '서이 – 설이'의 전운이니 삼三을 '서리'라 한 것은 삼십三十을 '설흔'이라 함을 보아 추단될 것이다. 그들은 삼三은 많은 것으로만 여기었지 그 수를 명확히 할 수 없었던 까닭에 그만 많다고만 한 것이다. 이래서 그들의 수사는 일단 완성된 것이다. 영어의 three, 독일어의 drei, Latin어의 tres, Greek어의 treis, tria, Sanskrit어의 trayas, tra, tri 등의 어의도 군다群多의 뜻일 것이다. 사四의 '너이, 네, 넷'도 다多의 어운 '서리, 서이'가 삼三의 수數의 관념이 명확해지고 그 어운이 삼三의 수사에 고정되자 그들은 사四의 수의 관념을 또한 명확히 할 수 없었던 까닭에 또한 막연히 많다는 의미에서 'ᄂ리, ᄂ이'라 하였으나 이 수사에 고정되기 전에는 '들'또는 '믈'이라 한 것 같다. 팔八을 '여들'이라 하고 사십四十을 '마흔'이라 함을 보면 그렇게 하였을 것이다. 또는 '여들'의 어운은 사四를 '들 – 들'이라 하던 언어사회의 어휘를 수입시켰고, 사십四十의 '마흔'은 사四를 'ᄆ – 믈'이라는 언어사회의 어휘를 수입시킨 것인지도 모른다. 그러나 다른 수사를 구성시킨 과정을 찾아 볼 때에 처음은 사四를 '들'이라 하여 팔八의 어운 '여들'을 구성시킬 때까지 종시 '들'이라 하다가 십十을 '은, 흔'이라 하던 시대까지 오는 동안에 '들'의 어운을 잃어버리고 '믈'의 어운 세력에 정복된 것 같다. 이 사四의 '믈'운이 사

---

[49] 장將의 '다리고', '더불고', '더븐'의 '더브'도 '한 가지' 한다는 뜻이다.

십四+ '마흔'을 구성시킨 뒤에 어느 사이에 '네' 어운에 정복되어 소실된 것이라고 본다.

많다는 어의의 어휘 '너이'(또는 들, 물)가 사四의 수數의 관념이 명확해지면서 그 수사로 고정되자 오五의 수는 그들에게 또한 막연한 많은 수였던 까닭에 또는 최고의 뜻에서 '서리, 수리'라 하였다. 오십五十의 '쉬흔'의 '쉬'는 '수이'의 촉음이나 이의 동위운이 '수리'될 수 있는 것은 물론이다. 5월 5일을 '수리ㅅ날'이라 함은 '오일五日'이란 뜻이니 이것은 '오五'를 '수리'라 하던 증좌라 할 수 있다.

단오일端午日을 술의일戌衣日, 차륜일車輪日이라 한다는 따위는 모두 '수리'를 적은 것으로 '수레'라고 생각하여 차륜車輪이라 한 것이다. 이 오五의 수사가 완성되므로 말미암아 조선어에 있어서의 수사는 제이차적으로 완성된 것이다. 이 '수리' 어운을 정복한 '다섯'이란 어운이 어느 시대에 비로소 출현하였는지 알 수 없으나, 『계림유사鷄林類事』에는 오일타술五日打戌(다수, 다술)이라 하였고, 이와 시대적으로 상당히 접근한 때의 기록이라고 보이는 일본소전日本所傳의 이중력중二中曆中의 역언력譯言曆에 고려어高麗語의 수사數詞를 들었는데 거기에는 '에스스ㅍㅈㅈ'라 하였다. 그리고 『삼국사기三國史記』 권37 지리조地理條에 '오곡군일운울차운홀五谷郡一云亐次云(?天)忽'이라 하였는데, 이것은 '울차탄홀亐次呑(天)忽'의 오사誤寫인 듯한데 그렇다면 '우ㅅ단골'의 전사傳寫로서 오五를 '오ㅅ'라 한 것 같다. 그렇다면 고구려에서는 오五를 '에ㅅ', '우ㅅ'라 한 것 같으니 '수리'는 혹 신라의 방언이요, '다ㅅ'은 원조선元朝鮮의 어운인지도 모르겠다.

말이 기로岐路에 들어갔으나 유唯의 '오즉-오즉-옻', 전專의 '오오로-오ㅅ로-오ㅅ'가 '올-온'의 전운임을 안다면 '올'운이 있을 수 있고 '온'운이 있을 수 있음을 알 것이다. 영어의 one이 중세영어에서 oon, A.S.에서 ān이라 하였다 하나 유唯의 only는 on-ly 즉, '하나만이'의 뜻임을 일견 알 수 있으니, 대大, 전全의 조선어 '온'과 그 전승을 같이 한 것으로 볼 것이다. 정관사 a, an도 one과 그 어원, 어의를 같이 한 것임을 추찰할 수 있다면, 조선어운의 '아 - ᄋ'에도 대大, 일ㅡ, 전全의 뜻을 가진 어휘가 전승되어 있지 않으면 안 될 것이다.

쌍隻이 되지 못하고 일ㅡ인 것은 고독한 것이므로 '올 - 욀 - 홀 - 혼' 어운이 있을 수 있고, 단의單衣의 '혼옷'이 일의ㅡ衣이냐 고의孤衣이냐의 뜻도 요해할 것이다.

같다는 말은 한 가지라는 말이니 동同은 일ㅡ, 또는 일류ㅡ類의 뜻이다. '같'은 '갇ᅙ(ᄀᆞᅙ)'의 전운이니 동을 '갇은', '갈ᄇ', 일ㅡ을 '하둔河屯'이라 하였음도 짐작할 것이다. 동同이 일ㅡ의 뜻인 것은 한자에서만이 아니라 일본에서도 일ㅡ의 '히토ᄒ ᅡ+츠ᄽ' 등의 '히토시ᄒ ᅡ ᄉ'가 같으며 Sanskrit어의 eka에도 일ㅡ, 동同의 뜻을 가졌다.

조선어에 있어서 등동同等의 어운은 '갇 - 같'만이 아니라 '갑', '답', '닫'도 있으며, '같'은 위에 말한 것처럼 '갇ᅙ'의 전운으로 어근 '갇 - ᄀᆞᆮ'이 'ᅙ' 활용사를 가지게 된 것이요, 이 '갇'의 'ㄷ'음이 'ㄹ'음으로 변하여 '갈'이 되고 'ᄇ' 활용사를 가진 것이 '갈ᄇ - 갈오'이다. '갑'은 '갈ᄇ'의 촉음이라고도 볼 수 있을 것이나 실實은 원어근 'ᄀᆞ → 가'에 ㅂ받침 (ᄇ활용사)이 첨가되어 구성된 어운으로 가격價格의 등치等値라는 의미에서 '갑', '갑시 - 값'이요, 상환償還의 등치等値, 또는 원상原狀의 동일화에서 '갑는다'는 것이다. '오는 갑다 - 오는가 부다'의 '갑'도 '같다는 뜻으로 이것을 '오는가부다'로 분석하여 의문형의 '가'에 ᄇ활용사를 첨가시켜 된 것이라고도 할 것이나 실은 그렇지 않은 것이다.

등반等半의 '가우 - 가웃'은 '가ᄇ'의 전운이니 가배嘉俳는 '가비'의 사음寫音으로 원래는 팔월八月뿐이 아니라 매월每月 십오일에 준 이름이었고, 8월 15일 추석은 특히 '한가비'라고 하던 것이 '가비'라는 어운을 독차지한 것 같다. 흡사 '수리ㅅ날'은 5일로서 5월 5일 단오일端午日이 혼자

차지할 것이 아니었으나 단오일이 '수리ㅅ날'을 독차지한 것과 같다. 중처中處의 '가운대-가분대'는 '가븐+대'의 '가부' 즉, 포위包圍와 '디' 즉, 소처所處와의 합성어이나 이 포위의 중中과 등동等同의 등과 합하여 가배嘉俳의 등중等中, 등반等半의 어휘가 고정된 것 같다.

'닫'은 적합適合의 뜻이라 할 것이나 적합하다는 것이 원래 동사同似하다는 것임은 말할 것도 없으며, 이 '닫'의 동위운 '달'이 'ㅁ'활용사를 가져 '달ㅁ'가 되고 '담'이 된 것이다. 제5어보에서 원형原型의 달에 'ㅁ'활용사를 첨가시켜 구성시킨 것으로도 생각할 수 있다 하였으나 이 적합適合-합동合同-동일同一의 관념에서 구성시킨 것 같다. 또 이 '닫'이 'ㄷ-ㄹ-ㄴ'의 호전互轉으로 '단'이 되어 단單의 '단'이 됨도 말할 것 없다. '다르다(異)'는 뜻의 '따로' 말고 고독의 '따로'도 있으며 이이而耳의 '따름'도 있다.

'ᄒᆞ나히 ᄯᆞ로 달아 비치오ᄋᆞ로 히오' ―『월인석보月印釋譜』 권2, 46쪽
'날로ᄡᅮ메편안便安킈ᄒᆞ고져 ᄒᆞᆳᄯᆞᄅᆞ미니라' ―『훈민정음서訓民正音序』

동등同等한 것은 대등對等될 수 있으며 대등한 것은 비견比肩할 수 있고, 또 대항對抗할 수 있으며 항거抗拒할 수 있는 것이다. 그러므로 '갈브-갈오'는 비견比肩, 병렬並列, 항거의 뜻으로 쓰이는 것이다. 일본말 적敵의 '카타키ㄱㄅㄊㅋ'의 '카타ㄱㄅㄊ'는 '갈브'의 '갈'의 동위운 '간'의 전승이다. 종縱에 대한 횡橫의 '갈'도 병렬並列의 뜻에서 수평水平의 뜻으로 전이된 것일 것이다.

종縱의 '세'가 입상立上의 뜻에서 전이된 것이라면 횡橫의 '갈'은 저와低臥의 뜻을 가진 것인지도 모르겠다. 그러나 전자를 주의主意로 취한다.

동등同等한 것은 합치合致될 수 있고 합일한 것이므로 적당하고 적중適中할 수도 있는 것이다. '맞'다는 말은 합일한다는 뜻이나 적합適合, 적

중的中의 뜻에 전용되었고, 봉逢의 '맞남', 앙迎의 '맞임' 모두 합일, 합동合同해진다는 말이다. 래來의 '오, 와'는 원어운의 'ᄋᆞᄇ → ᄋᆞ오 → 오' 또는 'ᄋᆞᄇ → ᄋᆞ와 → 와'로 된 것으로 응결凝結의 '아부 – 어부 – 어불'과 같은 어운을 가진 것이요, 혼가婚嫁의 '어울 ← 어불' 또한 결합된다는 뜻에서 전용된 것이다. 즉, 가는 것은 떨어지는 것이나 오는 것은 어부는 것이므로 즉, 합合하는 것이므로 '오다'라 한 것이다. 접속토接續吐 '와'(과 역동亦同)도 그러하여 '너와 나'라는 말은 '너(에게) 어부(기를)나'라는 말이다.

중重, 첩疊을 '갈비, 갋, 갋히'라고 하느니 분기分岐, 분리의 뜻도 들어 있으나, 합중合重, 합첩合疊의 뜻으로 '갈비, 갈피'에 고정시킨 것이다. 순서, 질서의 '갈피'도 중첩重疊 – 차서次序에서 전이된 것이다.

제 10 어보(원어보 10)

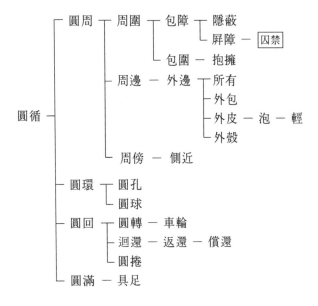

원순圓循에서 원주圓周의 관념이 나올 것은 더 말할 필요도 없을 것이다. 앞에서도 누언한 바이지만 주변의 관념이 주위에서 왔느냐 변단邊端에서 왔느냐를 의아할 것이나, 일단의 변단은 분단分斷의 어보에 소속시키고 전체의 주변은 이 원주圓周의 어보에 소속시키는 것이 타당함으로 그렇게 나는 처리하고자 한다. 다같은 '갓-강-ㄱ'이나 죽장竹杖의 끝인 '갓'도 있고, 전답田畓의 변邊인 '갓'도 있다. 전자는 일단一端 내지 양단兩端이지만 후자는 사단四端 내지 팔단八端일 뿐 아니라 주단周端을 가지고 있다. 그러므로 주위, 주변, 주방周傍은 이 계보에 소속시키며, 특히 주변이라는 말은 주단이라는 말인가, 주처周處 즉, 주위周圍의 공처

空處라는 말인가가 또한 머리 아픈 문제가 되어질 수 있다. 즉, 변邊의 '갓－갇'이 주변(단말端末과는 다르다)이냐 공처空處이냐는 것이다. 즉, '갓'(→결)은 자기의 주위周圍라는 말이냐, 자기 이외의 공간이라는 말이냐는 것이다. 그러나 일언一言, 일의一義를 이상으로 여기고 그렇게 만들기에 필요 이상의 노력을 아끼지 않는 문학가도 아니요, 철학자도 아니요, 다만 언어의 현실 — 어운상으로 어의상으로 — 만을 찾으려는 나에게는 일어다의一語多義를 괘념掛念하는 것보다 삼명육통三明六通을 가진 언어의 신비성神秘性, 아니 명통성明通性이라고 허심탄회로 이해하고자 할 뿐이다.

주위를 '갓' 또는 '돌, 둘'이라고 하나 이 '갓' 외外에 포장包障(장藏)을 '끌'이라 하느니 요사이에는 '꿀'인다고도 한다.

'만상萬象을 쁴려 머구멧는 들(포함만상包含萬象)' ─『능엄경』 권2, 18쪽
'옹擁은 쁴－릴씨라' ─『능엄경』 권5, 55쪽
'대구담大瞿曇이 슬허 쁴－리어 관棺애 녀쏩고' ─『월인석보』 권1, 7쪽

등의 '쁼'이 그것으로 포包, 옹擁, 렴斂의 뜻으로 쓴 것이며, 요사이도 '짐을 꿀이다' 또는 '계란鷄卵한 끌음'의 '꿀', '끌'에서 찾을 수 있다. 이것은 '글－굴－귿'의 경음화한 것으로 수囚의 '갇'의 어의와 같이 처리될 것인지도 모르겠다.

포옹抱擁을 '껄어안'는다고 하느니 이것은 '껄(옹擁)'＋'안(포抱←내內)'의 합성어이니 모두 포위해서 내포한다는 뜻이다. 소유의 '갓'←'갇'이 예속의 뜻에서 전이된 것이나 또한 내 세력의 범위 안에 넣는다는 의미에서 이 어보에 소속시킬 수는 없을까? 원주圓周, 주변, 외변外邊에서 외포外包, 외피外皮들이 전이되었다면 포包의 '쌰' 어운도 주변의 뜻에서 전이된 것으로 보아 좋을 것이다. 그것은 '과裹'자를 '뿔' 또는 '쁼'로 새긴 것을 보면 곧 짐작할 것이다.

'모매오슬니부딕 죵긔쯰둧ᄒ며(신착의복여과용창身着衣服如裹癰瘡)'

　　—『영가집永嘉集』권상, 42쪽

'머리뿔거슬주더니(여과두與裹頭)'—『두시杜詩』권4, 2쪽

그러나 포包는 내포한다고도 생각할 수 있으니, '싸'는 정수精髓, 중핵中核한다는 뜻을 가진 것이라고도 생각할 수 있다. 무릇 '쌈'이라는 말은 '밥을 안에 넣는 것'이라는 뜻인가? '밥 갓을 둘러싼 것'이라는 뜻인가? 나는 '싼다'는 것은 '갓을 둘러 꾸린다'는 뜻으로 보고 싶다.[50] 외피外皮, 외각外殼의 '갓-갓-갓-갖' 외에 '겁←ᄀᄇ→ᄀ부'가 있으며, '가불→가풀'이 있으며 '갑지-겁지'가 있다. 이것은 'ᄀᄇ'에서 '가븨-개비(갑匣)' 또는 '가부'가 되고 그것이 재구성되어 '갑울→갑홀'이 되는 한편 또 '갑지-겁지'로 재구성시킨 것이다. 이것이 외피外皮, 표지表紙의 뜻으로 전이될 수 있는 것은 당연한 것일 것이나, 포말泡沫의 '거품'이 여기서 나왔다면 좀 의아할는지 모르겠다. 그러나 우리 조어 사용자들은 포말을 액체의 표피로 생각하였던 것이다.

도피稻皮를 '겨'라 하니 이것은 '기'의 전운이요, '기'는 'ᄀ이'의 촉음促音으로 그 어근은 'ᄀ'로서 이 또한 외피의 원어근이다.

경輕의 '개가운←개가븐'은 '개+겁'으로 '갑'은 '갈'과 같은 뜻을 가진 어운으로 활용접미사이니 어근은 '개'이다. '개'는 '기'의 전운으로 외피外皮, 외각外殼의 뜻이다. 즉, 경輕하다는 말은 내실內實이 없는 외각다운 것이라 하여 '개가운'이란 어휘가 생긴 것이다.

또 '가벼운-가비운'의 '가비'가 또한 위에서 말한 외각의 뜻을 가진 말인 것도 물론이다. 경솔輕率의 '까부다, 까불거리다' 내지 기택箕擇의 '까부다' 등 모두 일련의 어휘들이다.

---

50 매買의 '사'도 이 계통의 어운으로 포위에서 소유의 뜻을 가져 '내 것으로 했다'는 뜻인 듯하다. 매賣의 '파, 팔'은 물론 정반대의 뜻을 가지는 것으로 '나로부터 떠나간다'는 뜻일 것이다.

원환圓環을 '고리'라고 하고 원구圓球를 '고동'이라고 하며, 이 '골-곧'의 명사 또는 부사형이 '공'이요, '기'의 명사접미사를 받은 것이 '공기'이다. 흡사 원회圓廻의 '돌'이 '동'이 되어 '골'과 합하여 '동골'이 된 것과 같다. 이 '동'에 전全, 군群, 대大, 상上의 뜻도 있어 그렇게 해석하기 쉬우나 원圓의 뜻도 가졌음을 알아둘 것이다.

이 '동'이 기음화하여 '통'이 된 것이 '통桶'이다. 이의 동의어에 '도리(도리ㅅ기동)', '도래'가 있으며, 방적원구紡績圓具의 '물레' 원수거圓水車의 '물레방아'의 '물'이 있는 것들은 들 필요도 없을 것이다. 이 '골'의 원어근은 '고←ᄀ'이니 원형圓形의 '고' 어운이 지금도 전승되고 있다. 원상圓狀을 형용하는데, '을통볼통'이라는 말을 쓰는 것을 보면 '올', '볼'에도 원圓의 뜻이 있다고 볼 것이다.

원모圓貌를 '오동통'하다고 하느니 혹은 이 '오동통'은 풍윤豊潤의 모貌로서 팽창膨脹의 계系 즉, 풍風의 계系에 소속시킬 것이요, '볼통' 또한 그렇다고 할 것이다. 그러나 그렇다고만 생각되지는 않는다. 란卵의 '알'이 정수精髓의 뜻이지만 원형圓形의 뜻이 들어 그것에 즉, 그 어운에 고정시킨 것이 아닐까? 일본말 tamago는 혼자魂子의 뜻도 있지만 구자球子의 뜻도 가졌음을 참고할 것이다.

회전迴轉, 원회圓迴의 '굴-구르', '돌-둘', '말-물', '살-술' 등으로서 굴(ᄀ블의 전운)다. 돌다, 말다(捲), 살이다(盤)들의 어휘가 있다. ㅇ받침이 붙은 말은 거진 명사형이니 '강강수을래'의 '강', 구球의 '공'과 같이 령鈴의 '방울', 적滴의 '방울'의 '방'도 원형圓形의 뜻일 것이며 (방房의 방은 내포된 것, 벽壁의 바람은 포위하는 것, 옹의 바지, 또한 그러한 뜻일 것이다), 과顆의 '송이' 또한 그 뜻일 것이다. 도구搗具의 '방망이(방마치)'가 '원타구圓打具'의 뜻인지 '타원구打圓具'의 뜻인지 존의存疑해 둔다.

'옹기'가 '옹기甕器' 외래어 또는 한자어이냐 원기圓器냐는 것은 급거히 논단하기 어려우나 기명器名에 '오지, 우지'가 있는 것 보면 원기의 뜻인 듯도 하다. 전라田螺의 '우렁이'(←울+앙이), 거車의 '수레', '술위'에 물론 교轎의 '가마'처럼 고구高具, 승물乘物의 뜻도 있지만 전구轉球의 뜻일 것이다. 배상하는 것을 '물어주다－물이주다'하는 말은 회여迴與의 뜻일 것이다.

원주圓周에서 원만圓滿의 뜻으로 전이될 수 있는 것은 더 말할 것도 없을 것이다. '두려히', 또는 '두렷히', 또는 '두루'라는 어운으로 일반에 쓰이고 있다.

제7절 고어^{古語}의 음미

신라어에 있어서의 고어란 개념은 진실로 막연하여 단군조어^{檀君祖語}라든지 신라, 백제, 고구려 조어로부터 이조의 초중엽에 이르기까지 모두 해괄^{該括}하는 수도 있고, 또는 신라조의 소전^{所傳}이라는 이두^{吏讀} 향가^{鄕歌}로부터 고려의 『계림유사^{鷄林類事}』 소재어^{所載語} 급^及 또한 이조 중엽까지의 언어를 가르치기도 하고, 또는 훈민정음 제작 전후해서 정음^{正音}으로 전사^{傳寫}된 이후 현대어와 좀 다른 기록은 모두 이 고어의 개념 속에 넣기도 한다.

이러한 막연한 한계를 가진 고어에 대해서 음미를 한다는 것이 너무 광범한 느낌을 주기는 하나 현대어에 비해서 고어라 하여 그리 막말될 것도 아니다. 그것은 현금 전해지고 있는 어운, 어휘는 그 아무리 오랜 상대^{上代}로부터 전승된 것이라 하더라도 지금에 언어로써 살고 있음으로 고어란 느낌을 받지 아니하나 소멸된 지가 즉, 어운상으로 변화하였고, 어의상으로 변천되었는 것에 지나지 않지만 청각인상상^{聽覺印象上}, 기록전승상^{記錄傳承上} 판이한 것이면 고어라는 느낌을 주는 까닭이다.

일례를 들면 『훈몽자회^{訓蒙字會}』에 한^軒을 '고코을한' 하였는데 지금은 '코고을한'이라 한다. 비^鼻의 '고'가 '코'가 되었지만 '고을'이 이조 초에는 '코을'이라고 하였느냐 하면 그것은 그렇지 않았으니, '코을'은 '코'의 '고'가 '히' 명사접미사를 가지고 있었던 까닭에 '고히'(← 히)의 '히'가 합성어의 전행사^{前行辭}가 되므로 '고ㅎ – 고ㅎ'가 되어 '고을'의 '고'에 작용한 탓으로 '코을'이 된 것이다 그러나 '코고다'라 할 때 '고코다'라 하여 알아들을 사람이 몇이나 될 것이냐.

그러나 이것은 음운상 변화임으로 어의상 변화를 가져 오는 것은 아니다. 다른 예로서 안색顔色의 '낱빛'을 'ㄴᆺ곳'이라 하였다면 그것은 이상한 느낌을 가지게 한다.

'그뒷진실眞實∧ᄂᆺ고즐 보노라(견자진안색見子眞顔色)' —『두시杜詩』

'ᄂᆺ'은 '늘-ᄂᆞᆯᄒ-낱'의 기사記寫라 하더라도 '곳'은 '색色'의 뜻인가? 그렇지는 않으니 '곳'은 화花의 '곳'과 같이 안진顔眞, 안정顔精의 뜻으로 쓴말이다. 그 표현이 진실로 심각하고 그 어휘구성이 놀랍다 하지 않을 수 없다. 이것은 어운도 다르고 어의도 달라 이해하기 곤란한 점도 있다. 이것은 한 예에 지나지 않으나 이렇게 전연히 어의를 달리한 구어법構語法도 있어 고어의 이해에 난관을 주는 것도 사실이나, 그 어의를 찾고 보면 같은 어의의 계보에 소속되는 것도 있고 전연 다른 계보에 소속시킬 것도 있는 것이다.

타他의 '녀느'는 '녀'의 활용접미사 'ᄂ' 즉, '느'가 첨가된 어운으로 어근은 '녀'이다. 석#의 '녜전'의 '녜'의 어근 '녀'와 같은 어운으로 '늬-ᄂ이'의 전운이다. 이 '늬'가 '늬-니'가 되기도 하느니 그러므로 행行을 '녀, 녜, 니'라 한다. 행行, 거去는 떠나는 것이요, 떠나면 멀어지고 멀어지면 모르고 잘 알지 못하므로 일방으로 'ᄂ미'-'남'이 되고 일방으로 'ᄂ미', '늬', '녀'가 된 것이다. 'ᄂ미'가 '놈'이 되고 '녀니'가 '년'이 되었다는 설은 그대로 믿어 옳을 것이다. 이것은 타他의 '달'과 그 어운은 다르나 그 어보語譜는 같은 것이다.

『용비어천가龍飛御天歌』 제100장에

"믈우흿 용龍이 강정江亭을 향向ᄒᆞᅀᆞᄫᅵᆫ니 천하 정天下定홀 ᄂᆞ지르샷다."
　(수상지용향피강정내시천하시정지징水上之龍向彼江亭酒是天下始定之徵)
"집우흿 용龍이 어상御床을 향向ᄒᆞᅀᆞᄫᅵᆫ니 보위寶位ᄐ 실ᄂᆞ지르샷다."
　(전상지용향아어상내시보위장등지상殿上之龍向我御床酒是寶位將登之祥)

라 하여 징徵, 상样에 '느지－느질'이라 하였다. 이 '느지'는 'ᄂᆞ디'의 전운으로 추정할 수 있으며, 어근은 '늘－ᄂᆞ'이라 할 수 있다. 징조徵兆, 징후徵候, 유암幽暗, 유현幽玄의 계보에 소속되는 것이냐 원인의 계보에 소속시킬 것이냐가 결정됨에 따라 그 어의를 밝힐 수 있을 것이다. 그러나 징조가 하나의 암시를 의미하는 것이라면 명시明示, 암시暗示의 뜻도 가질 수 있을 것이다. 일본말에서의 징徵의 '시루시ｼﾙｼ'는 확실히 명시明示, 암시暗示의 뜻을 가지고 있다. 조선어에 있어서의 '느지'도 명현明現, 명시明示의 계보에 소속되는 것 같다.

현행어現行語에서 '기미'라고 하느니 이것은 'ᄀᆡ미－ᄀᆞ미'의 전운으로 기록의 '기디'(記 ᄀᆡ디긔 『유합類合』)의 'ᄀᆡ'와 같은 어운이니, 이 또한 명시明示의 뜻, 현시顯示의 뜻이다.

이조 초에 과裹를 'ᄂᆞ무치'라고 하였으니 지금의 '주머니－줌치'와 너무나 어운상 차이가 있다. 생각컨댄 '줌'은 '둠'의 전운이요, '둠'은 '듬'의 전운이 아닌가 생각한다. 분盆의 '동히'를 '두무', '둠기'라 하는데 이 '둠'은 입入, 장藏 또는 치置, 유有의 뜻을 가지고 있다. 그러면 과裹의 '둠치' 또한 그러한 뜻에서 득명한 것이라고 생각한다. ㄷ, ㅈ의 대치代置는 흔히 볼 수 있는 것으로 경구개성모음硬口蓋性母音 즉, 'ㅣ'가 따르지 않더라도 상환되는 것이 있으니, 침沈의 '잠', '담', '도롱태'와 '조롱태'의 병행하고 있는 것이 그것이다. 그리고 'ᄂᆞ'운이 'ᄃᆞ'에 잠식蚕食되고 있는 현상을 우리는 또 간취할 수 있으니, 갱更의 '다시, 다부'를 이조 초에는 'ᄂᆞ의－ᄂᆞ비'라 한 것을 보아 짐작할 수 있다.

유성무기음有聲無氣音 'd'음을 우리는 흔히 'n'으로 발음함을 보느니, 토방土方의 '도가타ﾄﾞｶﾞﾀ'를 '노가다'라 하며 토관土管을 '노깐'이라 함을 보아 짐작할 것이다.

이조 초에서 포泡의 '거품'을 '더품'이라 하였으니, 이 '더품'은 복覆의 '덮'과 같은 어의로 보아 타당하지 않을까? '거품'은 외피外皮의 뜻에서 전이된 것임은 이미 위에서 말하였거니와 '더품'은 복상覆上의 뜻 즉, 상피上被의 뜻에서 전이된 것 같다.

두부豆腐의 '두부, 더부' 또는 '죠포－죠피'(조포造泡란 한자를 쓴다)가 한자음에서 왔다고들 하나, 원래 포말泡沫을 '덥－듭'이라 하던 우리 고어이니 '죠포'는 '됴보←도보'의 전운으로 볼 것이다. 전설에 두부豆腐는 한漢의 회남왕淮南王 유안劉安의 고작故作이라 하나 가신可信할 것이 되지 못하며, 그 어원은 상대上代 조선어(동이어東夷語)에서 찾을 것이며 그 어의 또한 거기서 밝힐 것이다.[51]

진塵의 '띠끌', '티끌'을 이조 초에는 '드틀' 또는 '듣글'이라 하였으니

'탈脫은아모듸도 마든듸 업서듣긇띠걸위디몯홀씨라' —『월인석보서』, 8쪽

'진塵은 드트리라' —『월인석보』제2, 15쪽

'드틀'은 '듣홀'의 음사요, '듣글'은 전자가 '홀' 접미사를 가졌는데 후자는 '글' 접미사를 가진 것으로 어근은 '듣'이다. 그런데 지금에 '띤－띌', '틷－틷' 운을 가진 것을 보면 '듣－딛－딛－띤－틷'이 된 것이요, '듣' 이전은 '돋'일 것이다. '돋－돌'은 세소細小의 뜻이요, '홀－글' 또한 명사접미사적이라기보다 세소의 어운으로 봄이 타당할 것이다. '글－갈'의 세소는 말할 것도 없으나 '홀'의 세소의 어의를 가진 어휘를 내 아직 알지 못하나, 단單, 고孤의 '혼－홀'이 있고 분할分割의 '혈－홀'이 있는 이상 세소의 '홀'이 없었다고 할 수 없다.

비교조사比較助辭 '보다'의 고어는 '도곳－도곤'(?＝두고) 외에 '라와'라는 말이 있다.

---

51 『조선고어방언사전朝鮮古語方言辭典』에 평북 방언으로 두부豆腐를 '푸구'라 하였으니, 이것은 '드브－드우－두'에 첨미사添尾辭 '기'를 첨부하여 '두기'할 것을 북방발음벽北方發音癖에 의하여 '두구'라 한 것이다.

청산별곡靑山別曲에 '널라와 시름한 나도 자고 니러 우니노라'의 '라와'가 그것으로,

'다ᄅᆞᆫ 올히 녯 ᄀᆞ올히라와 됴토다(타향승고향他鄕勝故鄕)' —『두시국해杜詩國解』권8, 35쪽

의 '라와' 또한 같은 어운이다. 'ㄹ'음이 어두語頭에 온다는 것은 조선어에서는 허용되지 않고 있다. 확실히 외래어음이라고 볼 수 없는 약간의 어휘는 이 'ㄹ'음으로 기록된 것이 있다. 조釣의 '낫그다'를 '랏그'로 광廣의 '너르', '너비'를 '럭비'로, 지ᄯᅩ의 '니르'를 '리르'로, 전복前腹 또는 주ㅁㅕㅁ의 뜻인 '님빅'를 '림빅'라 하는 따위이다. 이것이 모두 오사誤寫라 하기에는 약간의 의문이 없지도 않다. 『노걸대국해老乞大國解』권상, 39쪽에 '편아출외시偏我出外時'를 '독별이 내라 외방의 나가면'이라 하여 이 '라'를 내의 토ᄠᅩ로는 도저히 볼 수 없는 어운인데 '라'(?=나出)라 하였는데는 의문이 없을 수 없다.

임둔臨屯을 '니림ᄃᆞ(주국主國)'의 약기略記라고만 할 것이 아니라 '림둔(주국)'의 전기全記인지도 알 수 없다. 그러나 지금에 이것을 밝힐 길이 없으니, 의문만 남겨두고 'ㄹ'은 'ㄴ'의 오기誤記 또는 연성상관계連聲上關係로 'ㄴ'이 'ㄹ'로 발음된 것이라 본다. 즉, '나와' 조사助辭는 목적격을 가지는 조사임으로 '널나와'가 '널라와'로 된 것이 아닌가고 생각한다.

따라서 '라와'는 다만 '보다'의 뜻으로 생각된다. '나와'는 알기 쉽게 해석하면 '출래出來'의 뜻이니 '녯ᄀᆞ올히 나와'는 '녯ᄀᆞ올을, 지나서', '넘어서', 다른 ᄀᆞ올히 좋다는 것이다. 그러므로 승勝, 심甚, 중重의 뜻을 가질 때 이 '라와'를 썼다.

'사ᄅᆞ미 일라와 심甚호미 잇ᄂᆞ니(인유심어사人有甚於斯)' —『두시국해杜詩國解』권2, 70쪽

'비디온 차거碑礫–라와중重重ᄒ리라(가중백거거價重百車渠)' —『두시국해』9,
　　19쪽

'보다'는 '거기서부터'의 뜻, 그것의 원형 '에서'의 뜻이나 '나와'는 그
것을 '지나', 그것을 '넘어나와'의 뜻이라고 할 수 있다. 또는 '나와'는
'나바'의 전운으로 일본말 상㆒의 '나호ナホ(napo)'와 대응되는 말로서 '더
욱 높게'의 뜻을 가진 말로 봄이 도리어 타당하지 않을까 생각한다.
'보다, 보다 더'의 고어에 '도곳–도곤'(←도고–독–득)의 어운이 있으니

'브른제흔말어듬도곤나으니라(강여포시득일두强如飽時得一斗)' —『노걸대상
　　老乞大上』, 39쪽
'쁜ᄂᆞᆯ데온믈이고기도곤마시이셰' — 송강가사松江歌辭, 단가短歌, 68쪽
'추풍秋風에 물든단풍丹楓봄도곳더됴홰라' — 해동가海東歌

는 것이 그것이다. 그런데 이 '도곳–도곤'의 어의를 곧 밝힐 수는 없
으나 '돋(上, 勝)'과 같은 어운이 아닌가 생각한다. 그리하여 '도곤'은 '돋
곤'의 만철漫綴이 아닌가 생각한다.
　『월인석보月印釋譜』권1, 49쪽에

'재화災禍는 매즐씨라'
'머즌일 지운 인연因緣으로 후생後生에 머즌몸ᄃᆞ외야'

　재화災禍, 불가애不可愛(오惡)란 뜻으로 '머즈'라는 말을 썼다. 하모何某,
부지不知의 것의 어운으로 '므서, 무섯, 므솜, 므슴, 므스, 므슷, 므슴,
므으, 므읏'들의 어운들이 있으며, 또 현재 '무슨, 무은, 뭔' 등 어운으
로 쓰이나 경남 부산 방언에 '무슨'을 '무진'이라고 함을 보면 '므즈,
므스'의 어운도 있었을 것이다. 그런데 여기에 연상되는 것은 외공畏恐
의 '므싀–므의여–므의여ᄫ'이다. 그리하여 부지不知–암매暗昧–수하誰
何의 일련一聯의 관념관계와 부지不知(암매暗昧)–공포恐怖의 관념관계가

필연의 연관성을 가지고 있음을 생각케 한다. 그러나 무지無知만이 공포의 관념을 구성시킬 수 있으며, 또 그 어운에서만 공포의 어휘를 구성시킬 수 있을까? '므스'의 활용형이 '므스이', '므싀'로 될 수 있는 까닭에 그 어근은 '므스'일 것이며, 이 '므스'는 '므즈, 므스'로 어운상 상통하는 것은 부정할 수 없으나 수모부지誰某不知의 뜻만 가진 어운일까? 영어의 fear는 상대上代 고지高地 독일어의 fara(danger, fright)에 대응되는 말이며, 현재 독일어의 gefabr는 이 fara에서 구성된 말이다. 또 이 말은 danger의 뜻을 가진 랍전어拉典語 pericurum(→peril-∨per)과 관련있는 말이다. 희랍어 πeiρa(austtempt)도 물론 관계있는 말이다. 이 일련의 어군을 통해서 느껴지는 것은 그 어의들이 '힘(力)'과 관계가 있지 않냐는 것이다.

그리하여 조선어의 남아男兒의 '머슴아이', 일본말 장부丈夫의 'masu-rao'를 연상케 하며, 인구어印歐語의 mas, masculine, maris, male를 연상케 한다. 또 danger의 Latin어라고 추정이 되는 dan(i)nia＝sicum은 dominus domnus에서 구성된 것이라 한다. 이 어운들도 력力, 권력의 뜻을 가지고 권위權威, 군주君主의 뜻을 가진 말이다. 그러면 위협을 느끼고 공포를 느끼는 것은 권력자, 권위자權威者에게 대한 감정에서 구성시킨 것인지 모른다.

해모수海慕漱의 'masu-musu'도 반드시 권위자, 권력자, 군주의 뜻을 가진 어운으로 내가 추정하는 것도 전연 근거가 없는 것이 아니다. 그러면 '무섭다'는 말은 '권력있는', '기력氣力있는' 내지 '폭력있는' 것인 뜻을 가진 말인 것 같다. '무섭다'는 '무서'를 활용시킨 것이니 어근 '무서'는 원래 명사적인 어운이다. 그리고 이 '무서'는 '므스', '므스'의 전운으로 유력자有力者－권력자－권위자－권위자모權威者貌－위복威伏－위포威怖－외포畏怖로 관념이 전이되는 동시에 외포의 대상을 염오厭惡하는 결과, 불가애不可愛, 재화災禍로 관념이 전이된 것 같다.

공恐의 다른 어운 '두려우'는 '두리우 – 두리ᄇ'의 전운이니 어근은 '두리'이다. '뒤숭숭하다'의 고어古語 '두리숭숭하다'의 '두리'도 이와 동계 어로 그 또한 암매暗昧, 혼탁의 뜻을 가진 말이니 부지不知에서 공포로 전이된 것 같다.

'불휘 기픈 남ᄀᆫ ᄇᆞᄅᆞ매 아니 뮐씨 내히 이러 바ᄅᆞ래 가ᄂᆞ니'
—『용가龍歌』2장

의 '뮈'는 항抗, 동動의 뜻을 가진 말이니 지금 어운의 '움즉'의 '움'과 같은 말이다.

'뮈'는 '무'의 활용형이요, '무'는 '므 – ᄆ'의 모음의 원순음화圓唇音化한 음인지 'ᄆᄇ – ᄆ우'의 촉음인지 논단하기 어렵다. 그러나 후자라면 영어의 more, 불어의 mauvior(O.F.movoir)를 연상할 것이다. 그러나 일방으로 motion, motive, motor의 mot(io)가 있음을 보면 mov(e), mot 의 원어근은 mo←mi이었을는지도 알 수 없다. 말이 기로岐路에 들었으나 '뮈'는 '무리'의 동위운이었음을 상정할 수 있으므로 '므리 – ᄆ리 – ᄆᆯ'의 어운의 전변으로 추정할 수도 있다.

그러면 원遠의 '멀', 퇴退의 '믈ᄒ'를 연상할 것이며, '움'의 원운元韻 '우무 – 우물'(옴 – 오물오물), '곰'(+ 작)의 원운 '고무 – 고물'(굼 – 구물구물)의 '물'을 연상할 것이다. 멀어지는 것은 이동하는 것이요, 이동하는 것은 운동하는 것이요, 요동하는 것이요, 진동하는 것이요, 준동蠢動하는 것이다.

『월인석보月印釋譜』권2, 31쪽에
'위圍ᄂᆞᆫ 두를씨요 요繞ᄂᆞᆫ 버믈씨라'

또 동同 22쪽에
'식識익 노녀 버므리ᄂᆞᆫ 싸ᄒᆡᆯ씨'

『두시국해杜詩國解』에

'하늜 곳 수부水府에 버므렛도다(천반영수부天畔榮水府)'

'ᄀᄅ롤 버므렛ᄂ 길히니 그 니프른 ᄆᆡ홀 디렛도다(연강로숙부청교緣江
    路熟俯青郊)' — 권7, 1쪽

『노걸대국해老乞大國解』 권상, 22쪽에

'그저콩믈을다가버므려주고(지장료수반여지只將料水拌與地)'

『법화경국해法華經國解』에

'시름 버므로ᄆᆞᆯ'

『유합類合』 권하, 10쪽에

'라羅 버므리라'

라 하여 요繞, 영榮, 연緣, 섭涉, 반拌, 루累, 라羅의 뜻에 썼고, 지금도 광
섭廣涉, 침범侵犯, 교반攪拌, 번루煩累의 뜻에 쓰이고 있는 말이다. '버믈←
비므←버'의 과정을 지난 어운으로 이거離去의 '버으ᅳ버을'의 '버', 참
절斬切의 '버히'의 '버'와 같이 분리, 분개分開의 뜻을 가졌으니 광대廣大의
뜻도 들어 있다. 이 광대, 증대의 뜻에서 침범, 광섭廣涉의 뜻으로 전이
된 것이 아닐까?

　지금은 이 '버믈'이 '벌므'로 현용되어 침식侵食, 침범의 뜻을 가졌으
나 동의어로 볼 것이다. 교잡交雜, 교반攪拌의 '버믈(버믈다)'는 '버 + ᄋ다'
의 전운으로 그 '버'도 간극間隙의 뜻을 가진 것으로 간교間交한다는 뜻
에서 전이된 것일 것이다.

　요繞, 영榮, 연緣, 루累는 모두 권전捲纏의 뜻이니 원초原初 – 의거依據 –
연유緣由 – 격루繫累의 '블 – 븐 – ᄇ'의 계통으로 볼 것이다. 즉, 일방으로
'브드다'(블 → 븐), '블ᄒ다(브트다)' 그리하여 '부터'가 되었고, '브므다',
'버므다', '버믈다'가 된 것으로 생각된다. 호虎의 '범'이 그 어의를 일방

적, 일의적一義的으로만 해解할 것이 아니나 누환累患의 뜻도 들어있을 것이다. 영어의 tiger는 Latin어의 tigris(tiger), Greek어의 τɪrpis, Zend어의 tighri와 대응되는 말로 화살을 뜻하든 말이 질속疾速에 전이되어 호虎의 동작의 질속, 민첩함으로 칭명한 것이라 한다. Tigris하河의 득명得名 또한 그와 같다고 한다. 조선어의 '범'의 어운 속에는 이 질속의 뜻도 있었을는지 모르나, 영리怜悧, 선능善能의 뜻이 농후하고 수장首長의 뜻도 들어있다.

우리의 언어사회에 살고 있는 큰 동물의 이름은 그 동물의 본성을 표현하는 의미도 가지고 있지만, 원시사회의 Totem신앙과 밀접한 관계가 있어 대개 수首, 신神의 뜻을 가지고 있다.

『번역소학飜譯小學』 권10에

'부ᄉㆍ야 놀으일아니ᄒ거든(이담희폐사以談戲廢事)'
'혹或이 부ᄉㆍ야닐오ᄃㆎ(혹희지왈或戲之曰)'

이라 하여 '부ᄉ'라는 어휘가 보인다.

'작난'의 뜻으로 모두 해解하나 지금은 경남지방에서 '부시'하다는 어운으로 허탄虛誕, 위망僞妄, 불확실不確實, 무실無實의 뜻으로 쓰이고 있다. 정태진丁泰鎭, 김병제金炳濟 공저 『조선고어방언사전朝鮮古語方言辭典』에 함남咸南지방의 방언으로 '부시', '부시기'란 어휘를 들었고, '거짓말'을 뜻하는 말이라 하였다. 이 말이 현재의 '우시개'(소화笑話, 허언虛言에 통용)와 완전히 계통과 어운을 같이 하였던 것이었으나 소笑의 '웃'의 항간어원설적巷間語源說的 영향으로 '소화笑話'의 뜻으로 전용되고 있는 것이다.

이것은 pus → wus → us로 전변된 것으로 '븟'은 공허空虛의 '부, 뷔'(pu-pus-puj-puy)와 같은 어운이며, 주註의 '부ᄉ' 또한 '공지空之'의 뜻에서 전이된 것이다. 이것을 다시 동사화한 것이 '부슷그리다'로서 『두시국해杜詩國解』 '오즉 부슷그려 하늘로 올여 보내용 몸 기들오노라'

(유대취허송상천唯待吹虛送上天)의 '부숫그려'가 그것이다. 일본말 호라ㅎㅋ(법라취취法螺吹吹)는 여기에 대응시킬 수 있는 말이요, 허언虛言의 uso는 '우시개'의 usi-us를 전승한 것이다.

요사이 산향山響을 '산울림'이라고 쓴 책도 보았고, 국민학교 아이들도 곧장 잘 쓰는 말이나 생각건댄 일본말 '야마히코ヤマヒコ'를 수입 번역한 말인 것 같은데 불쾌한 말의 하나이다. '뫼ㅅ리'의 전운 '메아리, 뫼아리'가 있는데 왜 이러한 직역신어直譯新語를 쓰는지 무식한 선생의 소치所致라고 말하기에는 너무나 어의의 천박감을 준다. '뫼ㅅ리'는 '뫼 + ㅅ리'의 전운이니 산성山聲의 뜻이다. 현재의 소리는 'ㅅ리'의 전운이니 'ㅅ리'의 원의는 '어語'이다. 성聲에서 어語가 나왔지 어에서 성이 나올 리가 있느냐고 항의할는지 모르나 어성語聲에서 음성音聲으로 전이된 것이다.

그것은 언어 즉, 어음語音은 천天(神)의 본성本性 또는 작용으로 알았던 까닭에 음성에 앞서서 어성語聲을 생각하였고 어語를 떠난 성聲을 그들은 생각할 수 없었던 것이다. 조선어에서 언어 또는 성음聲音을 가리키는 어휘가 상당히 있은듯하니, '글-귿'(가로되, 일본말 카타루カタル는 여기에 대응), '늘-늗'(니로되, 노래 일본말 이후리니쿠イフリニク는 여기에 대응), '들-돋', 이것의 어휘로는 타령打鈴이니 '다리'이니 하여 가성歌聲, 가곡歌曲의 뜻으로 쓰임을 보아 짐작할 것이다.[52]

'믈-믇'은 말할 것 없으나 '노래'의 '중中머리'니 무슨 머리하는 '머리'도 여기서 전이된 것일 것이다. '블-븓'은 호성呼聲의 '불'에 남아 있으나 인구어계印歐語系에서 vad(Skt.), wor(-f.G) par(-ole F)의 어운들로 전승되고 있다.

성聲의 '소리'가 'ㅅ리-술'에서 온 것을 말하였고 'ㅅ리'는 'ㅅ리'의

---

52 이야기를 경남지방에 '이바구'라 하느니, 이것은 '니(昔) + 바가(語)'의 뜻일 것이니 이 '박'에 언어의 뜻이 있다면 Sanskrit의 vak와 상통하는 점이 있다.

전운으로 백^白의 '살-삶'도 여기서 전이된 것이다. 영어의 say, 독일어의 sagen 또한 이 전승의 여운餘韻일 것이다. '올-은'은 아뢰다에 남아 있는데 일본어 음의 oto는 이 전승을 지키고 있는 것이요, '짇그리다', '철철그리다'의 '짇, 철' 또한 성음을 뜻하는 말일 것이다. 뇨鬧, 훤喧의 고어는 '수ᅀ', '수수어리', '수수워리'라 하였으니

　'수ᅀ는 가온뒤(뇨중鬧中)' —『남명집南明集』
　'엇뎨 져비새 수수어리미 업스리오(영무연작훤寧無燕雀喧)' —『두시국해杜
　　詩國解』권21, 10쪽
　'수수워려 늘그니를 위로慰勞ᄒᆞᄂᆞ다(훤뇨위쇠로喧鬧慰衰老)' —『두시국해』
　　권22, 3쪽

　'수ᅀ'의 동계어운으로 '수군그리다'는 말이 있으며 경남 방언에 '시불이다', '사불앙그리다'는 말이 있으며, 훤료喧鬧의 말로 '수슥그리다', '싣그럽다'는 말이 있다.
　'수'는 'ᄉᆞ', 'ᄉᆡ', 'ᄊᆡ', '시ᄇ'로 변變하는 한편 'ᄉᆞ'-'수우'-'수'로도 변할 수 있는 것이다. 그러므로 '시불이다' 또는 '사불앙그리다'는 어운을 구성시켰으며, '수'는 ㄷ받침을 받아 '숟-숯-숲-숫'이 되어 '수으머리', '수수워(브)리', '수슥그리'의 어운도 구성시켰다고 볼 수 있다. 일본말의 소소騷의 sawa-gu, sapa-gu의 sapa는 이 'ᄉᆞ'에 대응되는 말이다. 또 원어근 즉, 어소語素 'ᄉ'가 'ᄉᆡ-ᄊᆡ-시'가 되고 그것이 ㄷ받침을 받아 '싣'이 되어 '싣그럽다'←'싣글ᄋᆞᄇ다', '싣글싣글'(심란心亂, 소란騷亂)의 어운도 구성시킨 것이다.
　혹은 이것을 '수다(數多)'+'ᄉᆞ리'(ᄉᆞᄋᆞ리-ᄉᆞᄀᆞ리, 성성聲)으로 분석, 해의解義하여 다성多聲, 소성騷聲의 뜻인지도 알 수 없다. 그 어느 것이나 성성聲에서 전이된 것으로 생각된다.
　『훈몽자회訓蒙字會』에 통痛을 '알ᄑᆞ'라 하였으니 이 어운은 '앓ᄒᆞ'의 전

운이요, '앒'은 '알ㅂ'의 축음으로 'ㅂ'는 활용삽입사이니 어근은 '알‑을'이며 그 동위운은 '을'이다.

이 '을'은 일본말에 건너가서 'at‑ät‑et‑it'가 된 것으로 그 원의는 '성성(聲)'이다. 통(痛)의 원의는 통각(痛覺)과는 관계없이 인병발성(因病發聲)으로 '소리하다'는 뜻에서 '올하다'‑'올타', '올ㅂ다'‑'옳ㅎ다', '을ㅂ다'‑'을ㅍ다'라 한 것이다. 이 통각(痛覺)의 종류에 '딴근하다', '신근하다'는 등도 열각(熱覺), 산각(酸覺)에서 구성시킨 것이다.

과(瓜)의 '외'는 고어(古語)라 할 수는 없으나 그 어운이 흥미있는 것이므로 특히 들어보려고 한다. 경성지방에서는 '외‑오이'라 하면 일반적으로 호과(胡瓜)를 가리키고 호과는 특히 '물외'라고 한다. 그런 것을 보면 첨과(甛瓜)나 호과나 원래는 통칭 '외'라고 하던 것이 '참외', '물외'로 구분된 것 같다. 확실치는 않으나 '외'는 인도가 원산으로 호과 즉, '물외'가 원종(原種)인지 호과 즉, '참외'가 원종인지 여기서 말할 수 없으나 '외'를 첨과 또 호과에 일반으로 통칭한 이유는 그 재배의 일반화에서 각기 고정된 것 같다.

'외'는 '오이'의 합음이요, '오이'의 동위운은 '오리'이다. 일본말 'uri'는 우리말이 '외', 실물(實物)과 함께 일본으로 건너간 것은 말할 것도 없다. 그러면 '외‑오리'란 말은 무슨 뜻인가? 영어의 melon은 희랍어(希臘語) 임귤(林橘)(an apple)를 뜻하는 말일뿐 아니라 일반 과실을 뜻하는 말인데 '열음', '열매'의 뜻인지 미상하나 원물(圓物)의 뜻이 아닌가 생각한다. 조선어 '외‑오리'는 호과의 '호박', 표과(瓢瓜)의 '고두박'의 '박'과 같이 원형물(圓形物)이란 뜻이다. '올개' = '올개미'의 '올', '오려나다(원척(圓剔))'의 '올' 모두 원형(圓形)의 뜻을 가진 어운으로 이와 같은 계통의 어운이다.

청산별곡(靑山別曲)에

'잉무든 장글란 가지고 믈 아래 가던새 본다'

의 가사歌辭가 있는데 이 '장글-장굴-장기'란 어운은 일반적으로 기구器具의 뜻으로 새긴다.

'병兵은 잠개 자본 사르미요' —『월인석보서月印釋譜序』

'흉凶흔 병兵잠개로 농기農器를 다오(흉병주농기凶兵鑄農器)' —『두시국해』
 권3, 4쪽

라 하여 '장기'를 '잠-개'라 하였다. '개-기'는 도구道具를 뜻하는 사물 지칭사이니 어근은 '잠'이다. '장'이 원운이냐 '잠'이 원운이냐가 퍽 곤란한 일이나, '후음喉音 앞에 오는 비음은 후비음喉鼻音으로 소리난다'는 연성법칙連聲法則에 따라 '장'은 '잠'의 변음이라고도 볼 수 있다. 그러므로 먼저 '잠'의 어운의 어의부터 찾아보자. '잠'은 '자미'의 촉음이요, 원어근은 '자'이다.

'자'에 '상上'의 뜻이 있으니 우량優良한 기구라는 뜻일까? 기구가 인류 문화에 기여한 공적의 절대絶大함을 볼 때 도구는 진실로 훌륭한 물건이었다. 그런 의미에서 칭명한 것인지도 모른다. 기명器皿의 '그릇-그륵'이 '그르시-그르기'에서 구성된 것이요, 그 어근이 '글←굴'임은 물론이다. 이 '그리-ㄱ리'의 동위운이 '긔←기'이다. 그런데 기명의 '굴-기'는 단순히 사물에서 전이된 명칭일 것인가? 그렇지는 않는 것으로 생각된다.

일본말 '우츠하ウツハ(u tupa)'는 '우츠ウツ(로ㅁ)노모노ノモノ', '우츠ウツ(호ホ)노모노ノモノ', 즉, 공물空物의 뜻인가? '우츠쿠시이모노ウツクシイモノ', 즉, 훌륭한, 미려美麗한 것이란 뜻인가? 조선어의 '그릇-그륵'에도 공空, 상上, 미美의 뜻을 가지고 있다. 우리 조어 사용자에 있어서 도구의 소지所持는 확실히 자랑이었을 것이요, 자랑되는 것은 훌륭한 물건이란 관념이 항상 따랐을 것이다.

여기서 우리는 '파頗히'의 '자모-자못'을 연상하지 않을 수 없다. 이

'자모'는 '사ㅁ-삼'에서 부사화한 것이니 그 원의는 '심甚, 다多, 대大'의 뜻으로 '퍽, 퍽으나, 풋바리'와 같은 어운이다.

이 어의語義 가운데 '심甚, 다多'의 뜻은 그리 필요한 어의가 아니요, 대大, 위대偉大의 뜻이 중요하다. 대大, 상上, 선善, 우優, 수秀의 어의는 원래 같은 관념이 전이된 것이니 일본말 대大의 '오호ㅓㅎ-키이ㅋㅓㅓ'의 '오호ㅓㅎ'는 조부祖父의 '오호ㅓㅎ, 오치ㅓㅊ'와 같은 어운으로 이 또한 대부大父의 뜻으로 해석되는 것이나 상부上父의 뜻으로도 해석解釋할 수 있다. 부負의 '업'에 대응되는 '오부ㅓㅂ', 복覆, 피被의 '오호부ㅓㅎㅂ'의 '오후ㅓㅎ', 모두 상上의 뜻이다.

그러므로 '잠개'란 말은 '훌륭한, 좋은 것'이라는 뜻으로 나는 해석한다. '자미' 있다의 '자미'가 한자 '자미滋味'에서 온 것처럼 알고 있으나 이것도 고유 조선어의 하나로서 '좋음이 있다', '마음 듦이 있다'는 뜻으로 나는 본다.

이조 초기의 수獸의 어운은 '즘싱'이었다. 이 어운을 중생衆生의 어운의 전변된 것이라고 하는 이도 있으나, 그렇지는 않고 중생의 역어譯語로 '즘싱'이라 한 것이다. '즘'은 천千의 '즈믄'의 '즘'으로 원의는 유원幽遠-암매暗昧-부지不知의 뜻을 가진 것이었으나, '천千'에 전용되므로 말미암아 '다多, 군群, 중衆'의 뜻을 가지게 된 것이요, '싱'은 'ㅅ이-싱이'의 촉음으로 생물을 뜻하는 어운이다. 산양山羊의 '염싱이', 구驅의 '망싱이'들의 '싱이-싱'이 그것이다. 그리하여 군생群生, 중생 즉, 수다數多의 생물이란 뜻이다. 이 중생의 어의에서 수獸의 어의로 전용되었는지 수獸의 어운이 중생의 어의에 전용되었는지 미상하다.

그런데 『능엄경국해楞嚴經國解』 권2, 30쪽에 '산천초개인축山川草芥人畜'을 '뫼콰내콰푸성귀와사룸과즘싱쾌'라고 하여 축畜을 '즘생'으로 역하였는데, 이것으로 보면 중생衆生에서 수축獸畜의 '즘싱'이 나온 것도 같으나 음운 변화 현상상 생각할 수 없으며 고려시대로부터 유정有情을 중

생이라 하던 언어습관은 축류畜類를 중생이라 불러 왔던 흔적이라 봄이
타당할 것이다.

녕寧히 즉, '차라리'를 이조 초에는 '츨히', '츨하로'라 하였으니 어근
'츨'을 부사화 한다면 '츠로'로 될 것이나, 부사접미사로 '히'가 그 세력
을 증대시킴으로 말미암아 '츨히'란 어운을 구성시켰다고도 할 것이나,
도리어 '츨'의 명사형 '츨히-츨히'를 그대로 부사에 전용한 것이라고
봄이 타당할 것이다. 그런 까닭에 '츨ᄒ로'←'츨호'라는 어운이 병용되
었음을 보아 더욱 확연할 것이다. '츨ᄒ'는 원源의 어의를 가진 말이니
'차라리'란 말은 원래대로, 처음부터 본연本然 그대로의 뜻을 가진 말이
다. '츨히 → 츨ᄒ로' → '츨하로' → '츠라로' → '차라리'로 변천된 어운이
다.

밀密을 '칙칙', '직직'이라 하였으니

'니피칙칙하니 우는 미야미하도다(엽밀명선조葉密鳴蟬稠)' —『두시국해
  杜詩國解』권22, 4쪽

'칙칙이사계沙界예 서료딕(밀밀반사계密密蟠沙界)' —『금강경삼가해국해金剛經
  三家解國解』권2, 21쪽

'칙칙'은 '직직'의 전운임을 곧 알 것이며 이 어운이 지금은 '직직'으
로 되어 고집固執, 비루卑陋의 뜻에 쓰이고 있고, '칙칙'은 '칙'의 첩운疊韻
으로 '칙'은 '측'의 전운으로 동계어同系語로서 '차계(序次)', '차건(從次)'의
어휘들이 있다.

그러나 '차계차게 포게다', '차건차건 일하다'의 '착' 어운은 주로 차
서次序의 뜻을 가져 밀密의 뜻과는 다르나, 함께 근원-의거依據-의속依
屬-종속從屬-종차從次의 어보에 소속시킬 것이다. 그러나 밀密의 '측'은
군다群多, 충만의 어의의 영향을 농후히 받아 군차群次, 즐비櫛比의 뜻을
가지게 된 것이다. 즉, 밀속密屬의 뜻을 가진 것이다. 흡사 습모濕貌의

'축축'이 우수雨水의 '축-추기'에서 전이되어 유연-탄력-인강靭强의 뜻을 얻게 된 것과 같다.

이 '칙칙'과 동의이어同義異語로 '특특'이란 어운이 있으니, 『범음집梵音集』 33쪽에 '상서祥瑞∧구루미특트기펴시며'의 '특트기'가 그것이다. 이 취기운吹氣韻은 '득드기'의 전운이요, 그 어간은 '득-득'이다. 그리하여 현재도 밀착좌密着坐를 '닥어앉다'라고 하느니, 이 '닥-득-ㄷㄱ'는 차서次序의 어보에 소속시킬 것이 아니라 합일合一의 어보에 소속시켜 옳지 않을까? 또는 풍부한 것을 '툭툭'이라 하니, 이것은 '득ㅂ', 'ㄷㅂ'의 전운이니 풍유豊裕의 어보에 소속시켜도 좋을지 병거竝擧해 둔다.

또 '빅빅'의 어운이 있으니 지금의 '빡빡'이 그의 전승이다. 이의 동사형이 '백이다', '박다'로 '밀봉密縫'에 쓰이는 것이 그것이며, 또 밀집密集의 뜻으로 '백엿다'란 어운이 있으니 모두 동계어이다. 부형사副形詞로 '빡빡하다'고 하는 것도 누구나 알 것이다. 어근은 'ㅂㄱ-ㅂ'로서 군총群叢의 '파', 누수累數의 '파'와 동계어로 생각되어 이 밀密은 다多에서 전이된 것 같다.

이렇게 우리가 가진 어휘의 어의가 성립됨이 결코 일률적이 아니니 그 어운이 지니고 있는 관념의 전승계통을 밝힘으로써 그 어의를 명확케 할 수 있는 것이다.

'머리 돌아 ㅂ라오니 ᄒᆞᆫ글ᄋᆞ티 망망ᄒᆞ노다(회수일망망回首一茫茫)'
　　　―『두시국해』 권7, 10쪽

현재의 '한결같이'를 이조 초에는 'ᄒᆞᆫ글ᄋᆞ티'라 하였다. 이것은 '하글ㄱ티'-'ᄒᆞᆫ글ᄀᆞᆯ히'가 'ㄹ'음 아래서 'ㄱ'음이 탈락된 것으로 '혀고시라 밀오시라 정소년鄭少年하' 한림별곡翰林別曲의 '밀오시라'의 '오시라'는 '밀고시라'가 'ㄹ'음音 하에서 'ㄱ'음이 탈락된 것과 같다고 한다. 물론 그렇게도 해석할 수 있으나, 'ᄒᆞᆫ', '글'이 '일동一同, 동일同一'의 뜻으로 가진 말이요, 또 '곧'이 '여如, 동同'의 뜻을 가진 말이니 이것을 그대로 새긴다면 '동일同一과 같이'의 뜻이 된다. 물론 그렇게도 어휘를 구성시킬 수도 있다. 동일의 '흔가지'가 '흔가디'이냐 '흔가지'이냐가 문제된다면 '흔가지'는 일종一種, 동종同種의 뜻이요, '흔가디'는 '일동一同, 동일'의 뜻으로 해함이 상식적일 것이다.

그러나 구경究竟은 '가지'나 '가디'나 '곧'의 전운임을 생각하면 동同-류類-종種의 전이로 보든지 분分-기岐-류類의 전이로 보든지 별의의別疑義가 있을 것은 아니나, '오티'가 '곧히'의 'ㄱ'음 탈락 또는 'ㄹ'음 하에서의 'ㄱ'음의 유성음화한 것이라면, '흔골'은 동류同類, 동종同種으로 해함이 어의의식상語義意識上 수긍된다고 할 것이다. 참고로 동일同一한 최세진崔世珍의 저서로서 『훈몽자회訓蒙字會』에서는 아鵐, 여鷽, 사鵺들을 '골가마괴'라 하였고, 『사성통해四聲通解』에서는 '거금속호한아鷗今俗呼寒鴉 골아마괴'라 한 것을 들어둔다. 소小를 이조 초에서도 '져근'이라 하였지만 일반으로 '혀근', '효근'이라 하였다. 『번역소학飜訳小學』에 '지미세사至微細事'를 'ㄱ장햐근이리라도'라 함을 보면 '햐근'이라고도 한 것 같다. 『계림유사鷄林類事』에 '소왈흑근小曰黑根'이라 하였음을 보면 고려 중엽에는 '흐근-ㅎ근' 또는 '히근'이라 한 것 같다. 이 'ㅎ-흑' 어운이 ㅎ계 어보의 어휘인지, 또는 ㅅ계 어보의 어휘로서 ㅅ-ㅎ의 전변으로 발생된 어운인지 미상하나 나는 ㅎ계의 독립된 어운이라기보다 ㅅ계 어운의 전변된 것이 보다 타당하지 않나 생각된다. '효ㄱ'은 '혀근'의 더 왜소감矮小感을 주기 위해서 모음을 전변시킨 것이요, '혀근'은 '히근'의 전운이요, '히근'은 '싀근'의 변운變韻으로 본다. '싀근'은 '싀기'란 명사를 용언화한 것이요, '기'는 명사접미사로 어근은 '싀'이다. 이 '싀기'가 어휘로 남아 있는 것이 소슬小蝨의 '싀기니', '싀아리'가 그것이다. '싀, 싀기'는 소小, 소자小者의 뜻으로 하향遐鄉, 소읍小邑의 '싁골'의 '싁'는 이 '싀'의 전운일 것이다. 물론 어보장語譜章에서의 지적처럼 '싀-싁-시'

운에 대大의 뜻(洪 시위홍)이 있음을 내 부정하는 바가 아니나 소小의 뜻
도 있는 것이다. 같은 어운에 상반되는 대大와 소小의 뜻이 있다는 것
은 불가해의 일이라고 늘 듣는 말을 내 또 반복하는 것이 되나, 그런
까닭에 다시 음운과 어의의 결합이 우연적이라는 논자들의 언어의 불
가지성, 언어의 신비성을 말함을 반박하는 동시에 그 신비성은 결국
어보를 달리한 때문인 것을 강조하는 바이다.

추鷞의 '살기-샌기'는 '스-스듸', '서-식듸'가 '기-긔'의 말받침을
받아 '슨기-싄기'가 된 것이다.

이상 고어의 음미라는 제하題下에서 상기上記한 것은 진실로 빈약한
인례引例에 그치고만 감感이 불무不無하나 별 다른 어운 어의의 일례로
서 고어에서의 관념 전이가 또한 어떠하였으며, 음운 전이도 일찍 있
었다는 것을 암시함으로서 일단 만족할 것이라는 간단한 의욕에서 부
수적으로 이 일항을 세운 것을 양해하기 바란다. 타일他日 별고別稿로
고어의 음미를 다시 상세히 해보려 한다. 향가鄕歌, 이두吏讀의 해독이
지금 성행하고 있으나 우리는 음운의 변천, 구조의 과정을 역사적으로
파악한 연후라야 비로소 소기의 목적을 달성할 수 있음에도 불구하고,
현재 해독자들은 전래傳來의 이두기록吏讀記錄 중 예를 들면 유서필지儒胥
必知들에서 국문으로 기사한 그것을 신라 이후의 어음 그대로 적은 것
이라고들 생각하나 나의 보기에는 반드시 그렇지 아니하다. 일례를 들
면 '불不'은 고려중엽까지 『계림유사鷄林類事』에 의하면 '아니'가 아니요,
'안리安里' 즉, '아리'였다는 것을 증證할 수가 있는데 '안'으로 전하는 따
위가 그것이다. 이것을 일괄한 고어를 재음미하지 않으면 안 된다.

‖ 발 문 ‖

"인류가 가지고 있는 최고의 문화유산인 언어의 신비를 구명하지 않
고 인류의 문화발생을 운운할 수 없는 것은 누구나 시인할 것이며 따
라서 이 언어의 기원 문제가 모든 사상, 모든 문화의 원형이라는 것도
수긍할 것이다."

서론의 이 글 가운데 허영호 교수의 필생의 노작勞作인 『조선어기원
론』의 지향이 모두 함축되어 있다고 하여도 과언이 아닐 것이다.

내가 허영호 선생의 존함을 처음 접하게 된 것은 아마도 1994년 일
본 동경의 다이쇼대학大正大學에 파견교수로 1년 동안 머물 때가 아닌가
한다.

그 때 대학의 한 건물 안에 일본에 있어 티베트 불교연구의 선구자
인 가와구찌 에카이河口慧海씨가 일찍이 티베트西藏에 들어가서 가져온
티베트 불교관련 자료를 전시하는 자료관이 만들어졌고, 이를 기념해
책자를 간행하였다.

그 책자 속에 가와구찌河口씨와 그의 제자들이 함께 찍은 사진이 실
려 있었는데, 그 사진 설명에 허영호라는 이름이 있었다. 내가 일찍이
공부했던(1979~1982) 모교의 선배 가운데 한국인이 있었다는 것을 알고
어떤 인물인지 궁금하게 생각하였던 기억이 난다.

그 이후 상당한 세월이 지나, 작년 봄 금정중학교의 현익채 교장께
서 학교에 새로운 체육관을 지었는데 그 안에 학교의 역사관을 만들어
졸업생들이 기증한 자료들을 전시하려고 하는 데 도움을 주었으면 하
는 요청을 받게 되었다.

그 자료들을 열람하는 가운데 허영호 선생의 유가족들이 기증한 '조
선어 기원론'이란 원고를 발견하게 되고, 또 그가 부산 동래에서 태어
나 금정중학교의 전신인 범어사 지방학림의 졸업생임을 알게 되었다.

그 후에 '조선어 기원본'의 내용이 궁금하여 그 복사본을 빌려 보면서, 그것이 지금까지 그 누구도 시도해 보지 못한 우리말의 뿌리와 기원에 관한 언어학적인 노작勞作임을 알게 되었다.

그래서 그와 관련된 자료 및 기존의 연구에 대해 조사해 보았다. 선생은 아마도 범어사로부터 학자금을 지원받아 29세 되던 1929년에 일본으로 건너가 1930년부터 1932년 2월까지 타이쇼 대학大正大學 불교과에서 공부를 한다. 앞에서 이야기한 가아구찌河口 씨와 찍은 사진은 그 무렵이었을 것으로 추정된다.

거기서 그는 범문학梵文學연구실의 주임교수인 오기하라 운라이荻原雲來와 가아구찌 에카이河口慧海 등으로부터 산스크릿트어, 파알리어, 티베트어 등을 배웠을 것이고, 언어학에 관한 서적을 폭넓게 섭렵한 것으로 보인다.

대학재학 중에 『불교』라는 월간지에 『반야심경』의 산스크릿梵語원전에 대한 글인 '프랏냐-파라미타·마음경'(1930.8)과 '범파양어梵巴兩語의 발음법에서 본 조선어 발음법에 관한 일고찰'(1931.2~7)이라는 언어학 및 조선어에 관련된 글들을 일찍이 발표하고 있다.

1932년 귀국한 허영호 선생은 중앙불전中央佛專의 학감 겸 교수로 활동하며 『불교성전』, 『불타의 의의』 등과 같은 저술과 불교 경·론의 번역을 발표하고 있으나 언어학에 관한 연구는 보이지 않는다.

그래서 지금까지 학계에서는 그의 언어학적인 연구의 성과에 대해서는 전혀 알려져 있지 않았으며 불교학자로만 알려져 왔다. 그러므로 '조선어 기원론'의 발견은 언어학자로서 국어학 연구자로서 그가 이룬 학문적 성과를 새로이 조명하고 평가하는 계기가 될 것이다.

그가 남긴 원고의 목차는 다음과 같다.

1. 훈민정음 음운고音韻考
2. 훈민정음과 본문本文과의 관계
3. 조선어 기원

그의 집필시기가 '훈민정음 음운고'는 4278년(1945) 11월 10이라고 기록되어 있고 서언序言의 작성은 4280년(1947) 3월로 되어 있는 것을 볼 때 집필을 시작하여 완성에 걸린 시간은 적어도 1년 6개월가량 될 것으로 보이며, 8·15해방을 전후하여 작업을 시작한 것이 아닐까 추정된다.

"이 조선어라는 것은 조선민족이 가진 모든 문화유산 가운데 가장 오랜 역사를 가지고 있는 것은 두말할 것도 없다. 우리의 조선祖先은 어떻게 해서 우리말을 창조하고 전수하였던가? 누구나 알고 싶어 하는 일이지만 누구도 그것을 밝힌 이는 없다."

그가 서언에서 명언明言하고 있는 것처럼 조선어의 어운, 어휘, 어의, 어원 등의 기원에 관한 그의 연구는 그 당시까지 어느 누구도 시도하지 못한 독보적인 것으로 볼 수 있다.

그 내용의 깊이와 국어학, 언어학 및 외국어 지식의 박학다식博學多識함으로 미루어 볼 때 '조선어 기원'에 대한 연구는 일본유학 이래의 오랜 기간 동안의 준비와 탐구의 성과이었을 것으로 생각된다.

그러나 어떻게 된 사유인지는 명확하지 않으나, 이 원고는 그 이후에 출판되지 않는다. 허영호 선생은 해방 후 동국대학교의 초대학장을 역임하며, 1949년 1월에는 제헌 국회의원 보궐선거(부산갑)에 출마하여 정계에 진출하나 1950년 5월의 국회의원 선거에서는 낙선한다. 이어서 6·25전쟁이 터지고 그 해 7월에는 납북당하여 1952년 1월에 북한에서 타계한 것으로 보인다.

다행히 이 원고는 유가족들이 소장하고 있다가 금정중학교 역사관에 기증한 것이다. 원고는 전술한 것처럼 3장으로 구성되어 있으나 함께 다 출판하는 것이 여의치 않아 제3장의 '조선어의 기원'을 먼저 간행하게 되었음을 밝힌다. 저자도 서언에서 제3장이 독립된 소론小論으로 읽혀도 문제가 없음을 말하고 있다.

말의 역사는 곧 사유思惟의 역사이다. 말이 없으면 생각할 수가 없기 때문이다. 따라서 소선어의 기원에 대한 허영호 선생의 탐구는 단지 언어적인 문제에 국한되는 것이 아니라 한국사상의 뿌리와 그 형성에 까지 관계되는 것이다.

범어사는 통도사와 더불어 신라시대 이래로 법등法燈을 전하고 있는 영남불교의 종가宗家로 오랜 역사와 전통의 맥이 이어져 왔다. 그 곳(범어사)에서 출가하여 경호鏡湖라는 법명을 받고 승려가 된 그에게, 조선어를 제대로 배우지도 못하고 쓰지도 못하는 식민지의 환경은 그로 하여금 민족 언어의 뿌리를 찾는 전인미답前人未踏의 여행을 떠나게 한 것이 아닐까 한다. 비록 그의 연구가 한국국어학계가 그동안 이룩한 연구성과에 비추어 볼 때 다소 무리한 해석과 오류가 있을지도 모르겠지만, 그 시대의 한계와 자료의 제약에도 불구하고 일찍이 한국어의 기원에 관한 이러한 시도를 하였다는 것은 깊이 평가되어야 할 것이다.

뒤늦게나마 묻혀 있던 허영호 선생의 노작이 이와 같이 출판되게 된 것을 후학의 한 사람으로 매우 다행스럽게 생각하며, 이러한 작업이 실현될 수 있도록 흔쾌히 협조를 아끼지 않으신 금정중학교 현익채 전 교장선생님을 비롯한 간행위원님들에게 심심한 감사를 드린다. 그리고 이 책의 간행에 재정적인 지원을 하신 가친家親 김동은 님, 매우 난해한 원고를 꼼꼼하게 빈틈없이 입력하는 작업을 한 권광호 선생, 교정하는 데 수고를 한 조성래 선생과 날려 써서 해독하기 어려운 한자漢字를 잘 풀이해주신 현광남 선생님께도 감사를 드린다. 끝으로 대단히 까다로운 주제의 본서에 대해 깊은 관심과 애정을 가지고 적극적으로 출판에 임해주신 정우서적 이성운 선생께도 깊이 감사드린다.

2013년 11월

금정산 아래 연구실에서

김용환 합장

간행위원회 위원 명단

김 용 환 (간행위원장, 부산대학교 철학과 교수)

현 익 채 (전 금정중학교 교장)

이 상 엽 (금정중학교 교장)

배 한 욱 (금정중학교 역사관 책임자)

조 성 래 (위빠사나 금정선원 원장)

조선어기원론

허영호 지음

2014년 4월 29일 초판

펴낸이: 이성운
편집·교정: 신지연

펴낸 곳: 정우서적
서울시 종로구 삼봉로 81 두산위브 637호
등록 1992. 5. 16. 제2-1373호
Tel: 02/720-5538

©: 부산 금정중학교

값: 18,000원

ISBN 978-89-8023-194-2　93710